Gonglu Gongcheng Jianli Gongzuo Anliji
公路工程监理工作案例集

广西桂通工程管理集团有限公司　编

人民交通出版社股份有限公司

北　京

内 容 提 要

本书在总结广西桂通工程管理集团有限公司工程项目监理实践经验基础上,聚焦监理工作中的常见问题和解决方法,精选了28篇典型案例,内容涵盖路基路面工程监理、桥梁工程监理、隧道工程监理和安全监理等。

本书可供公路工程监理人员工作参考,也可供公路工程建设单位及施工单位的技术人员及高等院校相关专业学生学习参考。

图书在版编目(CIP)数据

公路工程监理工作案例集/ 广西桂通工程管理集团有限公司编. — 北京：人民交通出版社股份有限公司,2023.4

ISBN 978-7-114-18685-1

Ⅰ.①公… Ⅱ.①广… Ⅲ.①道路施工—施工监理—案例—汇编—广西 Ⅳ.①U415.1

中国国家版本馆 CIP 数据核字(2023)第 045061 号

书　　名：	公路工程监理工作案例集
著 作 者：	广西桂通工程管理集团有限公司
责任编辑：	石　遥　师静圆
责任校对：	赵媛媛　魏佳宁
责任印制：	张　凯
出版发行：	人民交通出版社股份有限公司
地　　址：	(100011)北京市朝阳区安定门外外馆斜街3号
网　　址：	http://www.ccpcl.com.cn
销售电话：	(010)59757973
总 经 销：	人民交通出版社股份有限公司发行部
经　　销：	各地新华书店
印　　刷：	北京市密东印刷有限公司
开　　本：	787×1092　1/16
印　　张：	28
字　　数：	575 千
版　　次：	2023 年 4 月　第 1 版
印　　次：	2023 年 4 月　第 1 次印刷
书　　号：	ISBN 978-7-114-18685-1
定　　价：	150.00 元

(有印刷、装订质量问题的图书,由本公司负责调换)

《公路工程监理工作案例集》编写委员会

主　编：黄海权　安永昌

副主编：易廷友　黄智冠　李昌锋　沈开放　李　健

编　委：吕益权　宁国玺　周洪剑　林建敏　黄信雄
　　　　杨燕球　黄诗君　黎　滨　覃洪勇　禤立海
　　　　覃　锟　莫文辉　黄文进　黄　勇　蒋建刚
　　　　李先文　王建仁　安永庆　罗崇志　蒙建钦
　　　　蒋佑灵　韦冠新　罗明迪　李三平　何　龙
　　　　顾玉龙　农光莹　黄立松　林宗谕　陆湘钧
　　　　黄　波　王　海　张洪亮　陈亚超　赵文杰
　　　　邓　杰　张重伟

审定委员会

主　审：覃艳洲　向继山

参　审：周洪剑　马祥友　梁军干　唐连荣　蒙宇绍
　　　　梁德庚　闭华辉　林开胜　张　伟　玉璟宁
　　　　覃洪勇　赵运姣　林博文　李　丽　覃晨生
　　　　刘泉锋

序

监理案例是对施工监理工作中的监理服务情况和解决问题的方式、过程及结果等方面的记录与分析,是广大一线监理人员在工作中提炼出的智慧结晶,可以作为监理工作的经验总结和参考指南,对其他工程项目科学、系统、高效地开展监理工作具有重要的指导意义。

随着社会经济的快速发展和科技水平的全面提升,工程项目的建设规模越来越大,复杂性越来越高,对建设质量的标准和要求也更加严格。在当前形势下,培养一批素质过硬、业务精湛的监理人才,发挥好监理工作职能,在项目建设过程中显得尤为重要。监理人员对施工建设进行全面监管和协调,在控制工程质量、提高效率、节约资源、保护环境等方面发挥着积极作用。由于监理工作具有复杂性和严谨性,具体实施过程中往往面临着许多困难和挑战,监理人员需要在长期的实践中不断积累工作经验和磨炼工作技能。本监理案例集立足于过往实际工程情况,从不同角度、不同领域出发,集中、全面地展示了监理工作中常见的问题和解决方法,可用于日常监理工作参考以及监理业务培训教育,是帮助广大监理人员深入掌握监理专业技能和方法的工作"利器",对夯实监理人员职业素养、培养勤学善思能力、提升工作效率具有积极的促进作用。

广西桂通工程管理集团有限公司(以下简称集团公司)始终秉持"精前端,强后台"的发展模式,2017年以来,持续激发广大一线监理人员编写监理案例的积极性,多次举办了监理案例评优活动,并收获了一批硕果。为表彰先进案例,总结推广集团公司多年来的监理工作经验,展示监理人员除旧革新、开拓进取的精神,助力集团公司提高工程管理服务水平,集团公司决定将部分优秀监理案例汇编成集,以供广大一线监理人员参考学习,并以过往优异成果合集向集团公司成立25周年献礼。本案例集收录了28篇典型案例,其中涉及了监理工作中的重点和难点,包括工程质量控制、施工过程管理、安全生产管理、问题处理等方面,希望能够为读者提供一些实际可行的方法和思路,以便有效应对监理工作中的各种挑战。

为者常成,行者常至。我们通过总结和分享监理案例,不断推动集团公司监理工作朝着更加科学化、系统化、深度化的方向发展。我们相信,在监理专业领域不断砥砺深耕,在自我发展的道路上履践致远,做到以知促行,以行求知,可以帮助更多监理人员在实践中取得进步。在广西北部湾投资集团有限公司"正风、协同、拓展、增效"八字工作方针的引领下,集团公司将为全力打造"信息化管理、全过程咨询、区内领先、全国一流"的工程管理集团而凝聚强大力量。

最后,感谢所有案例编写人员愿意将他们好的经验、好的做法分享出来,也感谢所有为本案例集出版提供技术支持和帮助的专家,祝愿大家在各自岗位上取得更好的成就!欢迎各位同行对本书中不足或不当之处给予批评和指正。

作　者

2022 年 3 月

目 录

一、路基路面工程监理

案例一：轻质泡沫混凝土路基施工监理 ······ 003
案例二：公路高填路基填筑质量控制监理 ······ 017
案例三：橡胶沥青路面防离析控制监理 ······ 026
案例四：排水沥青混凝土路面施工监理 ······ 036
案例五：新旧路基搭接施工质量控制监理案例 ······ 057
案例六：AC-13C SBS 改性沥青混凝土路面施工监理 ······ 067

二、桥梁工程监理

案例一：钢管拱桥拱座基础大体积混凝土施工质量监理 ······ 079
案例二：钢管混凝土拱桥主拱肋加工制作监理 ······ 100
案例三：某连续刚构桥挂篮悬浇箱梁施工监理 ······ 153
案例四：组合调坡控制弯道桥面横坡施工监理 ······ 178
案例五：涉地铁大跨径桥梁盖梁支架施工监理 ······ 188
案例六：桥梁现浇箱梁裂缝防治处理监理 ······ 208
案例七：桥梁现浇梁满堂钢管支架施工监理 ······ 221
案例八：预应力混凝土连续刚桥高墩边跨现浇段吊架法施工监理 ······ 237
案例九：钢箱梁施工监理案例 ······ 246
案例十：钢管拱特大桥拱肋泵送混凝土施工监理 ······ 258
案例十一：顶管结构井施工质量监理 ······ 274

三、隧道工程监理

案例一：公路隧道浅埋偏压软弱围岩洞内和后缘山体滑坡防治监理 …………… 287
案例二：隧道工程Ⅲ级围岩光面爆破控制监理 ………………………………… 299
案例三：连拱隧道中隔墙施工及防水处理监理 ………………………………… 306
案例四：隧道衬砌裂缝处治质量控制监理 ……………………………………… 315
案例五：隧道深埋软弱围岩段大变形防治监理 ………………………………… 332
案例六：公路隧道Ⅴ级围岩开挖及支护质量控制 ……………………………… 343

四、安 全 监 理

案例一：互通立交跨线桥防护棚搭建及交通导行控制 ………………………… 365
案例二：某大桥跨铁路40m箱梁运输、架设安全监理 ………………………… 380
案例三：大跨径拱桥塔架安装、拆除安全监理 ………………………………… 395
案例四：高速公路改扩建工程连续刚构跨线天桥拆除监理 …………………… 414
案例五：高速公路改扩建工程交通组织监理 …………………………………… 429

Part 1

路基路面工程监理

案例一：轻质泡沫混凝土路基施工监理

一、案例背景

（一）工程基本情况

某高速公路受征地范围和主线竖曲线整体抬高影响，设计为填筑轻质泡沫混凝土。

轻质泡沫混凝土因自重轻、整体性好、固化后自立性好等特点，在道路拓宽中具有明显优势，具体为：

（1）可垂直填筑，节约用地、减少拆迁，节省投资。

（2）在软基路段加宽，可不进行软基处理或降低软基处理强度和范围。

（3）用于构造物台背填土可大幅度降低填土荷载，减少地基的附加应力，抑制地基的不均匀沉降和侧移；可缓解桥台与台背路基的刚性突变；消除填料自身的工后沉降。

（4）施工时自动密实，不需振捣和碾压。

（5）采用泵送施工，大大减少对现有交通的影响。

（6）施工工期短，对环境无污染，社会及经济效益好。

（二）监理案例简介

轻质泡沫混凝土在国外已有30多年的应用历史。我国2001年从日本引进，在广东、湖南、内蒙古、北京、山东、浙江等省（区、市）均有使用案例，其中，在广东高速公路特殊路段使用最多。该技术现已十分成熟，该材料已录入《公路路基设计规范》（JTG D30—2015）中。针对该工艺，本案例从监理角度出发对施工过程监控要点和注意事项进行阐述，对现浇轻质泡沫混凝土在路基加宽施工中的重要性、优点、施工工艺，以及质量的控制进行分析。

二、施工单位报来的施工方案

（一）技术参数

（1）轻质泡沫混凝土填筑纵向15～20m设置一道施工缝，沉降缝以聚苯乙烯板充填。

(2)轻质泡沫混凝土技术指标应符合表1的要求。

技 术 指 标 表　　　　　　　　　　　表1

离路面底距离 (m)	施工湿密度 γ_s (kg/m³)	28d 抗压强度 q_u (MPa)	流动度 (mm)
0~1.2	650	≥1.0	180±20
>1.2	550	≥0.8	

(3)配合比设计:因轻质泡沫混凝土施工受天气影响较大,在配合比设计时采用浮动配合比,以满足不同天气下的施工要求。配合比设计见表2。

配 合 比 设 计 表　　　　　　　　　　　表2

设计强度 (MPa)	水泥 (kg/m³)	水 (kg/m³)	发泡剂 (kg/m³)
1.0	360~380	220~240	0.8~1
0.8	340~360	200~230	0.6~0.8

(二)工艺流程(图1)

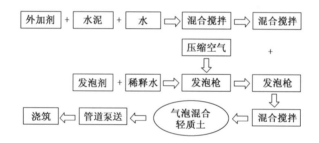

图1　轻质泡沫混凝土施工工艺流程

(三)施工方法

1.施工准备

施工前,应对原材料进行检验,要求轻质泡沫混凝土料浆沉降率应满足《泡沫混凝土用泡沫剂》(JC/T 2199—2013)中一等品的要求,即料浆沉降率不超过5%。

施工所用的其他钢材、砂、石、水泥均应经过检验,合格后方可进场。

开工前,应对轻质土搅拌机、发泡装置、空压机、发电机、泵送系统、测量及质检等仪器进行检测、调试,并试运行正常。切实做好机械设备的维修、保养工作,配齐专业维修技术人员,配足常用易损配件,确保机械正常运转。

根据设计图纸给出的坐标等数据,在现场放样出各个控制桩。

2. 开挖台阶

对于拼宽段路基的轻质泡沫混凝土,施工前应按照要求,将原路堤边坡表面的防护结构物拆除,并清除表层30cm的土,然后对原路堤边坡按1∶1削坡挖台阶。台阶宽度不小于1m,并做成向内倾斜2%的反坡。台阶必须密实、无松散物。拼宽路基衔接示意图如图2所示。

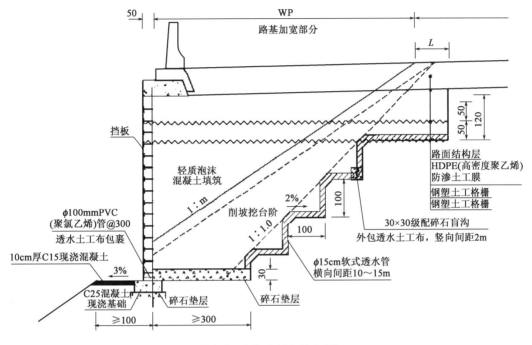

图2 拼宽路基衔接示意图(尺寸单位:cm)

对于新建路段的轻质泡沫混凝土,需要将原地面清表30cm后,对原地面开挖台阶处理,其中横向第一级台阶(最低处)的宽度不小于3m,其余台阶宽度不小于1.5m。

拼宽或新建的路段,其每级台阶均应每间隔5m设置30cm×30cm级配碎石盲沟,外包透水土工布,同时横向间距5~15m布置φ15cm软式透水管。新建路基示意图如图3所示。

3. 基底处理和基础浇筑

轻质泡沫混凝土施工前,必须保证基坑平整无积水,如有水,必须采取排水或降水措施将基坑内积水排尽。基底应进行碾压,保证基底承载力不小于100kPa。

开挖挡板基础的基坑,挡板基础距离横向第一级台阶的宽度不小于3m。原地面均铺碎石垫层,厚度不小于30cm。

当路基填高较高时,挡板将立于旧路路堤边坡上,调整基础埋深使得上部挡板块数为整数,同时基础外边缘襟边距离不小于1.0m,外侧采用现浇C15混凝土封闭,挡板下部边坡的防护及排水设施予以保留。当路堤填高较低时,轻质混凝土基础位于地表,外侧仍需设置排水沟。

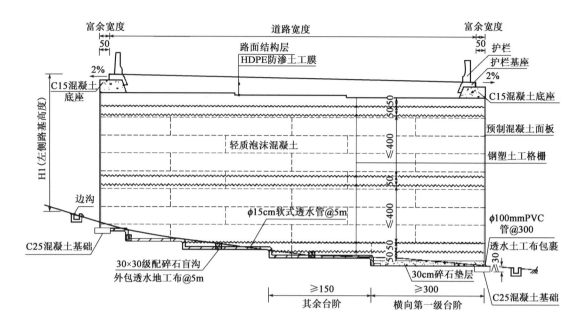

图 3　新建路基示意图(尺寸单位:cm)

挡板基础开挖后随即浇筑基础 C25 混凝土,同时注意要准确预埋挡板支撑立柱角钢。角钢埋入基础顶面以下 100cm,角钢的两肢要面向路基外侧设置,以方便挡板连接钢筋及拉杆的固定。

基础上应预留最下一级挡板的安装槽口,挡板安装时,在安装槽口抹 M15 砂浆,以堵塞挡板和槽口间的空隙。

直接在原地面上浇筑的轻质泡沫混凝土,基底应根据设计图纸要求设置透水管或级配碎石盲沟。

4. 挡板预制安装

按各个断面上保护挡板为整数的要求确定各个断面的保护挡板基础顶面高程。根据设计要求,挡板采用预制的方式,采用 C30 细石混凝土,单块挡板的尺寸为 90cm × 30cm,厚度为 4cm。在基础上每隔 90cm 预埋 75mm × 75mm × 6mm 的角钢,在角钢上焊接连接钢筋,用以固定保护挡板。具体布置如图 4 所示。

挡板通过图 5 所示的拉杆与角钢焊接固定。挡板的拉杆、连接钢筋及支柱均需要进行防锈、防腐处理。在预留沉降缝和伸缩缝处,挡板及其基础应断开,同时需注意挡板的宽度和拉杆位置。

在边部和角隅位置存在异形挡板,预制时须注意。此时宜适当调整预埋筋的位置,同时需采取措施固定好异形挡板。

挡板之间勾凹缝,也可勾平缝。勾缝需光滑、圆顺、美观。

在浇筑挡板基础时,应预留出渗水盲沟的出水空间。

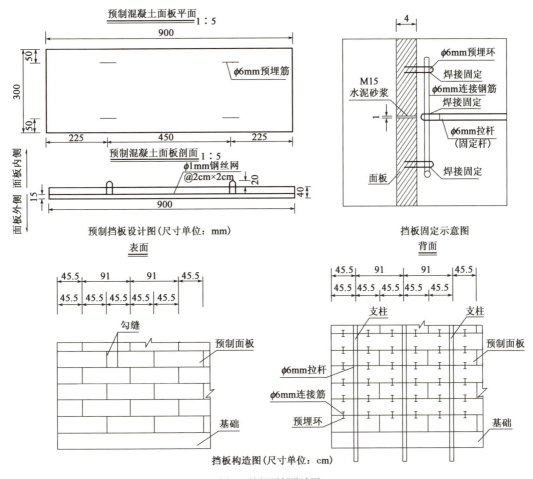

图4 挡板预制设计图

5. 轻质泡沫混凝土浇筑及养护

施工前,应将路基划分为面积不大于400m²、长轴不超过30m的浇筑区,每个浇筑区单层浇筑厚度宜为0.3~1.0m。路堤每隔10~15m应设置一道变形缝。

当轻质泡沫混凝土填筑体高宽比($H:B$)大于1时,应分级填筑,每级填筑体高宽比均不应大于1。下级填筑体和上级填筑体之间应设置不小于1.0m的平台,平台顶部设置向外侧倾斜

图5 挡板安装示意图

的、横坡大于2%的排水坡,平台顶部采用C25混凝土防护,与上级轻质泡沫混凝土挡板基础一同浇筑,现浇C25混凝土基础厚度不小于30cm。

泡沫宜采用压缩空气与发泡剂水溶液混合的方式生产,不得采用搅拌发泡法生产泡沫。施工用的原材料配合比要采用电子计量,计量精度均为±2%,且用于制备轻质泡沫混凝土的料浆在储料装置中的停滞时间宜不超过1.5h。

轻质泡沫混凝土通过软管浇筑,出料软管前端出料口直接埋入已浇筑的轻质土中。单个浇筑区浇筑层的浇筑时间不得超过水泥浆的初凝时间。上下相邻两层浇筑间隔时间宜不少于8h。

浇筑时应沿浇筑区长轴方向自一端向另一端浇筑;如采用一条以上浇筑管浇筑时,则可并排地从一端开始浇筑,或采用对角的浇筑方式;浇筑过程中,当需要移动浇筑管时,应沿浇筑管放置的方向前后移动,而不宜左右移动浇筑管;如确实需要左右移动浇筑管,则应将浇筑管尽可能提出当前已浇筑轻质泡沫混凝土表面后再移动。轻质泡沫混凝土浇筑如图6所示。

图6 轻质泡沫混凝土浇筑示意图

轻质泡沫混凝土路基应先浇筑其顶部为水平。轻质泡沫混凝土浇筑完毕后,其顶面施作水平台阶形,同时通过级配碎石垫层调整纵、横断面坡度。轻质泡沫混凝土顶面应设置一层HDPE(高密度聚乙烯)防渗土工膜,采用GH-1型聚乙烯土工膜,厚度为0.5mm,搭接宽度不小于5cm。

轻质泡沫混凝土纵向每隔10~15m设置一道变形缝,变形缝宽1~2cm,全断面填塞聚苯乙烯板,聚苯乙烯板的表观密度不宜低于15kg/m³。变形缝附近横向铺设φ15cm软式透水管。

轻质泡沫混凝土不得在雨天施工。已施工尚未硬化的轻质泡沫混凝土,在雨天应采取遮雨措施。轻质泡沫混凝土浇筑至设计厚度后,应覆盖塑料膜或无纺土工布进行保湿养护,养护时间宜不少于7d。不宜在气温低于5℃时浇筑,否则应采取保温措施。

仅当路基顶部轻质混凝土强度不小于0.5MPa时,方能进行后续路面施工。

轻质泡沫混凝土顶部以下1.0m高度范围内应设置两层钢塑土工格栅;填筑高度5m≤H≤8m时,在路基顶、底部1.0m以内分别设置两层钢塑土工格栅;填筑高度>8m时,除在路基顶、底部1.0m以内分别设置两层钢筋网外,每隔4m再设置两层钢塑土工格栅。钢塑土工格栅采用GSGS50-80型,钢塑格栅铺设时应采用φ8mm钢筋锚固,锚固点按1.5m×1.5m间距设置。

6.检查要求

(1)检查台阶开挖是否按设计要求设置反坡。

(2)检查模板线形与垂直度。

(3)在上一层轻质泡沫混凝土浇筑前检查下一层轻质泡沫混凝土强度是否达到要求。

(4)对上一道工序验收合格后才能进行下一道工序施工。

三、监理单位审批施工方案意见

监理单位对施工方案的审查应对以下内容进行重点审查：

(1)浇筑方法。浇筑时应将管口没入轻质土中，避免将空气带入新浇筑的轻质泡沫混凝土中，产生很大的气孔。

(2)单层浇筑厚度。最合理的单层浇筑厚度在30～100cm，不宜超过100cm。

(3)浇筑时间。单层浇筑时间不应超过水泥的初凝时间，上层与下层浇筑间隔时间大于水泥的终凝时间。

(4)湿密度。检测湿密度时，试样应在浇筑管管口取得。

(5)强度。施工期间，按设计要求制作试块，检测抗压强度。

(6)在浇筑完填充体的顶层时，应及时覆盖塑料薄膜或土工布，养护时间不少于7d。

(7)在遇到大雨或长时间持续的小雨天气时，对未固化的表层应采取遮雨措施。重新浇筑上层前，应对已被雨水消泡的表层进行铲除处理。

(8)固化前，应避免对轻质土的扰动。

(9)针对改扩建项目边通车边施工的情况，旧路路基边坡开挖后应喷射一层水泥浆进行防护，防止行车扰动发生滑塌。

四、案例实施过程介绍

（一）事前监理

(1)严格审查专业作业队的资质及生产许可、安全许可、营业执照、新型工艺及设备专利的有效性及年检结论，审查专业管理组织机构及质量安全体系的建立及运行情况，检查专业管理人员及特殊工种人员的上岗证、资格证。

(2)审查专业工程实施的各项管理制度、作业操作规程，审查专项施工方案的可行性、操作性、针对性、翔实性及质量安全保证措施，检查施工单位监理审批意见并修改完善施工方案。

(3)审查专业施工设备的安装拆卸方案及设备报审资料，要求提供设备制造许可及出厂合格证、使用说明书等相关资料，审查设备的数量及性能是否满足合同及设计规定、现场施工的要求，严格按规定程序对专业设备进行验收。

（4）审查专业工程检测人员资质、检测设备的计量检定、检测规程及制度是否符合有关强制性规范标准及工程实际需要。

（5）检查专业工程所需的材料、构配件的出场证明、进场检测报告、复试报告等资料，检查材料、构配件的储存、加工处理是否满足相关要求。

（6）检查专业工程施工前的各项技术物资准备工作，例如：技术交底工作、基底处理、测量放线、浇筑管道安设、特殊部位加固或改善措施等。

（7）对专业工程施工通过巡视、旁站、平行检验等手段进行全面、全方位的监控。

（8）重点加强轻质泡沫混凝土的配合比及现场计量、现场检测检验、建筑成型、后期养护、特殊地段处理等关键工序或环节的控制工作。

（二）事中监理

根据轻质泡沫混凝土施工工艺及设计要求，监理工作控制要点具体如下：

1. 开挖和基地处理

（1）检查基地夯实和清理情况，督促承包人对基底进行夯实并进行必要的清理工作，保证基底平整、密实、整洁、无积水、无杂物浮土、无尖状硬物；检查基底承载力检测情况，保证基底承载力满足规范及设计要求；验收基底高程、平面尺寸、线形、平整度、承载力等技术指标，检查承包人基底处理资料。

（2）改扩建旧路基边坡刷坡开挖台阶后应特别做好临时防排水措施，重点防患水土流失，可采用喷射水泥砂浆或薄膜覆盖、设置临时排水沟的相关措施，避免坡面冲刷，防止大量的水土流向低处轻质泡沫混凝土浇筑面上造成污染。

基底夯实铺设碎石排水垫层如图7所示，旧路基刷坡开挖台阶喷射水泥砂浆防护如图8所示。

图7　基底夯实铺设碎石排水垫层　　　图8　旧路基刷坡开挖台阶喷射水泥砂浆防护

2. 测量放线及临时模板安装

检查施工方控制点测量复核工作,保证控制点精准可靠,检查测量放线资料。督促施工方做好工程定位及高程基准的控制。督促施工方做好临时模板支撑的强度、刚度及稳定性的验算工作,检查相关验算资料。检查临时模板的顺直度、大面平整度,验算临时模板的高程、线形、尺寸,保证模板的牢固稳定。检查预埋件、预留孔及施工结构变形缝位置是否满足设计要求。

轻质泡沫混凝土面板安装如图9所示。

图9　轻质泡沫混凝土面板安装

3. HDPE 复合土工膜施工

(1)检查 HDPE 土工膜的出厂合格证、制造许可证、检测检验报告等质量证明文件。

(2)检查 HDPE 土工膜的储存及现场存放,防止雨淋暴晒,防止土工膜的老化。

(3)检查 HDPE 土工膜的厚度、均匀度、平顺度及有关强度指标,督促施工方按批次取样试验。

(4)检查 HDPE 土工膜铺设基底的工作状态,要求无积水、无尖状硬物、无过大的坑洼现象。

(5)检查 HDPE 土工膜铺设质量,要求铺设平顺,搭设宽度及方式应符合规范规定,基坑边坡变化较大时应设置平台,平台的高度及偏差应满足规定要求。

4. 轻质泡沫混凝土拌和和输送

(1)检查水泥的出厂合格证书、进场复试检验报告等质量合格证明文件,检查拌和用水的洁净度、酸碱度及悬浮污染物数量。

(2)检查拌和设备的计量称量装置及控制装置的性能,保证原材料的配合比符合批准的施工配合比方案。

(3)控制水泥浆的拌和时间及拌和用水量,对可能存在的失效及结硬水泥块应剔除,检查水泥浆的外观及流动和易性,水泥浆拌和应均匀一致,无沉淀分层现象。

(4)检查进场泡沫的出厂合格证及相关专利证明材料,督促施工方做好泡沫各项性能检测,检查泡沫的密度、流动性、泌水率、稳定性及外观质量,要求泡沫外观洁净、流动柔和连续、无泌水絮凝现象。

(5)控制泡沫和水泥浆的拌和时间及拌和均匀性,要求色观一致,具有一定的流动性,无沉淀及明显消泡现象。

(6)检查专用柔性管道及接头的严密性、抗拉强度,检查管道的输送距离,一般不大于500m。

(7)检查管道的输送高差,一般不大于10m,管道的安装设置应满足现场施工需求,应保证轻质泡沫混凝土的流动和易性,防止结硬及离析现象发生。

5. 轻质泡沫混凝土浇筑

(1)现场检查轻质泡沫混凝土的观感质量,对已离析或存在封层结硬的现象,应严禁浇筑。现场督促施工方做好轻质泡沫混凝土的取样检测工作,要求湿密度增加率不超过配合比密度的10%,检测合格率不低于90%,流动扩展度一般为180mm±20mm,每工作班至少预留两组试块。

(2)检测浇筑前的各项准备工作,检测分层浇筑厚度、时间及变形施工缝的设置,一般一次浇筑厚度不少于30cm,不大于1m,每工作段浇筑时间不得超过水泥的初凝时间,变形缝应平顺一致贯通,变形缝应采取严格的防腐防渗措施,可采用安装防腐模板或其他防腐塑料板材。浇筑前,督促施工方做好必要的安全技术交底工作,严格按施工方案浇筑,浇筑顺序宜由一端向另一端进行,不得从中间向两端进行,浇筑过程控制管道与建筑面的高度,浇筑人员不得在已浇筑的轻质土内随意走动,减少对已浇筑面的扰动。

(3)轻质泡沫混凝土单块浇筑面积不得超过400m^2,浇筑长度一般不大于30m,浇筑时气温不得小于5℃,出料温度不大于35℃,低温及高温季节施工时应采取有效措施保证浇筑质量。

(4)钢丝网的设置应符合规范及设计要求,路基基床顶部钢丝网应铺设在HDPE土工膜下。钢丝网铺设时,应采用U形钉进行锚固,纵向锚固间距2m,横向锚固间距1m,钢丝网平面位置应重叠搭接,搭接宽度不低于5cm,搭接处用铁丝绑扎并用U形钉锚固。防渗土工膜铺设时,应注意尽量紧贴下承层。路基基床顶部应采用U形钉进行锚固,纵向锚固间距5m,横向锚固间距2m。

(5)对浇筑过程可能出现的质量安全隐患应及时督促施工方采取有效整改措施。

轻质泡沫混凝土湿密度、流动度检测如图10所示，轻质泡沫混凝土浇筑区分仓如图11所示。

图10　轻质泡沫混凝土湿密度、流动度检测

图11　轻质泡沫混凝土浇筑区分仓

6. 后期养护

轻质泡沫混凝土浇筑区顶面浇筑至设计高程后，应采用塑料薄膜进行表面覆盖，以对路基进行保湿养护，或者采用无纺土工布覆盖结合洒水的方式养护，养护时间不少于7d。

在路基顶部路面施工前，严禁其上行驶工程机械；局部地段，无法回避时，应在合适位置铺设厚度不小于50cm的临时保护层或采用钢板覆盖的方式作为临时便道，以供工程机械行驶。

（三）事后监理

质量检验基本要求

完成后，监理工程师要根据相关技术指标及时进行中间交验，对不合格路段及时落实返工整改。

(1) 基底场地验收

每一浇筑区首次浇筑前,应以纵向 50m 区域为单位,按以下要求进行浇筑场地验收:

① 基底不应有明显积水和杂物。

② 基底高程与设计值的偏差不应超过 ±0.1m、边界宽度或长度与设计值的偏差不应超过 ±0.1m。

(2) 原材料检验

现浇轻质泡沫混凝土原材料分主要原材料和辅助原材料,主要原材料为水泥、高炉矿渣粉、粉煤灰和发泡剂,辅助原材料为金属网、钢塑土工格栅。主要原材料检验项目、检验方法和检验频率见表3。

主要原材料检验项目、检验方法和检验频率　　　表3

原材料	检验项目	检验方法	检验频率
42.5 级水泥	比表面积	《水泥比表面积测定方法　勃氏法》（GB/T 8074—2008）	1 次/1000t
	凝结时间	《水泥标准稠度用水量、凝结时间、安定性检验方法》（GB/T 1346—2011）	
	安定性	《水泥标准稠度用水量、凝结时间、安定性检验方法》（GB/T 1346—2011）	
	强度	《水泥胶砂强度检验方法（ISO 法）》（GB/T 17671—2021）	
Ⅱ级粉煤灰	细度（45μm 方孔筛筛余）	《用于水泥和混凝土中的粉煤灰》（GB/T 1596—2017）	1 次/1000t
	需水量比		
	含水率		
S95 矿粉	比表面积	《用于水泥、砂浆和混凝土中的粒化高炉矿渣粉》（GB/T 18046—2017）	1 次/1000t
	流动度比		
	7d 活性指数		
	密度		
	烧矢量		
	含水率		
发泡剂	可不做进场检测,但需提供合格证和检测报告		1 次/10t

(3) 浇筑层质量控制、中间检验及外观鉴定

作为质量检验的基本要求,每一浇筑区浇筑层应进行严格的现场质量控制、中间检验及外观鉴定,以确保总体轻质土工程验收的质量合格。轻质泡沫混凝土浇筑层中间质量检验基本要求见表4。

轻质泡沫混凝土浇筑层中间质量检验基本要求 表4

项次	检查项目	检查频率及合格标准	不合格判定	不合格的处理措施
1	湿密度	每一浇筑层检查6次,湿密度全部满足设计要求	在设计规定的范围值之外	当前浇筑层停止浇筑,未浇筑部位留待下次浇筑
2	沉陷	浇筑完毕后的8~12h内进行外观检验,如有明显沉陷点则进行沉陷距测量,合格标准为沉陷距不超过3cm	沉陷距超过3cm	沉陷区域或沉陷点外边界1m范围内的当前浇筑层的轻质土应予以铲除
3	开裂	浇筑完毕后的8~12h内进行外观检验,如有明显开裂则进行最宽裂缝的宽度测量,合格标准为裂缝宽不超过3mm	裂缝宽度超过3mm	整条裂缝外边界1m范围内的当前浇筑层的轻质土予以铲除

(4)实测项目检验(表5)

轻质泡沫混凝土路基工程质量检验实测项目 表5

项次	检查项目	规定值或允许偏差	检查方法和频率
1	抗压强度(MPa)	7d抗压强度大于或等于0.5倍设计抗压强度或28d抗压强度大于或等于设计抗压强度	1次/500m³ 轻质泡沫混凝土
2	施工湿密度	在规定值或设计范围内	每一浇筑层不少于6次
3	路基顶面高程(mm)	±50	水准仪:每200m测4个断面
4	路基顶面长度和宽(mm)	±100	每个方向测3处

(四)常见质量问题分析与监理控制措施

1.施工中常见质量问题(图12)

(1)浇筑层表面疏松,强度不足,有软夹层。

(2)表面出现剪切裂缝。

(3)出现沉降开裂现象。

2.原因分析

(1)由于施工过程中湿密度控制不好,容易导致表面疏松、强度不足、软夹层等问题。

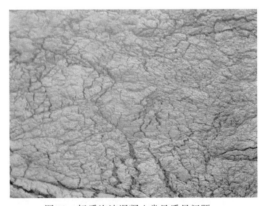

图12 轻质泡沫混凝土常见质量问题

(2)在浇筑轻质泡沫混凝土的过程中,如果出现很多的剪切裂缝,说明同一浇筑层没有在初凝时间内完成浇筑而造成轻质泡沫混凝土内部出现很多的隐形剪切裂缝。

(3)轻质泡沫混凝土浇筑后容易出现沉降开裂现象,这主要是因为施工过程中的消泡问题,导致上层的轻质泡沫混凝土沉降开裂。

（4）根源问题：施工设备自动化程度低，无法保证制备的气泡、轻质泡沫混凝土密度和流量的均匀与稳定；设备产能低，无法保证在初凝时间内完成浇筑；泡沫与水泥浆的适应性不稳定，无法确保轻质泡沫混凝土在硬化前的稳定性。

3. 监理控制措施

为避免轻质泡沫混凝土施工的常见质量问题，应采取必要的防范措施：

（1）严格审查专业施工队伍资质条件和专业施工设备是否满足施工需求。

（2）应严格按照设计要求，对每一浇筑层进行湿密度检验，在当前浇筑层湿密度检验合格后，方能进行下一浇筑层的施工。

（3）应按照设计规定的检验批数量，严格进行沉降率检测，避免因水泥批次、发泡剂批次的更换导致沉陷。

五、取得的监理效果

轻质泡沫混凝土工艺属于较先进的新型土质回填施工工艺，通过现浇轻质泡沫混凝土在本工程中的成功应用，也可以看出其在特殊路基处理、道路拓建、结构物台背回填等领域有着巨大的作用和需求，因此要求监理人员要对新工艺、新技术、新设备、新材料有更加深刻的认识和掌握其工程监理的控制要点。图13～图15所示为轻质泡沫混凝土的工程应用效果。

图13　轻质泡沫混凝土浇筑完成用于扩建道路效果

图14　轻质泡沫混凝土用于垂直填筑节约用地效果

图15　轻质泡沫混凝土用于台背回填的效果

案例二：公路高填路基填筑质量控制监理

一、案例背景

（一）工程基本情况

某二级公路项目紧临正在建设的大型水利枢纽、地方主要旅游景区，项目的建设对完善公路网布局，加快当地经济、社会的发展，改善区域出行条件，促进扶贫开发和民族团结及地区旅游发展，具有重要意义。该项目按双车道二级公路标准修建，全长31.4km，设计速度为40km/h，路基宽度8.5m，是典型的山区二级公路。沿线冲沟段路堤填土高度较大，其中最大路基中心填土高度28.81m，个别段落坡脚部位填土高度在30.44~32.61m。为减少局部高填路基沉降差异和工后沉降，提高路基稳定，原设计对16段高填路基采用冲击碾压设备进行冲击碾压补强处理。

（二）监理案例简介

1.案例特点

监理机构在项目监理过程中发现原设计采用冲击碾压方式未充分结合项目实际，部分补强路段施工面狭小，冲击碾压工艺可操作性存在一定难度，成效低下，难以实现设计意图。监理机构及时发现项目施工存在的问题，通过调查了解，积极与参建单位沟通联系，及时提出合理化建议，切实解决了项目施工存在的问题，积极促进项目施工，充分发挥监理咨询作用。

2.冲击碾压施工工艺

根据《公路冲击碾压应用技术指南》(交通部公路科学研究所主编)的有关介绍，冲击碾压技术于20世纪80年代在国外开始投入生产使用，我国于1995年由南非引入，目前我国的冲击压路机数量已达数百台，绝大部分为国产。由曲线为边而构成的正多边形冲击轮在位能落差与行驶动能相结合下对工作面进行静压、搓揉、冲击。其高振幅、低频率冲击碾压使工作面下深层土石的密实度不断增加，受冲压土体逐渐接近于弹性状态，具有能较好克服路基隐患的技术优势，体现了土石工程压实技术的新进展。与一般压路机相比，其压实土石的效率可以提高 3～4 倍（考虑上料、摊铺、平整的工序），公路常规冲击碾压设备冲击夯的能量为 25kJ，冲击碾压设备行驶速度以 10～12km/h 为宜；过快的行驶速度会使冲击轮蹦离地面，与地面的接触时间短，不利于冲击力的传播与土体压实，也容易损坏机器；速度过慢，则冲击能量太小，压实效果不好。冲击碾压宽度不宜小于 6m，自行式冲击压路机单块最小冲压施工面积不宜小于 1000m²，牵引式冲击压路机单块施工面积不宜小于 1500m²，工作面较窄时需设置转弯车道，冲压最短直线距离不宜少于 100m。

3. 原设计路基冲击碾压技术方案

高填路基采用冲击碾压设备每 4m 厚填土冲击碾压 20 遍，至 94 区再补压 20 遍。

图 1　冲击压路机行驶过程中引起扬尘

4. 存在技术问题或难题

受项目设计等级、工程投资费用制约，本项目设计高填路基补强路段工作面普遍狭小，难以满足冲击压路机行驶速度要求，不能有效发挥冲击压路机冲击效能，难以达到设计预期补强效果，同时增大冲击压路机行驶操作难度，冲击压路机行驶反复冲击过程也容易扬尘（图1），高边坡临边施工存在一定安全风险。

5. 采取的措施

结合项目实际，调整优化设计，调整施工设备及工艺，采用高速液压夯对高填路基的狭小路基段进行补强处理。

6. 达到的效果

路基质量得到有效压实补强处理，有效减少工后沉降，保证路基稳定，有利于后期公路养护，在有效控制施工质量的同时，减小高边坡临边施工安全风险。

二、施工单位报来的施工方案介绍

施工单位根据项目设计图纸有关说明编制了路基冲击碾压施工方案，其中严格按路基施工规范分层填筑控制质量，路基冲击碾压每 4m 冲击碾压 20 遍，至 94 区再补压 20 遍，采用冲击夯能量为 25kJ 的冲击压路机 1 台，冲击压路机行驶速度 10～12km/h。土质路堤施工质量标准见表 1。

土质路堤施工质量标准 表1

项次	检验项目	规定值或允许偏差	检查方法和频率	备注
1	压实度	符合规定	每1000m²至少检测2点	
2	弯沉	不大于设计值	—	
3	纵断高程(mm)	+10,-20	每200m测4个断面	
4	中线偏位(mm)	100	每200m测4点,弯道加HY、HH两点	二级公路土质路堤施工质量标准
5	宽度(mm)	不小于设计值	每200m测4处	
6	平整度(mm)	20	3m直尺;每200m测2处×10尺	
7	横坡(%)	±0.5	每200m测4个断面	
8	边坡(%)	不陡于设计坡度	每200m抽查4处	

三、监理单位审批施工方案意见

总监办根据施工合同、设计图纸、《公路工程施工监理规范》(JTG G10—2016)、《工程建设标准强制性条文》、《公路路基施工技术规范》(JTG F10—2006)及《公路冲击碾压应用技术指南》等相关要求,总监理工程师及时组织专业监理工程师对路基冲击碾压施工方案进行了全面审查,主要审查施工单位人员、机械、材料计划、质量控制依据及指标、安全防护预案,方案编制程序符合要求,内容全面,工艺符合技术文件要求,但总监办在结合设计图纸及施工技术规范后认为本项目设计压实补强路段长度在60～190m,施工方案采用的冲击碾压施工工艺不能完全适用本项目施工,总监办提出对工作面狭小路段的路基压实补强应适当调整施工工艺,确保路基压实补强到位。

四、案例实施过程介绍及主要监理控制措施

(一)监理提出的意见

针对高填方路段填筑长度短、面积小,难以使用冲击碾压补强的问题,总监办组织建设各方进行讨论,决定对部分路段的补强施工工艺进行调整。通过调查了解,考虑到高速液压夯实机采用落锤,通过高落差产生冲击能冲击压实土基的原理,可迅速有效提高路基压实质量,是专为压实填充物及软地基处理设计的,可以快捷、迅速地安装于装载机或挖掘机上,具有良好机动性、可控制性和高效性,是一种独特的、快速的夯实设备,部分高速公路项目也在推广使

用。因此,总监办提出高填路堤长度小于100m、压实工作面积小于1000m² 的段落采用高速液压夯实机代替原设计冲击式碾压设备进行路基增强补压,对满足冲击碾压施工条件的采用冲击碾压,根据项目施工环境条件,合理选择路基压实补强设备和工艺,提高路基压实质量,确保路基稳定。

(二)实施相关工作

总监办以文件函联系项目设计单位研究路基补强方案调整事宜,并得到及时回复。设计单位复文明确,为提高高填路基的压实质量,对于高填路堤长度小于100m的段落,每填高4m采取高速液压夯实机夯实补强处理,推荐使用HC36型液压高速夯实机(夯击势能36kJ)进行路基夯实补强,冲击锤数不少于9锤。总监办根据设计单位提出的意见督促施工单位组织高速液压夯实机具进场,施工单位按要求及时落实机械进场,开展路基补强施工处理。主要施工情况如下:

1. 施工机械使用情况

根据设计指导意见、项目实际及机械调查了解,项目采用某公司生产的TRA40型液压高速夯实机(夯击势能40kJ)进行路基强夯。该夯实机(图2)外形尺寸为114cm×132cm×364cm,整机重量为6t,内部落锤尺寸为70cm×70cm×100cm,落锤提升最大行程120cm,机身设置有观察窗口,方便施工过程检查落锤提升情况。落锤重量为3.3t,底部夯板直径100cm,击打频率30~80次/min,冲击势能40kJ,设备为2016年10月生产,机械性能良好。根据液压夯实机厂家技术指导说明,采用某品牌的ZL50装载机配合使用。

图2 高速液压夯实施工机械

2. 场地平整

补强路段路基在夯击前严格按照《公路路基施工技术规范》(JTG F10—2006)要求分层填筑。本项目为土质路堤,其施工质量应符合土质路堤施工质量标准,检测合格后,进行液压高速夯实点的布设。

3. 夯点布置

采用搭接法进行夯击作业,具体夯点布置情况如图3所示。

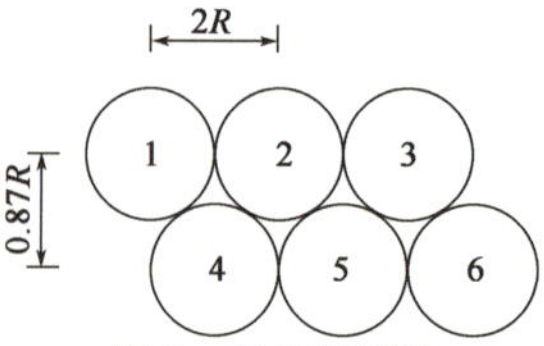

图3 夯点布置图
注:R为落锤半径。

4.施工工艺流程(图4)

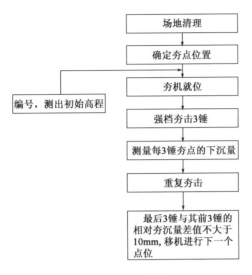

图4 施工工艺图

(三)主要施工步骤

(1)对于夯实的路段,按照施工前的准备进行液压夯实前场地的平整、碾压,并按规范要求的压实标准检测合格。

(2)在路基上放出夯点,用白灰或喷漆标识并编号,之后按照编号测出每一点初始高程。液压夯实机按测量放样的位置就位,使夯锤对准点位。

(3)将夯机调至强档夯击3锤,控制落锤提升高度稳定保持1.2m,保证冲击势能稳定,测量夯点的下沉量并记录。

(4)以强夯档每3锤为一组,累加并记录每3锤的沉降量。

(5)重复第3、4步操作,完成第6锤、9锤、12锤液压高速夯实机夯实,记录每3锤的沉降量,直至最后3锤与其前3锤的相对夯沉量差值不大于10mm。

(6)单个夯点满足夯击标准要求后,移机进行下一点位,采用扇形作业方法,每次作业左、中、右三点,再进行下一排三点施工。

(四)监理主要控制措施

在路基施工监理过程中,总监办依据合同文件、设计图纸及施工规范,认真履行监理职责,严格监督施工,及时发现、解决施工过程存在的问题,积极协调,推进项目顺利开展。在高填方路基施工监理工作中,总监办主要从以下几方面开展质量控制:

(1)及时制定相关监理阶段计划、细则,及时进行监理交底,使项目管理人员熟悉有关技术标准、工作流程及要点。

（2）完善施工监理台账，落实人员，对高填路基补强路段实施动态管理。采取销号管理，根据每个补强路段路基横断面填筑高度，从下至上每4m填土厚度划分各冲击层，明确各路基补强路段冲击层数及各冲击层高程。绘制张贴工程施工形象图，以便直观、清晰地开展管理，督促施工单位合理制订施工计划。相关观测结果表明，高路堤沉降量与降雨量密切相关，高路堤第一个雨季的沉降量约占总沉降量的一半，合理进行路基的施工安排，使高路堤在路面铺筑前经过1个雨季或6个月的自然沉降期以减少工后沉降，并根据计划检查施工单位落实情况。

（3）总监办严格组织开展液压夯和冲击碾压试验路施工，通过对压实度、沉降差指标进行检测，统计分析数据，明确了冲击压实遍数及相关施工工艺参数。

（4）结合项目施工实际情况，总监办与施工单位研究决定K25+635~K25+755高填方段（填土高度在11~26m）作为高速液压机夯实试验路段，收集沉降差、压实度等相关试验数据。高速液压夯实机在路基夯实中击打第3锤至第9锤时，路基沉降变化明显，沉降量在4~8cm；在击打第12至第18锤时，锤击沉降量增长缓慢。路基累计沉降量在9~10cm，路基压实度提高2%~3%，液压夯实补强效果显著。根据试验结果及设计要求，结合项目施工进展需要及费用投资控制等综合因素，经监理、业主、承包人各方商定，按强夯12锤控制并以最后3锤与其前3锤的相对夯沉量差值不大于10mm为标准控制路基补强夯实。

高速液压机夯实试验路路基沉降量和压实度变化曲线如图5和图6所示。

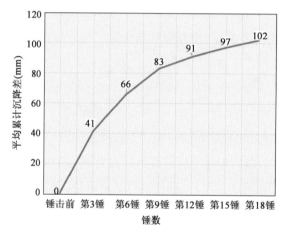

图5　高速液压机夯实试验路路基沉降量变化曲线

（5）落实各级监理人员监理责任制度，明确高速液压机夯实施工的检查方法和内容。管段现场监理人员负责高速液压机夯实过程巡视检查，主要检查现场施工人员及设备到位情况，加强对夯实点的检查，根据路基宽度计算夯点布置数量，现场查看是否满足既定布点间距要求，避免漏夯。在落锤提升至1.2m时在锤身上画好刻度标识，通过机身观察口查看落锤刻度，判断落锤提升高度是否达到1.2m及锤击遍数。注意检查相邻夯点的沉降变化，发现沉降差明显异常的应暂停施工,分析查找原因。夯实后应及时检测压实度增长变化情况,采用灌砂法每1000m²检测2点压实度,有效掌握验证夯实效果。管段监理工程师负责组织冲击前基底及夯实完成后质量检验。强夯前严格检验路基分层填筑厚度、压实度、平整度等指标,应满足相关路基施工规范的要求,路基填筑前应及时对拟作为路堤填料的材料进行取样试验。土的试验项目应包括天然含水率、液限、塑限、颗粒分析、击实、CBR(加州承载比)等,必要时还应做相对密度、有机质含量、易溶盐含量、冻胀和膨胀量等试验,并严格进行试验路,分析总结施工工艺参数。

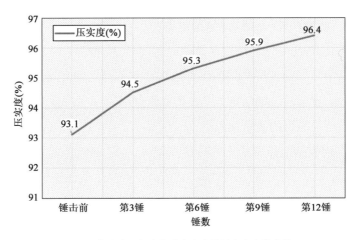

图6　高速液压机夯实试验路路基压实度变化曲线

路基分层填筑应符合下列规定:①性质不同的填料,应水平分层、分段填筑、分层压实。同一层路基应采用同一种填料,不得混合填筑。每种填料的填筑层压实后的连续厚度宜不小于500mm。路基上部宜采用水稳性好或冻胀敏感性小的填料。有地下水的路段或浸水路堤,应填筑水稳性好的填料。②在透水性差的压实层上填筑透水性好的填料前,应在其表面设2%~4%的双向横坡,并采取相应的防水措施。不得在透水性好的填料所填筑的路堤边坡上覆盖透水性差的填料。③每种填料的松铺厚度应通过试验确定。④每一填筑层压实后的宽度不得小于设计宽度。⑤路堤填筑时,应从最低处起分层填筑,逐层压实。⑥填方分几个作业段施工时,接头部位如不能交替填筑,先填路段应按1∶1~1∶2坡度分层留台阶;如能交替填筑,应分层相互交替搭接,搭接长度应不小于2m。严格检查确保路基分层填筑质量,避免施工单位跳过路基分层填筑碾压环节,直接以高速液压夯实代替路基分层碾压,违背施工规范及设计图。严格督促施工单位开展各填筑层质量自检及开展监理抽检工作,重点检查控制基底清理及压实,基底压实控制压实度不小于90%,并做好陡坡路段台阶开挖、填挖交界处理,做好路基填料规格、填筑松铺厚度、含水率、压路机规格型号性能、碾压工艺及碾压遍数等检查,确保分层填筑质量符合路基施工技术规范要求,从根源控制路基填筑施工质量,通过控制路基填筑质量的关键环节,为后续补强提供前提条件。

做好高路堤施工沉降和稳定观测,应符合下列规定:①二级及二级以上公路路堤施工,应进行沉降和稳定的动态观测,观测项目、内容和频率应满足设计要求。②应观测地表沉降与地表水平位移,土体深层水平位移可根据工程需要确定是否观测,观测要求应符合公路路基施工相关技术规范的相关规定。③观测仪器应在软土地基处理后埋设,并在观测到稳定的初始值后再进行路堤填筑。④地基条件差、地形变化大、差异变形大的部位应设置观测点。同一路段不同观测项目的测点宜布置在同一横断面上。⑤如地基稳定出现异常,应立即停止加载,分析原因并采取处理措施,待路堤恢复稳定后,方可继续填筑。⑥施工期间,应按设计要求进行沉降和稳定跟踪观测,观测频率应与路基(包括地基)变形速率相适应,变形大时应加密,反之亦然。填筑期每填一层应观测一次。两次填筑间隔时间长时,每 3~5d 观测一次。路堤填筑完成后,堆载预压期间第一个月宜每 3d 观测一次,第二、第三个月宜每 7d 观测一次,从第四个月起宜每 15d 观测一次,直至预压期结束。⑦各类观测点、基准点在观测期均应采取有效措施加以保护,并在标杆上涂设醒目的警示标志。

(6)通过计量支付控制工程质量,严格执行本项目计量支付管理办法。施工单位在路基补强压实自检合格后方可申请工程现场收方,总监办审查施工质保资料及相关影像图片资料,在相关资料齐全的情况下组织开展质量检验及工程收方。把质保资料及收方资料齐全作为工程支付的必要条件,强化合同、管理意识,有效促使施工单位严格开展路基填筑施工。

(7)要求项目部根据项目施工现场实际情况采用履带吊落锤夯实机对部分高填路基进行补强夯实处理,使用振动压路机、手扶式小型夯实机、高速液压夯实机对墙背、涵台背回填进行压实处理,有效消除细部角落质量隐患。

部分高填路基、挡墙墙背回填进行强夯补强如图 7 所示。

五、取得的监理效果

(1)总监办通过以上方面有效控制路基施工质量,认真履行监理职责,充分发挥监理咨询作用,提高监理服务质量,积极协调处理施工存在的问题,发挥建设单位与施工单位之间桥梁纽带作用,得到建设单位和施工单位的认可。

(2)通过加强沟通交流,充分了解掌握设计意图、设计的标准和要点,以及施工质量控制的要求,加强事前预防控制及过程检查验收,路基质量隐患得到有效消除。在工程质量得到保证的同时积极推进项目路基施工进度,截至 2018 年 8 月上旬,项目已按要求完成 16 段高填路基补强处理,路基压实补强 19.6 万 m^2,在经历雨季后,经总监办日常巡视及专项检查,各高填方段路基稳定,未发现路基下沉现象,路基表面平整,边线直顺,边坡稳定。

(3)通过调整路基压实补强方式,合理选择施工机械,降低施工机械操作难度,高速液压夯实机操作简易且避免扬尘,有效降低高边坡临边施工的安全风险。

(4)通过认真组织开展调查研究,全面了解项目施工环境、条件,严谨制订方案,确保了方案科学合理、经济、操作性强,路基夯实补强方案的调整未发生明显的费用增加,避免了工程投资盲目增加,有效地控制了工程费用。

图7 部分高填路基、挡墙墙背回填进行强夯补强

案例三：橡胶沥青路面防离析控制监理

一、案例背景

（一）工程基本情况

某高速公路起点里程桩号为K30+000,终点桩号为K94+167.382,主线全长56.567km。主线按照四车道高速公路标准建设,设计速度100km/h。主线路面结构为:20cm级配碎石垫层+20cm 4%水泥稳定碎石底基层+35cm 5%水泥稳定碎石基层+8cm粗粒式沥青混凝土下面层+6cm粗粒式改性沥青混凝土中面层+4cm细粒式橡胶沥青混凝土表面层。

（二）监理案例简介

橡胶沥青是指向基质沥青中加入25%的橡胶粉,在180℃以上的高温下,橡胶粉与基质沥青发生反应45min以上,经充分溶胀而形成的一种新的改性沥青胶结料。橡胶沥青明显地提高了沥青的黏弹性,改善了沥青的抗老化能力和温度敏感性,增强了沥青的高温稳定性和低温抗裂性能,在荷载作用下具有良好的裂缝自愈能力,降噪(和橡胶路面弹性相关)——行车舒适性好,路面粗糙(和橡胶沥青级配有关)、防滑性好,路面"更黑",更美观。

橡胶沥青路面试验段施工后,路面中部沥青集中,出现油斑;边部粗集料密集,细集料偏少,出现离析,渗水指标不合格,影响沥青路面通车后的舒适度和耐久性。经过调整沥青配合比,调整混合料出料温度,严格控制现场施工工艺等一系列措施,路面油斑、离析等缺陷明显减少,沥青路面施工质量显著提高。

二、施工单位报来的施工方案及试验段存在的问题介绍

（一）施工方案介绍

SMA-13改性橡胶沥青混凝土,采用基质沥青添加橡胶粉进行改性,碎石采用辉绿岩碎石,采用中心站集中厂拌法施工,沥青混合料出料温度控制在170~185℃。为减少沥青混合料离析,

施工方案中拟采取以下措施：运输时卸料采用三次或多次卸料法；采用最大宽度 13m 的摊铺机，半幅一次摊铺；选择熨平板振捣或用夯锤压实装置的适宜的振动频率和振幅振捣，仔细调节熨平板加宽连接，正确处理好角笼内料的数量和螺旋输送器的转速，缓慢、均匀、连续不间断地摊铺等措施。

（二）试验段存在的问题介绍

（1）试验段一的 80 个检测点中，有 93.8% 的空隙率位于 3%~7%，其中有 27.5 的空隙率位于 6%~7%，路面局部空隙率偏大；试验段二的 80 个检测点中，有 96.3 的空隙率位于 3%~7%，其中有 31.3% 的空隙率位于 6%~7%，路面局部空隙率偏大。

（2）试验段一和试验段二均在路面距中线 0.5~1m 的位置路面发生粗离析，空隙率偏大；当路面现场的空隙率大于 7%，路面发生水损坏的概率大为增加。路面中部局部位置发生油斑，其路面空隙率较小，路面发生车辙的可能性将明显增大。

（3）施工过程中存在细集料分档不符合要求、细集料含水率过大、路面边部发生粗离析的问题。

三、监理单位审批施工方案意见

根据施工单位所报施工方案及试验段存在的问题，对橡胶沥青路面施工提出以下意见：

（1）严格控制沥青混合料级配。加强对原材料来源的控制，保证原材料的来源稳定；对来源不同的石场应分开堆放使用，不得混用；增加对原材料检测频率，加强对各档原材料特别是细集料的质量控制，对不符合设计要求的原材料不予进场使用；加强对级配和热料仓的管控，每天及时进行热料筛分，出现级配波动较大时应及时查找原因并进行调整。

（2）调节改性沥青温度敏感性。在橡胶沥青加工过程中添加 0.5%~0.8% SBS（苯乙烯—丁二烯—苯乙烯三嵌段共聚物）改性剂，提高沥青混合料高温稳定性。

（3）选择最优施工生产配合比。通过试验段一和试验段二的室内、现场试验检测结果及摊铺效果，综合无核密度仪对路面空隙率均匀性的评价和汉堡车辙仪对路面抗车辙性能的评价、燃烧筛分结果及热料筛分结果，对试验段二采用的施工配合比进行微调后，作为上面层的施工生产配合比，配合比为：11~16mm：6~11mm：3~6mm：0~3mm：矿粉 = 36：32：8：20：4；油石比为：6.5%。

（4）调整沥青混合料搅拌和出料温度，严格控制摊铺、碾压温度。橡胶沥青上面层混合料出料温度提高 5℃，调整为 180~190℃（采用插入式温度计测量料车内温度），摊铺温度不低于 165℃，夜间施工摊铺温度不低于 170℃。当气温低于 10℃时，不得进行橡胶沥青混合料路面施工。

（5）尽可能减少收斗次数。摊铺机配备容量应保证均匀连续摊铺，尽可能减少收斗次数，减少因收斗产生的离析现象。

（6）调整摊铺机，严格控制螺旋送料器速度和熨平板位置。摊铺过程中，料斗进料口应完全打开，摊铺机螺旋送料器应不停顿转动，速度不宜太慢，并保持有不小于螺旋分料高度2/3的混合料，使沥青混合料均匀布料，保证摊铺机全宽度断面上不发生离析。熨平板按所需要的厚度固定后，不得随意调整。

（7）严格标准化碾压工艺，做到"紧跟慢压"。摊铺机摊铺速度建议为2.5m/min～3m/min，建议碾压方式为钢轮和轮胎共进退，钢轮和轮胎之间距离一般为10～20m。建议的碾压组合及方式：初压两台双钢轮压路机碾压半遍（前进），碾压速度为2～3km/h；复压紧跟初压进行，两台双钢轮压路机碾压三遍半（初压前进静压，退回开振）双钢轮压路机在前，轮胎压路机在后共同进退碾压三遍，碾压速度为3～4.5km/h；终压紧跟复压进行，一台双钢轮压路机碾压两遍，碾压速度为3～6km/h。

四、案例实施过程介绍

（一）原材料控制要点

1. 集料

按照设计要求备好每档集料，对不同料场，各批次的材料应进行检测验收，经检测，各指标满足设计及规范要求后，准许进场备料。集料按料仓堆放，料仓清洁、干燥、地基稳定、排水良好，铺设有硬质铺面，设隔离墙和雨棚。集料检测结果见表1和表2。

粗集料检测结果　　表1

项目	指标	粒径4～7mm	粒径7～11mm		粒径11～18mm	
针片状颗粒含量（%）	<9.5mm部分≤18	4.3	>9.5mm部分≤12	5.0	>9.5mm部分≤12	5.2
			小于9.5mm部分≤18	5.6	小于9.5mm部分≤18	6.4
表观相对密度	≥2.60	2.822	2.797		2.800	
吸水率（%）	≤2.0	0.12	0.26		0.18	
小于0.075mm颗粒含量（%）	≤1.0	1.0	0.6		0.9	

细集料检测结果 表2

项 目	指 标	检测结果	结果判定
亚甲蓝值	≤25	1.0	合格
砂当量(%)	≥65	69	合格
表观密度(g/cm³)	≥2.5	2.806	合格

2. 矿粉

矿粉是采用石灰岩憎水性石料经磨细所得,矿粉洁净、干燥,能自由地从矿粉仓中流出,其检测结果符合设计及规范要求,矿粉备料满足施工供应要求。矿粉检测结果见表3。

矿粉检测结果 表3a)

项 目	指 标	检测结果	结果判定
表观密度(g/cm³)	≥2.50	2.658	合格
含水率(%)	≤1	0.6	合格
亲水系数	<1	0.6	合格

不同尺寸筛孔矿粉的通过百分率及规定级配范围 表3b)

项 目	指 标	检测结果	结果判定
筛孔尺寸(mm)	0.6	0.15	0.075
通过百分率(%)	100	100	96.8
规定级配范围(%)	100~100	90~100	75~100

3. 橡胶沥青

总监办组织了多次有关橡胶沥青的技术交底,召集生产厂家、邀请技术专家进行交流、学习。

为保证厂家现场加工的橡胶沥青质量稳定,方便施工,适当降低了橡胶沥青黏度。在符合设计图纸的前提下尽量降低橡胶粉的掺量,从20%~25%的掺量降低为16%左右。为调节改性沥青温度敏感性,提高沥青混合料高温稳定性,在橡胶沥青加工过程中添加0.5%~0.8%的SBS改性剂。

派驻试验员入住拌和站,严格监控橡胶沥青现场加工的过程和各项指标。橡胶沥青为现场加工制成,沥青混合料采用湿拌法,其性能满足表4要求。

沥青检测结果 表4

项 目	指 标	检测结果	结果判定
针入度试验(0.01mm)	30~70	58	合格
软化点(℃)	≥70	72.5	合格
延度(cm)	≥5	21	合格
相对密度	—	1.053	—

（二）选择最优的生产配合比

选择两个目标配比在试验段进行验证，并进行优化选择，得到最优的生产配合比。配合比优化结果为（11～16mm：6～11mm：3～6mm：0～3mm：矿粉＝36：32：8：20：4），油石比为6.5%。

1. 试验段试件性能检测结果

两个目标配合比应用路段桩号及各项室内检测指标对比见表5。

橡胶橡胶沥青上面层试验段试件性能检测结果　　　　表5

配合比	施工桩号	油石比（%）	稳定度（kN）	流值（mm）	孔隙率VV(%)	间隙率VMA(%)	饱和度VFA(%)
1	K87+330～K87+590左幅	5.99	13.25	3.1	5.4	17.2	68.4
2	K90+000～K91+000左幅	6.50	12.06	3.2	4.0	17.4	77.0
		—	>8	2.0～5.0	3.5～5.5		65～85

配合比	施工桩号	毛体积相对密度	实测最大理论相对密度	浸水马歇尔稳定度MS（kN）	浸水残留稳定度MS0（%）	冻融劈裂抗拉强度比（%）	动稳定度（次/mm）
1	K87+330～K87+590左幅	2.431	2.571	12.10	92.3	89.5	8955
2	K90+000～K91+000左幅	2.401	2.501	11.45	90	87.3	9975
				>8	>85	>80	>4000

2. 试验段现场检测结果分析

（1）压实度分析(%)。配合比1试验路段压实度检测值为95.0、94.0、94.5、94.5、94.2，平均值为94.4。配合比2试验路段压实度检测值为94.9、95.1、94.8、95.3、96.2，平均值为94.8。经试验检测，试验路压实度检测结果均能满足设计要求，配合比2试验路段压实度相对较好。

（2）平整度分析。配合比1试验段平整度检测数据为0.536、0.599、0.512、0.446、0.475、0.642、0.497、0.494。配合比2试验段平整度检测数据为0.495、0.488、0.544、0.498、0.502、0.525、0.559、0.494。结果均能满足设计要求，配合比2试验段平整度优于配合比1。

（3）弯沉值分析(0.01mm)。试验路弯沉采用贝克曼梁弯沉仪检测，共检78点，合格78点，平均值4.5，代表值7.5，均满足设计与规范要求。

(4)渗水系数分析。配合比1试验段渗水系数为40、108,配合比2试验段为79、66。试验段渗水系数共检测4点,12处,均满足设计要求,配合比2试验段渗水系数指标优于配合比1。

(5)摩擦系数。试验路采用摆式仪法检测摩擦系数,试验结果为79、83,均满足设计及规范要求。

(6)构造深度(mm)。试验路构造深度采用手工铺沙法检测,配合比1试验段构造深度为0.85、1.15;配合比2试验段为0.87、1.08,试验结果均满足设计及规范要求。

(7)厚度(mm)。试验路段厚度采用钻芯法检测,配合比1试验段厚度为36、39、40、43、41,配合比2试验路段厚度为42、41、41、40、40,检测结果均满足设计要求,配合比2试验段厚度指标优于配合比1。

(8)无核密度仪检测结果。试验段一的80个检测点中,有93.8%的空隙率位于3%~7%,其中有27.5%的空隙率位于6%~7%,路面局部空隙率偏大;试验段二的80个检测点中,有96.3%的空隙率位于3%~7%,其中有31.3%的空隙率位于6%~7%,路面局部空隙率偏大。距中0.5~1m的位置空隙率偏大,发生粗离析。试验段无核密度仪检测状况图如图1和图2所示。

试验段一

桩号	0.5	1	1.5	2	2.5	3	3.5	4	4.5	5	5.5	6	6.5	7	7.5	8	8.5	9	9.5	10
K87+280	7.8	7.2	6.3	6.0	5.9	5.8	5.8	6.2	5.4	4.7	5.3	4.6	5.0	5.3	5.4	5.4	5.5	6.0	5.3	6.1
K87+275	7.2	6.8	6.1	6.0	6.4	6.1	7.4	6.9	5.9	6.1	5.5	5.3	6.9	6.0	7.1	6.3	6.4	5.1	6.2	6.1
K87+270	6.9	6.8	5.6	7.0	5.8	5.8	5.8	5.2	5.3	4.6	5.1	4.4	5.8	6.1	5.2	5.5	5.9	5.2	5.3	5.6
K87+265	6.7	6.9	6.1	5.6	5.1	3.8	5.4	5.1	5.6	5.0	4.8	5.2	5.3	4.8	5.2	5.7	5.4	4.3	4.5	4.8

超车道 | 行车道轮迹带 | 中部 | 行车道轮迹带 | 硬路肩
:<3 :3~6 :6~7 :>7

图1 试验段一无核密度仪检测状况图

试验段二

桩号	0.5	1	1.5	2	2.5	3	3.5	4	4.5	5	5.5	6	6.5	7	7.5	8	8.5	9	9.5	10
K87+500	6.9	6.7	5.4	5.8	4.8	5.0	5.1	5.6	5.3	5.7	5.6	6.1	5.5	6.1	4.9	5.7	5.6	5.6	4.7	5.1
K87+505	7.1	6.5	6.0	5.3	4.2	4.9	5.5	5.6	6.4	6.4	5.6	6.2	5.8	5.6	6.0	5.3	4.3	5.2	6.1
K87+510	7.3	6.3	6.7	4.9	5.8	4.6	5.6	6.0	5.7	6.4	6.2	6.0	6.2	5.3	5.5	5.0	5.2	4.6	6.3
K87+515	7.3	7.0	5.6	5.8	5.3	4.9	5.6	6.2	5.6	6.2	6.2	6.1	6.5	6.3	6.2	5.2	5.4	6.1	6.5

超车道 | 行车道轮迹带 | 中部 | 行车道轮迹带 | 硬路肩
:<3 :3~6 :6~7 :>7

图2 试验段二无核密度仪检测状况图

3. 检测结果对比分析

(1)级配一和级配二的马歇尔和车辙试验各项指标试验结果均符合设计要求,两个级配的热料筛分合成级配与设计级配相比整体偏差不大。

(2)试验段一和试验段二的压实度均符合设计要求,但试验段一路面空隙率整体偏大。

试验段一和试验段二的路面厚度、渗水系数和平整度满足设计要求。试验段一和试验段二路面构造深度均满足设计要求,但路面边部与中部相比,边部的构造深度偏大,与路面边部发生粗离析有关。

(3)采用无核密度仪对试验段进行检测发现,试验段一和试验段二路面局部空隙率偏大,发生粗离析。

(4)在本次试验段施工过程中存在细集料分档不符合要求、细集料含水率过大、路面边部发生粗离析的问题。

4. 最优施工生产配合比

由试验段一和试验段二的室内、现场试验检测结果及摊铺效果、无核密度仪对路面空隙率均匀性的评价和汉堡车辙对路面抗车辙性能的评价,以及燃烧筛分结果及热料筛分结果,建议对级配二微调作为上面层的施工生产配合比。推荐配合比为 11~16mm:6~11mm:3~6mm:0~3mm:矿粉 = 36:32:8:20:4,油石比为6.5%。

(三)混合料拌和防离析控制要点

(1)各种集料必须分隔储存,防止污染。集料进场应在料堆顶部平台卸料,经推土机推平后,铲车从底部按顺序竖直装料,减少离析。

(2)拌和机振动筛规格与矿料规格相匹配,最大筛孔宜略大于混合料最大粒径,其余筛的控制考虑混合料的级配稳定,并尽量使热料仓大体平衡,不同级配混合料应配置不同的筛孔组合。热料仓和冷料仓应相匹配,振动筛的筛孔尺寸、安装角度,以及筛层数量与配合比规定的集料规格相吻合,防止等料,尽量减少溢料。

(3)严格控制拌和温度,建议出料温度为180~190℃,不超过195℃,现场安排专人进行检测,建议采用插入式温度计测量。

(4)发现配合比偏差过大或性能指标不合格时应立即通知停机,查明原因予以调整。

(四)混合料运输防离析控制要点

(1)根据拌和能力,为保证混合料的运输、摊铺的连续性,采用大吨位自卸汽车,数量应根据拌和能力、摊铺能力及路面结构、运距而定,运输时间不宜过长,不能无故停留,雨季车辆应配备苫布,防止热拌料运输中途遭雨淋。

(2)在运料车装载时,采用三次或多次卸料法,以减小混合料发生粗、细集料的离析。

(3)从拌和机向运料车上装料时,应多次挪动汽车位置,平衡装料,以减少混合料离析。

（五）混合料摊铺防离析控制要点

（1）摊铺机配备容量应保证均匀连续摊铺，尽可能减少收斗次数，减少因收斗产生的离析现象。

（2）调整摊铺机，严格控制螺旋送料器速度和熨平板位置。摊铺过程中，料斗进料口应完全打开，摊铺机螺旋送料器应不停顿转动，速度不宜太慢，并保持有不小于螺旋分料高度2/3的混合料，使沥青混合料均匀布料，保证摊铺机全宽度断面上不发生离析。熨平板按所需要的厚度固定后，不得随意调整。

（3）采用低速大扭矩马达来降低螺旋分料器的转速。大扭矩马达增加了摊铺机的扭矩和功率，将螺旋分料器的转速下降到80~90r/min，有助于集料中大粒径物料的二次搅拌，对于摊铺环节所导致的横向离析有很好的克服作用。

（4）摊铺机必须缓慢、均匀、连续不间断地摊铺，不得随意变换速度或中途停顿，以提高平整度，减少混合料的离析。对改性橡胶沥青混合料，摊铺速度宜控制在2~3m/min的范围内。当发现混合料出现明显的离析、波浪、裂缝、拖痕时，应分析原因，予以消除。

（5）摊铺温度不低于165℃，夜间施工摊铺温度不低于170℃。当气温低于10℃时，不得进行橡胶沥青混合料路面施工。

（六）碾压控制要点

沥青混合料的压实是保证沥青面层质量的重要环节，碾压应遵循"紧跟、高频、低幅、少水"的原则梯状进行，橡胶沥青混凝土面层碾压参数见表6。

橡胶沥青混凝土面层施工碾压参数表　　　表6

施工工序		施工段落	
		K87+330~K87+590 左幅	K90+000~K91+000 左幅
碾压	碾压机械	13t双钢轮振动压路机3台；30t轮胎压路机2台	13t双钢轮振动压路机3台；30t轮胎压路机2台
	温度控制	初压温度165~170℃，复压温度为150~160℃，终压温度为100~110℃	初压温度165~170℃，复压温度为150~160℃，终压温度为100~110℃
	初压	两台双钢轮压路机碾压半遍（前进），碾压速度2~3km/h	两台双钢轮压路机碾压半遍（前进），碾压速度2~3km/h
	复压	复压紧跟初压进行，两台双钢轮压路机碾压三遍半（初压前进静压，退回开振），双钢轮压路机在前，轮胎压路机在后共同进退碾压三遍，碾压速度3~4.5km/h	复压紧跟初压进行，两台双钢轮压路机碾压三遍半（初压前进静压，退回开振），双钢轮压路机在前，轮胎压路机在后共同进退碾压三遍，碾压速度3~4.5km/h
	终压	终压紧跟复压进行，一台双钢轮压路机碾压两遍碾压速度3~6km/h	终压紧跟复压进行，一台双钢轮压路机碾压两遍碾压速度3~6km/h

注：进行压实作业时，所有压路机保持梯队作业，同进同退避免出现过压情况。

（七）沥青路面检查验收中离析控制要求

沥青路面检查验收分两个阶段,一个是铺筑过程中对铺筑质量进行评定,其检查内容参考《公路沥青路面施工技术规范》(JTG F40—2004)中表11.4.5-1的相关规定,其中外观项目明确要求沥青混凝土路面"无明显离析"。沥青混凝土路面现场检测如图3~图6所示。另一个阶段是竣(交)工验收阶段,按照《公路工程竣(交)工验收办法实施细则》(交公路发〔2010〕65号)执行,其对沥青混凝土路面外观也明确要求路面"无明显离析等现象"。如沥青混凝土离析,则路面离析位置的压实度、渗水、构造深度等检测指标均有可能不合格。

图3　橡胶沥青上面层平整度检测

图4　橡胶沥青上面层摩擦系数检测

图5　橡胶沥青上面层渗水系数检测

图6　橡胶沥青上面层构造深度检测

（八）大面积施工监理现场控制

1. 试验与总结

试验路完成后总监办及时进行了各项指标的检测和各项施工参数的总结，并多次组织召开专家评审会和总结会。试验一段，总结一段，在不断试验、不断总结的过程中找出最优施工配合比、最佳机具组合、碾压遍数等各项施工参数。为后续进一步提高路面施工质量提供了经验。

2. 监理措施

为保证现场质量稳定、施工监理工作有序开展，总监办绘制了沥青路面监理旁站记录表，并下发各监理组，要求按班组及时填写，由专业监理工程师签认、汇报，最后上交总监办存档。总监办对材料、设备、人员、机械、工艺等进行总控，效果较好。

五、取得的监理效果

截至2019年7月30日该项目上面层完工，路面整体均匀、密实。压实度合格率100%，厚度合格率98%，孔隙率控制在3.5~5，渗水系数≤80mL/min，构造深度控制在0.8~1.0mm，平整度标准差控制在0.3~0.5mm，各项指标均在合格范围内，且表面平整密实，无泛油、松散、裂缝和明显离析等现象。试验段和后期大规模施工效果对比如图7和图8所示。

图7 整改前 AC-13 橡胶沥青上面层

图8 整改后 SMA-13 橡胶沥青上面层

案例四：排水沥青混凝土路面施工监理

一、案例背景

（一）工程基本情况

某高速公路西段路面改造工程，全长44.75km，标准路基宽度为26m，主线路面结构层从上至下依次为：4cm PAC-13 排水沥青混合料上面层 + 同步碎石封层 + 8cm AC-25C SBS 改性沥青混合料下面层 + SBS 改性沥青黏层 +2cm AC-10 SBS 改性沥青混合料应力吸收层 + SBS 改性沥青黏层 + 病害处治后水泥混凝土路面。

本项目位于北回归线南侧，属湿润的亚热带季风气候，炎热潮湿，阳光充足，雨量充沛，年均降雨量达1304mm，雨天对行车安全影响明显。PAC 排水沥青路面具有快速排水、高抗滑及低噪声等功能，可有效解决因降雨量大易积水等引发的行车隐患问题。

（二）监理案例简介

（1）与传统密级配沥青路面相比，排水沥青路面可将雨水透入路面内部，通过体内连通空隙将雨水横向排出，从而达到抑制水雾、防止水漂、减轻眩光等优良特性，可显著提高雨天行车安全性和舒适性。排水沥青路面有多孔吸声特征，可降低路侧噪声 3~8dB（A），在国外也作为低噪声沥青路面使用。

排水沥青路面与传统沥青路面技术特点对比见表1。

排水沥青路面与传统沥青路面技术特点对比　　　　　表1

对比要素	PAC 排水沥青路面	AC 沥青路面	SMA 沥青路面
应用现状	欧洲多国、美国、日本广泛应用。我国经近十几年研究和工程验证，铺筑300多公里，已经进入快速推广应用阶段	普通道路广泛应用	高速公路、城市干道大面积推广
混合料特点	大空隙（约20%）、粗料多（约80%）、外加纤维、开级配	各档料较为均衡、密实	沥青多（约6%）、外加纤维、间断级配
行车安全性	高抗滑、制动距离短	抗滑较差	抗滑较好

续上表

对比要素	PAC 排水沥青路面	AC 沥青路面	SMA 沥青路面
雨天行车	雨天行车无水雾,跟车行驶能见度好,可降低雨天事故40%	水雾大、能见度降低、制动距离延长约30m,滑溜事故多	
降噪	低噪声[可降低噪声3~8dB(A)]	噪声较大	噪声中等
视觉效果	路面颜色鲜亮,夜间可吸收前灯照射光,防治眩光	路面色泽较暗、夜间车灯照射有眩光、干扰对向行车视线	
结构强度	采用高黏度沥青材料,抗车辙性能优良	抗车辙性较差	抗车辙性较好
造价(材料总成本比较系数)	1.0	0.842	1.066

（2）与普通沥青混合料配合比设计相比,排水沥青混合料的主要特征为空隙率大,粗集料含量高,以间断级配方式形成石-石嵌挤的"骨架-空隙"结构,采用以往通过马歇尔稳定度试验进行配合设计的方法,难以确定沥青用量。为此,排水沥青混合料配合比设计是以满足空隙率的要求为标准选择以析漏-飞散试验确定最佳沥青用量,同时保证混合料的强度、高温稳定性和耐久性。相关对比见表2～表7。

排水沥青混合料选材　　　　　　　　　　表2

路面类型	PAC 排水沥青路面	SMA 沥青路面
沥青	排水路面专用沥青:采用高黏度改性沥青(高黏度添加剂和SBS改性沥青以8:92进行复合改性),以符合排水沥青路面的高温性能、水稳性、抗飞散性和耐久性要求	SBS(I-D)改性沥青
纤维	聚酯纤维	木质素纤维
添加剂	高黏度添加剂:增强沥青与石料的黏合强度,大幅度提高排水沥青路面的抗水损害、抗飞散和抗车辙等性能	—

排水路面专用改性沥青与 SBS(I-D)改性沥青技术指标对比　　　　表3

指标		单位	检测值	技术要求	SBS(I-D)规范要求
针入度(25℃,100g,5s),不小于		0.1mm	43	40	40~55
软化点($T_{R\&B}$),不小于		℃	100	85	75
延度(5℃,5cm/min),不小于		cm	33.7	30	20
运动黏度(170℃),不大于		Pa·s	1.245	3	—
运动黏度(60℃),不小于		Pa·s	752293.5	300000	—
弹性恢复(25℃),不小于		%	98	95	75
相对密度(25℃)		—	1.027	实测记录	实测记录
RTFOT 后残留物	质量变化,不大于	%	0.37	±0.6	±1
	针入度比(25℃),不小于	%	90.8	70	65
	延度(5℃),不小于	cm	24.2	22	15

排水路面与 SMA-13 沥青路面混合料试验检测对比　　　　表 4

试验项目	单位	实测值	技术要求	SMA-13 沥青路面
马歇尔试件击实次数	次	50	双面击实 50 次	双面击实 75 次
纤维	%	0.1	—	—
油石比	%	4.8	—	—
毛体积相对密度（体积法）	—	2.121	实测	实测
理论相对密度	—	2.721	计算	计算
空隙率（体积法）	%	22.1	18～25	3～4.5
矿料间隙率	%	30.8	—	≥16.5
马歇尔稳定度	kN	7.34	≥5.0	≥8
谢伦堡沥青析漏试验的结合料损失	%	0.23	≤0.8	≤0.1
肯塔堡飞散试验的混合料损失	%	9.8	≤15	≤15
动稳定度	次/mm	10353	≥6000	≥5000
浸水马歇尔试验残留稳定度	%	94.8	≥85	≥85
冻融劈裂试验残留强度比	%	86.7	≥80	≥80
渗水试验（车辙板）	mL/min	6884	≥5000	200
流值（0.1mm）		3.63	—	15～40

碾压工艺比较　　　　表 5

路面类型	PAC 排水沥青路面	AC、SMA 沥青路面
碾压工艺	静压（严禁振动）	振压

路面开放交通时间对比　　　　表 6

路面类型	PAC 排水沥青路面	SMA-13 沥青路面
开放时间	封闭交通 48h，冷却定型；紧急情况需要提早开放交通时，可洒水冷却至表面温度低于 50℃（不得大面积使用）	混合料表面温度低于 50℃后方可开放交通

沥青路面噪声测试　　　　表 7

检测项目		排水路面	SMA 路面
噪声测试[dB(A)]110km/h	晴天	81.8	88.1
	雨天	83.7	91.4

（3）采用透水标线，如果使用传统热熔刮涂型标线会在排水路面上造成排水路面孔隙堵塞，雨天形成积水带，对排水沥青路面造成道路功能的衰减，影响道路结构使用功能，且标线下渗增加材料用量。透水标线具有可排水、高防滑和全天候反光性能，可解决传统标线积水、堵塞孔隙的问题，并增加了标线的黏结力、雨夜反光效果及路面抗滑值。

（4）PAC-13 排水沥青上面层施工工艺（图 1）。

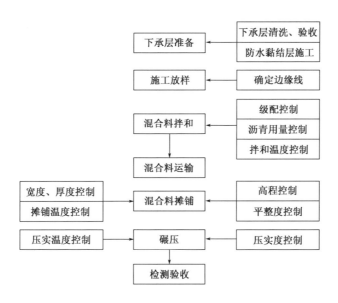

图 1　PAC-13 排水沥青上面层施工工艺流程图

二、施工单位报来的施工方案介绍

（一）材料投入

（1）沥青。采用厦门华特集团有限公司 SBS 改性沥青（Ⅰ-D）。

（2）粗集料。采用辉绿岩碎石，颗粒形状良好，洁净、干燥、无风化和杂质。

（3）细集料。采用石灰岩机制砂，颗粒形状良好，洁净、干燥、无风化和杂质。

（4）矿粉。石灰岩磨细的矿粉，干燥、洁净、无风化、无杂质。

（5）高黏度添加剂。排水沥青专用改性剂，在沥青混合料生产过程中采用"干法"添加。
高黏度添加剂∶SBS 改性沥青 =8∶92。

（6）聚酯纤维。在排水沥青混合料中掺入沥青混合料质量的 0.1%±0.02%（外掺），纤维技术指标应符合要求。

（7）生产配合比见表 8。

生产配合比　　　　表 8

材料规格	1 号粗集料（11～16mm）	2 号粗集料（7～11mm）	3 号细集料（0～4mm）	矿粉	油石比
配比（%）	44	42	10	4	4.8

（二）主要机械设备（表9）

主要机械设备表　　　　　　　　　　　　表9

序号	机械名称	功率或能力	数量	用途
1	间歇式沥青混合料拌和站	安迈-5000	1套	混合料生产
2	摊铺机	福格勒 super2100-3	1台	路面摊铺
3	双钢轮压路机	悍马 HD138	1台	路面碾压
4	双钢轮压路机	DYNAPAC 戴纳派克	2台	路面碾压
5	轮胎压路机	徐工 XP302	2台	路面碾压
6	运输汽车	30t	12辆	运料
7	小型压路机	HD10	1台	压实边缘
8	全自动沥青洒布车	—	1台	黏层洒布

（三）防水沥青黏结层质量控制

采用改性热沥青洒布车1台，具备自动加热功能，洒布量精度控制在±0.02kg/m²。沥青黏层洒布前，应将路面的浮尘、泥土、杂草、树叶等杂物和污染痕迹清扫干净，下承层应保持干净、干燥，并经业主、监理验收合格后开始洒布SBS改性沥青黏结层。洒布温度为180～190℃，沥青洒布量为1.5kg/m²±0.1kg/m²，碎石撒布后撒铺量为满铺的60%～70%。

（四）混合料拌和设备及拌和控制

采用安迈5000型间歇式沥青拌和机，额定生产能力为400t/h，排水沥青混合料实际拌和产量220t/h，每盘的生产周期不宜少于65s，其中"集料＋纤维"干拌时间为15s，随后喷洒沥青，同步投入排水沥青路面专用改性剂拌和10s，3～5s后投放矿粉，矿粉投放完后湿拌35s。拌和温度参数见表10。

拌和温度参数（℃）　　　　　　　　　　　表10

集料加热温度	改性沥青加热温度	废弃温度	出料温度
185～200	160～170	≥195 ≤175	175～185

（五）混合料运输控制

沥青混合料运输车辆载重为30t，运料车每次使用前后清扫干净，在车厢板上涂一薄层隔离剂，从拌和机或储料仓向运料车上装料时，应多次挪动汽车位置，至少分三次移动装料，第一次靠车厢前部，第二次靠车厢后部，第三次车厢中部，以减少混合料离析。运料车采用篷布覆盖及加盖双层保温棉隔热保温,运料车厢板设温度专用检测孔,孔口距车厢底面约30cm,采用数字显示插入式热电偶温度计检测沥青混合料的出厂温度和运到现场的温度,插入深度要大于15cm。沥青混合料在摊铺地点凭运料单接收,若混合料不符合摊铺温度要求或已经结成团块、已遭雨淋的不予铺筑使用,作废处理。

(六)混合料摊铺控制

采用1台福格勒super2100-3型摊铺机整幅摊铺,摊铺机采用的是平衡梁自动找平进行等厚加铺,在开始摊铺前1h,应预加热分料器和熨平板至110℃。松铺系数为1.20,摊铺机必须缓慢、均匀、连续不间断地进行摊铺,不得随意变换速度或中途停顿。摊铺速度应控制在1.5~2.5m/min。施工温度参数见表11。

施工温度参数(℃)　　　　　　　　　　　　　　　　表11

摊铺温度 (摊铺机内)	碾压开始温度 (摊铺层内部)	胶轮碾压温度 (混合料表面)	开放交通 (封闭48h)
不低于160	不低于155	80~90	不高于50

(七)混合料碾压控制

由于排水沥青路面空隙率高达18%~25%,粗集料基本为点与点接触,容易压实,也容易将集料压碎,排水沥青路面碾压主要控制均匀压实和集料多次碾压搓揉达到稳固。沥青混合料压实采用振动压路机和胶轮压路机组合的方式,按照"紧跟、慢压"的原则进行碾压。排水沥青上面层碾压工艺为2台双钢轮静压初压4遍+2台轮胎复压2遍+1台双钢轮静压终压1遍,严禁振动压实。

三、监理单位审批施工方案意见

总监办审查PAC-13排水沥青混合料上面层试验路专项施工方案提出以下意见:
(1)加装现场机械监控仪。
(2)做好现场施工协调,尽量采用白天施工。
(3)增加1台轮胎压路机作备用。
(4)1台洒布车平均洒布距离300m,不能满足施工要求,须增加1台全自动沥青洒布车。
(5)施工接缝采用铣刨机处理。

四、施工监理控制方法

(一)施工准备阶段的监理

1. 原材料检测

试铺前由试验室按照规范要求对进场的原材料进行抽检,各种原材料检测结果满足相关要求。原材料取样检测如图2所示,沥青抽样检测如图3所示。

图2　原材料取样检测　　　　　　　　图3　沥青抽样检测

2. 原材料防污染措施

(1)从源头对原材料进行把控,选取含泥量较少的碎石。

(2)集料生产过程中采用碎石水洗设备等进行除尘处理。

(3)在石料装车前对运输车车厢进行清洗,使用篷布覆盖防止灰尘污染。

3. 配合比试验验证监理

把好配合比审核关,对承包人提交的设计配合比认真进行验证,同时在试铺前反复进行混合料的试拌,从而确保试铺时施工配合比的准确性。

4. 施工机械检查

试铺前由专业监理工程师对到场机械设备进行了详细检查,沥青拌和站、运输车辆、双钢轮振动压路机、轮胎压路机、摊铺机、沥青碎石封层洒布车等机械设备数量、型号、状态满足一个作业面施工的需要。

5. 下面层检查

施工前先将下面层表面杂物清扫干净,人工用2台森林灭火器吹除表面灰尘,铁锹清除杂物,必要时采用洒水车进行冲刷,保证下面层表面干净。

6. 人员的配置与分工

总监办在试铺前通过认真组织安排,现场安排路面监理工程师、试验检测工程师、测量监理工程师、监理员等相关人员进行全过程旁站监理,采集相关现场数据。

(二) 同步碎石封层施工监理

(1) 喷洒的SBS改性沥青必须均匀,在路面全宽度范围内均匀分布,碎石预拌0.4%(按照集料重量计)的SBS改性沥青进行预裹覆(裹覆温度在150℃~180℃)。碎石撒布后撒铺量为满铺的60%~70%。

(2) 碎石撒铺后,应及时用轮胎压路机紧跟预裹覆沥青碎石撒布车碾压成型。胶轮压路机碾压1~2遍(往返为1遍)。现场应检查洒布均匀性,对不满足要求的局部及时处理。

(3) 监理控制注意事项:

①改性热沥青的洒布温度控制在160~170℃。

②每次横向接头洒布前采用油毛毡或铁皮沿接头边缘将已洒布的路段遮挡覆盖住,然后再进行洒油施工,避免横向接缝处沥青发生重叠。

③控制辉绿岩碎石撒布面积在60%~70%。

④局部漏洒位置,人工使用喷壶均匀补洒多遍改性乳化沥青,增加与下面层黏结作用、起到封水效果,杜绝雨水下渗。

防水黏结层施工如图4所示,洒布车起步时垫油毛毡如图5所示,人工涂抹乳化沥青如图6所示,同步碎石封层撒布量检测如图7所示。

图4 防水黏结层施工

图5 洒布车起步时垫油毛毡

图6　人工涂抹乳化沥青

图7　同步碎石封层撒布量检测

（三）排水沥青路面施工监理

1. 排水沥青混合料拌和

本项目采用安迈5000型沥青混合料搅拌站，总监办建议拌和楼每盘沥青混合料拌和质量为4t，其中高黏度添加剂为14.65kg，纤维为4kg。

2. 拌和场监理控制要点

总监办派设监理人员留守沥青拌和站，检查拌和的混合料所用材料是否与设计要求一致、同时确保拌和站混合料的出场温度符合要求。

（1）常检查纤维、高黏度剂是否均匀投放、精准。

（2）按批次抽样检测进场原材料。

（3）利用高速公路质量监控系统"黑匣子"，严格控制生产比例、油石比。

（4）随时监控混合料拌和温度。

（5）拌和开始后试验室对当日沥青混合料进行矿料级配、沥青含量、马歇尔试验、车辙试验、最大理论密度试验，拌和结束后对热料仓取样进行筛分和密度试验，检查配合比是否符合要求。

混合料出厂温度检测如图8所示，纤维、高黏度剂检查如图9所示，严格控制生产比例、油石比如图10所示，沥青拌和站安装高速公路质量监控系统如图11所示。

3. 混合料运输监理要点

（1）要求施工单位维护好施工便道，做好交通管制，提高运输车辆的速度，缩短运输时间。

（2）在运输车装料前，为防止沥青与车厢黏结，在车厢侧板和底板应均匀涂抹薄层隔离剂（图12）。沥青混合料运输车应分前、后、中三次装料，尽量减少混合料级配离析。

图8　混合料出厂温度检测

图9　纤维、高黏度剂检查

图10　严格控制生产比例、油石比

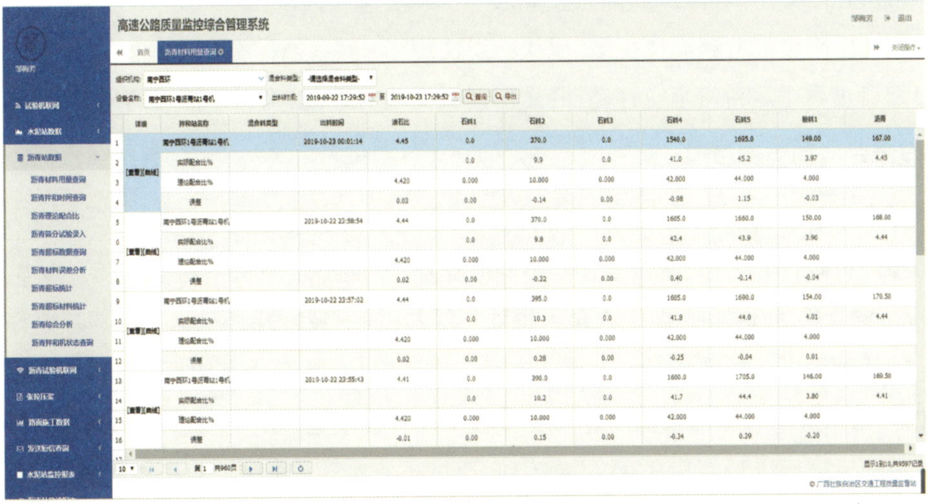

图11　沥青拌和站安装高速公路质量监控系统

一、路基路面工程监理 | 045

(3)与密级配混合料相比,排水沥青混合料的空隙率较大,其散热速度较快,运输车必须做好保温处理,应采用单层篷布+棉被覆盖混合料。在运输车到场后,应监控排水沥青混合料的到场温度(图13),要求到场温度不得低于160℃。

图12 涂抹薄层隔离剂

图13 混合料到场温度检测

(4)要求安装GPS(全球定位系统)定位系统,记录运输时间及行车路线,确保混合料温度,并为后面的质量问题回溯提供相应的数据依据。

(5)运输车施工区域前采用水车冲洗轮胎,保持干净。进施工封层区域前,铺设均匀喷洒隔离剂的防粘布,防止粘轮。

(6)热拌沥青混合料采用大吨位车辆运输,不得超载运输,或紧急制动、急弯掉头使封层造成损伤。车辆数量根据运输距离、摊铺速度确定,适当留有富余,摊铺机前方运料车控制在2~3辆,等候车辆不宜过多。

(7)为防止施工中散热过快,卸料完成前不得掀开保温棉被。

(8)车厢壁附近混合料温度损失、成块不得使用。

(9)卸料过程中运料汽车应挂空挡,靠摊铺机推动前进,以确保摊铺层的平整度。

4. 混合料摊铺监理要点

(1)摊铺作业前,将熨平板温度预热至110℃以上,摊铺速度应控制在1.5~2.5m/min。

(2)摊铺机应行驶匀速、缓慢且连续不间断作业,不能出现停机待料或者随意改变摊铺速度等情况。混合料未压实前,施工人员不得随意踩踏(情况特殊除外),人工不应反复修整。

(3)铺筑过程中选择熨平板的振捣或夯锤压实装置,应具有适宜的振动频率和振幅,以提高路面的初始压实度。摊铺机初始夯实度控制在65%~70%。

(4)摊铺机螺旋送料器应不停顿地转动,速度不宜太慢,并保持有不少于螺旋分料高度2/3的混合料。

（5）在摊铺机上安装沥青路面施工北斗智能监控系统（图14），控制现场温度，保证现场排水混合料压实质量。

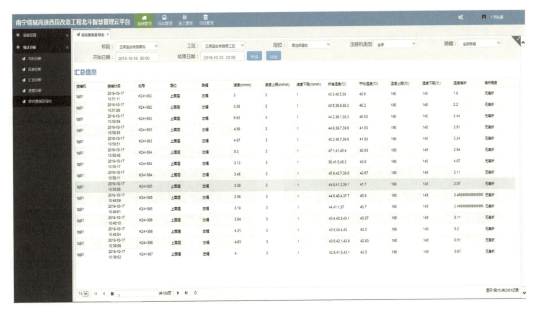

图14　沥青路面施工北斗智能监控系统界面

（6）摊铺过程中随时检测摊铺宽度、厚度、高程、平整度、路拱，若不符合要求应及时调整。排水沥青混合料摊铺温度检测如图15所示，摊铺厚度抽检如图16所示。

图15　排水沥青混合料摊铺温度检测　　　　　图16　摊铺厚度抽检

5. 碾压监理要点

本项目采用静压工艺："2台双钢轮静压初压4遍+2台轮胎复压2遍+1台双钢轮静压终压1遍"的组合形式，紧跟慢压，严禁振动压实。要求初压碾压温度控制在155~165℃，轮胎压路机碾压温度控制在80~100℃。

(1)在碾压机械上安装沥青路面施工北斗智能监控系统,控制现场压实遍数,保证现场排水混合料压实质量。

(2)压路机行驶速度保持均匀一致,不得在未碾压成型的混合料和刚碾压成型的路面上转向,也不得停留在高于80℃且已压实成型的路面上。

初压、碾压梯队、复压、终压如图17~图20所示。

图17 初压

图18 碾压梯队

图19 复压

图20 终压

(3)对于大型压路机不能碾压到的位置,使用小型压路机进行补充碾压(图21)。

(4)应避免出现过压现象,造成排水沥青路面沥青膜损伤(图22)。要求施工单位现场安排专人负责指挥协调各台压路机的碾压路线和碾压遍数,做到不超压、不欠压,使摊铺面在较短时间内达到规定的压实度。如出现沥青膜损伤的情况,当天立即采用0.10~0.15kg/m²(残留物含量大于60%)改性乳化沥青洒布1~2遍。

(5)碾压完成后,使用6m直尺对路面进行平整度检测。沥青下面层施工完成后实行交通管制,摊铺完成12h以上,待表面温度低于50℃后方可开放交通。

图 21　小型压路机进行补充碾压

图 22　沥青路面表面过压造成沥青膜损伤

6. 接缝处理

由于横向接缝为冷接缝,处理难度较大,但处理的好与坏将直接影响路面的平整度,为此应采取以下措施:在已铺层顺路中心方向,2~3个位置先后放3m直尺,并找出表面纵坡或已铺层厚度开始发生变化的断面(已铺层表面与3m直尺底面开始脱离接触处),然后用切缝机沿此断面切割成垂直面,切割时不得损伤下层路面,并将切缝一侧不符合要求的尾部铲除。

施工缝使用小型铣刨机进行铣刨处理如图23所示。

7. 标线施划

由于本项目上面层采用排水沥青路面,热熔型标线会造成排水路面孔隙堵塞,雨天形成积水带,因此采用点状透水标线(图24)。

(1)透水标线。严格按设备操作程序进行操作,根据路面和当时气温条件做好固化剂用量的控制,固化剂用量应在施工前试验确认,其用量应根据施工环境温度等实际情况微调,调整后的涂料在路面上反应时间宜控制在15~30min,按设计控制玻璃珠撒布量。透水标线施划中和施划后如图25和图26所示。

图23 施工缝使用小型铣刨机进行铣刨处理

图24 点状透水标线

图25 透水标线施划中

图26 透水标线施划后

(2)透水标线施工常见问题及处治方式(表12)。

透水标线施工常见问题及处治方式　　　　表12

序号	常见问题	处治方式
1	涂料反应时间过快或过慢	调整固化剂用量,如反应过快时适当减少固化剂用量,过慢时适当增加固化剂用量
2	标线两组分重合不好	调整喷枪高度直到重合一致
3	两组分消耗量不一致	首先看两套喷涂系统在压力、管径等是否一致,不一致时应调整一致,调整涂料黏度基本一致
4	B组分管道出现块状涂料或絮状物	B组分涂料在加入固化剂时可能没有搅拌均匀以致固化剂量大的区域首先反应,严重时会造成设备损坏,注意一定要搅拌均匀
5	标线边缘不整齐,有锯齿状形状	设备压力不稳或压力不够,调整设备参数
6	标线反光效果不佳或逆反射值达不到要求	调整玻璃珠撒布量及选择合适玻璃珠

(3)监理控制要点及重点。

①原材料是否合格,定期抽样检测。

②需划线部位是否清扫。

③检查标线长度、宽度、厚度,是否按设计图纸施工。

④标线两组分是否重合。

⑤标线边缘是否整齐,有锯齿状形状。

五、取得的监理效果

总监办按照"严格监理、优质服务、科学公正、廉洁自律"十六字方针,充分利用拌和站"黑匣子"监控系统和智能压实系统,严格控制生产比例、油石比,控制现场温度和压实遍数,保证现场排水混合料压实质量。

(一)平整度检测结果

通过摊铺后现场检测,上面层平整度均小于0.8mm,满足设计及规范要求,检测结果合格。PAC-13排水沥青路面平整度检测见表13。

PAC-13 排水沥青路面平整度检测表　　表13

序号	桩　　号	平均值(mm)			规范要求值(mm)
		超车道	行车道	应急车道	
1	K45+800 上行线	0.379	0.388	0.393	≤0.8
2	K45+900 上行线	0.369	0.387	0.392	
3	K46+000 上行线	0.382	0.382	0.391	
4	K46+100 上行线	0.393	0.391	0.384	
5	K46+200 上行线	0.394	0.392	0.399	
6	K46+300 上行线	0.363	0.395	0.399	

(二)厚度、压实度检测结果

通过摊铺后现场检测,其厚度偏差值均小于0.8mm,满足设计及规范要求,检测结果合格。PAC-13排水沥青路面厚度和压实度现场测试结果见表14,排水沥青路面钻芯如图27所示。

PAC-13 排水沥青路面厚度和压实度现场测试结果　　　　　表 14

桩 号	PAC-13 排水沥青混合料			
	位置（m）	实测厚度（mm）	标准密度压实度	最大理论密度压实度(%)
K45+900	上行线距中线 8.75m	45	101.7	79.3
K46+000	上行线距中线 8.75m	44	99.7	77.7
K46+100	上行线距中线 8.75m	43	99.8	77.8
K46+200	上行线距中线 8.75m	45	100.1	78.1
K46+300	上行线距中线 8.75m	45	99.4	77.5
K46+488	上行线距中线 5.0m	40	99.7	77.8
要求		≥36mm	≥98%	77~83%

图 27　排水沥青路面钻芯

（三）渗水系数检测结果

通过摊铺后现场检测，上面层渗水系数均大于 5000mL/min，满足规范及设计要求，检测结果合格。排水沥青路面渗水系数现场测试结果见表 15，排水沥青路面渗水系数检测如图 28 所示。

排水沥青路面渗水系数现场测试结果　　　　　表 15

桩 号	位 置	渗水时间（s）	渗水系数（mL/min）	平均值（mL/min）	技术要求（mL/min）
K46+300 上行线	距中线 5.0m	2.9	8276	7925	≥5000
	距中线 7.0m	3.2	7500		
	距中线 9.0m	3.0	8000		
K46+200 上行线	距中线 4.5m	3.1	7742	7828	
	距中线 6.5m	3.0	8000		
	距中线 10m	3.1	7742		

续上表

桩　号	位　置	渗水时间（s）	渗水系数（mL/min）	平均值（mL/min）	技术要求（mL/min）
K46+100 上行线	距中线 4.5m	3.4	7059	7600	≥5000
	距中线 7.2m	3.1	7741		
	距中线 9m	3.0	8000		
K46+000 上行线	距中线 4.6m	3.3	7272	7201	
	距中线 7m	3.4	7059		
	距中线 9m	3.3	7272		
K45+900 上行线	距中线 4.5m	3.4	7059	7353	
	距中线 6.5m	3.2	7500		
	距中线 9m	3.2	7500		

图 28　排水沥青路面渗水系数检测

（四）构造深度、抗滑摩擦系数检测结果

通过摊铺后现场检测，上面层构造深度大于 1.2mm、抗滑摩擦系数大于 52BPN，满足规范及设计要求，检测结果合格。排水沥青路面抗滑摩擦系数检测结果见表 16，排水沥青路面构造深度检测结果见表 17，上面层抗滑摩擦系数检测如图 29 所示，上面层构造深度检测如图 30 所示。

排水沥青路面抗滑摩擦系数检测结果　　表 16

检测桩号	检测位置	摆　值	平均值	技术要求
K46+450 上行线	距中线 4.5m	73	72	≥52
	距中线 6.5m	67		
	距中线 9m	72		
K46+350 上行线	距中线 4.6m	70		
	距中线 7.0m	78		
	距中线 9m	78		

续上表

检测桩号	检测位置	摆值	平均值	技术要求
K46+150 上行线	距中线 4.5m	75	72	≥52
K46+150 上行线	距中线 7.2m	73		
K46+150 上行线	距中线 9m	76		
K46+050 上行线	距中线 4.5m	67		
K46+050 上行线	距中线 6.5m	71		
K46+050 上行线	距中线 9.8m	69		
K45+950 上行线	距中线 4.0m	69		
K45+950 上行线	距中线 7.0m	71		
K45+950 上行线	距中线 9.2m	69		
K45+850 上行线	距中线 4.5m	73		
K45+850 上行线	距中线 7m	68		
K45+850 上行线	距中线 9m	71		

排水沥青路面构造深度检测结果　　　　表17

检测桩号	检测位置	构造深度（mm）	平均值（mm）	技术要求（mm）
K46+450 上行线	距中线 4.5m	1.98	1.99	≥1.2
K46+350 上行线	距中线 8m	2.12		
K46+150 上行线	距中线 3m	2.15		
K46+050 上行线	距中线 9m	1.93		
K45+950 上行线	距中线 7m	1.93		
K45+850 上行线	距中线 4m	1.84		

图 29　上面层抗滑摩擦系数检测

图 30　上面层构造深度检测

（五）路面噪声检测结果

路面噪声监测数据见表18，上面层路面噪声检测如图31所示。

路面噪声监测数据 表 18

桩　　号	监 测 日 期		监 测 时 间	平均值[dB(A)]
K45 + 960 上行线	2019 年 07 月 27 日	昼间	10:15 ~ 10:35	73.0
	2019 年 07 月 27 日	夜间	22:06 ~ 22:26	69.9
K46 + 130 上行线	2019 年 07 月 27 日	昼间	10:50 ~ 11:10	73.2
	2019 年 07 月 27 日	夜间	22:40 ~ 23:00	69.4

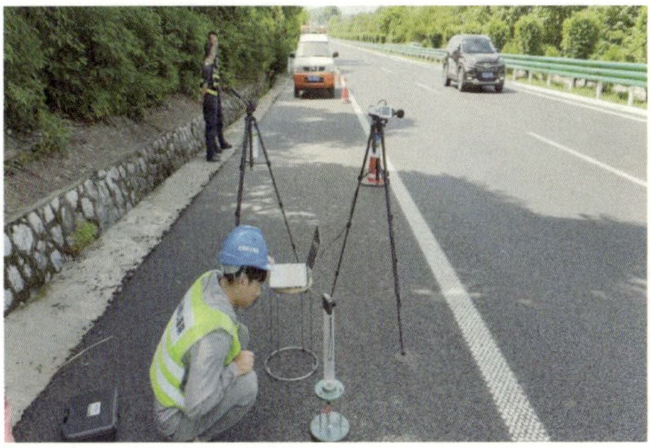

图 31　上面层路面噪声检测

（六）透水标线逆反射系数检测

现场检测透水标线逆反射系数均大于 150cd · lx^{-1} · m^{-2}，满足规范及设计要求，检测结果合格。透水标线逆反射系数检测见表 19，透水标线逆反射系数检测如图 32 所示。

透水标线逆反射系数检测 表 19

桩　　号	颜　　色	反光标线逆反射系数测试值（cd · lx^{-1} · m^{-2}）	标准要求（cd · lx^{-1} · m^{-2}）
K46 + 100 上行线	白色标线	397、387、357、388、379、381、388、388	≥150
K46 + 400 上行线	白色标线	397、388、382、377、366、372、385、383	
K46 + 700 上行线	白色标线	378、399、368、376、372、377、369、388	
K46 + 900 上行线	白色标线	369、377、388、375、366、368、373、377	

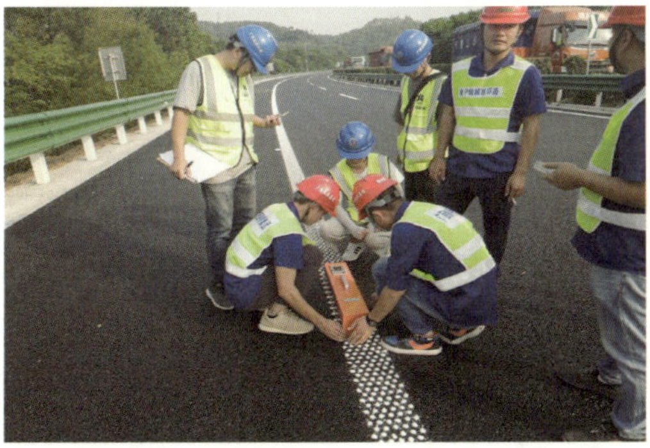

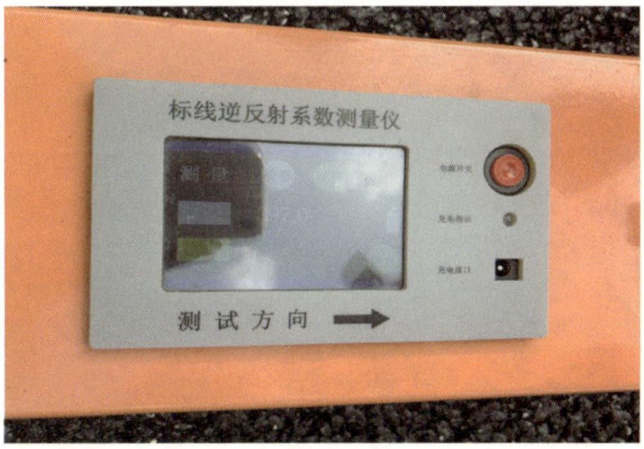

图 32　透水标线逆反射系数检测

（七）排水沥青路面表面无泛油、松散、裂缝和明显离析等现象（图33）

各项指标均符合要求。平整度控制在 0.4mm 以下，行车舒适。透水标线逆反射系数达到 $350 cd \cdot lx^{-1} m^{-2}$ 以上，可提高夜间行车安全，内优外美，安全高效，科技绿色，力争达到社会满意的高速公路。

图33　排水沥青路面表面无泛油、松散、裂缝和明显离析

案例五：新旧路基搭接施工质量控制监理案例

一、案例背景

（一）工程基本情况

某高速公路改扩建工程，原有高速公路为双向四车道，路基宽度为24.5m，设计采用两侧搭接方式扩建为八车道，改扩建后路基宽为42.0m，其中车道宽为$2×4×3.75m$，中分带宽为4.5m，硬路肩宽为$2×3.0m$，土路肩宽为$2×0.75m$。行车道和硬路肩采用2%的路拱横坡，土路肩横坡为4%。主要工程量：路基土石方挖方160万m^3，填方37万m^3；扩建及新建大小桥梁共11座、涵洞52座、通道37座；新建沥青路面63万m^2。

（二）监理案例简介

本工程现有道路已运营20年，路基状况总体良好，但沿线路基路面局部段发生了不同程度的变形与病害，常见病害问题主要包括：路基失稳沉陷、桥头台背沉陷、差异沉降、路面结构损坏和支挡结构损坏等。项目从台阶开挖、填前压实、填料控制、新旧路基补强、铺设土工材料、路床新旧搭接、挖除原有旧路肩二灰基层，以及对旧路基主要病害进行了有效处理。路面纵向开裂如图1所示。

图1　路面纵向开裂

1. 施工工艺

填料试验→基底处理→台阶开挖及处理→试验确定工艺及参数→新旧路基拼宽补强处理→铺设土工材料→涵背反开挖处理→新旧路床拼宽处理→旧路基病害压浆处理。

2. 填方路基拼接技术方案

(1) 填方路基拼接方案要严格按照设计图纸给定的方案进行开挖拼接。

(2) 施工前要对地基状况进行核查,要选择合理的施工方案,保证软土处理及路基拼接后原路基的稳定性。

(3) 路基填筑前要对原地表进行清理,视地质情况考虑清表后是否再采用翻挖。地表耕植土层清除厚度一般按0.3m进行计算,清表后进行填前压实(按0.2m计列压实下沉量),翻挖按0.3m计算,达到压实要求后再填筑路基。鱼塘、水塘地段要视路堤高度不同、地质条件不同采取不同的清淤方法,确保清淤时老路基的稳定。

(4) 台阶的开挖采用挖掘机结合人工的方式进行。对台阶处的旧路填土进行天然含水率和力学性能的检验。

(5) 台阶立面要求机械开挖时预留10cm,台阶壁设置4%斜坡。

(6) 应结合路基施工分段落、分级进行开挖。高填方路段,要对旧路基进行稳定性验算后再决定台阶开挖的工序。台阶自下而上开挖一级填筑一级。

(7) 在进行路基填筑时,要加强与旧路台阶结合处的碾压,人工清理台阶结合处的虚土,路基拼接台阶碾压到边。对与旧路基的拼接部位要作为重点进行施工。

(8) 尽量避免旧路基开挖断面长时间地暴露,当路基填筑完成一层时方可开挖上一层台阶,降雨时要及时对已开挖的旧路基台阶采用防水布进行覆盖。

(9) 路堤填筑前,原地面先清除表土并回填压实,再进行冲击碾压20遍补强,使得压实度不小于90%,路堤填筑过程中每填筑2m高度也进行冲击碾压20遍补强。

(10) 在新旧路基填筑上运用土工合成材料能有效地增强旧路基与拼接路基土体间的连接性,限制和协调路基土体的变形,均化荷载,提高拼接路基的抗剪强度,增强拼接路基的整体性。具体措施为:在上、下路床底部各设置1层双向土工格栅外,同时在路堤中设置若干层高强土工格室,垂直间距为1.5~2m(当边坡高度大于5m时取小值)。

(11) 为加强路基拼接处的强度,每两级台阶顶面结合处待正常压实后进行夯实补强处理,采用多功能液压夯实机施工,夯实宽度为2m。

3. 存在的技术难题

(1) 拓宽处地基过陡。

陡坡路堤处理加宽时常采用重力式挡墙。当原地基存在潜在滑移面时,拓宽路基将沿此滑移面滑移。

(2) 拓宽处地基软弱。

软弱地基如结合部不足,加之软弱层具有流动性,则会导致侧向变形大,软弱地基土向路堤外侧挤出,致使边坡失稳。

(3) 地基变形差异(新旧路基沉降差异)。

差异性大:土质、土体压缩性、固结时间、自重、长期荷载等不协调因素,均能反映至路堤顶面,造成路面结构的损坏。

(4) 填方高度不同(新旧路基沉降差异)。

填方高度不同会出现沉降的差异性,其横断面存在自重的变化,使路堤自身压缩变形和地基固结变形产生不均匀沉降,也会反射到路面结构层。

(5) 压实度不同(新旧路基沉降差异)。

压实度不同尤其是边缘压实度,经通车运行压缩变形已完成,而新建路基施工结束后仍在发生一定的压缩变形。填料的密实度是产生相关病害的直接原因。

(6) 排水影响。

排水设施是导致路基不协调变形的直接因素。

4. 具体成因分析

(1) 新路基填方施工压实不足导致下沉。

(2) 软基未处置或处置方案不妥造成路基沉降。

(3) 桥涵通道等构造物与路基衔接,使用的回填材料不适或施工方法不当而未能充分压实,造成路基下沉。

(4) 半填半挖路基,在填挖交界处未按规范要求开挖台阶并分层填筑压实。

(5) 填料含水率过大,未经适当晾晒直接填筑,导致路基压实度达不到规范要求。

(6) 填方过程发现填筑宽度不够或中线偏位,采取镶边填补处理措施,在镶边时又未按规范要求开挖台阶和自下而上分层填筑压实,造成镶边部分工后下沉。

(7) 清淤不到位或填筑工作面堆放的淤泥未清理干净,从而进行填方施工,致使新填路基下沉。

(8) 将路基弃方特别是软基弃方直接堆弃在路基边坡上,导致路基边缘拉裂破坏,最终造成路基失稳。

5. 采取的措施

从以下 10 个方面采取措施保证新旧路基拼接成型的稳定性:①台阶开挖控制;②对松散边坡的处治;③拼宽路基填前压实的控制;④拼宽路基填料的控制;⑤新旧路基搭接补强处理;

⑥铺设土工材料;⑦路床新旧搭接处理;⑧挖除原有旧路肩二灰基层的处理;⑨加强试验检测;⑩旧路基主要病害及处理。

6. 达到的效果

(1)路基搭接成型后整体稳定性较好,路床各项指标满足设计及规范要求。
(2)路面成型后整体稳定性较好,沥青路面未出现纵横向开裂及反射裂缝。
(3)荣获"真武阁杯"奖。

二、施工方案及施工方法

(1)为加强新旧路基的整体稳定性,避免或减少纵向裂缝和横向错台的发生,在填筑加宽路基前,先对旧路基边坡进行清坡处理,清坡厚度均为30cm,开挖大于2.50m宽台阶,并设向路基内侧的4%坡度。

(2)加强拼接路基填前碾压,路基清表后严格控制填前压实质量,压实度不小于90%。

(3)为减少新旧路基的沉降差,新填路基要求使用符合要求的填料,项目在路基填筑过程中严格进行路基填料土工试验,保障填料符合设计要求。

(4)加强新旧路基搭接补强压实。满足常规压实度要求下,对路基填土每填高3层(75cm),使用配备直径100cm、自重2t夯锤的高速液压夯实机对路基新旧搭接台阶部位等进行补强夯实,夯实有效宽度为2.4m,每点夯实3遍,夯印重叠三分之一,举锤高度要求不小于90cm,夯实后进行压实度检测,要求压实度标准比现行《公路工程质量检验评定标准 第一册 土建工程》(JTG F80/1)提高1~2个百分点。

(5)铺设土工材料。

①填土高度大于3m的路段,每填高1.5m铺设一层高强土工格室,用来增强路基的整体性。在路床新旧路基搭接处铺设两层土工格栅增强两者的整体性及均匀性。本项目路基横断面布设与新旧路基的搭接关系密切,其搭接方式主要按一般填方路基、一般挖方路基、低填路基、浅挖路基、浸水路基、陡坡路基、挡土墙路基7类进行分别设计,其间,再进行细化布局。

②土工格栅技术措施及工艺要求:

a. 土工格栅试验。土工格栅试验的各项性能指标符合设计要求。每延米纵(垂直线路方向)横(顺线路方向)断裂荷载分别为60kN/m、20kN/m,纵横断裂伸长率≤3%。土工格栅材料按设计要求尺寸进行裁剪。

b. 测量放线。根据设计图纸放出土工格栅铺设的位置,用石灰线标出。

c. 结合处旧路开挖。按照设计要求对旧路进行开挖,开挖后应采用振动压路机对开挖的台阶进行碾压。

　　d. 基底处理。对基底进行整平、碾压，要求平整度不大于15mm，压实度达到设计要求，表面严禁有碎石、块石等坚硬凸出物。

　　e. 铺土工格栅。土工格栅为单层，宽度一般为2~3m，铺设前应确定基底是否碾压整平。合格后在平整好的路基上按设计宽度铺设土工格栅，土工格栅长孔方向铺设时与线路走向垂直。根据土工格栅的铺设宽度，加上土工格栅两端回折长度，截取单幅土工格栅长度铺设，铺设时两人竖拉土工格栅两端，两人抬起土工格栅中部。土工格栅要拉直平顺，紧贴下承层，不得出现扭曲、折皱、重叠。接缝处用U形钉锚固，接缝搭接黏合强度应符合有关要求。

　　f. 填筑土方。在土工格栅上用人工配合挖掘机铺设设计厚填土，整平后再用压路机碾压密实。

　　③土工格栅专项质量控制要点：

　　a. 土工格栅铺设前，先对基底进行处理并压实，达到设计要求，路基填筑坡率及压实度均应符合设计及规范要求，表面平顺。

　　b. 严禁直接在土工格栅上走行机械。

　　c. 土工格栅使用前应避光储存，铺设后尽快进行上层路基填筑，避免长时间暴晒。一般情况下，间隔不超过48h。

　　d. 土工格栅搭接处用U形钉锚固。铺设时绷紧、拉挺，避免折皱、扭曲或坑洼。土工格栅沿纵向拼接采用搭接法，搭接宽度不小于30cm。

　　(6) 新旧路基搭接处理。新旧路基搭接应对原路堤路肩范围路床进行超挖0.8m，宽度不小于4m，检测顶面压实度合格后进行液压夯补强，上下路床各铺设一层高强度土工格栅增强两者的整体性及均匀性。

　　(7) 挖除原有旧路肩后旧路二灰基层存在突块，应避免其影响压路机的贴边压实。

　　(8) 加强试验检测，确保每层检测厚度及压实度，保证路基填筑压实质量。

　　(9) 旧路基主要病害及处理。针对本项目的特点和区内处理路基病害的经验，采用注浆法处理旧路基的病害，包括一般路基沉陷，路基土蠕变滑移，桥头、涵背下沉等。注浆孔采用双排等边三角形布置，孔径4cm，孔距2.5m，处理范围主要为行车道范围，处理深度视地质条件及填土高度取路面底高程以下3.5~7.0m。

三、施工方案的审批意见

（一）总监办发现的问题

　　(1) 缺少旧填方路基边坡开挖后边坡松散或局部垮塌处理措施。

(2)新旧路基涵背回填采用普通材料回填,存在不均匀沉降的风险。

(3)缺少新旧路基搭接处及旧路基的病害压浆处理。

(二)总监办提出的监理要求

(1)旧填方路基边坡开挖后遇到边坡松散应采用液压振动平板夯补强夯实,对于边坡局部垮塌采用加大拼宽范围挖至密实的坡面,同时对坡面进行液压振动平板夯补强夯实,防止边坡二次垮塌。

(2)新旧路基涵背回填容易产生不均匀沉降,要求承包人采用无砂大孔进行涵背回填处理,确保涵背回填质量。

(3)为了减少新旧路基搭接处不均匀沉降及整体路基稳定性,要求承包人增加新旧路搭接处及旧路基的病害压浆处理。

经过业主、设计、施工、监理四方的讨论协商结果,同意采用监理提出的处理措施。

四、案例实施过程介绍

(一)事前监理

(1)审查承包人的施工组织设计的科学性及可操作性和质量保证体系的有效运作。

(2)审查承包人提交的施工方案,发现问题后提出监理要求,取得各方同意后采用监理人员提出的处理措施。应防止:①旧填方路基边坡开挖松散、垮塌;②新旧路基涵背回填不均匀沉降;③新旧路基搭接处及旧路基的病害等质量通病的发生。

(3)审查承包人开工报告,确保人员、材料、机械、施工工艺、施工方法满足施工要求。

(二)事中监理

(1)旧路基开挖填筑前检查临时排水措施是否开挖到位。

(2)旧路基台阶开挖过程中检查台阶开挖位置,台阶的宽度、高度、坡度,发现问题及时指出,整改到位。对于部分旧路基边坡开挖后土颗粒黏结力较小,形成边坡松散及局部垮塌,监理人员应进行全过程跟踪落实,要求承包人采用液压振动平板夯从边坡底部向上补强夯实,每个夯点夯5~10s,重复三分之一夯印。对于边坡局部垮塌的采用加大拼宽范围,旧路基边坡挖至密实的坡面,同时对坡面进行液压振动平板夯补强夯实(图2),防止边坡二次垮塌。对于容易松散及垮塌的边坡应开挖一级填筑一级,根据施工生产能力确定边坡开挖长度,避免边坡开挖过长过、多导致大面积垮塌。

(3)台阶开挖的验收。

①台阶开挖宽度、高度、坡度、密实度进行符合性验收。

②边坡松散处理后的稳定性验收。

③边坡垮塌界面处理过程及处理后稳定性的验收。

旧路基边坡清坡及台阶开挖处理如图3所示。

图2　液压振动平板夯夯实边坡

(4)巡视检查表土清理是否到位,严格控制路基填前压实质量,对管辖路段的填前压实进行检测验收,对压实度不满足90%要求的进行返工处理,在达到要求前不得进行下道工序施工。路基压实度检查如图4所示。

图3　旧路基边坡清坡及台阶开挖处理

(5)每日巡视检查路基的填料质量及来源,查看是否满足设计及规范要求,禁止采用不合格填料用于路基填筑,对于擅自采用不合格填料进行填筑施工的填筑层进行返工处理。路基填料最小强度和粒径要求如图5所示,土工标准试验审批如图6所示。

图4　路基压实度检查　　　　　图5　路基填料最小强度和粒径要求

一、路基路面工程监理　|　063

(6)巡视检查承包人是否按施工方案要求进行画网格控制厚度填筑施工,对于未按要求画网格填筑施工的提出整改要求,并对路基填筑层的压实度、厚度进行检测,对不合格填筑层进行返工处理,确保路基每层填筑质量满足设计及规范要求。画网格控制厚度填筑施工如图7所示。

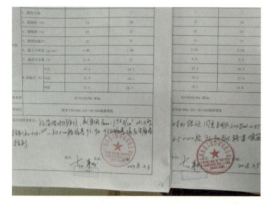 

图6　土工标准试验审批　　　　　　　　图7　画网格控制厚度填筑施工

(7)加强巡视检查新旧路基纵向搭接、填挖交界处有效压实范围、补强夯实工艺,特别是夯实宽度、夯实遍数、夯锤高度,确保每填筑3层,夯实满足设计要求后(设计要求压实度标准比相关标准提高1~2个百分点),经监理人员验收合格后,方可进行下层填筑施工。高速液压夯夯实补强及补强后的压实度检测如图8所示。

图8　高速液压夯夯实补强及补强后的压实度检测

(8)严格控制土工格栅、土工格室的施工质量,检查进场的土工材料质量是否满足设计要求,铺设后经监理人员验收合格后方可进行下道工序施工,确保新旧路基搭接的整体性及均匀性。铺设高强土工格室如图9所示,路床底铺设高强土工格栅如图10所示。

(9)全过程跟踪涵背回填无砂大孔施工工艺,涵背回填基坑反开挖到位后,经监理人员验收深度及宽度合格后,全程旁站无砂大孔施工过程。涵背反开挖处理如图11所示。

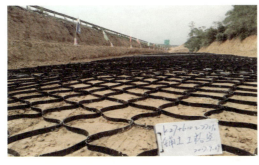

图 9　铺设高强土工格室　　　　　图 10　路床底铺设高强土工格栅

（10）对全线旧路基病害进行排查，包括一般路基沉陷、路基土蠕变滑移、桥头、涵背下沉等。对旧路基病害段落需要注浆处理的进行过程跟踪处理，钻孔施工主要对孔位、孔径、孔深、孔距进行监理验收，压浆施工主要对压浆机压力、浆的指标进行验收，并记录压浆量及压浆部位压浆后是否存在变形，记录位置检查。路基注浆处理如图 12 所示。

图 11　涵背反开挖处理　　　　　图 12　路基注浆处理

（11）质量问题零容忍，发现问题及时下发工作指令或监理通知单，并跟踪督促承包人进行针对性的整改回复。

五、取得的监理效果

（1）路基搭接成型后稳定性较好，路床各项指标满足设计及规范要求。路床整体效果如图 13 所示。

（2）路面成型后整体稳定性较好，沥青路面未出现纵横向开裂及反射裂缝。路面整体效果如图 14 所示。

图 13　路床整体效果　　　　　　　　图 14　路面整体效果

案例六：AC-13C SBS 改性沥青混凝土路面施工监理

一、案例背景

（一）工程基本情况及特点

某高速公路全线采用双向四车道，设计速度为 100km/h，路基宽 26m，分离式路基为 13m，路面宽度为 11.25m；汽车荷载等级为公路-Ⅰ级，设计洪水频率：特大桥为 1/300，大、中、小桥、涵洞及路基为 1/100。

一般路段路面结构层（以 K448+500～K449+000 段左幅为例）为（从上至下）：4cm AC-13C SBS 改性沥青混凝土（橡胶沥青混凝土）上面层、改性乳化沥青黏层、6cm AC-20C SBS 改性沥青混凝土中面层、改性乳化沥青黏层、8cm AC-25C 沥青混凝土下面层+改性乳化沥青黏层、2.5cm AC-10F 沥青混凝土功能层+改性乳化沥青黏层+沥青透层、33cm 5% 水泥稳定碎石基层、20cm 4% 水泥稳定碎石底基层、20cm 级配碎石粒料层，其中 AC-13C 沥青混凝土上面层采用 SBS 改性沥青，碎石采用辉绿岩碎石。路面结构层图如图 1 所示。

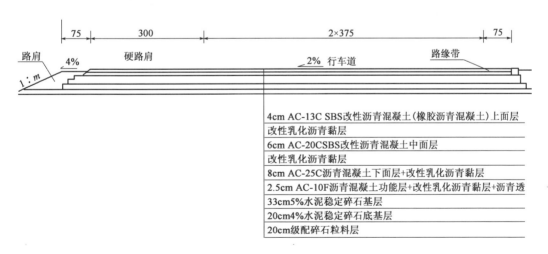

图 1　路面结构层图（尺寸单位：cm）

（二）监理案例简介

本次监理案例主要叙述路面上面层 SBS 改性沥青混凝土施工过程中如何控制施工质量，从原材料检验、混合料（拌和过程）质量、施工过程质量、质量验收等方面分析，主要目的是为了提高监理整体工程管理水平及打造品质工程。

二、施工单位报来施工方案介绍

为提高路面上面层 SBS 改性沥青混凝土施工工艺及施工质量，施工单位针对路面上面层 SBS 改性沥青混凝土施工做专项施工方案，主要对工料机投入、施工工艺方法、施工计划、安全文明措施等做了合理安排。

三、监理单位审批施工方案意见

项目部报送专项施工方案，根据《公路工程施工监理规范》（JTG G10—2016）等相关规范要求审核。编审程序符合相关规定和安全技术措施，符合工程建设强制性标准，同意按该专项施工方案指导施工。现场管控好质量的同时，做好安全、文明施工和环境保护工作。

四、案例实施过程介绍

（一）监理方案

督促施工单位严格按照其施工专项技术方案指导施作，严格各道工序验收关，严抓细节，使其内在质量及外观质量满足设计及规范要求，打造品质工程。

（二）监理控制技术要点

1. 主要技术要求（表1~表3）

SBS 改性沥青（I-D 技术指标要求） 表1

序号	检验项目	单 位	设计指标要求	规范要求
1	密度（15℃）	g/cm³	实测记录	实测记录
2	针入度（25℃，100g，5s）	0.1mm	30~50	30~60
3	针入度指数 PI		≥0	≥0
4	延度（5℃，5cm/min）	cm	≥25	≥20

续上表

序号	检验项目		单位	设计指标要求	规范要求
5	软化点(环球法)		℃	≥75	≥60
6	运动黏度(135℃)		Pa·s	≤2.8	≤3
7	闪点(COC法)		℃	≥230	≥230
8	溶解度		%	≥99.0	99.0
9	弹性恢复(25℃)		%	≥80	≥75
10	储存稳定性离析,48h软化点差		℃	≤2.2	2.5
11	旋转薄膜烘箱试验 163℃,75min 或薄膜烘箱试验:163℃,5h	质量变化	%	±0.8	±1.0
		残留针入度比(25℃)	%	≥70	≥65
		残留延度(5℃)	cm	≥20	≥15

沥青混合料设计指标　　　　　　　　表2

设计指标	技术要求
空隙率VV(%)	4~6
饱和度VFA(%)	65~75
流值FL(mm)	1.5~4
马歇尔稳定度MS(kN)	≥8
浸水马歇尔残余稳定度(%)	>85
冻融劈裂的残留强度比(%)	≥80
粗集料与沥青的黏附性	≥5级
动稳定度(次/mm)	≥4000
沥青	改性

沥青混合料用天然砂规格　　　　　　　表3

层位	通过下列方孔筛(mm)的质量百分率(%)						
	31.5	19.0	9.5	4.75	2.36	0.6	0.075
沥青上面层	100	100	68~85	38~68	24~50	10~28	4~8

2.工艺控制流程(图2)

3.施工准备阶段监理要点

(1)原材料的控制检查。

严控原材料来源及规格,及时对其质量进行抽查。如发现材料来源、规格与承包人报验的材料发生变化时,监理工程师应对材料质量进行全面检查,使其符合规范和设计要求,不合格的材料严禁使用。

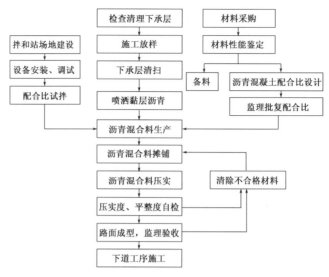

图 2　工艺控制流程

①沥青。运到现场的每批沥青都应附有制造商(或生产厂家)的证明和出厂试验报告,并说明装运数量、装运日期、订货数量等。沥青的各项技术指标经取样试验应符合现行《公路工程沥青及沥青混合料试验规程》(JTG E20)的规定。

②粗集料。各种集料应洁净、干燥、无风化、无杂质,具有足够的强度、耐磨耗性。根据相关规定进行检验,不同规格的粗集料必须分开存放,并设立明显的标志牌。

③细集料。细集料应干净、坚硬、干燥、无风化、无杂质或其他有害物质,并有适当的级配。

(2)沥青混合料配合比审批。

沥青路面开工前要求承包人对沥青混合料的配合比进行试验后监理工程师审批。只有经过监理工程师审核批准的配合比,才能在拌和站试拌,才能最终确定施工用配合比是否在工程施工中使用。

(3)施工机械设备的检查。

对沥青路面施工机械、设备的配备数量及运行质量进行检查,本项目采用福格勒全幅摊铺机,拌和站采用安迈5000型一套。

(4)放样及下承层检查。

施工放样包括高程测量与平面控制两项内容。施工前,监理工程师应对承包人的施工放样自检报告进行复核、审核,且对下承层表面进行检查,应清洁、干燥、无任何松散的石料、尘土与杂质,并且不允许有油污。

4. 施工阶段的监理要点

(1)SBS改性沥青混合料的拌制。

应派遣现场监理人员监控混合料的拌制质量、拌和时间、出厂温度、外观质量和取样。

①拌和时间。

沥青混合料拌和时间根据具体情况经试拌确定,以沥青均匀裹覆集料为度,间歇式拌和机每盘生产周期不宜少于45s(其中干拌时间宜为5~10s)。

②出厂温度。

应逐车测温记录SBS改性沥青混合料的温度。当混合料出厂温度过高,已影响沥青与集料的黏结力时,混合料不得使用。出厂温度超过正常温度高限的30℃时,混合料应予废弃。

③外观质量要求。

检查SBS改性沥青混合料的均匀情况,有无花白料、结团成块或严重的粗细料分离现象,不符合要求时不得使用,并应及时要求施工单位调整。

④取样。

监督施工单位拌和厂取样在机卸料斗下方,应遵循每放一次取一次,连续几次取样,混合均匀,按四分法取样。在运输车上取样,装料一半后开出去,在车厢内不同方向的3个不同高度取样,混在一起拌和取所需数量的宜从3辆不同运输车上取样混合。在施工现场取样,在摊铺后未碾压前未摊铺宽度两侧1/2~1/3位置取样。将摊铺层的全部铲出,每摊铺一车,取料一次,连续取3车后,按拌匀四分法取足够数量。可在摊铺机螺旋拨料杆拌匀的一端,边前进边取样。

(2)SBS改性沥青混合料的运输。

监理工程师检查运距和运输能力是否与沥青混合料摊铺机的摊铺速度相匹配,运料时是否有保温、防雨、防污染、防粘板措施,以及不得超载运输,或施工现场不得紧急制动、急弯掉头的安全技术交底记录。

(3)SBS改性沥青混合料的摊铺。

①摊铺前的检查。

摊铺沥青混合料前,监理工程师应检验确认下层的质量。当下层质量不符合要求,或未按规定洒布改性乳化沥青黏层和防污染措施未到位时,不得铺筑沥青路面。摊铺机开工前应提前0.5~1h预热熨平板,熨平板温度不低于100℃,第一次受料前应在料斗内涂少量柴油,以防粘料,待等候的运料车多于5辆后才开始摊铺。现场已洒布改性乳化沥青黏层如图3所示,现场清理表面如图4所示。

②机械铺筑。

本项目采用机械全幅整体式摊铺,以减少纵向搭接,保证沥青上面层平整度。严控摊铺机行进速度,压路机及时跟进碾压,不得造成前面摊铺的混合料冷却。

图3 现场已洒布改性乳化沥青黏层

图4 现场清理表面

③摊铺温度。

稳定的温度控制是 SBS 改性沥青混合料施工的关键环节之一,因此,在 SBS 改性沥青路面工程中应按表4中所示温度进行控制,保证混合料质量。监理人员检测运输车到现场时的温度如图5所示,监理人员现场检测摊铺温度如图6所示。

SBS 改性沥青混合料正常施工温度范围　　　　　　　　表4

工　序	温度范围(℃)
改性沥青加热温度	160~165
集料加热温度	190~220
改性沥青混合料出厂温度	170~185
混合料最高温度(废弃温度)	195
摊铺温度,不低于	160
初压开始温度,不低于	150
碾压终了的表面温度,不低于	90
开放交通,不高于	50

图5 监理人员检测运输车到现场时的温度

图6 监理人员现场检测摊铺温度

④摊铺厚度。

本项目通过试验段已确定其松铺系数为1.25,摊铺过程中严格控制松铺厚度(图7)。

⑤摊铺速度。

SBS改性沥青混合料必须缓慢、均匀、连续不间断地摊铺。摊铺过程中不得随意变换速度或中途停顿,并应符合2~6m/min的要求。

(4)SBS改性沥青混合料压实及成型。

①压实要求。

压实后的SBS改性沥青混合料面层应符合本项目的平整度、压实度、总层厚和上面层厚度要求。

图7 监理人员现场检测摊铺厚度

②压实过程。

SBS改性沥青混合料的压实分为初压、复压、终压3个压实阶段,三阶段尽可能在高温度下进行,按照"紧跟、慢压、高频、低幅"的原则进行,碾压采用先边后中,先低后高,先慢后快的方式。其质量检验应根据压实过程的特点进行。

a.初压。初压应在紧跟摊铺机后碾压,并保持较短的初压区长度。采用2台13t双钢轮压路机静压1遍,碾压速度为2~3km/h均匀碾压。碾压时应将压路机的驱动轮面向摊铺机,从外侧向中心碾压,在超高路段则由低向高碾压,在坡道上应将驱动轮从低处向高处碾压。初压后应检查平整度、路拱,有严重缺陷时应进行修整乃至返工。

b.复压。复压是采用2台13t双钢轮压路机振动2~3遍,碾压速度为3~4.5km/h,然后用26t轮胎压路机碾压3遍,碾压速度为3~5km/h,均匀碾压,紧跟上初压,不得随意停顿,压路机碾压段的总长度宜控制在60~80m,相邻碾压带应重叠1/3~1/2的碾压轮宽度,用高频频率低振幅,以防止集料破碎。振动压路机折返时应先停止振动。

c.终压。终压是采用1台13t双钢轮压路机紧接在复压后进行静压1遍,碾压速度为3~5km/h,均匀碾压,至无明显轮迹为止,保证路面平整度。如出现泛油、油斑应要求施工单位适当降低油石比并从搅拌、装料等方面注意避免混合料的离析,确保混合料均匀。监理人员现场旁站碾压如图8所示。

图8 监理人员现场旁站碾压

图9　监理人员检测碾压温度

③碾压温度。

应随时检查沥青面层的碾压温度（图9），路面压实成型的最高温度应符合规定。

④接缝的处理。

本项目因整体式摊铺只存在横向接缝，采用平接缝形式。监理工程师应检查接缝的施工质量，宜趁尚未冷透时用凿岩机或人工垂直刨除端部厚度不足的部分，使工作面直角连接（不伤至下层路面，及时冲洗干净待干燥后涂刷黏层油）。相邻两幅及上下层的横向接缝均应错开1m以上，接缝施工使用3m直尺检查，各接缝压路机碾压时先沿着接缝平行方向，再沿着纵向一体碾压，使接缝处的面层紧密、平整、顺直。

5. 开放交通

改性沥青混合料表面温度低于50℃后，方可开放交通。

（三）监理措施

1. 组织保证措施

总监办建立了工程质量保证组织机构、质量管理制度和奖惩制度，落实责任，做到责任明确，奖罚分明。如存在质量隐患，监理工程师未及时发现提出纠正的，总监办将追究责任，扣减绩效工资。

2. 事前监理控制措施

(1) 监理工程师应认真审查施工单位提交的专项方案是否符合设计及规范的强制性要求和建设单位颁发的《高速公路施工标准化管理实施细则》的要求。

(2) 监理工程师应认真检查相应设备的适用性和完好情况，确保施作工程时机械设备的正常使用，避免施工机械对工程质量的不良影响。

(3) 监理工程师应审查进场材料的出厂质量证明文件，检查施工单位对进场材料的检验结果如沥青、集料，严格按照抽检频率进行抽检，并对沥青材料进行见证取样和送外委检测。不符合设计、规范要求的材料不得使用，并坚决限期清除出场。

(4) 监理工程师应分析掌握工程施工质量控制的重点和难点，拟定相应的质量控制应对措施。检查施工现场施工单位对施工班组的技术交底和安全交底情况，考察现场技术管理人员对施工工艺和技术要求的了解和掌握情况。

3. 事中监理控制措施

(1) 对于洒布改性乳化沥青黏层,监理工程师应复核现场是否破乳,确保上下层黏结质量。

(2) 在压实过程中应注意如下问题:

①压路机在碾压全过程中不得在没有完全压实的路面或者没有完全冷却的路面上转向、掉头、停车滞留,这样会造成沥青混合料推移、拥包、开裂、凹坑等现象。

②碾压过程中压路机操作应平稳,碾压速度不能过快,停车、加速和转向不能过猛,否则会使碾压轮在沥青混合料表面滑移,可能造成表面出现裂纹。

③如果环境温度低或大风天气会造成铺筑的沥青混合料表面迅速冷却,结成硬壳,碾压时也会造成裂纹。因此,气温较低、大风天气应迅速摊铺,及时碾压。

④出现表面裂纹后,一般可以在终压之后用轮胎压路机碾压 4~6 遍,这样可以在一定程度上消除细小裂纹。

⑤振动压路机严禁在已经完全压实并且完全冷却的路面开启振动,这样会造成路面损坏。

(3) 应对施工过程进行全程旁站,并填写监理日记及巡视记录,真实记录施工过程情况。

五、取得的监理成效

K448+500~K449+000 段左幅 SBS 改性沥青路面经抽检,按《公路工程质量检验评定标准》(JTG F80/1—2017)进行工程质量等级验收评定,工程评定为合格工程。严格按照合同文件、设计图纸、施工技术规范来实施监理,严格要求施工单位按照批准的施工组织设计、施工工艺及质量要求进行施工。施工单位在施工过程中均能按照施工技术交底方案进行组织施工,各项工作能切实服从监理指导意见,使施工工作顺利、圆满完成,无质量及安全事故发生。

上面层构造深度检测如图 10 所示,上面层抗滑摩擦系数检测如图 11 所示。

图 10 上面层构造深度检测

图 11 上面层抗滑摩擦系数检测

Part 2

桥梁工程监理

案例一：钢管拱桥拱座基础大体积混凝土施工质量监理

一、案例背景

（一）工程基本情况

某高速公路北互通连接线上一座特大型桥梁工程，桥全长1035m，主桥为跨径575m（净跨径548m）的中承式钢管混凝土结构拱桥，南引桥为(40m+60m+2×35m)现浇预应力混凝土连续梁桥，北引桥为(50m+60m+50m)+(3×40m)现浇预应力混凝土连续梁桥。

该桥北岸拱座基础为整体式圆形基础（图1），几何形态为一半径27.3m、厚度6m的圆形大尺寸混凝土构件，基础地面高程为+11m，顶面高程为+17m，基础持力层为注浆卵石层，钢管拱桥两个分离式拱座均位于圆形基础之上。圆形拱座底板混凝土设计强度为C30，体积为14048.4m³。依据现行《大体积混凝土施工标准》(GB 50496)对大体积混凝土的定义，拱座底板为典型的大体积混凝土。

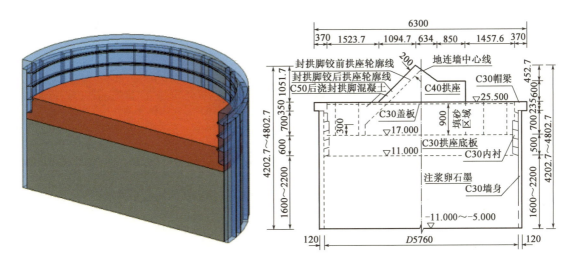

图1 拱座圆形底板基础（红色部分）（尺寸单位：cm）

（二）监理案例简介

桥梁大体积混凝土结构极易在施工期因混凝土温度收缩、自收缩等出现开裂,进而影响结构的耐久性,因此,必须从混凝土原材料及其性能指标设定、混凝土配合比优化设计方面,形成用于实际工程大体积混凝土配合比及其配套施工工艺,保证满足其力学性能和施工性能。

本监理案例结合对该桥北岸拱座基础施工的监理工作,主要介绍桥梁基础大体积混凝土施工的技术方案,存在的技术问题或难题,采取的施工和监理措施,以及达到的工程效果。

二、施工单位报来的施工方案介绍

（一）混凝土施工配合比

总监办试验室对拱座混凝土所用原材料进行平行试验,对承包人提交的设计配合比进行验证试验,总监办试验室对拱座混凝土配合比共进行了7次验证试验,7组配合比均符合了预期目标要求。

根据原材料测试、配合比试验结果,选取本工程拱座底板大体积混凝土原材料。在原材料优选的基础上,综合强度、工作性能、绝热温升、变形性能和耐久性能测试结果,确定混凝土施工配合比,见表1。

表1 底板大体积混凝土施工配合比（kg/m³）

材料	水泥	砂	碎石	水	粉煤灰	减水剂	抑制剂
用量	210	786	1109	155	137	5.250	3.5

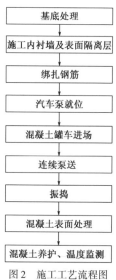

图2 施工工艺流程图

（二）施工工艺流程

北岸拱座底板施工采用一次性连续浇筑施工工艺,其工艺流程如图2所示。

（三）混凝土施工方法

1.基底、内衬表面处理

对地下连续墙基底的开挖、油毛毡沥青隔离层等,总监办根据设计图纸、现场调查和以往的监理经验,对地下连续墙基底开挖的高程、油毛毡沥青隔离层的厚度进行重点控制。对可能出现开挖过程出现涌水、坑底出现隆起的问题,油毛毡沥青隔离层出现搭接宽度不够等问题做了相应的要求：一是采用集水井配合潜水泵将水排出基坑；二是进行坑底隆起监测；三是对油毛毡沥青隔离层搭接全面检查。实施的情况如下：

地下连续墙内部开挖至基底+11m设计高程后，检查确认基底是否已完全置于卵石层，零星未揭露卵石层地段应向下超挖至卵石层，利用C30混凝土填充至基底+11m设计高程。底板和内衬之间施工一层油毛毡沥青隔离层，隔离层厚度为1cm，以防止大体积拱座底板构件的混凝土收缩开裂。

（1）垫层施工。

垫层施工主要控制指标是基底高程和大面平整。监理交底的主要重点是清理好表面浮土、做好排水措施，浇筑时控制好高程和确保大面平整控制。实施情况如下：

基坑开挖至+10.8m高程后，人工清理表面浮土、修建临时排水设施。在基坑直径两端布置2个集水坑，集水坑深1~1.5m，直径不小于50cm；安装一台扬程30m以上，单位抽水量大于15m^3/h的抽水泵；基坑底以垂直于集水坑中心连线的直径为界，设排水横排，坡度不小于1.5%，详见图3。

人工清理基坑表面浮土后，应露出完整、密实的卵石层，局部黏土层应进行挖除，直至露出卵石层。开展基地承载力及摩擦系数试验，合格后浇筑垫层混凝土。混凝土采用汽车混凝土泵浇筑，平面振捣板振动密实，人工收浆。收浆要及时，并进行二次收浆，表面浆层不宜过厚。

垫层混凝土浇筑如图4所示。

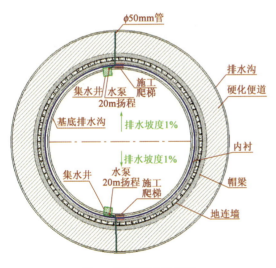

图3 基坑底排水示意图

图4 垫层混凝土浇筑

（2）油毛毡沥青隔离层施工。

隔离层施工主要控制指标是油毛毡搭接宽度，监理主要检查相邻两幅油毡的搭接宽度，可能发生由于混凝土表面不够平整，尖锐物会扎破隔离层。监理要在铺设前检查混凝土表面的处置情况。实施过程如下：

隔离层施工主要工序有：墙面清洗，基面找平，刷涂、喷涂沥青，粘贴油毛毡（两层）。

基坑底布置5套高压水枪对墙面污渍进行冲洗，施工用水从江中抽取。冲洗合格标准为无明显泥土及其他松散物质，较牢固的附着物应铲除。

地下连续墙墙身及内衬表面冲洗干净后，检查外观质量情况，对表面的空洞采用水泥砂浆进行封堵。对平整度大于2cm的区域，采用砂浆调平。尖锐物要铲除或打磨圆顺。

处理后的基面干燥后，刷涂沥青（调制后的成品）。沥青层破乳后，粘贴油毛毡卷材。粘贴顺序由下至上，竖向分幅，竖向搭接宽度不小于70mm。卷材长度不足以覆盖竖向表面时，允许设置横向接头，但搭接宽度不得小于150mm。相邻两幅油毛毡短边搭接缝应错开不小于500mm，上下两层油毛毡应错开1/3或1/2幅油毛毡宽。第一层卷材粘贴后，养护时间不小于1d，之后再施工第二层卷材。两层卷材间设置乳化沥青黏结层（厚度控制在1~2mm），施工方法同第一层。图5所示为隔离层施工示意图。

图5　隔离层施工示意图

2. 钢筋安装和温控探头安装

（1）底板钢筋布置。

北岸拱座底板钢筋分为底板顶面、底面钢筋与中部架立钢筋，其中顶面和底面均采用热轧带肋钢筋（HRB400）搭接而成，横向与纵向钢筋直径均为25mm；中部钢筋均采用热轧带肋钢筋（HRB400）搭接而成，其中，竖向钢筋直径为25mm，水平筋直径为16mm。具体布置形式如图6~图9所示。

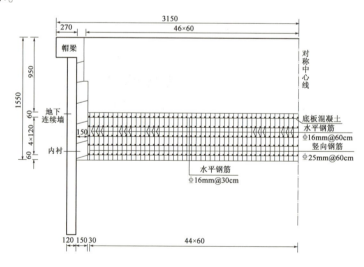

图6　1/2拱座底板架立筋立面布置图（尺寸单位：cm）

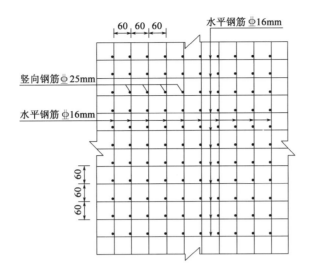

图7 拱座底板架立筋平面布置图(尺寸单位:cm)

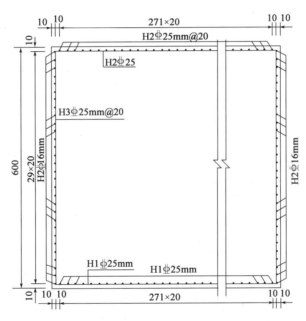

图8 拱座底板顶面、底面钢筋布置立面图(尺寸单位:cm)

(2)钢筋安装。

①根据设计图纸,拱座底板底面、顶面钢筋网眼间距为20cm×20cm;中部水平钢筋网眼间距为60cm×60cm,其中水平钢筋网竖向间距为120cm,整个底板共设有5层;四周环向钢筋竖向间距20cm,整个底板共设有29层。钢筋布置如图10所示。

②底板钢筋绑扎顺序:安装底面钢筋网→安装四周钢筋网→以2.4m×2.4m间距安装竖直立架钢筋→安装下两层水平钢筋网→安装顶层钢筋网→安装剩余竖直架立钢筋→安装剩余上两层水平筋。

③钢筋连接:整个底板钢筋安装采用焊接和搭接两种方式进行连接。

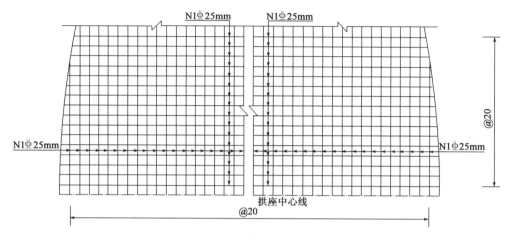

图9 拱座底板顶面、底面钢筋布置图(尺寸单位:cm)

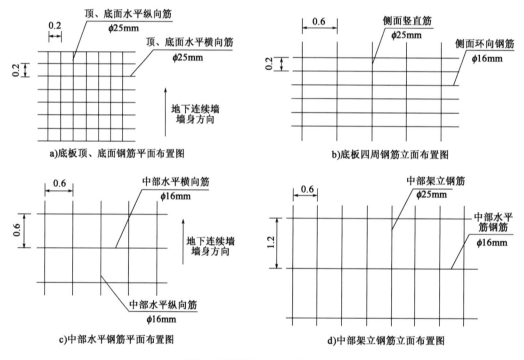

图10 钢筋布置图(尺寸单位:m)

(3)施工平台。

①采用脚手架钢管(.48.6mm×3.5mm)搭设施工平台。立杆纵横距均为150cm,水平杆间距为120cm,底层设扫地杆,距离基坑地面20cm。支架纵横向每间隔三跨(450cm)搭设竖向剪刀撑。

②在相应施工区域的水平杆上搭设竹跳板作为施工平台。竹跳板与水平杆、竹跳板与竹

跳板间采用5号钢丝绑扎牢固。脚手架钢管平台不考虑拆除,采用底板混凝土施工时浇筑在混凝土中的方法。施工平台具体布置如图11所示。

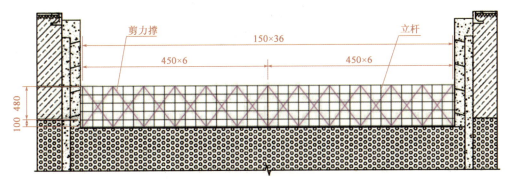

a)北岸拱座底板施工平台立面布置图

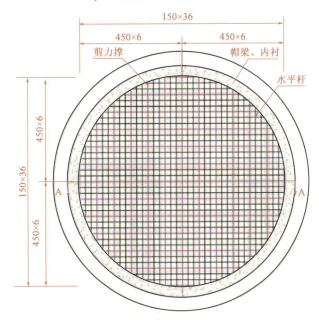

b)北岸拱座底板施工平台平面布置图

图11 施工平台布置图(尺寸单位:cm)

(3)安装底板底面钢筋时,设置马凳筋对其进行固定,如图12所示。

(4)安装测温探头。

安装测温设备是因为混凝土内部热量较难散发,外部表面热量散发较快,内部和外部热胀冷缩过程会在混凝土表面产生拉应力。除此之外,还为了解基础大体积混凝土内部由于水化热引起的温度升降规律,掌握基础混凝土中心与表面、表面与大气温度间的温度变化情况。安装情况如下:

安装底板钢筋的同时,根据大体积混凝土温度监测点布置图,在钢筋骨架相应位置安装预埋式测温探头(图13)。

a)马凳筋固定钢筋图

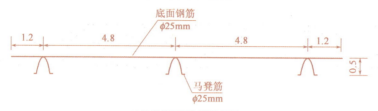

b)马凳筋横纵间距设置图(m)

图 12　马凳筋设置示意图

底板温度监测点共布置 11 个,如图 14 所示。在圆形地板顶面向下 3m 位置分别沿 1/4 过圆心横纵中轴线等距布置 4 点,且边缘处留 5cm 保护层;过圆心竖直周线均匀布置 5 点(含底板结构中心位置监测点),且顶、底面位置留 5cm 保护层。

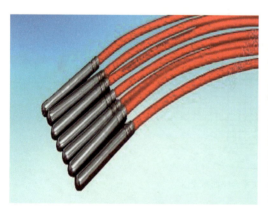

图 13　预埋式测温探头图

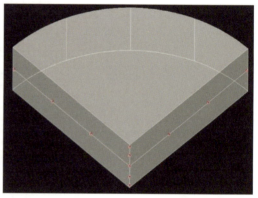

图 14　底板混凝土温度监测点布置图

1 台混凝土温度监测设备配置 1 台三级电箱,接入电功率 220kW,且可同时对 16 个测点进行监测,并使用移动/联通信号实时进行数据传输。

3. 混凝土施工

(1)浇筑方法选择。

根据现行《大体积混凝土施工标准》(GB 50496)的要求,大体积混凝土宜采用"整体分层连续浇筑施工法"和"推移式连续浇筑施工法"两种方法。结合工程实际情况,北岸拱座基础大体积混凝土浇筑采用"整体分层连续浇筑施工法"施工。大体积混凝土浇筑方法示意图如图 15 所示。

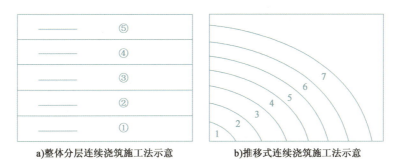

a)整体分层连续浇筑施工法示意　　b)推移式连续浇筑施工法示意

图 15　大体积混凝土浇筑方法示意图

（2）施工区段划分。

①北岸拱座底板浇筑分为 A～E 5 个作业区域，根据现场情况进行流水作业。每个浇筑施工作业段配置一台汽车泵，并同时进行浇筑，原则上不进行跨作业段交叉施工，如图 16 所示。在保证 8 台混凝土罐车连续轮流卸料，汽车泵连续泵送混凝土的条件下，在地下连续墙圆形基坑中由四周向中心浇筑混凝土。

②混凝土浇筑面最大暴露时间计算。根据现行《大体积混凝土施工标准》（GB 50496）的要求，每层混凝土浇筑厚度控制为 50cm（图 17），控制混凝土的初凝时间至少大于 10h（考虑运输、等待时间 2.4h）。偏于安全考虑，本工程混凝土初凝时间调整为 20h。

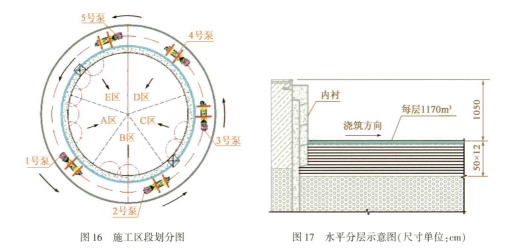

图 16　施工区段划分图　　　　图 17　水平分层示意图（尺寸单位：cm）

（3）混凝土浇筑。

为保证浇筑施工有序进行，施工前对先前划分好的 A～E 5 个大的作业区域再次进行细分，将每个作业区域细分为 13 个小区域形成施工网格，例如 A1～A13，具体见图 18。

二、桥梁工程监理　｜　087

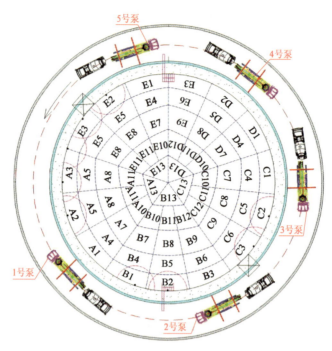

图 18　底板浇筑施工网格划分图

①在"整体分层连续浇筑施工法"工艺条件下,每层浇筑厚度为 50cm,按此计算,每格单层的浇筑量为 $10\sim20m^3$。

②浇筑时,计划在 A~E 每作业区域分配 15 名混凝土工人进行混凝土卸料与振捣作业,以 A 区域为例:在 A1~A12 每个小格上分配 1 名工人,A13 小格分配 3 名工人,并对工人进行编号,与该工人所在区域的网格号对应,严禁工人跨区域施工。浇筑时,其顺序按网格编号从小到大依次进行,每次浇筑厚度控制为 50cm。

③浇筑时,工人不能跨越区域施工,但能够跨越同一区域的网格进行作业,以 A 区域为例:当浇筑 A1 网格时,A2 与 A4 网格的工人可以对 A1 网格的工人进行协助,协助其卸料与振捣,一旦协助完毕,工人必须立即回到自己所属网格,若相邻网格同时处于作业时段,工人可以"跳网格"进行协助,协助人员必须遵循就近原则。

④浇筑开始时,5 台混凝土汽车泵均匀布置在地下连续墙外侧环形便道上,混凝土罐车从左侧施工便道进入浇筑施工平台,罐车在浇筑施工平台内顺时针方向行驶。

⑤浇筑施工平台内,右侧原地下连续墙钢筋加工区作为混凝土罐车的临时停放区、错车道或其他施工机械的临时停放区域。

⑥混凝土汽车泵泵管的理论覆盖长度为 45m,故在浇筑过程中汽车泵无须移位。

⑦在划分的 5 个浇筑施工作业区域中,受塔式起重机、便道宽度等影响不便于浇筑区域,考虑布置串筒。共设 9 组串筒,每组串筒浇筑作用区域半径为 5m,下端设防离析导管

(图19)。当混凝土泵车出现故障时,也可利用串筒进行连续浇筑,避免现场押车,保证混凝土生产、运输的顺利组织。

图19　防离析导管设置

⑧混凝土浇筑时,由四周往中心布料,布料过程中始终保持周边混凝土高度略高。

⑨布料时,混凝土下料高度应控制在2m以内,布料点间距控制在4m左右,避免赶料造成砂浆富集。

(4)混凝土振捣。

①底板混凝土采用水平分层法浇筑,每层浇筑厚度控制在50cm,振捣棒采用图20所示的振捣方式。每个施工区域配置不少于5套振捣器,共计25套。

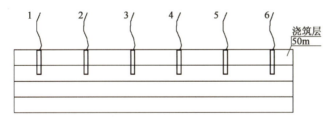

图20　混凝土振捣示意图

②人工振捣平台利用竹胶板搭设在施工支架水平杆上,竹胶板横纵间距设置为1.5m。支架布置同钢筋绑扎施工支架。

③混凝土振捣采用插入式振捣器,振捣棒(直径50mm)要求快插慢拔,保证振捣棒下插深度和混凝土有充分的时间振捣密实。振捣点的间距按照振捣棒作用半径的1.5倍进行控制,插入深度为穿透浇筑厚度至下层拌合物约50mm处。振捣时间宜控制在10~30s,混凝土拌合物表面出现泛浆且无大气泡冒出视为捣实,振捣后的混凝土表面不应出现明显的粉煤灰浮浆层。振捣要做到快插慢拔,应避免漏振、过振。振捣应随下料进度,均匀有序地进行,不可漏振,亦不可过振。

④钢筋密集处需多次振捣,保证该处混凝土密实到位,注意不要一次振捣时间过长,防止局部混凝土过振离析。在预埋件和钢筋交错密集区域,需用粗钢筋棒辅以人工插捣。

⑤加强边角处振捣,使混凝土均匀分布,以避免胶凝材料浆体发生过长距离流动,并堆积在四周而产生较大温度应力及收缩应力而增大混凝土侧面和边角开裂风险。

(5)混凝土表面处理。

混凝土振捣完毕后,应对表面及时进行第一次收浆初平、修整、抹平混凝土裸露面。在混凝土泌浆结束、初凝前,混凝土表面轻按无水痕时,宜再进行第二次精平抹面,压光混凝土表面或拉毛处理。当发现混凝土沉降及塑性收缩裂缝时,应及时抹压消除。抹面时严禁洒水,并应防止过度操作影响表层混凝土的质量。

(6)混凝土养护。

①混凝土上表面二次抹面结束后,立即对混凝土进行养护。

②养护方式:二次抹面结束后,对混凝土表面进行适当洒水,润湿即可,避免洒水过多在混凝土表面形成积水;表面润湿后,立即在其上覆盖一层聚氯乙烯薄膜;薄膜覆盖完毕后,再在薄膜上覆盖一层棉被,棉被规格不小于2kg/床,棉被应把整个底板混凝土表面覆盖满,并用重物压好,相邻棉被之间的搭接长度为5cm。

③养护时间应不小于14d,或根据监测结果如底板混凝土内部温度与大气温度之差不高于15℃,养护完成。

(7)混凝土温度测量。

为检验方案实施效果,掌握温控信息,以便及时调整和改进温控措施,做到信息化施工,需对混凝土进行温度监测。检验不同时期的温度特性和温控标准,当温控措施效果不佳,达不到温控标准时,可及时采取补救措施;当混凝土温度远低于温控标准限值时,则可减少温控措施,避免浪费。

在温度监测的同时,本工程对结构混凝土的应变历程同样进行监测。温度的变化影响了混凝土的膨胀与收缩变形,进而混凝土形成开裂。

①监测元件。

采用苏博特公司SBT-CDMⅠ混凝土应变无线监测系统,该系统可原位、实时采集结构混凝土温度、应变参数,是集数据采集、数据管理、绘制过程线、生成报表、数据简单分析、报警、B/S管理浏览功能等于一体的多功能系统软件,其基本工作流程如图21所示。监测系统采用的传感器为正弦式混凝土应变计,数据采集与处理情况可在计算机与手机端实时查看。

②测点布置。

根据结构对称性的特点,选取1/4结构作为主要测试区域,在另1/4区域布置关键测点(图22)。

a.重要测点分别埋设一个监测元件,确保数据完整性,如图23所示。

b.测点布置过程中充分考虑温度场和应力场的分布规律。

c. 测点位置具有较强的代表性,需充分反映温控指标的测评。

d. 测点应布置在当前季节迎风面等最不利位置。

图 21　SBT-CDM I 混凝土应变无线监测系统

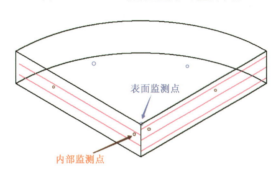

图 22　1/4 监测特征点布置示意图

图 23　测试元件埋设示例

③超出温控标准时的应对措施。

a. 如果混凝土浇筑温度超过目标值,需及时对原材料采取一定的措施(如降低集料温度等),保证混凝土浇筑温度在可控范围内。

b. 内外温差偏高,应减少混凝土表面热量散失,或加强外部保温,增加保温层厚度。

(8)混凝土施工检查项目及要求。

a. 在底板浇筑前,北岸工地试验室相关人员应对新进场混凝土工作性能进行检查。

b. 浇筑完毕后的混凝土养护期内,北岸工地试验室相关人员应对底板混凝土各养护指标进行检查。

c.根据设计文件,各项检查项目及要求见表2。

混凝土施工检查项目及要求　　　　　　表2

混凝土工作性能检查				
序号	检查项目	控制指标	检测部门	备注
1	坍落度	180±20mm	工地试验室	
2	入模温度	≤气温+5℃	工地试验室	
混凝土养护期检查				
序号	检查项目	控制指标	检测部门	备注
1	内部最高温度	≤65℃	工地试验室	
2	浇筑体里表温差	≤25℃	工地试验室	

三、监理单位审批施工方案意见

监理单位对施工单位上报的施工方案经过审查,技术方案可行,基本同意按上报方案实施。具体审批意见如下:

(1)针对本桥混凝土底板的体积较大,且采用一次性连续浇筑施工工艺,将会在组织过程中出现备料困难,后期保养容易产生温度裂缝,从而影响大体积混凝底板的施工质量等问题,要求按照审批的施工方案认真做好施工管理的组织工作。

(2)要求认真做好前期混凝土原材料的备料工作,保证各项材料具有富余量,避免出现混凝土断供情况,从而影响混凝土浇筑施工质量。

(3)注意掌握拌和站实际产能及工作面需求情况,做好各岗位人员及机械的调配,避免工作脱节,影响工程现场正常施工。

(4)要求优化配合比,提高混凝土耐久性能和抗裂性能,确保拌制混凝土的品质。

(5)要求控制好浇筑施工过程中的混凝土的运输、浇筑、振捣、表面处理、养护措施及施工安全等各个工序环节,确保工程质量和施工安全。

四、案例实施过程介绍

(一)监理控制要点

1.对混凝土配合比的审批

本工程底板大体积混凝土配合比设计的总体原则为,在满足强度和工作性能及耐久性能要求的基础上,降低水泥及胶凝材料用量,减少混凝土水化热和收缩,控制开裂风险。

2. 对浇筑前的检查

(1)对基底清理与施工隔离层安装的检查。

①要求施工单位在绑扎底板钢筋之前清理干净基底垃圾、杂物与积水,确保基底清洁。在底板钢筋笼绑扎完毕后,需对基底再次清理,清理完毕后经监理检查验收同意后方可进行混凝土浇筑。

②对施工内衬墙隔离层的安装进行检查,要求做到稳固,粘贴无漏洞,如图24所示。

(2)对钢筋直径、间距和保护层进行验收。

底板配筋虽然形式简单,但各型号钢筋用量庞大,实际使用量约为450t左右。钢筋采用铁丝绑扎与单面焊接两种连接方式,需要注意搭接长度和方格网的尺寸,由于整体骨架较高和面积较大,注意顶面钢筋的高程控制,确保保护层的厚度和整体平面高程的控制。图25所示为钢筋整体骨架面。

图24　内衬墙隔离层　　　　　　　　图25　钢筋整体骨架面

3. 对混凝土浇筑过程的控制

监理对浇筑过程采用全过程旁站(共76h)。

(1)检测混凝土的温度、坍落度。

监理对到场的混凝土进行温度、坍落度进行检测。

实测情况如下:

①混凝土的平均入模温度为18.0℃左右。坍落度在190～200mm。

②混凝土经罐车从拌和站运至施工现场过程中混凝土温度平均上升区间为0.7℃左右(两岸罐车运输过程中的升温差值在0.1～0.3℃)。

③由于混凝土汽车泵长时间运转,混凝土经汽车泵泵送后温度平均上升2℃。

(2)检测混凝土的自流扩展度。

开始浇筑混凝土时观察混凝土的自流扩展度,如图 26 所示。实际测出为 2.5m 左右,这样可以检查出施工单位开的混凝土下料口是否合理,决不允许采用振动棒赶浆的方式。

图 26　混凝土自流扩展度

(3)对混凝土振捣过程的检查。

对每层已振捣过的混凝土做好标识,特别是分层间,不能重振,防止对已振捣好的混凝土进行二次干扰。

(4)对分层厚度的检查。

要求专人负责,振捣厚度控制要均匀,如有过厚情况应及时向施工单位提醒。

(5)对混凝土浇筑完毕后表面的检查。

要求对表面及时进行第一次收浆、初平、修整、抹平混凝土裸露面,如图 27 所示。抹面时,严禁向混凝土表面洒水,且必须防止过度操作影响表层混凝土的质量。在混凝土泌浆结束、初凝前,混凝土表面轻按无水痕时,宜再进行第二次精平抹面,如图 28 所示。进行压光混凝土表面或拉毛处理时,拉毛时露出混凝土粗集料即可。

图 27　第一次收浆抹面

图 28　第二次精平抹面

(6)对后期保养的检查。

督促施工单位做好覆盖保养,在浇筑完成后对保养进行跟踪检查并对混凝土温度进行监控数据收集,如图29所示。

图29　北岸拱座底板混凝土覆盖养护现场

通过后期混凝土8d龄期温度监测数据,其里表温度差始终在规范要求的25℃之内,说明混凝土的养护措施效果良好。温度监测结果如图30所示。

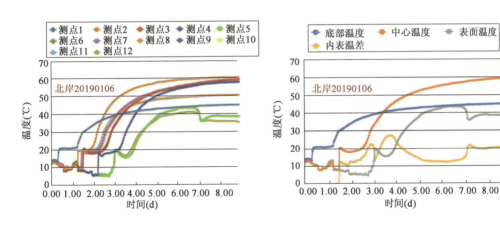

图30　温度检测结果

(二)监理措施

1.对施工组织实施情况进行检查

监理主要对施工组织方案中的施工设备及测量仪器、人员进行详细检查,对备料情况进行检查等,确保所有准备工作按计划落实到位。

（1）施工设备及测量仪器检查情况（表3）。

北岸拱座底板施工设备及测量仪器检查情况表 表3

序号	设备名称	规格型号	单位	数量	备注
1	混凝土拌和站	180m³/h	套	2	混凝土拌和
2	混凝土拌和站	120m³/h	套	2	混凝土拌和
3	混凝土汽车泵	45m臂长，60m³/h	台	7	泵送混凝土
4	混凝土运输罐车	10m³/台	台	25	已进场
5	自卸汽车	10~20t	辆	2	运送钢材
6	插入式振捣棒	φ50mm×12m	台	28	混凝土振捣
7	电焊机	NB500I	台	15	钢筋焊接
8	塔式起重机	5513	台	1	吊送钢筋
9	汽车起重机	25t	台	1	吊送模板
10	潜水泵	1.5kW/50m扬程	台	2	排除基坑积水
11	全站仪	徕卡TS06/TS1202	台	1	测量放样
12	水准仪	徕卡NA2	台	1	测量放样
13	发电机	320kVA	台	3	备用电源

（2）现场施工人员检查情况。

施工现场基底清理小组每班10人，隔离层施工小组每班20人，钢筋绑扎小组每班40人，混凝土汽车泵卸料与指挥小组每班10人（含司机），混凝土浇筑与振捣小组每班40人，混凝土表面处理小组每班40人，混凝土养护小组每班40人，电工3人，杂工10人。作业班组在施工中均实行两班制，换班周期为12h。人员满足施工进度要求。

（3）混凝土原材料备料检查情况（表4）。

混凝原材料备料检查情况表 表4

序号	材料名称	单位	需求量	北岸工区		南岸工区		合计
				拌和站	备料区	拌和站	备料区	
1	水泥	t	3045	900	2400	900	—	4200
2	粉煤灰	t	1987	480	1200	480	—	2160
3	抑制剂	t	50.75	34	—	17	—	51
4	减水剂	t	76	40	—	40	—	80
5	河砂	t	11397	2250	6000	1800	2000	12050
6	碎石	t	16081	6750	7500	4500	900	19650

该桥北岸拱座大体积混凝土底板浇筑施工中，混凝土原料备料充足。施工过程中有水泥、粉煤灰存储在码头、租用的粉灌中转仓，检查施工单位是否落实好车辆进行倒运，并把责任落实到个人进行跟踪，要求在施工过程中运输料车在拌和站旁等住卸料，并随时向总指挥汇报材料倒运情况。

2. 检查施工区域的交通规划情况

通过检查,保证在空间有限的施工区域内车辆、机械行驶井然有序。

(1)防洪堤半边上设置两处错车道,间距约100m,对向来车时,空车优先让行。

(2)布置5个泵车停车位,4个罐车等待区,1个备用等待区。4个罐车等候区中,等候车车辆超过8台时,未进入浇筑区的罐车统一驶入备用等候区等候。

(3)下施工区域坡道实行双向行驶。环形便道实行单向行驶,逆时针绕圈,严禁反向行驶。

(4)管理车辆一律要让施工车辆,并提前告知参建各方。

3. 检查混凝土搅拌站的运转性能和实际产能

在开始浇筑阶段,监理应认真记录各种参数,主动了解拌和站实际产能,为后续工作起到指导作用。

(1)实际产能检查情况。

北岸工区配置有2套180型混凝土搅拌站,混凝土理论生产能力为360m^3/h,其实际生产能力仅为120m^3/h;南岸工区设置有2套120型混凝土搅拌站,混凝土理论生产能力为240m^3/h,其实际生产能力仅为60m^3/h。两岸拌和站混凝土总产能约为200m^3/h左右,可以满足施工需要。

(2)拌和站出料速度统计。

对南、北岸两个混凝土拌和站出料速度进行整体考虑,在浇筑施工过程中,罐车完成一次进站接料、装满驶离的时间控制在10min左右,能够满足施工需要。

①罐车进站与定位平均用时38s。

②搅拌机搅拌完一盘料平均用时90s。

③出料口卸完一盘料平均用时45s。

④皮带传输平均用时45s。

⑤配料仓进搅拌机平均用时22s。

⑥罐车过磅平均用时:160s。

⑦10m^3容量罐车接满料平均用时720s。

4. 检查混凝土运输的路线规划情况

要求混凝土运输及时到场,能够连续供应,并保证到场混凝土的工作性能不降低。要求施工单位对新来的罐车驾驶员提前熟悉路线,与当地交警做好沟通,出行高峰期做好交通维护,对沿线有限高的路段及时拆除限高装置。在弯道点设置有临时指路牌,必要时项目部派人指挥。建立罐车驾驶员运输微信群,对发生突发事情,总指挥部及时知晓并启动应急预案。

5. 监理参与施工单位的工作交底

监理参与施工单位的安全、技术交底工作,确保安全施工、技术交底到位。对在施工过程中巡视发现的问题应及时处理,为安全施工提供保障。

6. 检查验收基底清理、绑扎钢筋工作

监理对基底清理、绑扎钢筋等及时安排检查验收,特别是对大面积钢筋顶高程的检查复核,并在绑架过程中参与施工指导,避免成型后造成返工处理的影响,确保最佳混凝土浇筑时间。

7. 检查混凝土施工配合比和对各种原材料及时抽检

(1)检查施工配合比。

施工配合比见表5

底板大体积混凝土施工配合比(kg/m^3)　　　　表5

材料	水泥	砂	碎石	水	粉煤灰	减水剂	抑制剂
用量	210	786	1109	155	137	5.250	3.5

(2)施工中及时检查进场的各种原材料的质量情况

①水泥。

水泥应符合现行《通用硅酸盐水泥》(GB 175)的要求,比表面积不超过$350m^2/kg$,碱含量不超过0.60%,水泥中的混合材料为粉煤灰,且其品种和含量稳定。要求不得使用新出厂的水泥,水泥需充分放置冷却或采取措施将其温度降至不大于55℃再使用。

②粉煤灰。

粉煤灰采用某公司F类Ⅰ级粉煤灰,化学成分指标经检测,结果符合相关标准规定。

③细集料。

细集料应符合现行《建设用砂》(GB/T14684)的要求,砂石集料质地均匀坚固、粒形和级配良好、空隙率小、表面洁净、吸水率低、线膨胀系数较小。含泥量、泥块含量、细度模数等关键控制指标,测试结果符合相关标准规定。

④粗集料。

碎石材料为5~25mm连续级配碎石(三级配,5~10mm占10%,10~20mm占35%,20~25mm占55%),结果符合相关标准规定。

⑤抑制剂。

抑制剂由某新材料股份有限公司提供,由于属于新研究材料,供应商无法提供产品合格证、批号等,监理无法送检,只能检查其提供的试验报告。

8. 监理参与浇筑过程的温度检测工作

对浇筑过程的温度检测,监理参与检测并对相关经验数据及时进行分析评判,为后续混凝土温控管理起到指导作用。

对浇筑过程进行温度检测,得出了相关经验数据:在控制入模温度中,混凝土经罐车从拌和站运至施工现场过程中混凝土温度平均上升区间为0.7℃左右(两岸罐车运输过程中的升温差别在0.1~0.3℃)。由于混凝土汽车泵长时间运转,混凝土经汽车泵泵送后温度平均上升2℃。混凝土的平均入模温度为18.0℃左右。

9. 施工中督促检查混凝土施工机械设备及测量仪器维护情况

混凝土浇筑过程中,督促施工单位对混凝土施工相关机械设备及测量仪器进行经常性检查,确保混凝土浇筑现场施工正常工作。

10. 检查现场施工作业环境的安全情况

通过检查,确保施工作业人员和管理人员的人身及财产安全。

五、取得的监理效果

通过以上的监理方法及措施,该桥北岸拱座大体积混凝土底板的施工质量、施工安全工作持续处于可控状态,施工单位的施工行为规范,施工安全文明,施工进度按计划实施,现场施工井然有序,施工全过程没有发生一起质量、安全事故,达到了预期工程管理效果。图31所示为拱座基础大体积混凝土施工现场。

图31 拱座基础大体积混凝土施工现场

案例二：钢管混凝土拱桥主拱肋加工制作监理

一、案例背景

（一）工程基本情况

某高速公路北互通连接线上一座特大型桥梁工程，桥全长1035m，主桥为跨径575m（净跨径548m）的中承式钢管混凝土结构拱桥，南引桥为（40m+60m+2×35m）现浇预应力混凝土连续梁桥，北引桥为（50m+60m+50m）+（3×40m）现浇预应力混凝土连续梁桥，如图1所示。

图1 桥梁BIM视图

该桥主跨拱肋为钢管混凝土桁架结构，净矢跨比为1/4，拱轴系数为1.5。拱顶截面径向高8.5m，拱脚截面径向高为17.0m，肋宽4.2m，每肋为上、下各两根φ1400mm钢管混凝土主管，管内混凝土强度等级C70。主管通过横联钢管φ850mm和竖向两根腹杆φ700mm钢管连接而构成。主跨横撑：拱肋中距为30.1m，桥面以上主拱上弦平面设置"△"形钢管斜撑，在吊杆处的上、下弦采用"I"形钢管竖撑，通过"△"形钢管斜撑与"I"形钢管竖撑构成组合式横撑。桥面以下的主拱段设置钢管混凝土或钢管桁式横撑，主拱与桥面交叉处，支撑桥面梁的横撑兼作肋间横撑。主桥拱肋用钢量约为9500t。所有构件均在某钢构厂内加工制造后水运至桥址安装。图2为拱肋第1节吊装段和第2～第21节段（无"绞轴"部分）构造图，图3为I型撑（IC）立面构造图。

（二）监理案例简介

该中承式钢管混凝土结构拱桥主拱肋加工制作的特点与难点：

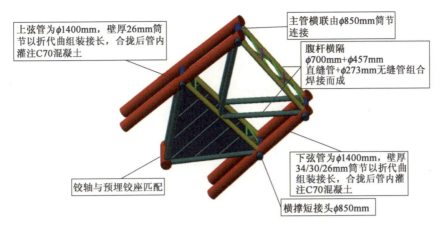

图 2　拱肋第 1 节吊装段和第 2~第 21 节段("无绞轴"部分)构造图

图 3　I 形撑(IC)立面构造图

1. 跨径大、分节段长、单节段重

在同类桥型中,该桥是已建成通车的最大跨径中承式钢管混凝土拱桥,主桥跨径达到 575m,矢高 140m。主拱分为上、下游两幅,中间由横撑管连接。全桥主拱对称划分为 22 个节段(不含预埋段),共 44 个吊装节段,最长吊装节段为 45m,最大吊装重量为 215t。

2. 材质特殊

主拱肋由材质为 Q420qD-Z25 的碳素结构钢板卷制焊接而成,在同类桥梁中很少用到屈服强度如此高的材料,所以可借鉴的案例较少。首先,Q420qD-Z25 钢板屈服强度高(420MPa),对应的焊材要求也较高;其次,是塑性低,因此主材焊接要求严格,严格控制返修次数。

3. 焊接要求严格

本桥设计要求:所有参与本桥的焊工需持有国家有效证件,并通过监理工程师现场考核合格后上岗。

监理工程师根据不同焊接形式、工位提出对应的焊接考试项目,应聘焊工依据有效证件上焊接类别考取上岗项目。考试合格后发放上岗证。

焊接施工严格按照焊接工艺评定相关要求和焊接作业指导书规程进行。焊前人员培训，焊接过程随机抽查，焊后检测成品。对过程中未按照要求实施而导致产品出现缺陷的，给予处罚。严重者将收回上岗证，不得再参与本桥的焊接作业。

4. 施工精度要求高

该中承式钢管拱桥一跨跨江，由于跨度和拱矢度都很大，任何细微的偏差都有可能在后续施工作业中被放大而导致超出规范要求的轴线偏位、拱圈高程和对此接头相对高差规定值，从而无法达到设计成拱的理论线形。因此，在拱肋节段制造和拱肋节段预拼阶段，对精度控制尤为重要。在钢结构制造阶段的精度控制，采用目前较为先进的仪器进行放样、切割及测量。在此基础上，又采用传统方法进行辅助跟进。集成现有的资源，优化、改进检验方法，使得从每个零件放样下料开始，到每片节段尺寸精度，再到整幅卧拼误差调整都在规范、设计控制范围内。

本监理案例结合对该桥主桥拱肋加工制作的监理工作，主要介绍钢管拱桥主拱肋的加工制作工艺方案，存在技术问题或难题，采取的施工和监理措施，以及达到的工程效果。

二、施工单位报来的施工方案介绍

（一）钢管拱制造工艺总流程

钢管拱制造工艺总流程如图 4 所示。

（二）钢管拱主要结构规格与节段划分

全桥钢结构杆件规格见表 1，拱肋吊装节段参数见表 2。

全桥钢结构杆件规格表　　　　表1

序号	名称		规格(mm)	备注
1	主拱肋	上、下弦管	$\phi1400 \times 26(30、34)$	主拱肋共分44个节段制造（不含拱脚预埋段）
		横联管	$\phi850 \times 18$	
		腹杆	$\phi700 \times 14(20)$	
		接头构造	接头板板、法兰	
			螺栓、螺母	
		IC 型撑	$\phi850 \times 18、\phi600 \times 16$	全桥共有16道
		△型撑	$\phi850 \times 18、\phi700 \times 18$	全桥共有18道
		拱铰座		全桥共有4件
2	桥面系	纵横梁	格子梁（工字钢梁）	通长
		人行道	钢板梁	通长
3	附件		弦杆拱肋嵌补段、纵梁连接板等	

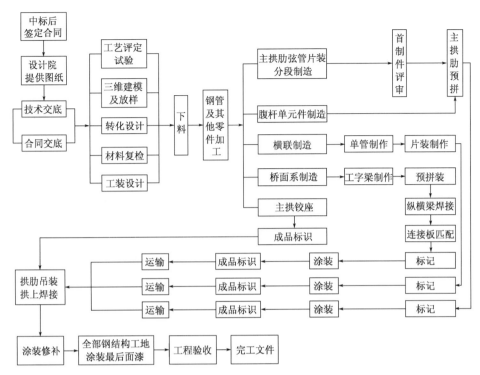

图 4　钢管拱制造工艺总流程图

拱肋吊装节段参数表　　　　　　　　　　　　　　　　　　　　　　　　　　　　　表 2

第一吊装段	节段尺寸	22×17×4.8(m)	22×17×4.8(m)	156t
	全桥数量	2(上游)	2(下游)	
第二吊装段	节段尺寸	31×16×4.8(m)	31×16×4.8(m)	164t
	全桥数量	2(上游)	2(下游)	
第三吊装段	节段尺寸	30×14.5×4.8(m)	30×14.5×4.8(m)	129t
	全桥数量	2(上游)	2(下游)	
第四吊装段	节段尺寸	28×14×4.8(m)	28×14×4.8(m)	127t
	全桥数量	2(上游)	2(下游)	
第五吊装段	节段尺寸	45×13×4.8(m)	45×13×4.8(m)	215t
	全桥数量	2(上游)	2(下游)	
第六吊装段	节段尺寸	40.5×12×4.8(m)	40.5×12×4.8(m)	197t
	全桥数量	2(上游)	2(下游)	
第七吊装段	节段尺寸	37.5×11×4.8(m)	37.5×11×4.8(m)	186t
	全桥数量	2(上游)	2(下游)	
第八吊装段	节段尺寸	35×10.5×4.8(m)	35×10.5×4.8(m)	181t
	全桥数量	2(上游)	2(下游)	
第九吊装段	节段尺寸	31×10×4.8(m)	31×10×4.8(m)	173t
	全桥数量	2(上游)	2(下游)	

续上表

第十吊装段	节段尺寸	32×9.2×4.8(m)	32×9.2×4.8(m)	169t
	全桥数量	2(上游)	2(下游)	
第十一吊装段	节段尺寸	31×9×4.8m	31×9×4.8m	163t
	全桥数量	2(上游)	2(下游)	
嵌补段	以瓦片形式运输到工地,留有余量,等拱合拢时测量后切割余量安装			

（三）钢管拱结构加工制作工艺评定

钢结构制造前,工厂按相关要求进行焊接工艺评定、切割工艺评定、涂装工艺评定。在监理工程师的旁站监督下完成工艺评定试验工作,其中焊接工艺评定报业主并组织专家组评审,其他三项报业主备查。工艺评定试验通过后,根据工艺评定结果制定焊接、切割、涂装施工工艺规程。图5所示为施工图纸转化工作程序。

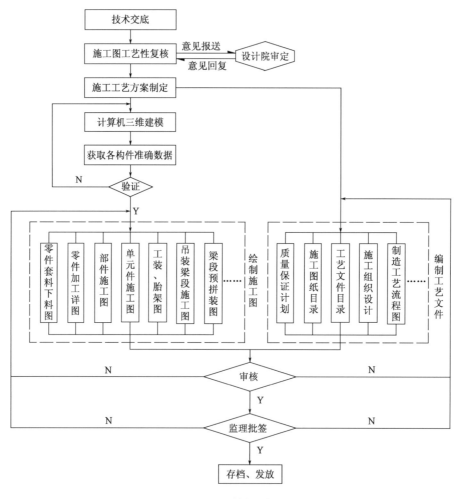

图5 施工图纸转化工作程序

1. 焊接工艺评定试验

(1)焊接工艺评定试板的材质应与产品的材质一致,根据材料中化学成分C、S、P的含量,选用偏上限者进行试验。

(2)焊接工艺评定试验中,对焊接坡口、根部间隙等参数模拟实际工况中可能的极限值,以使焊接工艺评定试验的结果具有广泛代表性,其试验程序如图6所示。

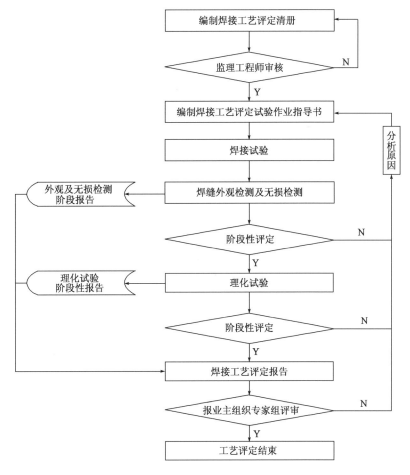

图6 焊接工艺评定试验程序

2. 切割工艺评定试验

(1)在钢材加工之前,选用有代表性的试件进行火焰切割工艺评定。对于切割前已经过抛丸除锈处理并喷上车间底漆的钢材,其进行火焰切割工艺评定的试件,应涂上同样的底漆,漆膜厚度选用上限值。切割工艺评定试验程序如图7所示。

(2)进行火焰切割工艺评定的试件,根据各种不同的板厚分档分别评定。对于板厚超过40mm的,进行加密板厚级差工艺评定。工艺评定试验结果所对应的适用范围见表3。

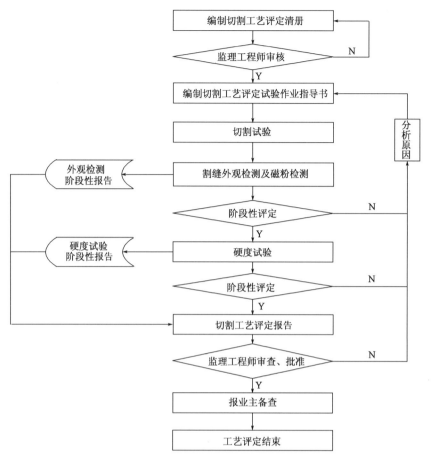

图 7　切割工艺评定试验程序

火焰切割工艺评定标准　　　　　　　　　　　　　表 3

切割工艺评定试件的板厚(mm)	工艺评定结果所对应的适用范围 δ (mm)
16	$4 < \delta \leq 20$
30	$20 < \delta \leq 40$

(3)火焰切割试件试验,应对不同的板厚及温度条件进行切割前预热,应验证制造工作的热量控制技术并保证火焰切割面无裂纹,局部硬度不超过 HV350,无其他危害结构使用性能的缺陷。切割边缘表面质量均达到规范规定的要求。

(4)火焰切割的边缘应打磨或用机加工法除去明显的火焰切痕迹线。

3. 涂装工艺评定试验

(1)工艺评定试验采用涂有车间底漆的试板,漆膜厚度选用上限值。

(2)进行涂装工艺评定试验的试件选取厚度为 16mm 钢板进行涂装工艺评定试验。

(3)压缩空气必须清洁、干燥,不含油和水。试验环境温度为 5~40℃,大气相对湿度<85%,

钢板表面温度高于大气露点3℃以上。涂装工艺评定试验程序如图8所示。

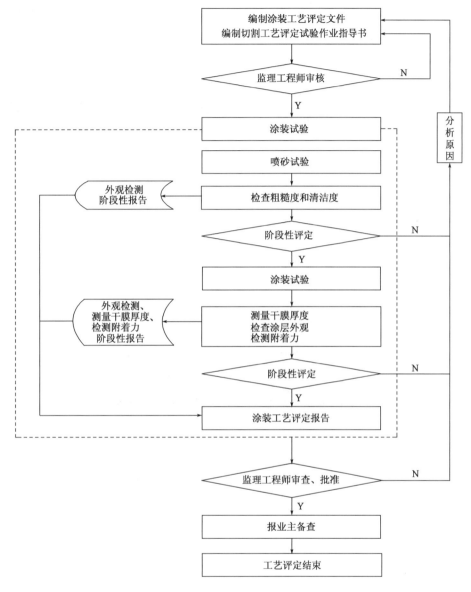

图8 涂装工艺评定试验程序

（四）钢管拱结构加工制作方法

1. 钢板校平、预处理

（1）钢板校平。

钢板在下料前,采用校平机进行校平(图9)。保证板材平面度,消除板材轧制应力。

图9 钢板校平

(2)钢材预处理。

钢材在钢材预处理流水线上完成钢板校平、抛丸处理和喷涂车间底漆工作,如图10所示。所用磨料采用粒度为 $\phi 1.0 \sim 1.2 \text{mm}$ 的铸钢丸与钢丝段按 3∶1 比例混合,处理等级达到 Sa2.5;喷涂无机硅酸锌车间底漆,漆膜厚度为 $20 \mu \text{m}$。

图10 预处理生产线

2.放样、下料

(1)放样。

①采用计算机三维放样技术,对钢管拱各构件进行准确放样,绘制各构件零件详图,作为绘制下料套料图及数控编程的依据。

②放样时按工艺要求预留制作和安装时的焊接收缩补偿量和加工余量,为无余量一次下料奠定基础。

放样流程如图11所示。

(2)下料。

①号料前核对钢板的牌号、规格,检查表面质量,再进行号料。

②号料严格按工艺套料图进行,保证用于筒节下料钢材轧制方向与筒节卷制方向一致。钢板及大型零件的起吊转运采用磁力吊具,保证钢板及下料零件的平整度。

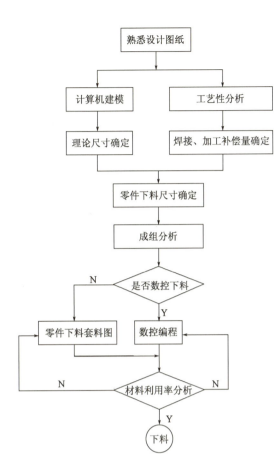

图11 放样流程图

③所有零件下料,根据放样结果采用无余量一次下料工艺。零件下料采用数控等离子切割机(图12)、氧乙炔多头切割机(图13)、半自动切割机等进行精密切割,切口表面粗糙度达到 Ra25μm。

图12 等离子切割机

图13 氧乙炔多头切割机

④所有 φ700mm 及以下钢管相贯线切割采用相贯线切割机（图14）进行下料。相贯线及焊接坡口一次切割完成。

3. 零件加工及矫正

（1）筒节下料后预压头由油压机压制，保证筒节纵缝的棱角度不超差。筒节由三芯辊卷制成型，如图15所示。

图14　相贯线切割机　　　　　　　　图15　筒节卷制成型

（2）主桥格子梁纵梁腹板制孔采用摇臂钻床或磁力钻进行加工。

（3）所有过渡坡口，采用刨边机加工。

（4）零、部件在制造过程中如产生变形，根据其结构形式，采用机械矫正或热矫正，其中，桥面系纵横梁翼板焊接变形采用型钢校正机进行校正。

（5）冷矫正后的零件表面不得有明显的凹痕和其他损伤。热矫正时，温度控制在600～800℃，矫正后零件随空气缓慢冷却，降至室温以前，不得锤击或用水紧急冷却。

4. 胎架及工装平台制造

（1）主弦管拼装胎架制造。

①在现有钢平台上画出角尺线（图16）。

图16　角尺线

②根据角尺线按主弦管线形画出弦管拼接线形（图17）。

图17　弦管拼接线形

③装焊支撑模板,并用激光经纬仪画线切割调整模板水平(图18)。

图18 装焊支撑模板

④为防止筒节滚动和控制弦管线形,装焊弦管边立柱和模板(模板高度偏差±1mm)(图19)。

图19 装焊弦管边立柱和模板示意图

⑤制成的胎架剖面(图20)。

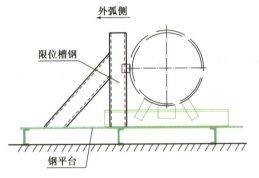

图20 主弦管拼装胎架剖面图

(2)主拱肋片装拼装胎架制造。

①在平整水泥地面利用激光经纬仪画出角尺线,并画出弦管和平联定位线(图21)。

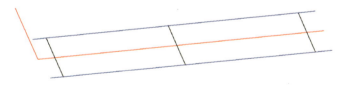

图21 弦管和平联定位线

②在指定位置制作胎架,并用膨胀螺栓与地面固定(图22)。

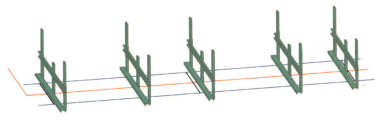

图22 胎架制作

③在胎架上焊接模板,用激光经纬仪按胎架高程调整模板高程(模板高度偏差±1mm)(图23)。

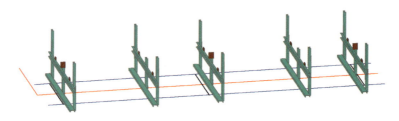

图23　焊接模板

④制成胎架剖面(图24)。

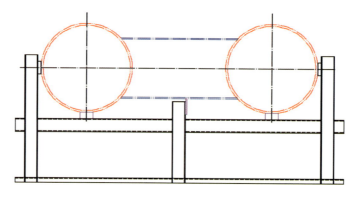

图24　主拱肋片装拼装胎架剖面图

(3)主拱肋卧拼装胎架制造。

①在平整的水泥地面利用激光经纬仪画出角尺线(图25)。

图25　角尺线

②按照胎架线形图利用激光经纬仪和全站仪画出主拱肋上下弦管、腹杆、吊杆及各构件定位线(图26)。

图26　主拱肋上下弦管、腹杆、吊杆及各构件定位线

③在指定位置摆放预制好的钢墩,并用膨胀螺栓与地面固定(图27)。

④在钢墩上焊接模板,用激光经纬仪调整水平(模板高度偏差±1mm)。

图27 摆放预制好的钢墩

⑤制成的胎架剖面如图28所示。

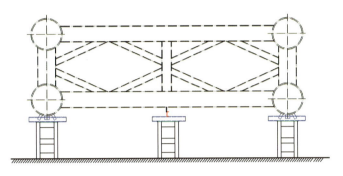

图28 主拱肋卧拼装胎架

(4)桥上施工设备平台。

①利用花纹钢板、角钢和钢筋制作平台(图29)。

②用角钢作为支撑焊于主拱肋上弦管上,如图30所示。

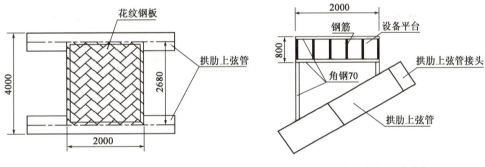

图29 平台制作(尺寸单位:cm)　　　图30 角钢支撑(尺寸单位:cm)

(5)拱肋接头用吊篮。

①利用角钢和圆钢制作弦管接头装焊用吊篮支架(兼做爬梯)(图31)。

②吊篮支架拱上安装。

首先用钢丝绳将吊篮支架固定在已吊装节段拱顶端头,然后在下一个节段吊装后用钢丝绳固定吊篮支架另外一侧(用钢丝绳调整吊篮支架水平),钢丝绳端头最少需用两个以上的相应绳扣固定。吊篮支架安放完毕后,在吊篮支架周围空挡及边缘处拉上安全网防止从空挡处滑落。施工人员在吊篮上作业时,必须将安全带系挂在平联上。

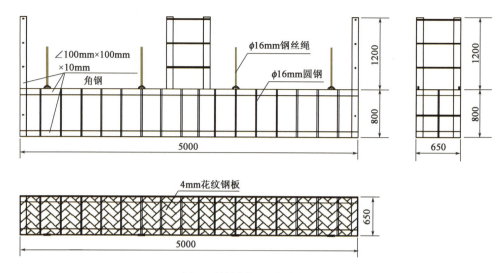

图31 吊篮支架(尺寸单位:cm)

5.钢管拱制造

(1)拱铰制造。

①按图纸尺寸下料、加工拱铰各零件(图32)。

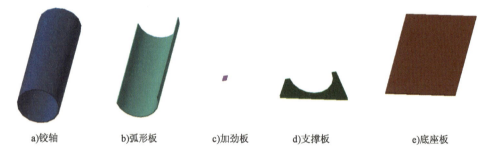

图32 拱铰各零件

②将两块底座板贴合在一起,用螺栓紧固,四周点焊固定(图33)。

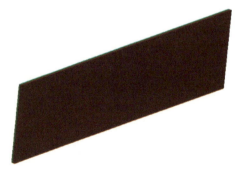

图33 底板

③依次在底座板上装焊支撑板,焊接时需对称施焊(图34)。

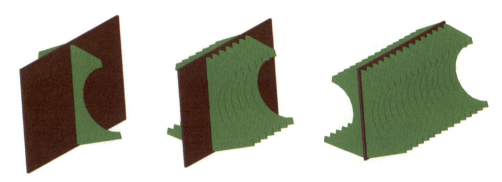

图34 装焊支撑板

④装焊弧形板(弧形板与铰轴连接在一起),焊后依次装焊加劲板(图35)。

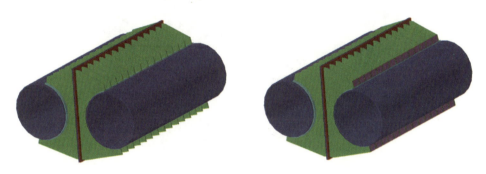

图35 弧形板

⑤放置一段时间后拆开形成单个铰座,火工矫正座板焊接变形达到精度要求。

(2)接头法兰制造。

①下料各零件后,将法兰两两点焊固定,加工内圆并钻制螺栓孔(图36)。

a)法兰　　　　　b)肘板　　　　　c)加工内圆并钻螺栓孔

图36 法兰加工

②依次将加工后的法兰与模管在胎架上固定,安装点焊肘板(图37)。

③法兰翻面,重新在胎架上定位,点焊固定另一侧肘板(图38)。

④用螺栓、冲钉紧固两法兰后焊接肘板与法兰角焊缝,配对编号并刻画检查线。
⑤拆开法兰间螺栓及周边点焊,按检查线加工法兰端面。

图37　法兰与模管在胎架上固定

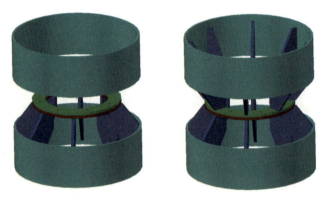

图38　法兰重新定位

(3)筒节制造。

①筒节放样、下料。用计算机放样,在数控钻割机上完成。坡口在专用平台上切割。

②筒节预压头(图39)。板材两端在2500t油压机上进行压制,用样板检查弧形。

③筒节卷制(图40)。用样板检查筒节内径。

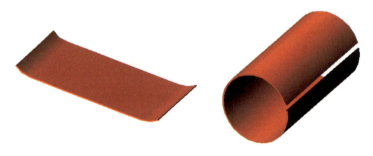

图39　筒节预压头　　　　图40　筒节卷制

④筒节纵缝装焊(图41)。筒节装配在平台上进行,焊接在专用固定的胎架上进行,焊接采用埋弧自动焊。

⑤校圆。在三芯辊床上完成。

⑥焊缝无损检测及完工报检。对焊缝进行100%超声波探伤检查,并抽取纵缝接头10%进行X射线探伤检查。对筒节尺寸和焊缝外观进行检验。

⑦筒节标记。按施工设计图纸要求对筒节进行编号标记,并将筒节按0°、90°、180°、270°分度线划好。

质量控制点。筒节椭圆度:≤$D/500$,且≤5.0mm;筒节端部的外径偏差:≤±$D/500$,且≤±5.0mm;筒节端部不平度:$D/500$,且≤3mm;纵缝外观:按照《铁路钢桥制造规范》(Q/CR 9211—2015)的焊缝外观质量要求;纵缝内在质量:超声波探伤按照《铁路钢桥制造规范》(Q/CR 9211—2015)Ⅰ级,X射线探伤按照现行《焊缝无损检测 射线检测 第1部分:X和伽玛射线的胶片技术》(GB/T 3323.1)Ⅱ级。

图41 筒节纵缝装焊

(4)弦管单元件制造。

①按施工图纸选取相应编号的筒节。

图42 环缝对接

②环缝对接(图42)。按施工设计图纸要求,对齐筒节分度线。纵缝均错开90°以上。在单元件胎架上按弦杆线形点焊拼接。

③焊接采用埋弧自动焊方式。

④焊缝需100%超声波探伤检查,并抽取环缝接头10%进行X射线检查,并对焊缝外观进行检查。

⑤在单元件胎架上复核焊接后线形,对不满足设计要求的弦杆进行校正。

⑥完工检验。对单元件尺寸和焊缝外观进行检验、标记。

质量控制点:钢管线形(对比设计线形):$d/6000$,d为节点间距离;钢管对接错边量偏差:≤2mm;环缝外观:按照《铁路钢桥制造规范》(Q/CR 9211—2015)的焊缝外观质量要求;环缝内在质量:超声波探伤按照《铁路钢桥制造规范》(Q/CR 9211—2015)Ⅰ级,X射线探伤按照现行《焊缝无损检测 射线检测 第1部分:X和伽玛射线的胶片技术》(GB/T 3323.1)Ⅱ级。

(5)弦管片装分段制造。

①胎架制造:胎架用型钢和钢墩制造,弦管片装分段制造所需的检查线、中心线均需放地样并做出明显标记。胎架需经检验合格后使用,且胎架每制造一轮后需重新检查后才能再使用。

②一侧弦管单元件上胎架定位。单元件上胎架时对准地样上的边线和中心线,并采用工装将其定位。注意检查弦管定位点的位置。

③弦管单元件定位后,按地样线从拱顶端往拱脚端吊装横联钢管,点焊定位(图43)。

图 43　吊装横联钢管

④对准地样上的标记线,将另一侧弦管在胎架上采用工装将其定位(图 44)。

图 44　另一侧弦管定位

⑤对角焊缝进行检查。外观检查,对焊缝进行 100% 超声波探伤检查。

质量控制点:两弦管之间的间距:±3mm;相贯线外观:按照《铁路钢桥制造规范》(Q/CR 9211—2015)的焊缝外观质量要求;相贯线内在质量:超声波探伤按照《铁路钢桥制造规范》(Q/CR 9211—2015)Ⅰ级。

(6)钢管拱厂内卧拼装。

①胎架制造。钢管拱在厂内进行卧拼装。在地上将钢管拱线形放样,按线形进行胎架制造,材料采用钢墩和型钢。胎架用激光经纬仪检查水平度。

②上弦管片装分段按编号顺序上胎架定位(接头连接件预置在弦管内)(图 45)。

图 45　上弦管片装分段

③安装腹杆横隔及斜腹杆。按地样上地标画出的中心线和图纸尺寸依次吊装腹杆横隔及斜腹杆(图 46)。

图 46　安装腹杆横隔及斜腹杆

④吊装下弦管片装分段(接头连接件预置在弦管内)(图 47)。

⑤对弦管片装分段端口进行匹配并临时固定。
⑥安装腹杆横隔散件。
⑦焊接弦管与腹杆相贯线。
⑧装焊横撑短接头和吊杆套管。
⑨切割主弦管端头余量并装焊头连接件。
⑩标记、标识。

图 47　吊装下弦管片装分段

质量控制点：各片装分段端口匹配：错边≤2mm；拱肋端口对角线差：≤3mm；腹杆位置偏差：±2mm；吊杆孔位置水平偏差：±3mm。

匹配制造时，分段接头处法兰在其他部件装焊完并调校接头后才能装焊，分段接头处两侧法兰与连接板用冲钉和螺栓栓接，并检查贴合度后才可与主拱管装配焊接（图48）。

为保证接头连接件匹配间隙满足密贴要求，接头连接件加劲板与主弦管的角焊缝按图49所示顺序采用 CO_2 气体保护焊对称全位置施焊。

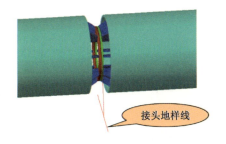

图 48　法兰装焊

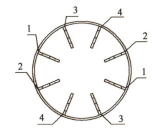

图 49　接头连接件加劲板与主弦管的角焊缝

6. 横撑片装分段制造

①胎架制造。胎架用型钢制造，片装分段制造所需的检查线、中心线均需放地样并做出明显标记。胎架需经检验合格后使用，且胎架每制造一轮后需重新检查后才能再使用。

②上弦横撑管单元件上胎架定位。单元件上胎架时对准地样上的中心线，并采用工装将其定位，注意检查弦管分度线的位置。

③横撑管单元件定位后，按照腹杆安装定位线，将竖腹杆安装定位，再安装下弦横撑管和斜撑管，仅点焊固定（图50）。

④焊接横撑管和腹杆之间的相贯线角焊缝,采用CO_2气体保护焊全位置焊接。

⑤对相贯线角焊缝进行检查。外观检查,对焊缝进行100%超声波探伤检查。

⑥最后对片装分段进行完工检验。对外形尺寸和焊缝外观检查、标记。

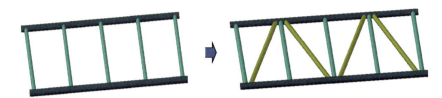

图50　竖腹杆安装定位后安装下弦横撑管和斜撑管

7. 桥面系制造

(1)纵、横梁制造(以主横梁为例)。

①工字梁装焊胎架分别制造。

②在装配胎架上将横梁组装成工字钢(图51)。

图51　组装工字钢

③横梁焊接。将横梁固定在焊接胎架上成船形位置,采用埋弧焊机焊接横梁翼板与腹板间角焊缝。

④工字梁焊接完工后在型钢校正机上校平翼板焊接变形。

⑤装配横梁两边纵横加劲,采用CO_2气体保护焊焊接。焊后校正焊接变形。

⑥测量横梁整体尺寸,画出吊索预埋管位置(图52)。

图52　吊索预埋管位置

⑦最后对横梁进行完工检验。对外形尺寸和焊缝外观检查,并做好标记。

(2)桥面系格子梁厂内预拼装。

①胎架制造。桥面系格子梁在厂内进行3+1预拼装。在地上对格子梁进行放样,按地标进行胎架制造,材料采用型钢和钢墩。胎架用激光经纬仪检查水平度。

②主、次横梁按地标点在胎架上定位(图53)。

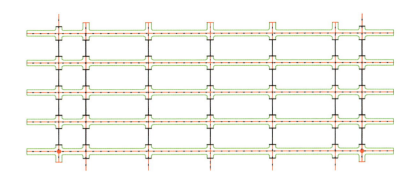

图53　主、次横梁在胎架上定位

③主、次纵梁按地标点在横梁上定位(图54)。

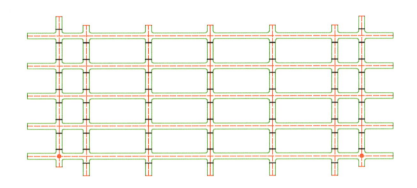

图54　主、次纵梁在横梁上定位

④焊接横梁与纵梁的对接、角接焊缝。
⑤焊接桥面板与纵、横梁顶板的角焊缝(格子梁现场连接处不安装桥面板)。
⑥匹配纵梁腹板连接板(图55)。

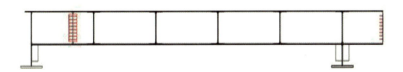

图55　匹配纵梁腹板连接板

⑦纵、横梁上翼板装焊桥面板、剪力钉后,进行标记、标识。

(3)人行道厂内预拼装。

①标准人行道面板在格子梁上定位。
②焊接人行道顶板与纵、横梁顶板的贴角焊缝,格子梁现场连接处不焊接。
③用模板配钻人行道加劲板与横梁加劲的连接螺栓孔。

（五）钢管拱结构加工制作质量保证措施

1. 原材料控制

（1）原材料厂家选择和验收。

原材料采购与管理严格遵循"源头把关、过程控制、精细管理"的原则,按照公司物资采购供应管理程序进行管理,以"保证质量、控制价格、保障供应"为核心,对原材料和设备采购实行分类管理、分级负责、专业服务、统筹供应。

①本项目的原材料供货单位按照公司采购程序在一流厂家中进行对比选择,并首选具有为大型桥梁提供过材料业绩的单位。

②采购的产品验收合格后,按公司产品防护控制程序,对采购的产品进行储存和防护控制。

③按标识和可追溯性控制程序对产品的牌号、规格（型号）、炉批号/入库编号、生产厂家、生产日期标识进行保护和移植。材料领料时,必须在领料单上注明批号,保证可追溯性。

④材质证明书检验。材料检验员核实钢材的材质证明书与钢板上标号（牌号、炉号、批号等）是否相一致,材质证明书上的化学成分和机械性能是否符合规范要求,将核查结果如实填在物资验证记录上。

⑤钢板尺寸、数量核查。点验员用钢盘尺、钢卷尺测量钢板的长、宽尺寸是否符合定尺供货要求,用超声波测厚仪在离钢板边缘50mm处测量钢板厚度是否符合标准要求,清点数量是否准确。将检查结果如实填写在物资验证记录上,材料检验员抽样验证。

⑥钢材表面质量检查。目视检查钢板表面有无气泡、结疤、裂纹、折叠等缺陷,钢材端边或断口不应有分层、夹渣等缺陷,并对照标准判断是否合格。当钢材的表面有锈蚀、麻点或划痕等缺陷时其深度不得大于该钢材负允许值的1/3。对高强钢需重点检查表面凹坑、裂纹等。任何钢板不得存在死弯。将检查结果如实填写在物资验证记录上。如钢板表面质量不满足规范要求,材料检验员出具不合格品通知单,进行退货处理。

⑦型材的尺寸及外观质量的检查。型材的品种、规格、性能、尺寸、外形等应符合规定和设计要求。检查型材的质量合格证明文件及检验报告等。型材的表面不得有裂缝、折叠、轧折、离层、发纹和结疤。

⑧焊接、螺栓、涂料、剪力钉等材料检验。

a. 包装检验。检查焊接材料包装是否符合有关标准要求,是否完好,有无破损、受潮,将检查结果如实填写在物资验证记录上。

b. 质量证明书检验。核对质量证明书所提供的数据是否齐全并符合规范及技术要求。

将检查结果如实填写在物资验证记录上。

c. 外观检验。检验焊接材料的表面是否污染,在储存过程中是否有影响焊接质量的缺陷产生,识别标志是否清晰、牢固,与产品实物是否相符。将检查结果如实填写在物资验证记录上。

d. 工艺文件要求进行焊材取样复验。

(2)材料管控。

①原材料存放。

为确保原材料的运输、储存和保管满足材料特性要求,防止材料发生损坏、混淆、变质和受到污染,各种原材料、半成品的储存方式和场地提前征得监理人的同意和确认。针对本项目施工地点多的特点,对焊材实行"多库一管"模式(即内场和桥址每个大作业点设置专用焊材库房并采用统一管理模式)。焊材库房管理要求:温度应控制不低于18℃,湿度不大于60%,焊材存放应与地板隔开规范距离,并有干湿温度计和除湿温控设施。高强度螺栓保管应采用专用室内库房,库房应设置除湿系统,湿度不大于60%,高强度螺栓应按规格、类型和检验状态进行分类存放,并应及时进行有效期检查。

②材料的领用。

验收合格的材料,经监理确认后入库使用。应对验收的材料进行标识,对大批量的材料建立物料管理和取用制度,对批次到达的材料分开码放、分开标记、分批取,并对每批次材料验收的相关人员进行登记签字,防止材料的无序管理、混用和窜用。

③材料的标识与记录。

原材料、半成品、成品编制进出台账、质量检验和质量跟踪台账,包括日期、名称、品种、规格、数量、生产单位、质量证明文件等资料。材料的标识和检验状态如图56所示。

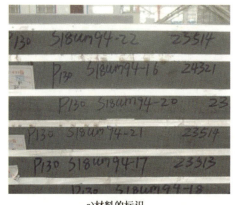 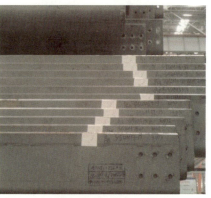

a)材料的标识　　　　　　　　　b)材料检验状态

图56　材料的标识和检验状态

2. 工艺控制

为确保工程质量和进度计划,在施工组织的基础上结合项目文件、设计图纸、有关规范的要求,对生产中可能涉及的各种工艺或方案进行设计和必要的试验。

(1)施工方案的确定。

施工方案由技术部门提出,项目部进行评审,并由项目总工审批。技术部门制定焊接工艺评定项目,项目部按工艺评定项目实施工艺评定,焊接工艺评定完成后将组织有关专家进行评审,并报业主备查。切割工艺评定、涂装工艺评定、首制件工艺评定根据要求可在厂内进行工艺性评审。

(2)施工图和工艺文件的控制。

施工图和工艺文件由工艺员编制,专业技术员校对,标检后入库。对在施工中需要修改的,由工艺员提出,项目总工批准后由资料室按发放记录收集图纸,由工艺员对图纸进行修改。各项控制程序如图57~图59所示。

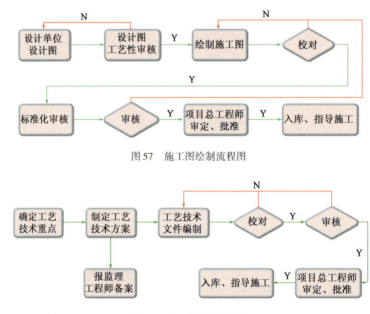

图57 施工图绘制流程图

图58 开工前准备流程图

3. 环境控制

根据产品要求在相关的工艺文件中确定影响产品施工质量,以及储存质量的工作环境(包括工地安装的工作环境)。各生产单位根据工艺文件中所明确的工作环境在生产过程中予以落实。工程设计所按公司《工艺纪律管理办法》的要求对施工环境进行监督检查,质量管理部巡查实施情况,发现问题及时签发相应的通知单(质量信息反馈单、产品质量问题纠正联系单等),不断改善施工环境,重点环境控制内容如图60所示。

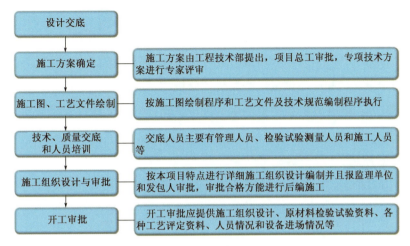

图 59　开工前准备流程图

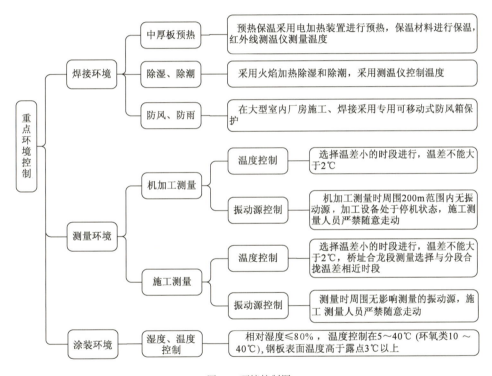

图 60　环境控制图

4. 检测、试验系统的控制

(1) 检测人员控制。

材料检验和试验、无损检测、产品质量检验人员及质量监督人员等必须持有相应证书,并经过本项目的专门培训,合格后方可上岗。各类人员对制造过程实施全过程质量控制,按照检验和试验计划,独立行使质量管理职责。

(2)检测单位控制。

本项目相关检测和试验均委托有相关专业资质的试验室或试验单位进行,开工前,试验室或试验单位资质均报监理审查,审查通过后方可从事相关项目的试验。针对本工程多地施工的特点,为了便于原材料和产品试板检测和统计分析,全部进行统一试验管理,原材料和产品试板检测全部集中管理,在有资质的检测单位进行试验,另外,工地设置试验室集中标定施工扳手和检验扳手。

(3)检测仪器控制。

工程中使用的试验设备必须由具有国家计量资质的检测单位进行标定,并在有效期内使用。

5. 测量与检验保证(图61)

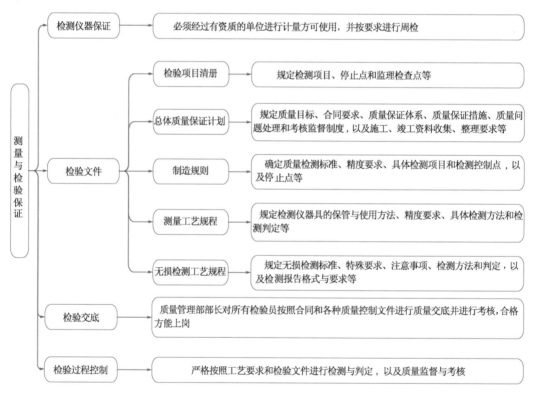

图61　测量与检验保证流程图

6. 检验制度

(1)"首制件"检验制度。

在本项目生产全过程的质量检验中,各工序严格按照"首制件"检验制度执行。即所有工序生产出来的第一件产品必须经自检、互检、专检合格后申请监理报检的制度。组织人员对

"首制件"进行评审,评审合格后方可进行批量生产。当在报验过程中发现达不到设计要求时立即停止生产并召开分析会分析原因,制订新的工艺方案经监理签认后重新生产。

(2)"三检"检验制度。

在生产过程质量检验中严格执行"三检"制度,各工序按照自检、互检、专检"三检"执行。即每个工序完成后施工人员首先按照图纸和精度要求进行自检,当自检合格后施工班组长再进行互检,班组长互检合格后填写报验单提请专职检验员进行检验(注:当在自检、互检、专检任何一个环节中发现报检不合格时,予以退检处理)。当专检人员签署"合格"转序卡后,生产单位才能将有检验"合格"状态标识的产品移交下道工序作业单位。在有监理检验要求的工序项目上需申请监理检验,监理检验合格后方可流入下道工序。

(3)监理工程师检查制度。

严格执行"监检制",按照"监理实施细则"的要求,每道工序开工前,向监理汇报工序准备工作。工序完工后,公司检验人员对该工序进行自检,自检合格后填写相关质检表格报监理工程师进行检查认可,对不合格的工序进行缺陷修复和返工,合格后方可转入下道工序。

三、监理单位审批施工方案意见

监理单位经对施工单位上报的钢管拱桥主拱肋加工制作方案审查,结合专家评审意见,技术方案可行,但需补充"相贯线焊缝修磨工艺"后实施。要求施工单位认真按照审批的方案组织施工,切实落实好各项质量管理措施,确保钢结构加工制作工程质量。

四、案例实施过程介绍

(一)主要存在的问题

主拱肋加工制作及节段构件涂装在钢结构加工厂厂内有完整的配套设施,基本能够满足加工制作及涂装要求。根据厂区的地形布局,中间产品(单元件)在车间里加工,拱肋总成安排露天拼装,采用"2+1""3+1"的方式进行预拼组装,成品节段存放于厂区河对岸专用存放区。

主拱肋在加工制作中,主要存在以下问题:

1. 设备的调试与使用存在不足

等离子相贯线切割机重复调试多遍才正常投入使用,在加工第一批材料时,输入的参数有误,导致坡口与设计值不符,不合格产品经人工切割打磨才可使用,增加了时间、费用成本。

2. 材料存放和取料加工存在不足

材料进场后存放不合理,先使用的板材堆积在下层,取料时反复搬运。先加工的材料用不到,要用的材料未加工完。

厂内划分区域过于紧凑。因厂内存在几座桥同时制造,原先划归用于生产本桥的区域先用于其他桥,导致施工进度受影响。

3. 焊工人员流动大、水平存在差异

监理考核多批焊工,现场实际投入却始终不足。因焊工焊接水平不齐,安排不合理,导致某一环节出现多次重复性焊接缺陷。经过调整后,由水平高的焊工焊接难度大的施工部位,水平相对弱的焊工安排焊接容易施焊、要求低的施工部位,消除了大批量出现缺陷的现象。

4. 实施中发现缺少"相贯线焊缝修磨工艺"

在召开拱肋首节段评审会议后,专家组提出在施工方案中补充"相贯线焊缝修磨工艺"内容。

(二)主拱肋加工制作监理方法

主拱肋节段制造采用先制造出中间产品(筒节制造→弦管虾弯制作→弦管片装单元件及腹杆横隔),然后在卧拼胎架上进行单侧主拱肋装焊成吊装段的施工方法。横撑、斜撑构件:<$\phi700mm$ 的成品管直接采用相贯线切割机下料组拼;≥$\phi700mm$ 直管与主拱肋采用相似的方法,钢板下料后卷制焊接成单个直筒节,按套料图组装成直管并焊接成型,再按设计图纸装焊成各横撑单元件,单管斜撑相贯线端口侧采用切割机一次下料成型。

1. 钢材验收

钢结构的制造第一步对进场的材料进行验收,验收合格后才可以使用。按照《铁路钢桥制造规范》《Q/CR 9211—2015》的要求对进场钢板进行抽检,按同一厂家、同一材质、同一板厚、同一出厂状态,每 10 个炉(批)号抽验一组试件,监理按施工单位取样数的 10% 抽检复验。对于板材、管材的内部质量控制,由检测单位对材料进行超声波无损检测。检测结果合格后,该批次的钢板才能进行下料施工。

2. 钢板放样、下料

放样时按工艺要求预留制作和安装时的焊接收缩补偿量和加工余量,为无余量一次下料奠定基础。因为筒节钢板形状简单,所以号料为手工号料,下料基本上全部采用半自动火焰切

割机下料。

号料前,监理应检查钢板号、规格和质量。每块钢板都有各自的板号,下料人员按套料图手工号料,号料完成后用半自动火焰切割机进行下料,下料内容为焰切出钢板形状及坡口。按照《铁路钢桥制造规范》《Q/CR 9211—2015》的要求,钢板在半自动火焰切割后边缘不进行机加工,焰切面应符合下列要求:

(1)焰切面质量符合下列要求:

①表面粗糙度小于或等于 $25\mu m$;

②不允许崩坑;

③塌角圆角半径不大于 1mm;

④切割面垂直度小于 $0.05t$(t 为板厚),且不大于 2.0mm。

(2)尺寸允许偏差应小于 ±2mm。

(3)切割硬度不超过 HV350。

3.材料下料监理

(1)钢板下料(采用全自动火焰切割机或者等离子切割机进行下料)(图62)。

a)钢板放置于切割平台上,按下料图纸尺寸输入到全自动等离子切割机程序,程序自动点火下料

b)钢板的下料也可使用全自动火焰切割机进行,施工方法与全自动等离子切割机一样

c)钢板切割下料成块后,采用半自动火焰切割机开设坡口

d)坡口切割成型角度一致,钝边大小符合要求

图62 钢板下料

(2)成品管下料成型(采用等离子相贯线切割机举行下料成型)(图63)。

a)直缝管按下料图纸要求固定放置于水平胎架上,分中划线

b)直缝管移至相贯线切割机模架,按预定的程序进行相贯线坡口进行切割

c)相贯线坡口切割成型后采用砂轮机打磨修边

图63 成品管下料成型

4. 单元件监造

(1)筒节的卷制焊接。

$\phi1400mm$ 的筒节采用的卷制方法,先预压头:板材两端头在油压机上进行压制后再卷成筒节。卷制完成的筒节纵焊缝对接错边及端部错边量应在1mm以内,为后续工艺提供了良好的条件。筒节制造简介如图64所示。

a)三芯辊床机把钢板卷制成筒型,纵缝接头先做压头处理,保证纵缝对接错边、端口错边在1mm内时采用焊条电焊固定

b)卷制完成的筒节放置在焊接平台上,焊缝两端焊接安装起弧板,对焊缝及其周边30mm内进行打磨、清理,用烘枪预热待焊区至80~100℃后采用埋弧自动焊焊接内纵缝

图 64

c)内纵缝焊接完成后焊缝转向顶面,外纵缝采用碳弧气刨进行清根处理,碳棒为$\phi 8mm$或$\phi 10mm$,清根后对焊缝打磨、清理

d)外纵缝焊接需要在专用的施平台上进行施焊,焊接要求与内纵缝一样

e)焊接完成后拆除起弧板,打磨切除面,采用三芯辊床校圆至规范要求

f)施工单位自检合格后监理进行抽检

图 64 筒节制造简介

(2)拱铰制造方法及流程(图65)。

a)将两块底座板贴合在一起,用螺栓紧固,四周点焊固定,支撑板从中间往两边装配焊接且两边对称施焊

b)放置一段时间后拆开形成单个铰座,火焰(温度控制在600~800℃)矫正座板焊接变形达到精度要求

图 65

二、桥梁工程监理 | 131

c)预埋底板与铰座板贴合固定,然后焊接U形钢筋,焊接完成后拆开,火焰矫正预埋板

d)铰座水平放置,并固定周边防止变形,先焊接中间加劲钢板(弧形板安装后无法焊接的)

e)弧形板安装符合规范要求后可焊接与支撑板的角焊缝,焊接顺序为中间往两边左右对称

f)铰座完成制造后与绞轴匹配,既要满足焊缝错开要求也要保证弧形贴合面间隙合格

图 65　拱铰制造方法及流程

(3)法兰单元件制造流程(图66)。

a)法兰固定于底边,肋板按间距逐一定位在圆环上,利用提前放置的标准限位板控制肋板水平位置和垂直度

b)法兰肋板装配完成

c)法兰肋板焊接时,将两对法兰一上一下对接,用夹板固定对接面后再焊接,焊接顺序按对称的方式先后施焊

d)焊接完成后,采用数控铣床加工法兰端面,铣平厚度控制在4~6mm

图　66

e)采用标准模板放置于法兰端面上并固定牢固后方可开设螺栓孔

f)法兰匹配对接检验

图66 法兰单元件制造流程

(4)弦管虾弯单元件制造(图67)。

a)验收合格的筒节存放在指定区域待用

b)弦管胎架制作,胎架地标放样,先在平整的场地上用经纬仪确定好X轴、Y轴和坐标原点,然后按施工图纸放出各点位,最后以直线连接各点完成地标放样

c)按施工图纸的顺序和方向摆放在胎架上,并且弦管的线形严格对准地标线,相邻筒节间的缝隙控制在2mm以内,并用U形码板在内侧进行固定

d)拼接完成的虾弯。整个弦管轴线水平都在同一水平高度,偏差允许值控制在±1mm内。弦管长度留余量,以便控制焊接收缩。采用吊线锤的方法检验端口对接线形,规范允许<8mm,但实际控制<3mm,有效保证下道工序的累计误差

图 67

e)虾弯装配检查合格后吊运至滚轮胎架上,首先对焊缝打磨、清扫,烘枪预热至80℃以上后采用ϕ1.2mm药芯焊丝+CO_2气体保护焊进行内环缝焊接

f)内环缝焊接完成后,外环缝首先采用碳弧气刨清根,其次按打磨+预热+施焊+保温的方式施工。外环缝采用埋弧自动焊焊接。焊接方法为焊机固定于平台架上,虾弯环缝随底座滚轮滚动进行环形焊接

图67 弦管虾弯单元件制造

(5)弦管片装分段制造。

胎架制造:胎架用型钢和钢墩制造,弦管片装分段制造所需的检查线、中心线均需放地样并做出明显标记。为保证片装分段线形,在胎架上用模板或垫板来调节。胎架需经检验合格后使用,且胎架每制造一轮后需重新检查后才能再使用。

组装焊接流程如图68所示。

a)首先一侧弦管单元件上胎架定位。单元件上胎架时对准地样上的边线和中心线,并采用工装将其定位。注意检查弦管定位点的位置。弦管单元件定位后,按地样线从拱顶端往拱脚端吊装横联钢管,点焊定位

b)对准地样上的标记线,将另一侧弦管在胎架上定位并采用工装将其定位

c)横联管相贯线焊接采用ϕ1.2mm药芯焊丝+CO_2气体保护焊方法进行焊接。焊接要求与筒节纵缝焊接要求基本一致,应提前打磨除锈及预热,焊中分层,连续施焊,焊后保温

d)安装修磨工艺进行相贯线修磨处理

图 68

e)左侧焊缝为修磨后,右侧焊缝为修磨前

f)修磨完成后对主弦管片体单元件进行完工验收

图68 组装焊接流程

5. 节段制造与卧拼施工监理

(1)控制点放样及胎架制造(图69)。

a)根据施工图坐标在总成卧拼区域进行放样布点,采用全站仪放样于钢板上,保证精度的同时能较长时间保存。监理对控制点坐标放样进行抽检。控制点标记在钢板上,钢板采用膨胀螺钉固定于混凝土面。经过多次复测,地样坐标有效控制在2mm内。坐标放样及检验均在温度较低时进行,避开高温影响

b)胎架支座为钢墩加型钢焊接组合,钢墩用膨胀螺丝固定于底面。采用水准仪测量胎架支点水平度。胎架水平控制在±1mm内

图69 控制点放样及胎架制造

(2)主弦管、腹杆定位(图70)。

(3)总成卧拼焊接与验收(图71)。

a)上弦管片装分段按编号顺序上胎架定位。安装腹杆横隔及斜腹杆，按地样上地标画出的中心线和图纸尺寸依次吊装腹杆横隔及斜腹杆

b)吊装下弦管片装分段上胎架定位

c)调校弦管接头并临时固定，安装腹杆横隔散件，然后对装配进行整体验收

图 70　主弦管、腹杆定位

a)节段卧拼装配验收合格后，下道工序为焊接施工。首先焊接主弦管片装"a+b"对接环缝，采用ϕ1.2mm药芯焊丝+CO_2气体保护焊施焊，焊接要求按工艺评定标准施行

b)第二步焊接各节段的横隔、腹杆相贯线焊缝，采用ϕ1.2mm药芯焊丝+CO_2气体保护焊施焊，先焊上端口相贯线焊缝，然后焊下端口

c)分段接头处突缘在其他部件装焊完并调校接头后才能装焊，分段接头处两侧突缘与连接板用冲钉和螺栓栓接后才可与主拱管装配焊接

d)在法兰连接件与主拱管装配定位后，可装焊横撑短接头、吊杆外套钢管孔的定位、开设和装焊。最后尺量划出拱脚端余量并采用磁力火焰切管机切割

图　71

e)安装吊装监控点部件,焊接缺陷补焊、返修,焊缝修磨

f)选择在早晨或阴天,温度较低时对拱肋节段及卧拼匹配进行完工验收

图71　总成卧拼焊接与验收

6. 横撑片装、斜撑分段监造

横撑、斜撑制造方法及步骤与主拱肋制造大同小异。管径小于 $\phi750mm$ 的钢管为外购成品管;$\phi750mm$、$\phi850mm$、$\phi950mm$ 为厂内卷制,制造按主拱肋筒节方式。成品管接长时,对接环缝根部安装钢衬垫,垫厚8mm。管材下料完成后在验收合格的胎架上进行组装匹配,装配预留合理的收缩量,以第十一吊段横撑为例,横撑主管 $\phi850mm$,腹杆 $\phi600mm$,单边缝后为9个,现场实际预留宽度5mm,收缩量控制在 ±2mm 内。

（三）监理控制措施及要点

1. 组织对施焊作业人员进行考核把关

本桥在同类桥型中跨径最大,工地安装的精度要求高,主拱肋所采用的材料为Q420qD-Z25钢板、硬度大、脆性高、加工难度大,对其加工制作要求苛刻,因此,必须首先对焊工进行严格的考核并择优录用,以确保该桥主拱肋钢结构加工制作全过程的质量。

根据要求,参与本桥的焊工需持有国家有效证件,并通过监理见证考核合格后方可焊接本桥部件。从监理驻厂至今,对焊工考核15批共71人,共考127人次,合格79人次,分别为:①埋弧焊接:15人次,合格15人次;②全位置相贯线焊接:53人次,合格26人次;③全位置45°管对接:58人次,合格37人次;④平位管对接:1人次,合格1人次。图72所示为外观良好的焊工考试试件。

2. 焊接工艺评定试验监理

焊接工艺评定是编制焊接工艺和焊接作业指导书的依据,根据产品对应的钢材与焊材、结构特点、焊接接头形式、焊接位置进行评定,见表4。经评定后评审认可的,可按评定的内容编制焊接工艺和焊接作业指导书。现场监理全程旁站跟踪各项焊评定的开展,记录各项焊接评定试验的焊接方法、焊接流程,焊接过程中设备的数值设定、焊接道数及温度等。

图72 外观良好的焊工考试试件

焊接评定涉及的焊丝、焊剂和焊接位置 表4

品名	焊丝(焊剂)型号或牌号		主要焊接位置
药芯焊丝	E501T-1 $\phi1.2mm$	—	主弦管横联、腹杆横隔、横撑相贯线焊缝;主弦管"a+b"接头环缝和工地接头焊缝;主弦管虾弯内环缝等
埋弧焊焊丝	H08MnMoA $\phi4.0mm$	SJ101q	材质为 Q420qD-Z25D 的埋弧焊接头焊缝
	H10Mn2 $\phi4.0mm$	SJ101q	非 Q420qD-Z25D 材质的埋弧焊接头焊缝

用于评定的对接接头试板厚度应符合表5的规定。

对接接头试板厚度(mm) 表5

试板板厚	产品试板	备 注
$t \leq 16$	$0.5t \leq \delta \leq 1.5t$	t——试板厚度 δ——产品厚度
$16 < t \leq 25$	$0.75t \leq \delta \leq 1.5t$	
$25 < t \leq 80$	$0.75t \leq \delta \leq 1.3t$	

用于评定的T形接头埋弧自动焊试板厚度应符合表6规定。

T形接头埋弧自动焊试板厚度(mm) 表6

焊脚尺寸	试板厚度	
	腹 板	盖 板
6.5×6.5	8~12	12~16
8×8	10~16	16~24
10×10	14~24	20~40
12×12	>20	>28

用于评定的全熔透、部分熔透T形接头试板厚度应符合表7规定。

全熔透、部分熔透 T 形接头试板厚度(mm)　　　　　　　　　表 7

试板板厚	产品试板	备　注
腹板	腹板	
$t \leqslant 16$	$0.5t \leqslant \delta \leqslant 1.5t$	t——试板厚度
$16 < t \leqslant 25$	$0.75t \leqslant \delta \leqslant 1.5t$	δ——产品厚度
$25 < t \leqslant 80$	$0.75t \leqslant \delta \leqslant 1.3t$	

工艺评定试验完成后,试板送第三方检测单位做力学性能、拉伸、接头弯曲、低温冲击、硬度、宏观断面酸蚀试验,检测项标准中有明确规定。合格后组织专家评审,若不合格,则重新评定,找出原因,调整相关参数。

3. 施工准备阶段的控制要点与措施

(1)钢板、钢管材料。

①碳素结构钢 Q195、Q215、Q235、Q275 材质按照《碳素结构钢》(GB/T 700—2006)进行验收。

②低合金高强度结构钢 Q345、Q355、Q390、Q420、Q460、Q500、Q550、Q620、Q690 材质按照现行《低合金高强度结构钢》(GB/T 1591)进行验收。

③桥梁结构用钢 Q345q、Q370q、Q420q、Q470q、Q500q、Q550q、Q620q、Q690q 材质按照《桥梁用结构钢》(GB/T 714—2015)进行验收。

④厚度方向性能钢板(例如 Q420qD-Z25)Z15、Z25、Z35 按照《厚度方向性能钢板》(GB/T 5313—2010)进行验收。

⑤钢板和钢带尺寸、外形、重量级允许偏差按照现行《热轧钢板和钢带的尺寸、外形、重量及允许偏差》(GB/T 709)进行验收。

⑥结构用无缝钢管按现行《结构用无缝钢管》(GB/T 8162)进行验收。

⑦结构用直缝埋弧焊接钢管按《结构用直缝埋弧焊接钢管》(GB/T 30063—2013)进行验收。

(2)焊材。

①埋弧焊。碳钢焊丝和焊剂按《埋弧焊用非合金钢及细晶粒钢实心焊丝、药芯焊丝和焊丝-焊剂组合分类要求》(GB/T 5293—2018)进行验收。埋弧焊用热强钢实心焊丝、药芯焊丝和焊丝-焊剂组合分类要求应符合《埋弧焊用热强钢实心焊丝、药芯焊丝和焊丝-焊剂组合分类要求》(GB/T 12470—2018)的相关要求。

②CO_2 气体保护焊。碳钢药芯焊丝按照现行《非合金钢及细晶粒钢药芯焊丝》(GB/T 10045)进行验收,气体保护电弧焊用碳钢、低合金钢钢丝按照现行《熔化极气体保护电弧焊用非合金钢及细晶粒钢实心焊丝》(GB/T 8110)验收。

(3)高强度螺栓。

钢结构用高强度大六角头螺栓应符合《钢结构用高强度大六角头螺栓》(GB/T 1228—2006),螺母应符合《钢结构用高强度大六角螺母》(GB/T 1229—2006),垫圈应符合《钢结构用高强度垫圈》(GB/T 1230—2006),按照《钢结构用高强度大六角头螺栓、大六角螺母、垫圈技术条件》(GB/T 1231—2006)进行验收。

(4)涂装材料。

①面漆、底漆、中间漆、封闭漆按照《铁路钢桥保护涂装及涂料供货技术条件》(TB/T 1527—2011)和《公路桥梁钢结构防腐涂装技术条件》(JT/T 722—2008)进行验收。

②铝丝按现行《变形铝及铝合金化学成分》(GB/T 3190)进行验收。

(5)材料抽检要求。

①钢材:同一厂家、同一材质、同一板厚、同一出厂状态,10 个炉(批)号抽 1 组试件,监理按施工单位取样数的 10% 进行抽检。

②焊材:同厂家、同型号、实芯焊丝按批次逐一抽检,药芯焊丝、焊剂每年进行熔敷金属力学性能试验。监理对取样过程见证,旁站焊材复验焊接过程。

③高强度螺栓:逐批抽检(每批 3000 套)。

④圆柱头焊钉:逐批抽检。

⑤涂料:施工单位逐批抽检。监理按实际情况进行抽检。

(6)监理对原材料的控制措施。

①核查每批进场材料的数量、产品合格证书。

②按施工单位取样检测的 10% 进行抽样。旁站见证施工单位取样并采取抽检。

③焊材有专用库房。库房内应有必要的设备(空调、通风机、除湿机)能保证湿度保持在 60% 以下,温度不低于 5℃。

④焊材当日取当日用,当日用不完的焊丝、焊剂应存回库房,以免受潮后不可用。

4. 施工阶段监理控制要点与措施

(1)弦管制作过程的椭圆度控制。

主拱肋弦管制作经过直管筒节制作、虾弯单元件、片体制作和节段制作的过程,主弦管直径达 1400mm,是拱桥的主要受力构件,有比较严格的椭圆度控制要求,且在筒节纵缝焊接、虾弯段环缝焊接、片体制作和节段制作过程中受到不均匀的应力作用,将使其椭圆度产生不同程度的变化,其椭圆度的控制是本工程的重点和难点之一,在制作过程中采取了相应措施加以控制。

①制作筒节时,板卷制前要进行压边,筒节校圆采用精度较高的三芯辊床。

②制作虾弯单元件时,环缝焊接要采用"焊机固定＋虾弯滚动"的特制工装进行施焊,防止变形。

③单元件制作过程或者转运存放时,管端口要加十字撑和井字撑进行保型。

④严格控制弦管相接构件接缝间的间隙,并采用 CO_2 气体保护焊等小变形的焊接方法,减少焊接变形。

⑤主弦管片装焊接横联管相贯线时,遵循"对称、同时、同步"的原则,消除焊接应力对椭圆度的影响。

（2）加工过程中弦管线形的控制。

主拱肋是复杂的空间管桁架结构,其结构不对称性在焊接后易引起弦管线形变化,而本桥跨度大,弦管直径达到 1400mm,对弦管线形控制尤为重要,设计上也对弦管线形的控制提出了较高的要求,因此,采取了措施控制弦管线形。

①弦管加工线形是在设计线形的基础上叠加设计预拱和加工预拱。

②采用计算机进行线形控制点坐标计算,并依次制作加工胎架、地样。

③计算焊接收缩量,装配弦管间结构件时拉开弦管间间距,施放反变形。

④在片体制作时,节段弦管端部采用门式码板临时固定,使片体焊接收缩是联动变化过程,防止局部变形。

（3）腹杆相贯线切割。

腹杆与主弦管相接的管口、横撑与主弦管相接的接口均是管-管相贯线,设计上要求全熔透,管口必须开焊接坡口,相贯管口是一条空间曲线,由于存在变化的自然夹角,管端坡口将随曲线而变化。过去大多采用纸样画线后手工切割,然后手工打磨焊接坡口的方式加工,用这种方法加工不但速度慢,而且难于精确地加工管端相贯口,为了很好地解决这个问题,本桥钢结构加工厂内采用一台相贯线数控等离子切割机切割腹杆、斜撑管、横联管相贯坡口。该切割机能一次切割成型管子相贯线和焊接坡口,切割面光滑能满足制作要求,从而很好地解决了这一问题。

（4）焊接变形的控制。

焊接变形的控制是钢结构制作过程的关键技术之一,采取下述措施控制焊接变形。

①采用计算焊接收缩补偿量、构件下料时补偿的精度的造桥工艺技术,严格控制构件的装配间隙和质量,控制焊接金属填充量。

②应用弦管间间距拉开装配的反变形技术。

③采用双数焊工对称施焊的焊接工艺,设计合理的焊接程序。

④采用 CO_2 气体保护焊等高效小变形的焊接方法。

⑤采用刚性固定控制变形措施。

(5)零件矫正与弯曲要求。

①冷矫时环境温度不低于12℃。

②热矫时,加热温度控制在600~800℃,温度降至室温前不能锤击和水、风急冷。

③主要零件冷作弯曲时,环境温度不宜低于-5℃,内侧弯曲半径不宜小于板厚的15倍。

④热煨弯温度控制在900~1000℃。

(6)节段制作精度的控制。

片体组装成节段后形成复杂的空间桁架,如制作后的节段精度控制不好将很难进行调整,制作过程中必须给予高度的重视,采取一些技术措施进行控制。

①采用"2+1""3+1"的卧拼组装工艺,整体预拼装、顺序焊接,使主拱肋节段在工厂下胎前的弦管端口对接精度满足设计要求。

②节段制造过程中的各施工环节紧密相连,中间产品的精度直接影响节段最终的精度。组装成节段的各产品、零件制作精度要保证满足技术要求,达不到要求的要先行调整好,否则组装成节段后将难以进行修整。

③采用双数焊工对称施焊的焊接工艺,并设计合理的焊接程序。

④片体的误差在节段装配时采用分中均布的方式调整,减少误差累积的影响。

⑤上轮卧拼下胎的节段在与下轮卧拼匹配时,应把上轮次节段完工检验的实际数据值累积到下轮卧拼中,保证整体长度、线形、轴线的偏差。

(7)法兰连接精度控制。

单侧主拱肋由四弦管组成,主拱肋节段对接时要同时对接端口四对法兰连接件共32个螺栓孔。法兰连接件对接精度的控制是将来节段工地吊装顺利对接的关键,是本工程的重点和难点之一,制作过程中采用相应技术措施进行控制。

①法兰肋板焊接时,将两对法兰一上一下对接,用夹板固定对接面后再焊接,焊接顺序按对称的方式先后施焊。法兰肋板焊接如图73所示。

图73 法兰肋板焊接

②焊接完成后,采用数控铣床加工法兰端面,铣平厚度控制在 4~6mm。

③采用标准模板放置于法兰端面上并固定牢固后方可开设螺栓孔。螺栓孔转眼如图74所示。

图74 螺栓孔转眼

④法兰匹配对接要求8个螺栓孔眼均应采用直径49.9mm的冲钉(螺栓孔直径50mm)检验且冲通,对接面间隙≤0.2mm,匹配合格的两对法兰做好标识,不可分开使用。

(8)钢结构加工质量控制监理措施。

①日常巡视。

a. 施焊工位焊工应为本项目考试合格者,禁止不合格或者不是本项目焊工焊接本项目产品构件。

b. 检查设备的性能满足加工精度要求。

c. 检查现场使用焊材是否为规定的焊接材料,是否存在混用情况。

d. 检查各单元件装配是否符合焊接工艺评定要求,包括坡口角度、预留间隙、对接错边、焊缝错开角度(距离),对焊缝焊前、焊后的处理情况等。

②与各参建方相互配合协调。

例如与第三方检测单位定期或随时交换监控信息,焊缝探伤数据能反应焊接质量的波动情况。当发现质量缺陷较大时,能及时针对性地对某施工环节进行检查,找出质量下降的原因并加以整改。

③详细了解设计图纸,以图纸设计与现场加工情况进行匹配。

在熟悉掌握设计意图的同时,发现可优化提高质量的细节。比如原先设计图纸中,节段安装接头肋板与法兰相接处为贴角焊缝,而拱肋节段重量最大为215t,在吊装定位过程中,接头肋板承受大部分重量。为确保吊装安全,经过与设计单位沟通协调后,相接处改为80%熔透焊缝。

5. 焊接监理控制要点与措施

(1)焊接控制。

①焊前准备。

a. 焊前检查焊缝错边是否符合要求,比如环缝错边应≤2mm,对接纵缝≤1mm。

b. 施焊前必须将焊缝两侧 30mm 范围内的铁锈、氧化铁皮、油污、水分等杂质清除干净。

c. 焊前清理完成后,再架设埋弧焊机,让埋弧焊机在焊缝上空走一趟,确定焊机轨道位置无误。

d. 焊前预热,在焊接坡口两侧,距待焊处 100～200mm,采用烘枪或陶质电加热片均匀加热至 80～100℃,然后用点温计测量温度是否达到要求。

②施焊过程。

a. 按照焊接作业指导书,采用对应的焊接方法焊接,调整电流电压,安装工艺评定焊缝道数逐道焊接,各层次(打底层、填充层、盖面层)应一次完成整周圈,层间起弧位置应错开。

b. 焊接尽量避免中途断弧。埋弧自动焊接断弧后应对断弧位置打磨成 1∶5 的斜坡,并搭接 50mm 后再引弧施焊。

c. 焊接过程中如出现可见缺陷应采用碳弧气刨或其他机械方法清除焊接缺陷,在清除缺陷时应刨出利于返修焊的坡口,并用砂轮磨掉坡口表面的氧化皮,露出金属光泽。

③焊后工作。

a. 焊后需用石棉布对焊缝进行保温缓降处理,防止急冷出现收缩裂纹。

b. 焊接完成后工人自行检查焊缝表面是否有缺陷,有缺陷则做出相应的处理,无缺陷才能进入下一道工序。

c. 对焊缝外观无缺陷的筒节进行无损检测。对于焊缝检测不合格的,返修次数不得超过两次,且如需第二次返修,则要总工程师做出返修工艺单才可进行第二次返修。

(2)焊接检验。

①外观。

所有焊缝不得有裂纹、未熔合、夹渣、未焊满弧坑和焊瘤等缺陷,如图 75 所示。气孔、咬边、焊脚尺寸、焊波、余高、有效厚度质量标准可参照《铁路钢桥制造规范》(Q/CR 9211—2015)执行。焊缝缺陷及质量要求见表 8。

焊缝缺陷及质量要求 表8

项 目	简 图	质量要求(mm)	
咬边		受拉部件纵向及横向对接焊缝	不允许
		竖向加劲肋角焊缝(腹板侧受拉区)	
		受压杆件横向对接焊缝及竖向加劲肋角焊缝 $\Delta \leq 0.3$	
		纵向对接焊缝、主要角焊缝 $\Delta \leq 0.5$	
		其他焊缝 $\Delta \leq 1.0$	

续上表

项 目	简 图	质量要求(mm)		
气孔		横向对接焊缝	不允许	
		纵向对接焊缝、主要角焊缝	直径小于1.0	每米不多于3个,间距不小于20
		其他焊缝	直径小于1.5	
焊脚尺寸		主要角焊缝 K_0^{+2},其他角焊缝 K_0^{+2},手弧焊全长10%范围内允许 K_{-1}^{+3}		
焊波		$h<2$(任意25mm范围内)		
余高(对接)		$b \leqslant 20mm$ 时 $h \leqslant 2$;$b>20mm$ 时 $h \leqslant 3$		
余高铲磨(对接)		$\Delta 1 \leqslant 0.5$,$\Delta 2 \leqslant 0.3$,表面粗糙度 $Ra<50\mu m$		

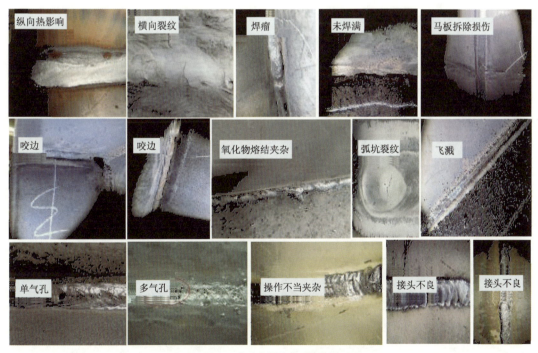

图75 常见的焊缝外观缺陷图

②焊缝修磨。

本桥设计图纸文件中,明确规定相贯线焊缝需进行修磨处理,修磨处理既能达到防止结构应力集中,降低疲劳损伤风险,又能使焊缝更加美观。

相贯焊缝修磨的技术要求为:

a. 主拱等桁式钢管结构的主管与受拉支管全部相贯焊缝的趾部与鞍部(也称为过渡区域)应进行修磨,修磨技术要求应满足该桥施工图设计文件和《公路钢管混凝土桥梁设计与施工指南》相关要求。

b. 修磨焊缝的修磨方法首先采用砂轮打磨,砂轮粗糙度为0.2,砂轮采用高驱动、转速为15000~40000 转/min,打磨深度为0.3~0.5mm,再用合金旋转锉刀对过渡区进行打磨,使之圆顺;修磨边缘应整齐、规则、不能有凹凸齿轮等边缘线,修磨凹面应光滑顺适。

c. 修磨部位为主拱主管与受拉支管的相贯线焊缝,修磨区域为相贯焊缝的趾部和过渡区,大于270°,修磨凹槽的起止点及周边应均匀、顺适,不得有凹槽和凸轮廓,更不得损伤母材。

d. 应根据相贯焊缝修磨的部位和修磨形状,制订修磨工艺、模拟焊缝形状和修磨区域形态,加工制作1∶1模型。

e. 进行修磨工艺试验和修磨工人培训,制订避免伤及主体结构的技术措施等工作,编制修磨工艺专题报告,报请监理、业主单位和专家咨询审查后实施。

f. 修磨工艺不得以任何理由伤及主体结构,要求制定严格的管理制度、监理制度和奖惩制度,如果出现修磨损伤主体结构,该结构应直接报废处理,不得返修和再次焊接。

g. 主拱相贯节点焊缝修磨完成后,应首先通过宏观100%检查判定修磨质量,合格后(焊缝修磨区域表面不得有任何缺陷)再采用无损检查方法对修磨焊缝进行探伤20%的检查,检查无任何缺陷后,判定修磨质量合格。相贯焊缝修磨工艺步骤如图76所示。

a) 砂轮机和合金旋转锉刀

b) 砂轮机粗磨

c) 采用合金旋转锉刀细磨,过渡区磨出半径$R=8mm$的圆弧

d) 修磨完成后对外观进行检查

图76 相贯焊缝修磨工艺步骤

五、取得的监理效果

按规范要求和监理服务合同约定,驻厂监理在施工单位自检合格的基础上抽检30%,但考虑此桥的特殊性,驻厂监理实际按100%频率进行检查和验收。在监理与参建各方的共同努力下,钢结构加工制作全过程,各类中间产品的制造全部达到要求的质量标准,通过工地吊装施工情况反馈,其精准度达到了史前水平,监理工作成效显著。

(1)钢板下料情况(图77)。

a)采用全自动等离子切割机进行下料,尺寸误差控制效果好

b)钢板的坡口开设采用半自动火焰切割机切割

c)坡口角度正确且平直,钝边宽度误差±1mm

图77 钢板下料情况

(2)管材相贯线切割情况(图78)。

a)所有相贯线下料采用数控等离子相贯线切割机进行施工,相贯线及坡口一次成型

b)相贯线坡口成型好

图78 管材相贯线切割情况

(3)地样、胎架情况(图79)。

a)所有控制点标注于钢板上,钢板采用膨胀螺丝固定在混凝土面,可长时间使用,精度控制也得以加强

图 79

b)胎架高程采用标定合格的水准仪进行测量,水平高程控制在±1mm内

图79 地样、胎架情况

(4)筒节情况(图80)。

a)筒节单元件采用40×3000mm型三芯辊床机进行校圆,椭圆度满足规范要求

b)筒节单元件端口直径随机测量多组数据,最大差值小于3mm

图80 筒节情况

(5)虾弯单元件情况(图81)。

(6)主弦管片体情况(图82)。

(7)节段制造及卧拼情况(图83)。

(8)焊接情况(图84)。

a)虾弯拼接线形好,环缝错边均符合要求

b)抽线偏差控制较好,最大偏差小于4mm

图81 虾弯单元件情况

a)有效控制焊接收缩,保证弦管片体完工线形符合要求

b)弦管轴线与平联管安装位置控制较好

图82 主弦管片体情况

a)总成卧拼制造精度控制线形、轴线偏差、长度等均符合设计要求

b)法兰连接端面紧贴,间隙达到≤0.2mm的规范要求

c)总成验收采用仪器+传统方法配合检测

图83 节段制造及卧拼情况

a)虾弯环缝采用埋弧焊接的方法施焊,焊缝成型顺直,饱满无咬边及气孔

图 84

二、桥梁工程监理 | 151

b) 筒节内纵缝焊接成品完美

c) 采用8mm碳棒进行反面气刨清根，弧坑顺直、深度一致

d) 所有相贯线焊缝需修磨处理，按要求处理后的焊缝效果好

图 84　焊接情况

案例三：某连续刚构桥挂篮悬浇箱梁施工监理

一、案例背景

（一）工程基本情况

该桥主桥跨径布置为125m+200m+125m，采用三跨预应力混凝土连续刚构。箱梁高度和底板厚度采用2次抛物线变化，箱梁根部梁高12.5m，跨中梁高4m，顶板厚32cm，底板厚从跨中至根部由32cm变为150cm，腹板从跨中至根部依次采用50cm、70cm、95cm三种厚度。箱梁顶板横向宽13m，箱底宽7m，翼缘悬臂长3m。箱梁0号节段长13m，每个悬浇T构纵向对称划为26个节段，梁段数及梁段长从根部至跨中分别为7×3.0m、9×3.5m、10×4.0m，悬浇节段总长92.5m。边、中跨合龙段长度均为2m，边跨现浇段长24m。箱梁根部设两道厚2.0m的横隔板；中跨设5道横隔板，厚0.5m；边跨设3道横隔板，其中梁端厚2.5m，其余厚0.5m。横隔板兼做预留体外预应力钢束转向块。悬浇节段最大控制重量2733kN，挂篮设计自重1300kN。

（二）监理案例简介

1.案例特点

该桥作为本项目控制性工程之一，以及业主推荐创亮点品质工程的目标，施工工期紧、进度压力大，同时对质量要求高。该桥主桥箱梁采用三向预应力体系，纵向、横向、竖向，箱梁顶板、腹板均设置预应力钢束，钢筋与预应力管道交错、密集，混凝土单次浇筑方量大，工况复杂多变，如发生混凝土浇筑出现大面积空洞、张拉压浆不符合设计要求、梁体线形及合龙精度不符合设计要求导致返工等质量事故，后果不堪设想。因此，本案例将该桥钢筋及预应力工程施工质量、混凝土浇筑及外观质量、梁体线形控制作为重点监控方向，通过重点做好事前监理、事中控制，避免出现因质量问题导致返工情况，确保该桥挂篮悬浇箱梁施工按节点完成进度计划。

2. 工程施工工艺

本桥 1 号~26 号梁段采用 4 套菱形挂篮悬浇施工，在菱形挂篮设计中严格控制重量，每个挂篮及附属设备重量共计 1300kN。从 1 号段开始采用两个独立的挂篮在 T 构两端进行对称悬臂浇筑施工。悬臂浇筑法的主要施工设备——挂篮，是一个能够沿轨道行走的活动作业平台，它支承在已完成的悬臂梁段上用以进行下一梁段的施工。待新浇梁段施加预应力及管道压浆后，挂篮即前移进行下一梁段施工，如此逐段循环直至完成全部悬浇梁段。挂篮悬臂现浇段施工工艺流程如图 1 所示。

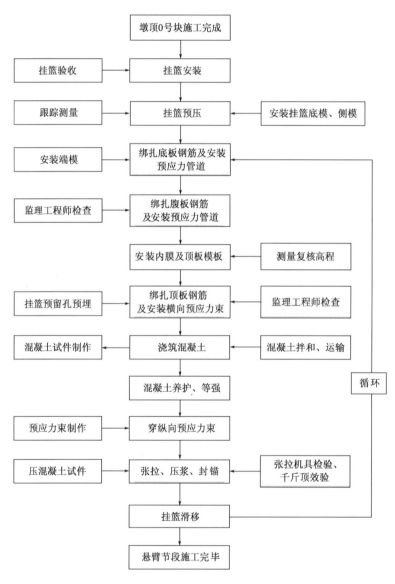

图 1 挂篮悬臂现浇段施工工艺流程图

3. 存在的技术问题或难题

（1）悬浇挂篮预压是一项危险性较高的工作，该桥挂篮预压采用的千斤顶反力架预压法为新工艺，挂篮系统和反压系统的强度、刚度、稳定性必须保证预压施工的安全、顺利进行。

（2）该连续刚构桥跨度大，悬浇施工节段多，重量大，时间长，工况多变，影响因素多，如何保证施工高精度，最终实现桥梁的设计线形、达到预期的受力状态、顺利合龙，是该桥的关键技术之一。

（3）该桥主桥现浇箱梁采用纵向、横向、竖向三向预应力体系，纵向箱梁顶板及箱梁腹板均设置预应力钢束，钢筋与预应力管道交错、密集，纵向预应力筋随节段的增加越来越长，如何保证预应力管道安装坐标符合设计要求，以免后续发生预应力筋穿束、张拉质量问题，同时还要保证钢筋间距及保护层合格率存在一定的技术难度。

（4）该桥主桥现浇箱梁腹板厚度为95cm、70cm、50cm，腹板内空间狭窄且高（最高12.5m，最低4m），混凝土下料、振捣困难，易发生漏振、错台、漏浆、涨模等质量通病。

4. 采取的措施

（1）为确保挂篮预压安全、顺利进行，控制挂篮变形在允许范围内，保证后续悬浇节段施工中不出现因挂篮变形而造成不利于梁体线形控制的情况，监理工程师应对承包人的预压方案仔细审查，重点复核挂篮系统和反压系统的设计图及强度、刚度、稳定性验算结果，满足要求后同意设备、构配件进场。设备、构配件进场后应检查是否符合设计图要求，施工中重点检查预埋件位置、挂篮系统及预压系统的连接质量、反力架与预埋件的焊接质量等。

（2）为确保该桥实现高精度合龙，总监办根据第三方监控单位的监控方案，明确了相关责任人深度参与监控量测工作，并要求监理组与第三方监控单位人员加强联系、沟通。挂篮立模高程由第三方监控单位提供，总监办监理工程师需跟踪复核，未征得监控小组及监理组同意不得进入下道工序施工，确保立模精度满足要求。同时在节段混凝土浇筑前、浇筑后、张拉前、张拉后同第三方监控单位密切配合实施监测，特别是合龙前（浇筑至20号块左右时）要加强联测，发现监测数据与建模数据偏差较大时要及时微调，确保最后合龙误差在可控范围内。

（3）监理工程师对钢筋安装、预应力管道安装工序严格进行验收，在预应力管道与普通钢筋位置发生冲突时，按照预应力管道位置优先原则，适当挪动、弯折普通钢筋，确保预应力管道安装坐标符合设计及规范要求，最大程度保证普通钢筋安装间距及保护层合格率。

（4）严格检查模板安装、加固质量，对拉杆、支撑系统进行仔细检查，发现问题及时加固。严格控制混凝土出厂质量，浇筑混凝土时采用串筒下料，督促施工人员在具备条件时进入腹板内对倒角、锚下等较难振捣密实部位加强振捣，确保混凝土振捣密实并严格控制混凝土分层浇筑厚度。

5. 达到的效果

目前该桥主桥左幅已顺利合龙,合龙精度在目标值范围内,梁体线形顺直。钢筋间距及保护层合格率均在90%以上,预应力筋张拉及预应力管道压浆施工质量满足设计及规范要求,混凝土外观质量较好,未出现大面积漏振、错台、涨模现象。总体施工质量得到了业主的肯定,顺利完成进度节点计划。

二、施工单位报来的施工方案

主桥悬浇箱梁计划总工期12个月,10d一个节段,先施工左幅悬浇段,待左、右幅挂篮位置不冲突时安装右幅挂篮进行右幅悬浇段施工,先左幅合龙,后右幅合龙,全桥合龙时间节点满足总体施工组织进度节点计划要求。悬浇箱梁线形满足设计要求,总体施工质量满足《公路工程质量检验评定标准 第一册 土建工程》(JTG F80/1—2017)的要求,争创平安工地、亮点工程。

(一)"'工''料''机''法''环'"投入情况

1. 机械设备、试验检测仪器及人员投入情况

劳动力配置计划见表1,生产工艺设备配置见表2,机械设备配置见表3,测量设备配置计划见表4。

劳动力配置计划表　　　　表1

序号	专业工种	单位	数量	备注
1	钢筋工	人	20	岗前已培训及已接受安全教育
2	混凝土工	人	20	岗前已培训及已接受安全教育
3	模板工	人	10	岗前已培训及已接受安全教育
4	电焊工	人	6	岗前已培训及已接受安全教育
5	张拉工	人	10	岗前已培训及已接受安全教育
6	普工	人	4	岗前已接受安全教育
7	合计	人	70	

生产工艺设备配置表　　　　表2

序号	生产设备名称	规格	配置量(台/套)
1	钢筋数控加工设备		1
2	车丝机	TZDL6-HD1036	1
3	CO_2气体保护焊机	NCB-270F	20
4	切割机		6

续上表

序号	生产设备名称	规　格	配置量(台/套)
5	振捣棒	50型	15
6	智能张拉、压浆设备		2
7	张拉千斤顶	YDC250QX-B	6
8	张拉千斤顶	YCW650D	6
9	全站仪	徕卡TS09	1

机械设备配置一览表　　　　表3

序号	机械和设备名称	规格型号	单　位	数　量
1	混凝土搅拌站	HZS120	座	1
2	混凝土运输罐车	10m³	辆	10
3	QY25	徐州	辆	1
4	塔式起重机	JC6012	台	2
5	混凝土输送泵		台	2
6	挂篮		套	4

测量设备配置计划一览表　　　　表4

序号	测量设备名称	分　类	数　量	使用特征	检定周期
1	GNSS接收机	南方银河1	1	一年(广州市烈图仪器科技有限公司)	1年
2	GNSS接收机	南方银河1	1	一年(广州市烈图仪器科技有限公司)	1年
3	全站仪	徕卡TS09	1	一年(广州市烈图仪器科技有限公司)	1年
4	水准仪	苏一光DSZ2	1	一年(广州市烈图仪器科技有限公司)	1年

2.施工工艺及方法

(1)挂篮安装。

挂篮制作完毕后,检查挂篮结构各构件是否按照设计图纸及有关技术规范、规程进行选材、加工、制作,尤其是对主要杆件焊接及螺栓连接处重点检查检测,确保强度、刚度符合要求。

①安装走行锚固系统。首先安装锚固垫梁,锚固垫梁是通过预埋竖向筋与混凝土梁面锚固在一起的,竖向筋首先进行了初张拉,然后将要放置垫梁的位置用水泥砂浆找平(注意两片主桁架下面的混凝土梁面高差要按设计要求做好),锚固好竖向钢筋。接下来安装轨道,安装之前要检查单侧锚固垫梁顶面是否在同一个高程,符合要求后可以吊装轨道梁,轨道是通过螺栓和锚固垫梁连接起来的,每个连接螺栓均需要安装,并且施拧相同的扭力,以保证螺栓在挂篮走行时均匀承力。最后把后钩轮吊装在轨道上,准备下一步吊装挂篮的主桁架部分。

②吊装主桁架。先吊装AC杆件,并与后钩轮和前滚轮连接好。然后吊装BC杆件,并将AC和BC之间的连接钢销插好。接下来吊装AB杆件,同样需要插好AB与BC、AC与BC之间的连接钢销,接下来可以吊装横联并连接好钢销。将BD和CD杆件先通过钢销连接好,然

后整体吊装与 BC 杆件相连,并插好钢销。最后吊装前上横梁。

③前上横梁吊装好后,可以吊装前悬吊系统的吊带和吊杆部分。

④此时应检查主桁架是否到位,如果没有设计位置,应走行挂篮到设计位置,后锚点需要用 6 根 $\phi32mm$ 精轧螺纹钢筋锚固好,保证每根精扎螺纹钢的受力基本一致。

⑤吊装底模后横梁到 0 号段的托架上,然后穿竖向吊带吊住底模后横梁,吊装底模前横梁并悬挂在前吊带上(穿钢销时需要有人用吊篮),安装底模纵梁,调整底模高程,后端通过吊带和吊杆与混凝土梁锚固紧贴,这样底模就安装好。

⑥安装外侧模板。挂篮所用外侧模首先用于 0 号梁段施工,在上述拼装程序之前,应将外模走行梁先放至外模竖框架内,走行梁上安装好走行吊轮,走行梁后端用角钢封端,以免走行轮滑出走行梁,走行梁后端插入后吊架上(0 号段顶板上预留孔,先把后吊架安放好)。两走行梁前端用倒链和钢丝绳吊在前上横梁上,然后用倒链将外侧模拖至 1 号梁段位置,在 0 号段上安装外侧模走行梁后吊架。

⑦安装内模吊梁,并通过吊杆和前悬吊连接起来,以及和混凝土梁连接起来。之后吊装内模走行梁,然后吊装竖带框架,最后拼组组合钢模板。

⑧调整好各立模高程。根据挂篮预压测出的挂篮弹性及非弹性变形值,再加上设计立模高程,为 1 号段的立模高程。

(2)挂篮预压。

为了对挂篮的强度、刚度和稳定性进行评价,消除挂篮非弹性变形,测定弹性变形,挂篮在 0 号块上安装完成后,需对挂篮进行静载预压试验。本桥梁挂篮预压采用千斤顶反力架预压法。

在 0 号块施工过程中,在端头腹板里预埋反力架施工预埋件,埋深位置在 0 号段端面腹板上,单侧共 4 块预埋件,预埋件采用 2cm 厚钢板,尺寸为 50cm × 50cm,钢板背面焊 10 根 $\phi25mm$ 锚筋。挂篮预压采用预应力张拉用的液压千斤顶加载,千斤顶加载在底板范围内进行。反力架设置在 0 号块腹板端面上,反力架需要预埋钢板焊接牢固,在焊接处需采用加劲板加强。双拼 I45a 工字钢与预埋钢板焊接牢固,作为预压反力点。在千斤顶下方设置双拼 I25a 工字钢横梁对千斤顶顶力进行横向分配到底模纵梁上。

一个主墩两端挂篮预压对称进行,每个挂篮设置两个预压点,4 个观测点。预压荷载按 1 号节悬浇箱梁重量的 1.1 倍系数考虑,预压时采用 4 台千斤顶同步分级预压,按照 40%、60%、100%、110% 进行分级均匀对称加载。预压前先对 4 个观测点进行测量,作为初始值,每级加载后,持荷 20min 后对 4 个观测点进行测量,卸载后再次对 4 个观测点测量。加载过程中除采用仪器对挂篮进行监测外,还要对其外观进行检查,观察挂篮受力后有无刚度不够产生变形、焊缝有无脱焊、连接销有无松动等异常情况发生。预压完成后对挂篮预压数据进行整理分析,得出挂篮弹性变形及非弹性变形,调整挂篮底板高程,进行 1 号段施工。图 2 所示为挂篮预压示意图。

(3)钢筋加工及安装。

钢筋半成品在加工厂加工,经验收合格后运至现场经塔式起重机转运至作业场地进行安装。钢筋安装时钢筋接头采用焊接,接头位置相互错开,任一断面钢筋接头的数量需少于钢筋根数的 50%。双面焊缝的长度不小于 $5d$(d 为钢筋直径),单面焊接的长度不小于 $10d$。焊接时应采取防护措施,防止焊渣烧伤预应力管道及污染模板等。钢筋焊接采用 CO_2 保护焊。钢筋与预应力管道位置发生冲突时,优先保证预应力管道坐标符合设计要求,适当挪动钢筋位置或弯折。最大程度保证钢筋间距及保护层合格率。

(4)预应力管道安装。

箱梁纵向预应力管道采用金属波纹管圆管(内径 120mm、内径 100mm、内径 90mm),顶板横向预应力管道采用金属波纹管扁管(内径 22mm×60mm),竖向预应力管道采用金属波纹管(管内径 50mm),波纹管、钢绞线、精轧螺纹钢筋、锚具检验合格后方可使用。

波纹管接头采用套接方式,连接接头长度不小于 30cm,用透明胶带缠绕密封。

竖向管道及竖向预应力钢绞线、固定端锚具先组装后,一并安装埋设,埋设定位采用辅助横向钢筋及"U 形筋"固定,定位间距不大于 60cm,以保证竖向预应力筋的竖直度及位置准确。布置在管道上下口的排浆管和压浆管与钢管的连接均采用薄壁钢管焊制的三通,并保证焊接处不漏浆,排浆管和压浆管由 PVC(聚氯乙烯)管引出模板外固定,并将管口预先密封。接头处用胶带包扎严密,以防漏浆。上口锚垫板、锚具及竖向预应力钢绞线之间的缝隙应做封闭处理,以防水和杂物进入,同时槽口模板内应用棉纱填实,外露的预应力钢绞线用胶带包扎,以防混凝土浇筑时受到污染。混凝土浇筑结束后,应及时对所有管道压风或压水进行清孔和检查,一旦发现堵塞及时进行处理,以保证孔道的畅通。

纵向和横向预应力波纹管在腹板和顶板钢筋绑扎时安装固定。纵向预应力波纹管道定位间距直线段不大于 80cm,横向预应力管道直线定位钢筋间距不大于 80cm,曲线段适当加密至 50cm,在曲线要素点位置必须定位。定位钢筋采用 $\phi 12mm$ U 形钢筋,管道下部采用 $\phi 12mm$ 钢筋作为水平支撑筋,支撑钢筋与钢筋骨架点焊固定,以保证施工过程中钢束及管道位置不发生移动或变形。

(5)混凝土浇筑及养护。

箱梁采用 C55 混凝土,混凝土在搅拌站拌和后用罐车运至现场,通过 57m 的汽车输送泵和混凝土拖泵两种方式输送入模,串筒下料,在 T 构两端由悬浇端向已浇端对称一次浇筑成型。先浇筑底板、再腹板、最后浇筑顶板。采用插入式振捣棒振捣,分层浇筑、振捣,浇筑至设计高程后人工进行收面。二次收面后用土工布覆盖并洒水养护 7d。

(6)预应力筋张拉及管道压浆。

混凝土强度达到设计强度90%且混凝土龄期不小于7d后进行预应力筋张拉。张拉采用张拉控制力与伸长量双控的原则。各节段预应力筋的张拉顺序:先纵向再竖向及横向,竖向及横向滞后3个节段张拉。本桥纵向预应力筋采用智能张拉设备进行预应力张拉施工,两端同步张拉,左右对称进行,张拉顺序先腹板束,后顶板束。竖向及横向采用单顶、单端人工张拉。张拉完成并在封锚混凝土达到一定强度后进行预应力管道压浆,压浆材料采用专用压浆剂。

(7)挂篮前移。

①在梁段完成纵向预应力张拉、压浆后,进行脱模(脱开底模、侧模和内模):解松内、外滑道及前、后横梁的内、外吊杆,使其侧模、底模及内模与箱梁混凝土分离,但依旧稳固悬吊于滑道上,拆下底模后吊带、放松内外模前后锚杆,并确认模板已经和混凝土脱离,内模和内模架落于降低的内滑梁上,外模板落于外模走行纵梁上;拆除主桁架的后锚杆让后支座受力,放松底模前吊带,使底模离开梁体100mm左右。

②接长前端轨道,在轨道表面上涂润滑油,并用预埋在梁体的ϕ32mm精轧螺纹钢将走行轨与梁体锚固,为安全起见挂篮尾部用钢丝绳与竖向蹬筋临时连接,解除挂篮主桁架后支点锚固,安装水平顶推千斤顶,对称顶推挂篮前移,随挂篮前移缓慢放松挂篮尾部钢丝绳,将底模、侧模、主桁系统及内模滑梁一起向前移动,直至下一梁段位置。挂篮行走时,内、外、底模滑道在顶板及底板预留孔处及时安装滑道吊点扣架,保证结构稳定,移动匀速、平移、同步。

③挂篮就位后,用事先预埋的锚杆锁定挂篮主桁后支点,防止挂篮向前滑移;安装底模、侧模后锚杆、内模后吊杆,调整后滑梁架,调整模板位置及高程;待梁段底板及腹板钢筋绑扎完毕后,将内模拖动到位,调整高程后,即可安装梁段顶板钢筋。

④梁段混凝土浇筑及预应力张拉、压浆完毕后,进入下一个挂篮移动循环。

(8)梁体线形控制。

为确保箱梁合龙误差符合规范要求和成桥后的线形,梁体线形控制是悬浇施工的关键技术之一。线形控制主要包括三个部分:各节段的高程控制、中线控制、断面尺寸控制。在箱梁悬臂浇筑过程中,将与监控单位一同将影响箱梁挠度的各种因素变化信息及时向设计单位反馈,与设计单位密切配合,确保合龙的精度和线形的美观。

施工过程中在梁端部分分别在两翼缘板、两腹板及箱梁中心布置五个挠度观测点,按照施工顺序,每悬浇一段,分六个时态(即混凝土浇筑前、浇筑后,预应力张拉前、张拉后,挂篮走行前、走行后)各观测一次,根据监控结果实施动态管理。

(9)挂篮拆除。

箱梁悬臂浇注梁段施工完毕后,进行挂篮结构拆除。拆除时,先在最后浇筑梁段的位置按拼装时的相反顺序拆除挂篮的底篮及模板系统,然后将挂篮主桁后退至墩顶位置,按拼装时的相反顺序拆除挂篮主桁杆件。挂篮的拆除在 T 构的两悬臂端对称进行,使 T 构平衡受力,保证施工安全。

(二)质量保证体系及保证措施

1. 质量管理组织机构

为了保证挂篮悬浇段施工质量,符合设计、施工规范及验标要求,高质量、高效率、高标准完成施工任务,项目经理部成立了质量保证领导组,项目经理任组长,总工程师及生产经理为副组长的质量领导小组。组员为分部质检工程师、专业工程师、测量、物资、试验主管及劳务队技术人员,从施工资源、施工技术、测量、物资、试验等全方位进行监控,确保挂篮悬浇块施工质量。图 2 所示为质量保证体系图。

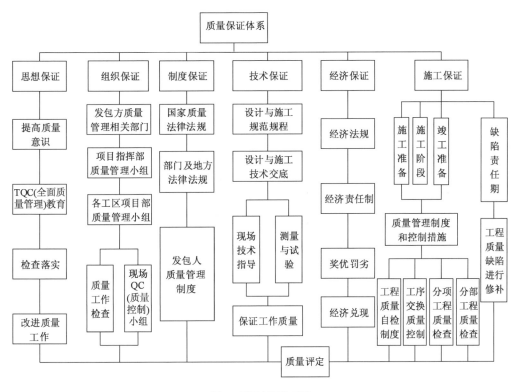

图 2　质量保证体系图

2. 质量保证措施

(1)强化质量意识,认真贯彻落实"百年大计、质量第一"的方针,把创优工作贯穿到施工生产的全过程中。在劳务队伍选配、机具购置、机构设置、施工方案、管理制度等方面紧紧围绕创优目标,以保证和提高工程质量为主线,全面组织优质生产。

(2)强化以各级第一管理者为首的质量保证体系,配齐配强有关人员,做到各级领导、业务部门、现场指挥人员、作业班组质量责任明确,考核奖罚及时,充分调动全体职工的创优积极性。

(3)加强与业主、监理、设计单位的密切配合,主动听取监理工程师的意见,实现"六位一体"联合创优的质量工作格局。

(4)选调精干的管理人员及劳务队伍,强化职工的质量意识教育,对参加施工的全体人员进行培训和技术考核,坚持持证上岗制度。

(5)健全内部检查制度,实行施工技术部门管理、质量检查部门监控的监管分立体制,立足自检自控,确保创优目标实现。将现场质检工程师"一次检查合格率"作为考核指标,提高工程质量检查的严肃性、权威性。

(6)完善激励机制和约束手段,采取定期评比,奖优罚劣,实行质量否决制度,运用经济杠杆作用,确保工程质量。

(7)加强工序质量控制,切实执行隐蔽工程检查签证制度。严格按 ISO 9008 质量保证模式组织生产,依据施工技术规范、质量检验评定标准及招标文件、施工合同条款的质量要求,制订各工序、各环节的操作标准、工艺标准和检验标准。对工序标准的执行情况做出记录,使各工序衔接有序可控。

(8)配备试验工程师,负责全桥的工程试验工作,确保材料质量合格、资料齐全、试验数据准确。采取有效的试验检测手段,控制工程质量。严把计量关,对所有在用的计量设备按规定周期进行检验标定,合格后投入使用。

(9)加强施工技术管理,坚持技术复核制,采取有效的技术管理手段提高工程质量。项目部购置全站仪并负责施工阶段控测工作。工程技术人员做到施工图纸审核和下发、技术交底、施工测量的及时、准确、无误,实行技术工作复核签字制度,所有图纸、技术交底、测量放样资料由项目总工程师审核签字标识后方能交付施工,各项资料保存完好,以备核查。对收到的设计文件,开工前由总工程师组织有关技术人员进行会审和签认,对存在的疑问及时与设计单位联系解决。

(10)安全管理组织机构及安全保证体系(图3和图4)。

(三)专家论证意见

(1)完善总体施工工艺及设备配备。

(2)按照挂篮厂家提供的说明书要求,正确安装、使用和拆除挂篮。

(3)严格按照施工方案施工,加强现场监控,确保施工安全。

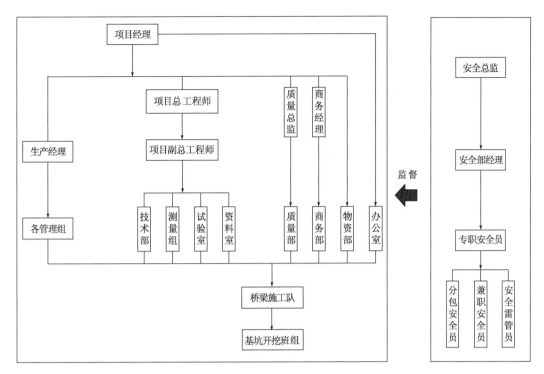

图 3　安全管理组织机构图

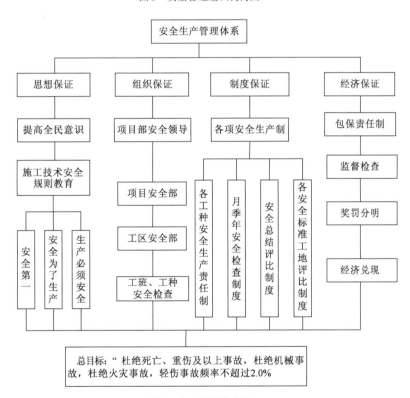

图 4　安全保证体系图

三、监理单位审批施工方案意见

施工单位上报该桥挂篮悬浇箱梁施工方案后,总监办组织有经验的各专业监理工程师进行了认真审查,重点审查了承包人的投入、施工工艺及方法、质量及安全保证机构、体系情况,发现该方案存在遗漏、错误情况,汇总审核意见后发给施工单位,要求施工单位按照审核意见修改、完善后实施。具体审核意见如下:

(1)钢筋加工及安装要保证底板、腹板、顶板钢筋的层距(控制保护层厚度关键工序)、间距,请详述施工方法及工艺。

(2)由于预应力管道排数多,需要在钢筋安装的同时安装预应力管道,要保证预应力管道位置准确、顺直,详述施工方法及工艺。

(3)工序质量检验责任人安排错误,根据现场情况明确。

(4)施工工艺及方法章节条理不清、混乱无序,请按照施工顺序整理,做到条理清晰、具有指导性。

(5)施工方案第 34 页张拉章节错误。

(6)明确纵向、横向、竖向预应力张拉顺序、时间要求,参照设计文件修改。

(7)智能张拉最主要的准备工作应有预应力筋理论伸长量的计算书,确保输入计算机的参数无误,请完善计算书。

(8)挂篮、模板设计图应经项目技术负责人审核、批准,并应包含下列内容:

①工程概况和工程结构简图;

②结构设计的依据;

③总装图和细部构造图;

④制作、安装的质量及精度要求;

⑤安装、拆除时的安全技术措施及注意事项;

⑥材料的性能质量要求及材料数量表。

(9)应细化每节段悬浇所需施工时间,安排施工计划及工期。

(10)施工方案中表 3.2-1 与表 3.3-1 计划工期不一致。

(11)挂篮自重 100t 错误,查设计文件应为 130t。

(12)该方案缺预应力管道压浆及封锚、悬臂浇筑、模板加工及安装质量控制标准,参照相关规范及评定标准完善。

(13)该方案缺品质工程相关内容,请参照业主下发的相关文件要求完善。

四、案例实施过程

该桥作为本项目控制性工程之一,工期紧、进度压力大。同时经业主推荐,该桥要争创亮点工程,对工程施工质量要求高。主桥箱梁采用三向预应力体系,纵向、横向、竖向,箱梁顶板、腹板均设置预应力钢束,钢筋与预应力管道交错、密集,混凝土单次浇筑方量大,工况复杂多变,如发生混凝土浇筑出现大面积空洞、张拉压浆不符合设计要求、梁体线形及合龙精度不符合设计要求导致返工等质量事故,后果不堪设想。因此,总监办将该桥钢筋及预应力工程施工质量、混凝土浇筑及外观质量、梁体线形控制作为重点监控方向,要求重点做好事前监理、事中控制,避免出现因质量问题导致返工情况,确保该桥按节点完成进度计划。

1. 施工准备阶段监理工作

(1)针对本项目承包人施工经验不足、管理经验欠缺的特点,总监办各专业监理工程师对承包人上报的该桥挂篮施工专项方案进行了仔细的审核,提出了审核意见,要求承包人按审核意见修改、完善,并组织专家论证,按专家论证意见修改、完善后实施。

(2)针对该桥施工工艺复杂、安全隐患高的特点,总监办要求承包人按照已批复的施工方案、设计文件及业主下发的相关文件要求做好施工技术与安全技术交底(图5),并做好原材料采备计划。

(3)专业监理工程师对承包人上报的开工报告进行仔细审查,重点审查投入的机械设备及人员是否满足施工需求,施工工艺是否与方案相符,技术交底、安全交底是否落实,各种原材料检验报告是否齐备,混凝土施工配合比是否已批复。

(4)针对该桥验收工序多、旁站工作量大、对桥梁施工管理经验要求高的特点,总监办组织监理人员开展"挂篮悬浇箱梁施工监理工作要点"技术培训(图6),提升监理人员的业务水平。安排驻标专工、两名驻标监理员主管该桥,要求重点做好工序验收、预应力张拉及管道压浆旁站工作。测量专工主管该桥梁体线形控制,其他处室积极配合,确保优质、高效完成监理任务。

图5 参加项目部施工技术交底会

图6 开展"挂篮悬浇箱梁施工监理工作要点"技术培训

2. 施工过程监理工作

(1) 钢筋及预应力管道安装质量控制。

①要求承包人按照底板、腹板、顶板的施工工序报检,验收时仔细检查钢筋安装间距、层距、钢筋保护层厚度及预应力管道安装坐标,当预应力管道位置与钢筋发生冲突时,适当挪动或弯折钢筋,保证预应力管道坐标符合设计及规范要求,最大限度地保证钢筋间距合格率。图7所示为严格控制钢筋安装间距现场图。

图7 严格控制钢筋安装间距现场图

②仔细检查预应力管道是否按设计布置定位筋、加强筋,特别是锚下钢筋网、曲线段防崩钢筋,防止张拉时发生梁体混凝土崩裂事故。图8所示为严格控制预应力管道安装质量现场图。

③严格控制钢筋安装层距、保护层垫块设置数量,保证钢筋保护层合格率,如图9所示。

④浇筑混凝土前仔细检查预应力管道是否破损(图10),如有破损应要求立即修补或更换,避免浇筑混凝土时管道进浆,避免出现穿束不通、压浆不通等质量事故。

图8 严格控制预应力管道安装质量现场图

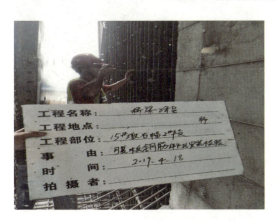

图9 严格控制钢筋安装层距现场图

(2)混凝土浇筑及外观质量控制。

①严格控制混凝土拌和质量(图11),混凝土出厂后检测坍落度、拓展度等指标,保证混凝土和易性良好。

②模板安装后检查模板安装垂直度、对拉拉杆是否紧固、支撑是否牢固、模板空隙是否封堵,避免出现错台、涨模、漏浆现象,如图12所示。

③混凝土浇筑时加强旁站监督(图13),对模板倒角位置加强振捣,避免出现漏振、空洞、大面积蜂窝麻面现象。

④挂篮前移后,对模板进行清理、涂刷脱模剂,避免出现节段混凝土色泽不一致现象,如图14所示。

图10 浇筑前仔细复核预应力管道坐标、管道是否破损

图11 严格控制混凝土拌和质量

图 12　检查模板安装垂直度、加固是否牢固

图 13　混凝土浇筑时加强旁站监督

(3) 预应力筋张拉及管道压浆质量控制。

①梁体混凝土强度达到设计强度的 90% 且混凝土龄期达 7d 后进行预应力张拉。张拉前监理工程师复核承包人提交的张拉计算书（图15），复核张拉力、预应力筋伸长值等相关参数是否与设计提供的相关参数相符，无误后才同意张拉施工。

图 14　检测模板安装平整度、督促承包人清理模板、涂刷脱模剂

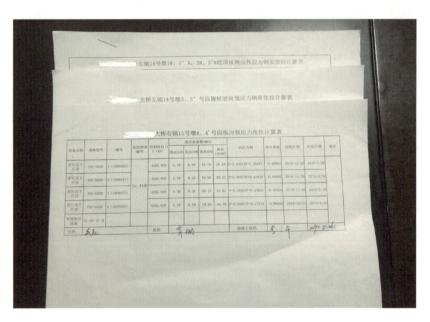

图 15　复核张拉计算书

②张拉开始前现场监理工程师按张拉计算书及千斤顶和油表校验报告,复核千斤顶与油表是否对应、输入张拉设备数据是否无误,确认无误、安全防护措施到位后开始张拉。张拉时核对油表读数、伸长值,并做好记录。张拉过程全程旁站(图16),张拉完核对张拉力、预应力筋伸长值是否符合设计及规范要求,不符合要求的暂停张拉,待查明原因、解决问题后再继续张拉。

图16 旁站预应力筋张拉

③严格按照设计及施工方案确定的张拉顺序进行张拉,横向、竖向预应力滞后3个节段张拉,即:张拉 n 节段纵向预应力钢束后张拉 $n-3$ 节段的横、竖向预应力束。

④预应力管道压浆。督促承包人在规范允许时间范围内对预应力管道进行压浆,压浆前检查封锚混凝土是否密实、排气孔是否通畅,检查浆液施工配合比是否与已批复的施工配合比相符,检测浆液流动度是否合格,具备上述条件后同意压浆,对压浆过程实施旁站监督,如图17所示。

(4)梁体线形控制。

①监理职责及工作流程。

a. 理解并掌握施工监控设计文件,检查并督促施工单位按施工监控设计文件要求进行与施工监控有关的变形测量、材料指标测试等工作,并按监理程序及有关要求进行复核。

b. 审核监控单位提交的施工监控报告及监控指令,及时签字确认后下发施工单位实施。

c. 复测监控单位提交的立模高程通知单,确认在允许误差范围之内后与监控单位共同签字认可,并通知施工单位进行施工。图18所示为施工监控工作流程图。

图17 旁站预应力管道压浆

②挂篮预压监测。

挂篮安装就位后,按方案对挂篮系统进行预压。监理工程师会同第三方监控单位一起,在挂篮预压前、预压过程中、卸载过程及卸载后收集挂篮弹性及非弹性数据,为后续第三方监控单位计算立模高程提供信息。挂篮预压变形值应满足规范要求,如图19所示。

③节段立模高程复核。

在收到监控单位提交的节段立模高程通知单后,监理工程师现场测量复核,确认在偏差范围内后,签认通知单,通知施工单位实施,如图20所示。

④对于每一个悬浇梁段分六个时态进行观测,即混凝土浇筑前、浇筑后,预应力张拉前、张拉后,挂篮走行前、走行后各观测一次。在纵向预应力钢束张拉完毕后对该节段的中线偏位进行测量。并在悬臂7号段、16号段、24号段进行全桥高程和中线偏位测量,严格控制梁段高程和中轴线位置。监理工程师测得的结果如有异议,及时跟监控单位反映或联测,监控单位根据实际情况及时对立模高程进行微调,实施动态管理。图21为悬浇节段动态监测现场,图22和图23为高程测点纵横向布置示意图。

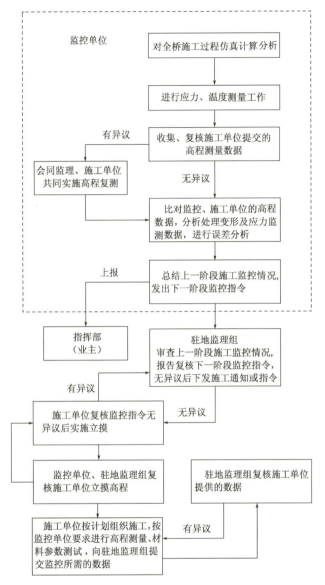

图 18 施工监控工作流程图

图 19 挂篮预压变形值满足规范要求

图20　复核立模高程、签发立模通知单

图21　悬浇节段动态监测现场

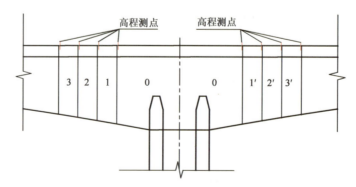

图22　悬臂施工梁段高程测点纵向布置示意图

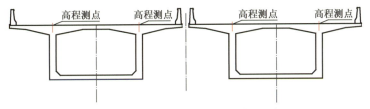

图 23　悬臂施工梁段高程测点横向布置示意图

⑤合龙段监测。

合龙段是全桥施工的重点,也是线形控制的重点。

a. 合龙段施工前对相邻两端的悬浇段的轴线、高程进行联测,如图 24 所示。

图 24　合龙段施工前对相邻两端的悬浇段的轴线、高程进行联测

b. 监控单位根据观测数据,计算水平顶推力,提供顶推施工通知单。

c. 监理工程师复核、签发顶推施工通知单后,对顶推施工过程全程观测,确保变形值、位移值满足通知单要求,如图 25 所示。

d. 合龙段混凝土浇筑前对合龙段两端悬浇段进行配重(配重重量由监控单位根据计算提供),监理工程师复核配重水箱符合要求后进行混凝土浇筑。监理人员全程旁站混凝土浇筑过程,浇筑过程密切监测两侧水箱放水速度与混凝土浇筑进度保持一致,确保混凝土浇筑连续,如图 26 所示。

五、取得的监理效果

(1)经总监办试验室对该桥挂篮悬浇箱梁钢筋安装间距及保护层、混凝土强度检测,箱梁钢筋安装间距及保护层合格率均在 90% 以上,混凝土强度合格率 100%。经广西交科集团有限公司对预应力筋锚下应力、预应力管道压浆密实度检测,预应力筋张拉、预应力管道压浆施工质量均符合设计及规范要求。

（2）目前该桥左幅已完成合龙。合龙后梁体轴线偏位 2mm，同跨对称点高程差最大值为 9mm，最小值为 6mm，箱梁梁体线形、合龙精度满足设计及规范要求。

（3）该桥顺利按进度节点计划完成合龙，保质、保量完成了业主下达的进度任务，监理工作得到业主的充分肯定。

图 25　签发顶推施工通知单、监控顶推施工

图 26　旁站合龙段混凝土浇筑、监测配重水箱放水速度

（4）该桥施工过程中，各级监理人员丰富了技术、管理及现场监理经验，熟悉了挂篮悬浇箱梁施工关键工序的管控要点，为后续同类型的工程监理积累了宝贵的工作经验。图 27 所示为合龙后的梁体。

图 27　合龙后的梁体

案例四：组合调坡控制弯道桥面横坡施工监理

一、案例背景

（一）工程基本情况

某机场一级公路的某大桥桥长246m,起点桩号 AK3+789,终点桩号 AK4+035,桥面净宽 $2\times11m$。全桥共3联: $4\times20m+4\times20m+4\times20m$,上部结构采用预应力混凝土箱梁,先简支后连续。该桥平面曲线分别位于缓和曲线（起始桩号:K3+789,终止桩号:K3+868.972）和圆曲线（起始桩号:K3+868.972,终止桩号:K4+035,半径为1100m,右偏）上,纵断面位于 $R=6500m$ 的竖曲线上（R 为竖曲线半径）,超高横坡为3%。

（二）监理案例简介

全桥20m预应力混凝土箱梁共96片,在预制场统一预制。本案例介绍大桥箱梁预制、安装施工过程中,采用梁底预埋斜向钢板与箱梁、盖梁顶面横坡组合控制桥面横坡坡度工艺施工,架设后梁顶面纵向高程、相邻梁顶面高差都在验收规范标准之内,取得桥面外观线形美观的良好效果。

二、施工单位报来施工方案介绍

按常规预制梁制作安装工艺施工,先预制预应力混凝土箱梁后架设。该桥在路线的超高渐变弯道上,受路线横向超高和纵向坡度影响,不能满足弯道路段桥梁架设后的整座桥梁顶横向、纵向的顺直要求。

三、监理单位审批施工方案意见

针对本桥处于弯道超高路段,按以往常规预制梁制作、安装工艺无法解决施工后桥面横、纵坡不平顺的问题,会出现整座桥的箱梁顶面横向、纵向不顺直的问题,只能采取不同厚度的桥面铺装混凝土层,来调整补救凸凹不平的桥面顺直问题,会给桥面工程质量留下隐患。要求施工单位采用梁底预埋斜向钢板与箱梁、盖梁顶面横坡组合控制桥面横坡坡度的施工方法重新编制施工方案。

四、案例实施过程介绍

(一)处理方案

梁底预埋斜向钢板与箱梁、盖梁顶面横坡组合控制桥面横坡坡度是在梁体预埋钢板的基础上发展起来的一种改进性的梁体预制施工技术,通过预制箱梁、盖梁顶面横坡和梁底预埋钢板两者组合调整桥面横坡、纵坡。梁底预埋钢板按超高部分的超高坡度进行调整,达到较好的平纵面控制效果,满足设计及规范要求。

(二)监理控制技术要点

1. 预制梁模板检验

模板进场后,监理工程师需对预制梁模板进行检查验收,检查厂家是否严格按桥梁横坡及各细部尺寸加工、生产,对不合格的部分应返厂加工。预制梁模板检验工艺控制流程如图1所示。

2. 计算超高横坡

根据设计图计算每片箱梁支座中心点断面的桩号,并根据图纸中超高计算公式,计算各个断面桩号上的超高部分横坡。

3. 台座技术控制

台座定位要求精确放样出台座的轴线及中线位置,从中心往两端量测,要考虑到预制梁以后张拉收缩量,钢板中心距比设计长 10~30mm,以调整梁体张拉后的收缩量,混凝土台座在表层的钢板铺上后,在台座侧面设置止浆条,以防漏浆。用手钢锯刻出所生产梁片的长度。梁片的预拱度一般采用设置反拱,反拱度按设计提供参考数据及以往的施工经验,来决定台座预留向下的反拱度,一般 20m 梁设置反拱值为 15mm,25m 梁设置反拱值为 20mm,30m 梁设置反拱值为 25mm,反拱度均按二次抛物线设置。设置梁底钢板预凹槽,根据计算超高横坡的最大值、最大纵坡值和预留孔尺寸确定预留孔的深度,凹槽深度略大于计算深度,顺桥方向尺寸比楔块尺寸大 10~30mm,方便后续凹槽填砂及梁底钢板安装施工。

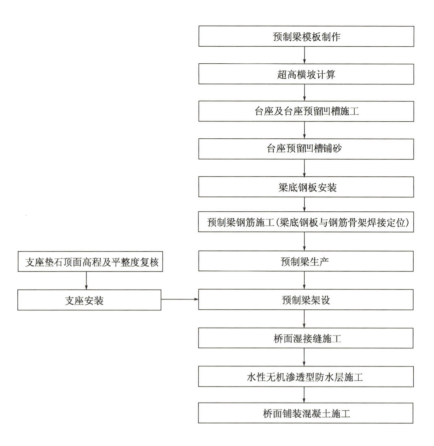

图 1　预制梁模板检验工艺控制流程图

4. 台座预留凹槽铺砂控制

在台座预留孔内铺砌河砂并抹平，要注意检查与具体梁片编号对应组合坡度一致，用于承托梁底钢板。台座预留凹槽铺砂如图 2 所示。

图 2　台座预留凹槽铺砂

5. 梁底钢板安装控制

首先根据设计图纸,计算每片梁支座预埋钢板安装数据,以便准确控制曲线段合成坡度。首先在预埋钢板安装前用定位钢板(自制工具),对支座预埋钢板安装位置平面及高差(纵横向)精平定位,经监理验收合格后,进行支座预埋钢板安装。表1是某大桥预制箱梁支座预埋钢板调坡安装部分数据汇总表。

某大桥预制箱梁支座预埋钢板调坡安装部分数据汇总表　　　　表1

梁 编 号	小桩号钢板嵌入底座深度(cm)		小桩号钢板露出底座深度(cm)		大桩号钢板嵌入底座深度(cm)		大桩号钢板露出底座深度(cm)	
	后支点	前支点	后支点	前支点	后支点	前支点	后支点	前支点
7-1	1.3	1.7	1.7	1.3	1.3	1.7	1.7	1.3
7-2	1.3	1.7	1.7	1.3	1.3	1.7	1.7	1.3
7-3	1.3	1.7	1.7	1.3	1.3	1.7	1.7	1.3
7-4	1.3	1.7	1.7	1.3	1.3	1.7	1.7	1.3
7-5	1.3	1.7	1.7	1.3	1.3	1.7	1.7	1.3
7-6	1.3	1.7	1.7	1.3	1.3	1.7	1.7	1.3
7-7	1.3	1.7	1.7	1.3	1.3	1.7	1.7	1.3
7-8	1.3	1.7	1.7	1.3	1.3	1.7	1.7	1.3
8-1	1.3	1.7	1.7	1.3	1.3	1.7	1.7	1.3
8-2	1.3	1.7	1.7	1.3	1.3	1.7	1.7	1.3
8-3	1.3	1.7	1.7	1.3	1.3	1.7	1.7	1.3
8-4	1.3	1.7	1.7	1.3	1.3	1.7	1.7	1.3
8-5	1.3	1.7	1.7	1.3	1.3	1.7	1.7	1.3
8-6	1.3	1.7	1.7	1.3	1.3	1.7	1.7	1.3
8-7	1.3	1.7	1.7	1.3	1.3	1.7	1.7	1.3
8-8	1.3	1.7	1.7	1.3	1.3	1.7	1.7	1.3
9-1	1.1	1.9	1.9	1.1	1.1	1.9	1.9	1.1
9-2	1.1	1.9	1.9	1.1	1.1	1.9	1.9	1.1
9-3	1.1	1.9	1.9	1.1	1.1	1.9	1.9	1.1
9-4	1.1	1.9	1.9	1.1	1.1	1.9	1.9	1.1
9-5	1.1	1.9	1.9	1.1	1.1	1.9	1.9	1.1
9-6	1.1	1.9	1.9	1.1	1.1	1.9	1.9	1.1
9-7	1.1	1.9	1.9	1.1	1.1	1.9	1.9	1.1
9-8	1.1	1.9	1.9	1.1	1.1	1.9	1.9	1.1
10-1	1.1	1.9	1.9	1.1	1.1	1.9	1.9	1.1
10-2	1.1	1.9	1.9	1.1	1.1	1.9	1.9	1.1
10-3	1.1	1.9	1.9	1.1	1.1	1.9	1.9	1.1

续上表

梁编号	小桩号钢板嵌入底座深度(cm)		小桩号钢板露出底座深度(cm)		大桩号钢板嵌入底座深度(cm)		大桩号钢板露出底座深度(cm)	
	后支点	前支点	后支点	前支点	后支点	前支点	后支点	前支点
10-4	1.1	1.9	1.9	1.1	1.1	1.9	1.9	1.1
10-5	1.1	1.9	1.9	1.1	1.1	1.9	1.9	1.1
10-6	1.1	1.9	1.9	1.1	1.1	1.9	1.9	1.1
10-7	1.1	1.9	1.9	1.1	1.1	1.9	1.9	1.1
10-8	1.1	1.9	1.9	1.1	1.1	1.9	1.9	1.1

在钢筋安装前先要预埋梁底钢板,梁底钢板是控制梁长和支座中心的重要手段。应注意支座钢板的预埋纵坡一定要和所设计的桥梁纵坡一致,钢板横坡按计算出的该位置断面超高横坡组合布置,如预埋坡度不准将会造成支座偏压,支座过早损坏,对桥梁的运营造成安全隐患,处理起来非常麻烦。预埋钢板精平定位如图3所示,预埋钢板精平定位效果如图4所示。

图3 预埋钢板精平定位

预埋钢板安装定位后,底模凹槽加宽部分用河砂找平。预埋钢板与预制梁主筋焊接、定位如图5所示。

6.预制梁生产过程控制

预制梁混凝土浇筑、养护、张拉、压浆与一般预制梁施工监控方法一致。箱梁楔块侧面如图6所示。

图 4　预埋钢板精平定位效果图

图 5　预埋钢板与预制梁主筋焊接、定位

图 6　箱梁楔块侧面

7. 支座垫石顶面高程及平整度复核

根据图纸计算支座垫石顶面设计高程，现场复核垫石高程并检查平整度，经打磨平整后（图7），进入支座安装施工。

图7　支座安装前垫石平整度打磨处理

8. 支座安装控制

为减小施工中梁底钢板坡度与设计坡度不一致造成的支座底部托空，在支座安装时，在支座底部预涂1cm厚环氧树脂砂浆，并在砂浆凝固前完成预制梁安装工作。支座安装效果如图8所示，箱梁安装后支座效果如图9所示。

a)

b)

图8　支座安装效果图

图9　箱梁安装后支座效果图

（三）监理措施

(1) 监理工程师在审查箱梁预制方案时就要提出采用梁底预埋斜向钢板与箱梁、盖梁顶面横坡组合控制桥面横坡坡度的施工方案，并得到了承包人认同和配合。

(2) 箱梁台座设计时，需根据设计施工图支座位置设置楔块预留凹槽，楔块预埋钢板底面用河砂抹平作为底模。

(3) 考虑到后期混凝土张拉收缩徐变及提梁时梁体轻微晃动，可在楔块两端采用不易变形的弹性材料，作为缓冲装置，既满足制梁、张拉要求，又可有效保护梁体避免硬性接触，导致楔块损坏。

(4) 确保每片梁的超高横坡、纵坡计算准确，计算完成后，交由技术管理人员再次复核。

(5) 预制钢板安装中，最高点保持与预制梁底板高度一致，根据坡度挖出台座预留孔中的河砂凹槽，用于支撑梁底钢板，并复核钢板组合坡度。

(6) 预制梁钢筋安装施工中，将梁底预埋钢板与预制梁钢筋焊接定位，防止混凝土浇筑过程中钢板移位。

(7) 支座安装前，先在支座垫石位置铺一层1cm厚环氧树脂砂浆，放置支座，并在环氧树脂砂浆凝固前安装梁体。

五、取得的监理效果

本桥采用梁底预埋斜向钢板与箱梁、盖梁顶面横坡组合控制桥面横坡坡度工艺施工，使梁架设后梁底预埋钢板、橡胶支座及盖梁上的支座垫石同在一个水平面上良好结合，避免橡胶支座不均匀受力而产生橡胶支座损坏及梁底开裂等质量问题，也确保了工程进度不受影响。架设后梁顶面纵向高程、相邻梁顶面高差都在验收规范标准之内,且桥面线形、平整度均很好,在未铺设桥面铺装的情况下,也能满足设计横坡、纵坡及顶面高程的要求,该施工工艺为创新技术,具有较高的应用价值。图10~图15所示为该施工工艺取得的现场效果。

图10 箱梁安装线形效果(外侧)

图11 箱梁安装线形效果(内侧)

图12 湿接缝预埋钢筋精确对位、相邻梁顶面平顺

图13 纵向相邻梁顶面平顺

图 14　湿接缝施工前桥面效果图　　　　　图 15　湿接缝施工后桥面效果图

案例五：涉地铁大跨径桥梁盖梁支架施工监理

一、案例背景

（一）工程基本情况

某城市立交桥工程项目，在清川大道方向改造长度为880m，标准道路红线宽度60m，其中主线桥总长度273.5m，标准宽度45.5m、52.5m；大学路方向改造长度为1110m，标准道路红线宽度58.6m，其中主线桥梁总长度771.5m，标准宽度26.0m、39.0m。两条主线桥采用8条匝道桥相连，工程项目位于运营的城市地铁1号线及场站的正上方。

（二）监理案例介绍

本案例介绍在城市地铁及场站的正上方，开展立交桥支架现浇盖梁施工，监理工程师结合现场实际情况及地铁管理部门的要求提出了三个支架施工方案，采取安全和质量技术措施，经过本项目的实践均达到预期目标，为今后涉地铁大型结构物施工如何降低地铁结构承受的直接荷载、减少地铁结构变形积累了一定的经验，对今后的施工有一定的指导作用。

二、施工单位报来施工方案介绍

本立交桥工程项目位于运营的城市地铁1号线及场站的正上方，桥梁桩基、承台、墩身、盖梁及上部结构的施工过程不可避免扰动了地铁结构体原有的环境条件，可能会引发地铁结构体的外部受力变化，导致地铁结构受到破坏，对地铁运营安全造成重大威胁。根据《城市轨道交通结构安全保护技术规范》（CJJ/T 202—2013）和2016年颁布的《某市城市轨道交通管理条例》的相关规定，本项目桥梁结构物的施工均在规定的城市轨道保护区范围内（5m内为重点保护区，5~50m为一般保护区），桥梁施工作业对地铁结构的影响等级为特级。如何有效确保立交桥施工不影响地铁结构，确保运营安全是本项目必须解决的首要难题。

按原设计某路 0~25 号盖梁施工方案均采用满堂支架,后经某安评管理顾问有限公司评估,如果采用满堂支架施工,地铁隧道及车站结构最大竖向位移 22.16mm,最大水平位移 4.87mm,大于最大竖向位移控制值 20mm 的要求,因此,某市地铁运营管理部门不同意采用满堂支架施工方案。

三、监理单位提出的满堂支架施工方案

为了确保地铁在施工期间的运营安全,监理部根据以往的施工监理经验,结合实际情况和受力计算,大胆创新,提出了三个不同地质情况下的支架方案,并对提出的方案进行了受力计算。

方案1。根据大学路 2~8 号、16~24 号盖梁跨越地铁盾构区标准段,地铁埋深较大(地铁盾构顶至地面深度有 6~8m),地基承载力较强,因此,地铁盾构区盖梁(2~8 号、16~23 号墩)采用盘扣式满堂支架方案进行施工,同时为了将荷载更有效地扩散,将满堂支架在梁侧加宽 2m,一方面加宽的支架可以扩散荷载,另一方面也可以作为工作平台。为了确保支架稳定性,支架基础采用如下方式:对于原状混凝土路面,可直接在其上进行满堂支架施工。对于由于其他原因遭到破坏的场地,在施工满堂支架之前,先进行场地平整,清除浮土和杂填土,回填砂砾,然后采用振动压路机压实,碾压过程不得少于 6~8 遍。处理后的地面应平整、密实。碾压完成后浇筑一层 15cm 厚的 C20 混凝土垫层。

方案2。大学路 9~15 号墩盖梁跨越地铁场站区,地铁场站结构顶至地面埋深 3.5m,地基承载力较差。因此,场站区盖梁(9~15 号墩)采用"钢管+贝雷支架"方案进行施工,支架钢管立柱支撑于桥梁的承台表面,与承台顶面预埋钢板焊接,在承台施工时,预埋件预埋于承台中,预埋钢板表面与承台顶面平齐,盖梁的施工荷载由两侧桩基支承,区间内地铁结构不用受力,从而确保区间内地铁结构的变形符合规范的要求。

方案3。大学路 0 号、1 号、24 号、25 号墩盖梁底口高程在地面以下,若采用满堂支撑施工,还需满足支撑最低搭设高度(底托加顶托,不小于 1.2m),外加 I14 型钢分配梁高度及底模厚度,则需在盖梁处向下开挖,最深处深度近 3m。为了避免向下开挖较深导致地铁结构顶部卸载后盾构区上浮,威胁地铁结构安全,该类盖梁施工采用在盖梁下方浇筑混凝土基础+砂箱的方案进行施工。混凝土基础采用铺设 D9 钢筋网片后浇筑 50cm 厚 C40 混凝土基础,基础宽度每侧比盖梁加宽 25cm,在混凝土基础上安装砂箱以便模板拆除,砂箱高度可以根据实际情况做适当调整。

四、案例实施过程介绍

(一)原因分析

1. 本项目地铁位置及工程、水文地质条件情况

地铁 1 号线场站为地下两层建筑,岛式站台,共设 5 个出入口,场站长、宽、高分别为 120m、19.2m、13.5m,埋深 3.5m。区间结构隧道直径为 6m,埋深 9.5m 以上。

2. 桥梁及地铁结构影响区情况

大学路跨线桥 0~25 号墩均位于地铁结构正上方,大学路跨线桥道路轴线与地铁结构纵向轴线重合,区间埋深大于 9.5m,场站埋深为 3.5m。桥梁下部结构为"门"形框架桥墩,桥墩位于整幅桥梁两侧,盖梁采用大跨净预应力混凝土结构,跨越 1 号线地铁区间及场站结构。其中 0~8 号墩、16~25 号墩共 19 座盖梁位于盾构区间正上方,9~15 号墩盖梁共 7 座位于越地铁场站区。桥墩断面纵向宽度为 2.2m,横向宽度为 2.5m;盖梁为预应力混凝土构件,断面竖向高 2.8m,横向宽 3.2m。

大学路与既有地铁结构位置关系剖面示意图如图 1 所示。

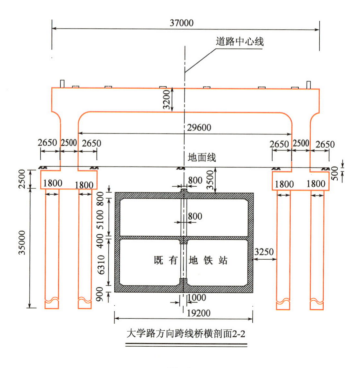

图 1

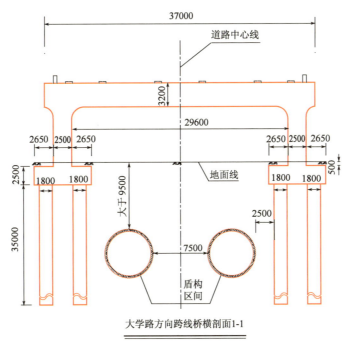

图1 大学路与既有地铁结构位置关系剖面示意图(尺寸单位:mm)

(二)把好施工方案审查关

(1)监理部组织各专业工程师认真审核施工图纸,参加图纸会审和设计交底会议,对钢柱的轴线尺寸和钢梁高程等与基础轴线尺寸进行核对,理解掌握设计要点,会同各方把设计差错消除在施工之前。依照《危险性较大工程安全专项施工方案编制及专家论证审查办法》(建质〔2004〕213号)及《危险性较大的分部分项工程安全管理办法》(建质〔2009〕87号)的要求,重要施工方案必须提交专家进行论证,论证通过后才允许施工。

(2)在审查施工技术方案时,着重审查方案是否符合有关强制性条文标准,以及方案所采用验算是否符合规范要求,验算结果是否满足要求。复核支架对地铁结构附加荷载验算,审查脚手架的搭设方式,模板及脚手架的支撑计算,支撑体系的承载能力、刚度、稳定性等安全参数的选择,以及脚手架材质规格、横杆、立杆的纵、横距离,剪刀撑的构造设置,安装和拆除的程序,外部作业条件,安全措施保障,脚手架的细部节点大样图等是否符合脚手架施工规范和国家有关强制性标准要求。

(3)支架对地铁结构附加荷载验算。

为了确保方案的可行性,监理部组织监理技术人员对支架影响地铁结构荷载进行了验算。

①盾构区盖梁满堂支架对盾构区附加荷载分析。

大学路盖梁2~8号、17~23号盖梁支架采用承插型盘扣式钢管支架,立杆采用材质为

Q345 的 $\phi 60mm \times 3.25mm$ 的钢管,横杆斜杆均采用 $\phi 48mm \times 2.5mm$ 的钢管。立杆间距统一采用 $900mm \times 900mm$,水平横杆及纵向横杆的竖向步距最大为 1500mm,底层步距不大于 300mm。斜杆按照现行《建筑施工承插型盘扣式钢管脚手架安全技术标准》(JGJ 231)的相关要求进行布设。根据《建筑地基基础设计规范》(GB 50007—2011),对均布荷载采用将矩形分成 4 个长方形进行计算。

a. 盖梁满堂支架所占面积:$6.4 \times 24.5 = 156.8m^2$。

b. 单排支架最大荷载为:$75.1 + 2 \times (78.5 + 25.2 + 0.1) = 282.7kN$。

c. 支架总荷载为:$282.7 \times 27 = 7632.9kN$,均布荷载为 $7632.9/156.8 = 48.68kN$。

盾构区区间埋深 Z 大于 9.5m,利用迈达斯软件建模分析,得到支架传到拱顶的应力为 $\sigma_Z = 16.17kPa$,满足《城市轨道交通结构安全保护技术规范》(CJJ/T 202—2013)不大于 20kPa 的要求。

②地铁场站区支架对结构物附加荷载分析。

根据场站区附加荷载图所示,由于场站区间顶距离地面为 3.5m,盖梁结构物的荷载与盾构区一样,利用迈达斯软件对场站区盖梁支架建模分析,得到支架荷载传到区间顶的附加应力为 $\sigma_Z = 38.32kPa$,应力不满足《城市轨道交通结构安全保护技术规范》(CJJ/T 202—2013)不大于 20kPa 的要求。因此,对于跨越地铁场站区墩位(9~15 号墩)的盖梁改为钢管支架+贝雷梁的施工方案,该方案将盖梁施工荷载直接传递至承台、桩基,避免盖梁施工对地铁场站外壁产生附加应力。

选取墩身最高,盖梁跨径最大的 9 号墩进行建模分析。钢管立柱采用 $\phi 609mm \times 16mm$ 截面形式,平联钢管采用 $\phi 273mm \times 6mm$ 截面形式,剪刀撑采用[10a 型钢。盖梁支墩模型图及钢管桩轴向组合应力图如图 2~图 4 所示。

图 2 盖梁支墩模型图

由图 3 可知,钢管桩最大轴向+弯曲应力为 131MPa<215MPa,满足要求。

由图 4 可知,钢管桩最大剪应力为 2MPa<125MPa,满足要求。

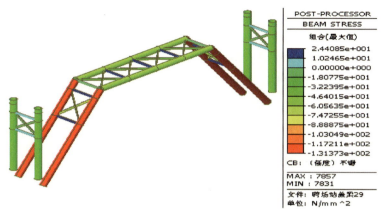

图 3 钢管桩轴向组合应力图

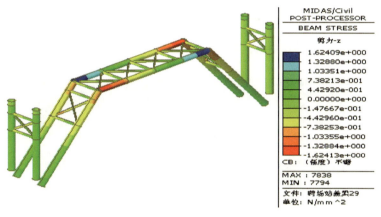

图 4 钢管剪应力图

③大学路 0 号、1 号、25 号盖梁,地面以下混凝土基础 + 砂箱对结构物附加荷载分析。墩盖梁底面高程在地面以下,为了避免向下开挖较深导致地铁顶部卸载后盾构上浮,威胁地铁结构安全,因此采用人工向下开挖 20~50cm,然后浇筑 40cm 厚 C40 混凝土,同时为了便于拆模,在混凝土面上设置约 20cm 高的砂箱,盖梁底模直接搭设在砂箱上。其受力及传递到盾构区的最大荷载与钢管支架受力分析基本一样,不再另行计算。0 号、1 号、25 号盖梁施工示意图如图 5 所示。

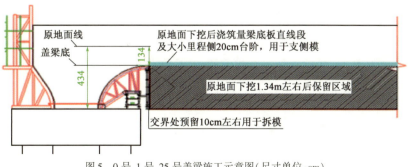

图 5 0 号、1 号、25 号盖梁施工示意图(尺寸单位:cm)

（三）做好钢管等材料进场的检查验收

（1）钢管检查验收。检查是否为螺旋管，钢管立柱外径、壁厚不小于相关标准要求，钢管要顺直，材质为 Q235B，钢材及焊接填充材料的选用应符合设计图的要求，并应具有钢厂和焊接材料厂出具的质量证明书或检验报告。

（2）型钢材料符号相关标准要求，型钢进场后，检查型钢产品合格证，检测型钢高度、型钢腹板厚度、翼缘板厚度等是否满足要求。

（3）盘扣钢管支架材料进场严格按照现行《建筑施工承插型盘扣式钢管脚手架安全技术标准》（JGJ 231）、《钢管脚手架扣件》（GB 15831—2006）相关要求对钢管、扣件等材料的证明资料进行验收，并依据规范的要求对钢管、扣件进行监理见证取样试验，检测钢管力学性能等，其化学成分、力学性能和其他质量要求必须符合国家现行标准规定。经有资质的工程检测单位出具合格报告后，才能进行脚手架的搭设。进场钢管等材料检查验收如图 6 所示。

图 6　进场钢管等材料检查验收

（4）通过精心选择和准确计算，监理工程师提出的方案具有较强的可行性，尤其是某路 9～15 号墩盖梁跨越地铁场站区，采用"钢管 + 贝雷支架"方案进行施工，把盖梁荷载传到桩基上，有效地避免了区间地铁结构承受荷载变形过大的问题，保证了施工期间地铁的安全。经组织设计、施工、业主、安全评估等单位的讨论，一致认可监理部提出的方案，施工单位进一步细化后，经安全评估单位评审，各项指标符合规范要求，最终获得了某市地铁运营管理部门的批准，有效推进了盖梁的施工进度。

（四）地铁盾构区间盖梁盘扣式钢管支架施工监控

墩柱直线段混凝土施工后，对盖梁支架位置进行测量放样，标出边线后，两边外加宽 50cm

进行地基检查处理,确保基础承载力满足支架传递下来的荷载要求。然后进行支架搭设、预压、调整底模等工作,施工流程图如图7所示。

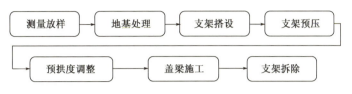

图7 钢管支架施工流程图

(1)监理人员根据支架搭设方案与现行《建筑地基基础工程施工质量验收标准》(GB 50202)的规定进行满堂支架地基验收,做好相关检查验收记录。

(2)为确保支架施工安全及避免后期返工影响施工进度,支架检查和验收分三个阶段进行,各阶段承包人验收后报监理工程师检查,合格后再进行下一工序施工。

第一阶段:基础完工后及支架搭设前对支架基础进行验收;

第二阶段:超过8m的高支模架搭设至一半高度后进行支架验收;

第三阶段:搭设高度达到设计高度和混凝土浇筑前均进行支架验收。

钢管支架过程检查如图8所示。

图8 钢管支架过程检查

(3)支架搭设过程中,监理部加强对支架搭设过程控制,监督施工单位严格按施工方案施工,重点检查扫地杆、横杆、立杆的间距,剪刀撑、抱柱的布设,以及加密区的钢管搭设等。

①基础应符合设计要求,并应平整坚实,立杆与基础间应无松动、悬空现象,底座、支垫应符合规定。

②搭设的架体三维尺寸应符合设计要求,搭设方法和斜杆、钢管剪刀撑等设置应符合方案规定。

③可调托座和底座伸出水平杆的悬臂长度应符合设计要求。

④水平杆与立杆连接盘的插销应销紧至所需插入的标志刻度。

⑤做好盘扣支架每个接点的锁扣检查，要逐一检查，发现有不合格位置采用喷漆标识以便做好复检。

⑥经验收合格的满堂支架，形成书面验收意见，并完善监理资料归档工作。

钢管支架检查验收记录如图9所示。

高大模板支架安全要点检查表

工程名称	南宁市清川立交工程大学路方向跨线桥8#盖梁模板支架工程			支架材质	无缝钢管	
施工单位	广州市第三市政工程有限公司			监理单位	广西桂通工程咨询有限公司	
资料检查							
有专项施工方案	✓	审查方案	施工企业技术部门审查	✓	批准方案	经施工企业技术部门负责人批准或经施工企业技术负责人批准（注2）	✓
有计算书（纵横两向立杆间距、步高取值，立杆稳定计算或可以不计算的说明）	✓		项目监理机构审查	✓		经总监理工程师批准	✓
						有技术交底记录	✓
现场检查							
保证支架内部稳固的措施	设置纵横两向扫地杆，且纵横两向均不缺杆	✓	外连装置设置	剪刀撑倾角45°～60°，跨越5～7条杆，宽度≥6m		封顶杆位置、（或沿柱高每≤4m）设抱柱装置	✓
	沿立杆每步均设置纵横水平杆且纵横两向均不缺杆	✓					
	设置纵横两向封顶杆，封顶杆位置有水平剪刀撑	✓					
	竖直方向沿纵向全高全长从两端开始每4-6个标准步距设一道剪刀撑						
	竖直方向沿横向全高全长从两端开始每4-6个标准步距设一道剪刀撑						
	水平方向沿全平面从封顶杆往下每4个标准步距设一道剪刀撑						
立杆支承	支于地面时，有垫板或硬化处理。支承面的处理符合规定	✓	建筑物悬挑部分的作业平台支架			立杆支在地面上有垫板，支承面的处理符合规定	✓
	底拖检查：托撑长度≤550mm，可调托撑螺杆长度≤300mm，插入立杆长度≥150mm					从底板（悬臂结构除外）挑出型钢梁作上层作业平台的立杆支座，型钢梁搁置在楼板上的长度与挑出长度之比≥2，型钢梁与底板接触部分的首尾两端均与楼板有可靠锚固。型钢梁的限位装置能保证立杆不滑移	✓
	扫地杆：≤550mm，满布水平斜杆 顶托检查：托撑长度≤500mm，可调托撑螺杆长度≤300mm，插入立杆长度≥150mm	✓					
禁止事项	禁止用钢管代替型钢梁从楼层挑出作为立杆支座	✓				水平杆在禁止区域内，禁止对接	✓
						禁止用钢管从外脚手架上伸出斜支悬挑作业平台	✓
	禁止用木杆接长作立杆	✓				禁止使用叠层搭设的支撑体系	✓
其它	立杆间距、水平杆步高符合要求	✓				扣件螺栓或插销固定符合规定	✓
检查结论	☑1 通过　□2 整改　□3 停止搭设 整改或停止范围如下：			检查单位：施工　　监理 检查人：王阳志　张志林 2018年4月15日			

注：高大模板是指达到或超过以下指标的模板：高度8m，或跨度18m，或经荷载组合后的施工面荷载10kN/m²，或经荷载组合后的施工线荷载15kN/m。

a)

图 9

高大模板支架、高大作业平台支架整架验收记录

类别：高大模板支架□　　高大作业平台支架□　　　　验收日期：2018年 4月 15日

工程名称：南宁市清川立交工程			验收部位：大学路方向跨线桥8#盖梁模板支架工程											
验收内容	实测项 \ 实测值		1	2	3	4	5	6	7	8	9	10	平均值	方案值
	立杆间距	横距(mm)	905	906	908	910	902	904	905	910	902	905	902	900
			906	904	906	901	900	900	905	904	901	906	902	900
			902	900	901	903	908	904	900	900	905	903	902	900
		纵距(mm)	906	907	905	904	908	902	904	902	905	902	905	900
			906	902	900	903	904	906	903	904	900	903	903	900
			900	904	903	900	900	903	902	903	907	909	901	900
	水平杆步高(mm)		1510	1502	1508	1504	1503	1506	1510	1500	1500	1502	1510	1500
	每道纵向竖直剪刀撑间距(步距)		4	5	5	6	4	5	6	5	5	4	5	4~6
	每道横向竖直剪刀撑间距(步距)		4	5	4	6	4	5	5	5	6	4	6	4~6
	每道水平剪刀撑间距(步距)		3	2	4	3	2	3	4	2	2	3	3	4
	架顶部位加强措施		H≥6m模板支架封顶杆以下设置三道抱柱装置：满足要求　　保险装置：无											
	外连装置设置情况		抱柱：满足要求　　连板：无　　连墙：无											
	支承面为地面的处理情况		满足设计及规范要求			支承面为楼层的支顶情况				无				
	水平杆缺失情况		无			扫地杆缺失情况				无				
	封顶杆缺失情况		无			封顶杆位置设置 水平剪刀撑情况				满足设计及规范要求				
	扣件销钉敲紧情况		满足设计及规范要求			截面高度1m及以上的梁的支承情况				满足设计及规范要求				
	水平杆的搭接情况		满足设计及规范要求											
责任人验收意见	架子班长		签名：[illegible]			意见：[illegible]						合格（√）不合格（　）		
	安全员		签名：[illegible]			意见：[illegible]						合格（√）不合格（　）		
	项目部技术负责人		签名：王[illegible]			意见：满足设计及规范要求						合格（√）不合格（　）		
	监理工程师		签名：[illegible]			意见：[illegible]						合格（√）不合格（　）		
验收结论	项目经理		签名：[illegible]			结论：验收合格						合格（√）不合格（　）		
	项目总监理工程师		签名：[illegible]			结论：[illegible]						合格（√）不合格（　）		

b)

图9　钢管支架检查验收记录

(4)对不按施工方案和违反搭设规范的施工部位,存在缺陷的细节,要求施工单位及时进行返工处理,对拒不整改,存在质量、安全隐患的部位,下发监理工程师通知单,要求其进行整改和处理,并对处理结果由监理工程师予以复查验收。乱搭、乱设问题归纳如下：

①任意改变构架结构及其尺寸。

②任意改变连墙件设置位置、减少设置数量。

③使用不合格的杆配件和材料。

④在不符合要求的地基和支持物上搭设。

⑤不按质量要求搭设,立杆偏斜,连接点松弛。

⑥不按规定的程序和要求进行搭设和拆除作业。在搭设时未及时设置拉撑杆件,在拆除时过早地拆除拉结杆件和连接件。

(5)支架预压及卸载过程监控。

支架预压分三级加载,按照最大力值控制,三级加载依次为单元内预压荷载值的50%、100%、110%。预压荷载采用均布形式,加载应从中心向两侧对称布载。加载顺序按混凝土浇筑的顺序进行,加载时砂土袋(或钢筋)堆放均衡平稳,监理部安排监理人员对加载重量及加载顺序进行旁站并记录。每级加载完成后,每隔12h对支架沉降量进行监测,监理工程师在每级预压期间均进行测量记录,确保数据的准确性。当支架测点连续两次沉降差平均值均小于2mm,继续加载。

预压观测。加载前布设观测点,在地基和支架顶模板上布设监测点。每一平面在横桥向跨径的 $L/4$、$L/2$ 等截面的大小里程布设观测点,观测点的布设要上下对应,目的是既要观测地基的沉降量,又要观测支架的变形量。在观测点处采用钢钉标识,保护观测点不扰动,以便测量预压前后及卸载后的高程。

第三级荷载维持时间根据预压沉降观测值确定,每隔12h测一次,直至24h内排架变形量不超过设计要求的变形量或沉降量平均值≤1mm时,可视为稳定,即可卸载。支架卸载采用分级卸载,卸载时应对称、均衡、同步卸载。卸载顺序与加载相反。预压过程中应对支架沉降进行连续观测并详细记录备查。

支架分层加载预压如图10所示,预压观测如图11所示,支架预压前测点布设及测量观测记录如图12所示。

a)

b)

图10　支架分层加载预压

图11　预压观测

大学路主线5#墩盖梁支架预压过程中沉降观测记录表

承包单位：广州市第三市政工程有限公司　　　监理单位：广西桂通工程咨询有限公司　　　使用仪器型号：徕卡NA2水准仪

工程部位：盖梁支架　　　墩号：5#墩　　　测点部位：支架顶面纵向工钢底部　　　加载总吨位：_____t

预压情况		加载吨位：506.9 t 占总吨位：			加载吨位：506.9 t 占总吨位：			加载吨位：506.9 t 占总吨位：			加载吨位：506.9 t 占总吨位：		
测点编号		高程	本次沉降 mm	累计沉降 mm	高程	本次沉降 mm	累计沉降 mm	高程	本次沉降 mm	累计沉降 mm	高程	本次沉降 mm	累计沉降 mm
小桩号侧	1#（左）	83.307	0	-4	83.307	0	-4	83.307	0	-4	83.307	0	-4
	2#	83.319	1	-2	83.320	0	-1	83.320	0	-1	83.321	1	0
	3#	83.339	0	-2	83.339	0	-2	83.339	0	-2	83.339	0	-2
	4#	83.321	0	-2	83.320	-1	-3	83.320	0	-3	83.320	0	-3
	5#（右）	83.307	0	-4	83.307	0	-4	83.308	1	-3	83.308	0	-3
大桩号侧	1#（左）	83.308	0	-6	83.308	0	-6	83.309	1	-5	83.309	0	-5
	2#	83.319	0	-3	83.319	0	-3	83.319	0	-3	83.320	1	-2
	3#	83.346	0	-4	83.347	1	-3	83.347	0	-4	83.347	0	-4
	4#	83.304	0	-4	83.303	-1	-5	83.304	1	-4	83.304	0	-4
	5#（右）	83.307	0	-5	83.307	0	-5	83.308	1	-4	83.308	0	-4
观测日期/时间		2018.03.19/14:00			2018.03.19/16:30			2018.03.21/8:15			2018.03.21/14:50		

测量：（签名）　　复核：（签名）　　项目技术负责人：（签名）　　监理工程师：（签名）

图12　支架预压前测点布设及测量观测记录

(6) 预压数据整理分析及预拱度的设置。

观测结束对测量数据进行处理，根据总沉降值和卸载后观测值计算弹性变形量。根据所测得的数据进行分析，依据变形量调整盖梁支架的底高程。

确定预拱度时考虑下列因素：支架在荷载作用下的总变形量，支架在荷载作用下的弹性压缩，支架在荷载作用下的非弹性压缩；结构本身的反拱度根据预压后的弹性变形设置。

根据梁的拱度值线形变化，其他各点的预拱度值，以中间点为最高值，以梁的两端为零，按二次抛物线进行分配。

(7) 使用过程的监理巡视检查。

支架使用过程中应经常督促项目部健全规章制度、加强规范管理、实行动态管理。所有更改搭拆需报监理工程师审查批准后才能执行，杜绝违章指挥和违章作业。监理工程师不定期巡视检查重大危险源的安全状况，并填写巡检记录，存档。

(8) 支架拆除施工监控。

钢管支架在使用结束后，监理人员应督促单位工程负责人进行拆除安全技术交底，拆除作业必须由上而下逐层进行，严禁上下同时作业。监理人员要进行现场旁站监督，同时做好拆除检查记录。

(五)地铁场站区盖梁大钢管支架监控

1. 钢管支架总体结构

钢管立柱直接支撑于承台表面,与承台顶面预埋钢板焊接,斜钢管基础采用牛腿,牛腿设置于承台侧面。

(1)支架搭设前复测地面高程、承台顶面高程,根据盖梁底高程及贝雷梁组件等确定承重钢管立柱 L1 高度,牛腿钢管立柱的长度 L2 = L1 + 1200mm。

(2)钢管立柱 L1、L2 均采用 $\phi 609mm \times 16mm$ 截面形式,钢管采用 $\phi 273mm \times 6mm$ 截面形式,剪刀撑采用[10a 型钢,每个立柱顶设置一个砂筒,单个砂筒承载能力≥162t。

(3)钢管上的下承重梁采用 2I56a 双肢型钢;墩身侧托架承重梁采用 2I32a 型钢;分配梁采用 I14 型钢,横向间距为 750mm。底模采用钢模板,底模厚度为 10.6cm。

(4)贝雷组梁总长 25.5m,两排一组,共 4 组。每排间采用 45cm 花架进行连接,贝雷片均采用上下弦杆加强。

大学路 9 号墩支架断面图如图 13 所示。

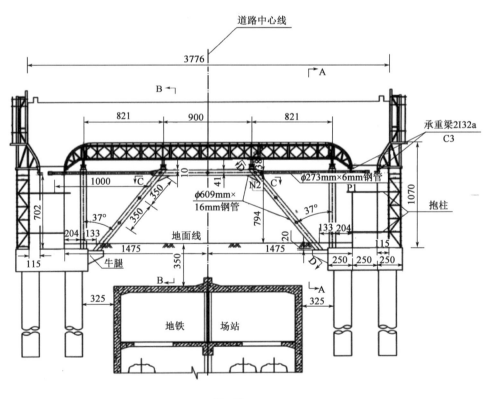

图 13

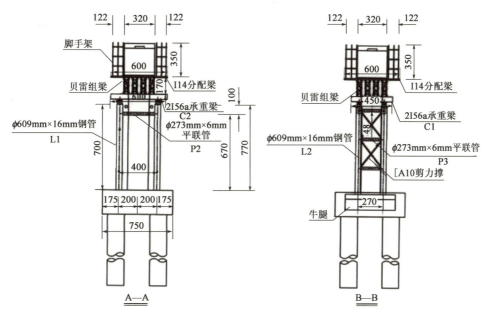

图 13　大学路 9 号墩支架断面图(尺寸单位:cm)

2. 大钢管支架搭设控制措施及监控

(1)支架搭设流程。

牛腿等支架预埋件设置→安装立柱钢管→焊接平联及剪刀撑→砂筒制作及安装→铺设纵向承重梁→贝雷组及型钢托架→分配梁安装→底模安装→支架预压→根据预压监测数据调整模板→搭设完成。

(2)支架安装过程监理控制要点。

①牛腿质量控制。

严格按照设计图纸进行预埋牛腿锚筋的长度、数量及平面位置验收,承台施工后进行牛腿钢筋施工时要严格控制钢筋套筒连接质量,水平钢板与牛腿顶面应平齐,C30 混凝土振捣密实,确保钢板与混凝土连接处密实。牛腿钢筋及钢板施工如图 14 所示。

图 14　牛腿钢筋及钢板施工图

②承重梁、贝雷梁及分配梁施工质量控制。

利用迈达斯软件对支架分配梁应力组合进行分析,经过分析计算可知:在贝雷梁位于承重梁2I45a型钢的支点位置,集中力过大,该处贝雷梁强度没有满足施工安全要求,为了确保贝雷梁承重满足施工要求,避免贝雷梁受力破坏,经现场讨论研究,最后决定在贝雷梁位于承重梁2I45a型钢的支点位置采用材质Q235的2[10型钢顶紧的方式进行补强。

分配梁组合应力图如图15所示,分配梁剪应力图如图16所示,贝雷梁支点处顶紧示意图如图17所示,贝雷梁支点处组合应力受力分析图如图18所示,贝雷梁支点加强处理如图19所示。

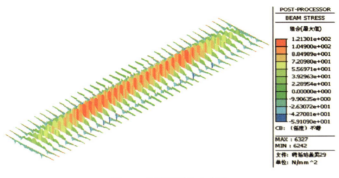

图15　分配梁组合应力图

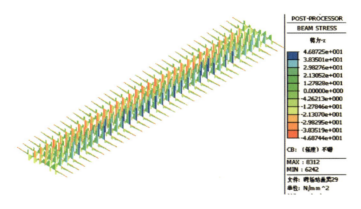

图16　分配梁剪应力图

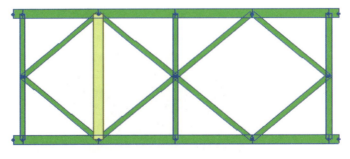

图17　贝雷梁支点处顶紧示意图

图18 贝雷梁支点处组合应力受力分析图

图19 贝雷梁支点加强处理

经验算,加强立杆最大组合应力为125MPa＜215MPa,满足强度要求,该位置释放梁段弯矩约束,立杆组合应力为轴应力。

立杆长度 $l_0 = 1.4\text{m}$,[ ]10型钢回转半径 $i_x = 39\text{mm}$, $i_y = 35\text{mm}$。型钢截面面积 $A_m = 2502\text{mm}^2$,长细比 $\lambda_1/\lambda_2 = l_0/i = 35.9/40$,查计算手册受压构件稳定系数表,受压弱轴方向稳定系数 $\Phi = 0.941$, $\sigma = 127\text{MPa} < [\sigma] = 0.941 \times 215 = 202\text{MPa}$,满足压杆稳定应力要求。

（3）钢结构焊接工程质量控制要点。

①焊接材料对钢管焊接的质量有重大影响。因此,进场的焊接材料必须符合设计文件和相关标准的要求。

②焊接必须由持证的技术工人进行施焊,焊缝等级、焊接形式必须严格按照设计要求和焊接技术规程进行施焊。

③焊缝的焊接部位、坡口形式和外观尺寸必须符合设计和焊接技术规程的要求。

（4）钢管顶端着力点的砂筒质量控制。

每个承重钢管顶端均设置一个砂筒,承重梁布设在砂筒上,承重梁与砂筒接触严密,砂筒顶面与承重梁侧面采用加劲板连接。施工过程中主要检查砂筒是否布设于钢管顶部中间位置、砂筒内细沙碾压密实程度和灌注混凝土振捣密实情况。钢管顶部着力点的砂筒如图20所示。

（5）钢管立柱、平联施工质量控制及验收要点。

①钢管立柱与基础采用焊接固定,首节钢管立柱安装后,监理工程师检查钢管立柱垂直

度,检查钢管底部与预埋接触是否严密,并要求焊接三角筋板固定。钢管与预埋钢板、钢管与三角筋板、三角钢板与预埋板连接焊缝厚度不小于8mm。

②钢管立柱单根对接时,需检查控制立柱垂直度是否满足要求,垂直度不得大于2cm。

③钢管立柱安装完成后,测量放样立柱顶高程,并根据纵坡2%切割立柱顶,确保高程满足要求。

④平联钢管安装注意检查其高程及位置,平联与立柱接头部位要严密,并采用焊接形式固定,焊缝厚度不小于8mm。

⑤钢管支架搭设过程中监理人员要经常巡视检查,及时进行中间检查验收,发现问题及时要求整改完善。

钢管支柱安装过程中垂直度验收如图21所示。

图20　钢管顶部着力点的砂筒

图21　钢管立柱安装过程中垂直度验收

(6)大钢管支架预压控制。

支架预压采取逐个分别预压的方法,依据盖梁重量分布情况,分级进行加载,并及时进行测量、观测,加载的顺序应尽量接近混凝土的浇筑顺序。预压时间视支架地面沉降量定,支架日沉降量不得大于1.0mm(不含测量误差),预压前监理工程师会同施工、设计等单位检查支架各节点是否连接牢固可靠,沉降观测点是否布置,加载按照均匀对称的原则,由墩柱侧向盖梁跨中分级进行。

预压前在钢管立柱之间贝雷梁底部设观测点,具体位置为:墩侧、1/4跨、跨中和3/4跨,每个断面设2个观测点。支架底基础上各设置2个。观测分4个阶段:预压加载前、50%、100%梁重和110%梁重。预压时对其进行沉降观测,做好记录,每个观测阶段要至少观测两次,直至最后24h平均沉降值<1mm方可卸载。

根据预压结果设置支架预拱度,减少或消除支架的构造变形,保证浇筑后的梁体不发生过大的挠度变形和开裂。

钢管立柱支架预压级监测如图22所示。

图 22　钢管立柱支架预压级监测

(7) 支架拆除施工监理要点。

盖梁支架拆除遵循由上向下、先搭后拆的原则,在盖梁卸载完成后,解除支架承压受荷状态。拆除过程中安全监理人员要进行旁站。拆除流程如图 23 所示。

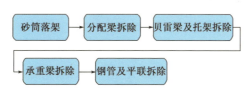

图 23　支架拆除流程图

① 承重梁以上结构拆除。

在盖梁顶面(与中间两道 2I32a 型钢承重梁同一竖直面)安放不小于 I20a 型钢,I20a 型钢

二、桥梁工程监理 | 205

两端采用手拉葫芦反挂承重梁两端(手拉葫芦拉紧,处于持荷状态),砂筒放砂,拆除砂筒,缓慢逐步放松手拉葫芦,使承重梁落于钢管柱顶部,由上而下逐步拆除分配梁、贝雷梁及托架。

②平联及剪刀撑拆除。

在钢管立柱顶面反挂手拉葫芦,解除平联、剪刀撑与钢管立柱之间的连接,手动缓慢将平联、剪刀撑逐根下放至地面。

③钢管立柱拆除。

钢管立柱拆除顺序:先拆除斜钢管,再拆除直立钢管。对于竖直钢管立柱在解除与承台预埋件之间的连接时,应先采用起重机或手拉葫芦将钢管顶部拉紧,解除钢管与扩大基础之间的连接后,操作人员撤离吊装范围后,起重机将钢管吊出。

(六)混凝土基础+砂箱支撑盖梁模板施工控制

根据桥梁设计要求,盖梁浇筑完成后,底部不能直接坐落在原地面上,必须脱空,本项目采用临时砂箱做盖梁底模,待盖梁张拉完毕后拆除砂箱,达到盖梁底与地面脱空的要求。

(1)施工过程中根据盖梁底高程反算开挖深度,严禁超挖。按1:0.67系数放坡开挖,为满足搭设满堂支撑操作平台及模板安放空间,两侧开挖时盖梁底口四周工作空间应不小于1m。开挖完成后用小型机具对开挖面进行压实处理,并铺设D9钢筋网片后浇筑50cm厚C40混凝土基础。基础浇筑时,工字钢以外区域设置10cm台阶,用于安装侧模。

开挖断面图如图24所示,砂箱现场施工图如图25所示。

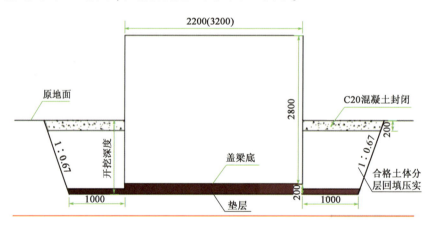

图24 开挖断面图(尺寸单位:mm)

(2)围闭用I16型钢在中心位置每间隔1m开孔,精轧螺纹钢对穿拉杆,工字钢开孔位置需与盖梁侧模拉杆位置对应。拉杆安装完毕后,用细砂填塞密实,监理人员要巡视检查细砂压实情况。

(3)细砂顶部上覆盖竹胶板作为盖梁底模,用锚筋固定。

(4)盖梁张拉压浆完毕后,拆除砂箱防护支撑,掏空盖梁底的细砂后,用方木条顺着盖梁两侧进行封闭,用合格土体对基坑分层回填压实。

(5)砂箱施工监理控制方法。

①基坑开挖后要组织对基础承载力进行检测,确保基础承载力符合设计要求;

②垫层混凝土厚度必须严格按照方案进行施工,振捣密实;

③砂箱内填筑的细砂必须碾压密实,防止后期浇筑盖梁混凝土时沉降;

④盖梁施工后必须对砂箱内的填充物进行清理,经监理工程师检查验收合格后才能对基础进行回填。盖梁施工后清空砂箱里的砂如图26所示。

图25 砂箱现场施工图　　　　　　　图26 盖梁施工后清空砂箱里的砂

(七)预防地铁结构变形过大措施

(1)要求承包人委托专业有资质的监控单位对地铁结构变形进行24h不间断监测,及时通报监测数据,以便参建单位及时了解施工期间地铁结构变形情况。

(2)要求监理工程师巡视检查,及时督促施工单位对支架进行施工监测,及时掌握支架变形情况。

(3)严格按审批后方案实施,如方案需要调整,必须按程序审批后方可实施。

五、取得的监理效果

目前25座盖梁已经完成施工,经地铁检测部门监控,在施工期间地铁运营安全,地铁结构无异常变形,实践证明方案有效,通过提出的三个支架方案,较好地保证了施工期间地铁结构的安全,获得了业主的好评。

大学路主线桥是目前某地区第一座跨地铁的立交桥工程,监理部提出的三个支架施工方案,经过本项目的实践均达到预期目标,为今后涉地铁大型结构物施工如何降低地铁承受的直接荷载、减少地铁结构变形积累了一定的经验,对今后的施工有一定的指导作用。

案例六：桥梁现浇箱梁裂缝防治处理监理

一、案例背景

（一）工程基本情况

某高速公路项目一座跨线桥工程，设计荷载等级：公路-I 级。该桥桥跨结构布置：左幅桥孔布置为 3×35.50m+3×34.50m+3×39.50m，右幅为 3×35.50m+3×40.50m+3×40.50m。上部结构均为三联现浇预应力混凝土连续箱梁，箱梁梁高 2.0~2.2m；下部结构桥台采用 U 形台，桥墩采用柱式墩，1 号桥墩采用嵌岩桩基础，其余墩台采用扩大基础。桥梁左幅全长 344.50m，桥面净宽 21.70~12.50m；右幅全长 365.50m，桥面净宽 12.50~24.70m；桥面横坡 2.0%（对称双向）。桥面铺装采用界面渗透型防水层+10cm 厚 C50 混凝土现浇层+10cm 厚沥青混凝土。

该桥第二联现浇箱梁完工后，桥梁专业监理工程师巡视检查时发现其表面出现了大量的裂缝，经进一步对该联现浇箱梁扩大范围检查，还发现裂缝不仅存在于箱体外表面，箱体内表面也存在着较多的裂缝，存在较大的质量问题。针对存在的问题，监理单位向施工单位下达了"暂停施工"的工作指令，要求施工方对箱梁裂缝的原因展开调查，委托第三方权威检测机构及专家对该桥箱梁进行全面的质量检测及质量鉴定，制订裂缝处理加固方案并实施，施工方按指令暂停了该桥的施工并开展要求的相关工作。

（二）监理案例简介

本监理案例结合对该桥现浇箱梁出现裂缝质量问题处理开展的监理工作，主要介绍了箱梁裂缝原因及性质分析、箱梁裂缝专项检测和混凝土强度检测及静动载试验情况、各跨箱梁裂缝处治方案及箱梁裂缝修补加固处理施工，采取的监理防治措施，以及达到的箱梁裂缝防治实际效果，为今后同类质量问题防治处理提供参考。

二、施工单位报来的施工方案介绍

(一)原施工方案

箱梁现浇设计采用48×3.5mm碗扣式满堂支架浇筑,混凝土浇筑采用分层分段的方法进行。后一层混凝土浇筑前,应确保前一层混凝土未开始初凝。混凝土浇筑的顺序为:底板浇筑→分层浇筑腹板至顶板下倒角→顶板浇筑。

(二)存在问题及表现特征

现浇箱梁梁体内外表面混凝土均出现不同程度的裂缝,裂缝类型及具体分布如图1~图13所示。

图1 网状裂缝,位于第二联4号跨箱梁顶面

图2 网状裂缝,位于第二联4号跨箱梁顶板顶面

图3 网状裂缝,位于第二联5号跨箱梁

图4 网状裂缝,位于第二联5号跨箱梁顶板顶面

图5　纵向裂缝,位于第二联5号跨箱梁顶板顶面

图6　横向裂缝,位于第二联5号跨箱梁顶板顶面

图7　网状裂缝,位于第二联6号跨箱梁顶板顶面　　图8　纵向裂缝,位于第二联6号跨箱梁顶板顶面

图9 纵向、横向裂缝,位于第二联5号跨箱梁内顶板顶面

图10 网状裂缝,位于第二联5号跨箱梁底板顶面

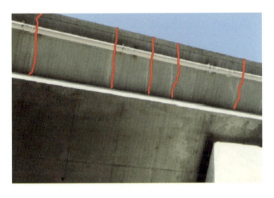

图11 横向裂缝,位于第二联4号跨右侧翼缘板底面

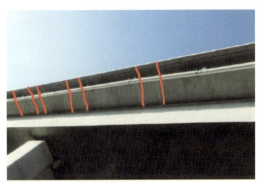

图12 横向裂缝,位于第二联5号跨右侧翼缘板底面

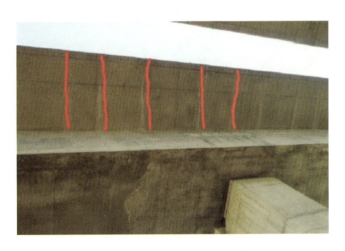

图13 横向裂缝,位于第二联6号跨左侧翼缘板底面

1. 裂缝类型

(1)网状裂缝:主要分布在箱梁顶板顶面和底板顶面。

(2)纵向裂缝:主要分布在箱梁中间腹板顶面、箱室顶板(顶面和底面)。

二、桥梁工程监理 | 211

(3)横向裂缝:主要分布在第5跨箱梁箱室顶板(顶面和底面)。

(4)箱梁翼缘底部横向裂缝(泛碱):沿桥梁纵向间隔分布,一般裂缝位置均对应有泄水孔预留孔。

2.裂缝分布

(1)箱梁顶板顶面:10处网状裂缝,19道纵向裂缝,6道横向裂缝。

(2)箱梁顶板底面:9道纵向裂缝,6道横向裂缝。

(3)箱梁底板顶面:1处网状裂缝。

(4)箱梁翼缘板底面:61道横向裂缝。

(三)裂缝原因及分析

裂缝是混凝土结构普遍存在的现象,一类是由外部荷载作用引起的,称之为结构裂缝或受力裂缝,表示结构承载能力相对不足或者存在结构缺陷问题。此类裂缝在结构设计时荷载考虑全面是可以防止或在允许范围内的。另一类则是由变形引起的,称之为非结构性裂缝,结构的变形得不到满足,将在构件内部产生内应力,当内应力超过混凝土允许应力时,引起混凝土开裂,如混凝土表面的裂缝。在这两类裂缝中,非结构性裂缝(变形裂缝)约占80%。

结合现浇箱梁的实际施工情况,施工、监理及技术专家各方通过分析研究,对裂缝产生的原因归纳有以下几个方面:

1.施工、监理方综合意见

(1)水泥进场温度严重偏高(平均温度在80~105℃),进场时检测水泥温度为95℃,超出规范要求(≤50℃),易造成水泥安定性不合格,使混凝土产生较多的网状收缩裂缝。

(2)不同批次水泥混用,影响混凝土质量。由于现浇箱梁混凝土施工一次性方量较大(本次施工混凝土方量为536m^3),以目前拌和站的水泥罐储存量无法满足,浇筑时,会同时进场不同批次的水泥,才能保证现场混凝土施工连续。

(3)箱梁顶板钢筋保护层垫块不足,混凝土浇筑顶板时钢筋下沉,保护层过大,削弱了钢筋的抗裂作用,引发裂缝发生。通过检测,梁体的钢筋保护层厚度远远大于设计的5.5cm。

(4)混凝土浇筑坍落度过大,易造成集料下沉现象,造成浮浆过厚,导致表面收缩开裂。

(5)局部混凝土养护不到位,造成混凝土出现早期裂缝。

(6)混凝土浇筑时温差过大及养护时间控制不当,造成温缩裂缝。箱梁上下表面温差大,易造成上下表面膨胀不均匀,当上下表面产生的应力差超过混凝土抗拉强度时,箱梁表面会形成裂缝。

2.权威机构技术专家意见

(1)箱梁顶板顶面和底板顶面网状裂缝。裂缝发展不规则,与温度作用、混凝土收缩、养护等有关,也可能与保护层过厚有关。现场检查本桥右幅第一联箱梁入洞时发现,在后期混凝土浇筑的过程中,由于顶板钢筋下沉,使保护层过厚,现场测量达到6~8cm,远远大于设计的2.74cm,削弱了钢筋的抗裂作用。此类裂缝一般属于非结构性裂缝。

(2)箱梁顶板(顶面和底面)纵向裂缝。一般横向裂缝与顶板负弯矩位置和顶板跨中间正弯矩相关,纵向裂缝有可能与预应力作用相关,也与拆模过早、模板下沉变形等有关,属于结构性裂缝或者非结构性裂缝,难以界定。

①位于箱室中间部位的顶面纵向裂缝在现阶段未有汽车荷载作用,更多地与温度作用、混凝土收缩、保护层过厚、养护等有关。

②位于箱室中腹板顶附近的纵向裂缝可能与预应力作用有一定关联,也与保护层过厚,集料下沉有关。

③顶板底面位置的裂缝特征与箱室顶板的横向受力一致,本桥未设(除墩顶横梁外)横向预应力,在局部荷载作用下,产生微小裂缝也属正常,该裂缝与受力有一定相关性。

(3)箱梁顶板(顶面和底面)横向裂缝。箱梁顶板在成桥后直接受荷载作用,现阶段箱梁顶板无车辆直接荷载作用,顶面6条裂缝产生原因与顶面箱室中间的纵向裂缝相类似,而底面6条横向裂缝产生原因更多地与翼缘板底部横向裂缝相同。该类裂缝也属于非结构性裂缝。

(4)箱梁翼缘底部横向裂缝(泛碱)。现阶段箱梁顶板无荷载直接作用,翼缘板在自重作用下受力较小,因此裂缝的产生更多地与温度作用、截面突变、腹板的约束作用、混凝土收缩、养护等因素有关,此类裂缝属于非结构性裂缝。

(四)桥梁裂缝专项检测、混凝土强度检测及静动载试验结果

第三方权威检测机构受施工方委托,对问题箱梁进行了裂缝专项检测、混凝土强度检测及静动载试验,具体检测结果如图14~图17所示。

1.箱梁裂缝检测结果

通过对跨线桥右幅第二联箱梁病害的详细检查,主要病害有:

(1)箱梁顶板顶面:10处网状裂缝,19道纵向裂缝,6道横向裂缝。

(2)箱梁顶板底面:9道纵向裂缝,6道横向裂缝。

(3)箱梁底板顶面:1处网状裂缝。

(4)箱梁翼缘板底面:61道横向裂缝。

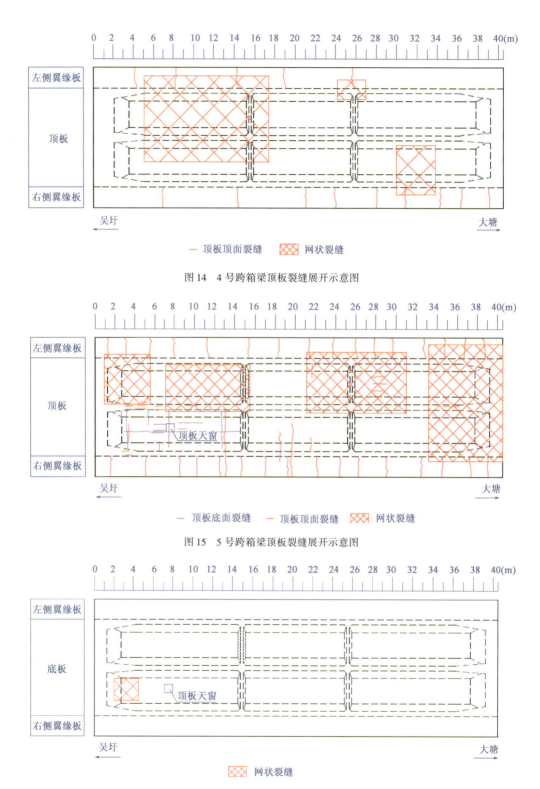

图14 4号跨箱梁顶板裂缝展开示意图

图15 5号跨箱梁顶板裂缝展开示意图

图16 5号跨箱梁底板裂缝展开示意图

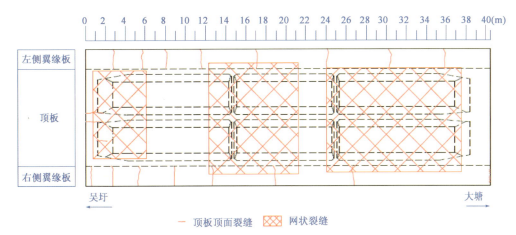

图 17　6 号跨箱梁顶板裂缝展开示意图

2. 混凝土强度检测结果

本次采用回弹法检测跨线桥右幅第二联 4 号跨～6 号跨箱梁（测区布置于腹板），该联桥箱梁腹板混凝土回弹强度推定值均大于 60MPa，满足设计强度等级 C50 的要求。采用钻芯法检测跨线桥右幅第二联箱梁顶板，该联桥箱梁顶板混凝土强度推定值为 65.1MPa，满足设计强度等级 C50 的要求。

芯样及其取样位置如图 18～图 23 所示。

图 18　芯样 2-1 号图

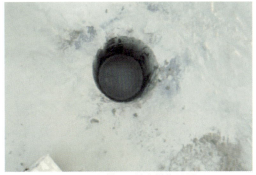

图 19　芯样 2-1 号取样位置图

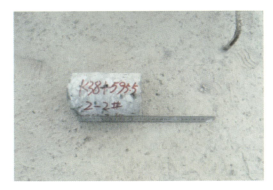

图 20　芯样 2-2 号图

图 21　芯样 2-2 号取样位置图

图 22 芯样 1-1 号图

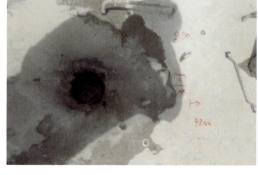

图 23 芯样 1-1 号取样位置图

3. 静动载试验结果

通过对跨线桥右幅第二联 5 号跨和 6 号跨静动载试验测试数据的分析,得出如下结果:

(1)在各静载试验整体工况下,试验跨控制截面箱梁挠度平均值的校验系数在 0.593 ~ 0.638,均小于 1.0,说明各试验跨的刚度满足要求。

(2)在各静载试验整体工况下,试验跨控制截面箱梁底面应变平均值的校验系数在 0.582 ~ 0.661,均小于 1.0,试验跨控制截面箱梁顶板、腹板应变趋势与理论预期基本一致,说明各试验跨的强度满足要求。

(3)在各静载试验整体工况下,试验跨各测试截面箱梁的最大相对残余挠度和各测试截面箱梁底板最大相对残余应变分别为 12.6% 和 14.3%,均小于 20%,说明结构在各工况下处于弹性受力状态。

(4)静载整体工况试验荷载作用下,4~6 号墩箱梁支座竖向变形趋势均为压缩,实测支座压缩测量最大值为 0.31mm,且卸载后支座压缩基本恢复。

(5)对试验跨 5 号跨测试截面 B、D 附近箱梁翼缘板底面三道横向裂缝和 5 号跨箱梁箱室内顶板底面三道裂缝进行观测。在工况 1 和工况 2 试验荷载作用下,5 号跨测试截面 B、D 附近箱梁翼缘板底面的三道横向裂缝和 5 号跨箱梁箱室内顶板底面三道裂缝宽度变化微小,卸载后裂缝扩展宽度未超过现行《公路钢筋混凝土及预应力混凝土桥涵设计规范》(JTG 3362)规定的容许值 0.10mm 的 1/3,裂缝长度未扩展且附近无新增裂缝。

(6)通过 4 个局部试验工况测试结果可知,5 号跨箱梁顶板与中腹板相交部分的纵向裂缝在工况 6 试验荷载作用下,裂缝宽度略有变宽,变化值微小,且卸载后有变窄趋势,在横向裂缝存在的条件下,箱梁翼缘板承载力仍能满足设计要求。5 号跨箱梁在工况 1 和工况 2 试验荷载作用下,顶板存在较多裂缝的 B2 截面相比于裂缝较少的 B1 截面的中性轴略有下移,但是变化微小。位于右幅 6 号跨箱梁顶板的网状裂缝在工况 9 试验荷载作用下,裂缝宽度略有变宽。

(7)对跨线桥第二联5号跨和6号跨上部结构进行结构频率测试,实测一阶、二阶和三阶竖弯频率分别为3.516Hz、4.443~5.859Hz和5.859~6.738Hz,大于理论计算频率2.920Hz、3.776Hz和5.387Hz,实测阻尼比分别为0.486~0.560%、0.610~0.650%和0.436~0.805%。

综上,在试验荷载作用下,跨线桥右幅第二联箱梁桥的应变及位移实测值均小于理论计算值,校验系数小于1.0,实测自振频率大于理论计算频率,试验跨整体承载能力满足设计汽车荷载等级(公路-Ⅰ级)的要求,但从局部工况测试结果看,箱梁顶板现有裂缝对顶板局部受力存在影响。

(五)各跨箱梁裂缝处治方案

1.第4跨箱梁裂缝处治方案

第4跨箱梁主要表现为箱梁顶板顶面网状裂缝和翼缘横向裂缝(泛碱),裂缝属于非结构性裂缝,建议以封闭裂缝为主要处治方案。

2.第5跨箱梁裂缝处治方案

第5跨箱梁主要表现为箱梁顶板顶面网状裂缝,翼缘横向裂缝(泛碱),箱梁顶板顶面纵向裂缝,箱梁顶板顶面横向裂缝,箱梁顶板底面纵向裂缝,箱梁顶板底面横向裂缝,箱梁底板顶面网状裂缝。除箱梁顶板(顶面和底面)纵向裂缝与受力有一定相关外,其他裂缝均为非结构性裂缝,由于裂缝影响截面有效高度,造成承载能力降低,经验算,箱梁整体承载能力降低8%,但仍满足设计要求,局部应力在极端情况下达到规范规定的限值,箱梁顶板在局部受力验算中不满足,由于浇筑箱梁现浇层混凝土后,对箱梁顶板有较大的加强作用,只有采取措施保证箱梁现浇层混凝土与箱梁现有混凝土有效紧密结合,箱梁顶板承载能力仍能满足设计要求,建议以本跨箱梁裂缝以封闭裂缝为主要处治方案。

3.第6跨箱梁裂缝处治方案

第6跨箱梁主要表现为箱梁顶板顶面网状裂缝,翼缘横向裂缝(泛碱),6号墩顶横梁箱梁顶板顶面纵向裂缝。箱梁顶板顶面网状裂缝和翼缘横向裂缝(泛碱)为非结构性裂缝。6号墩顶横梁设置双支座,按预应力构件设计,横向预应力张拉后,箱梁横梁跨中顶面存在1.5MPa的预压力,裂缝的产生与温度作用、混凝土收缩、保护层过厚、养护等有关,判断为非结构性裂缝。建议本跨箱梁裂缝以封闭裂缝为主要处治方案。

三、监理单位审批施工方案意见

监理单位经对施工单位上报的施工方案审查,并结合专家评审意见,技术方案可行,同意按上报方案实施。具体审批意见如下：

(1) 严格控制好修补材料的质量，以保证其使用达到处理预期效果。

(2) 凿除表面不合格混凝土要求直至露出新鲜混凝土，对结合面进行凿毛处理，并注意控制好凿除深度。

(3) 采用灌注混凝土裂缝修补胶液封闭裂缝法，应注意对裂缝清理干净并保持干燥，以确保灌注封闭效果。

(4) 采用聚合物水泥表面封闭法，应注意对混凝土表面清理干净并保持干燥，以确保表面封闭效果。

(5) 在箱梁顶面现浇层增加一层 D12 钢筋网时，注意钢筋网应紧贴在箱梁板，与原钢筋焊网形成双层钢筋网，增加箱梁顶板的安全储备。

(6) 无论是凿除表面不合格混凝土，还是清理裂缝，处理完毕后必须报监理工程师检查，符合要求才能进行后续施工。

(7) 加强对裂缝部位处理后的观测检查，以及对未开裂部分的混凝土质量检查，如有遗漏处理的应按既定方案处理。

四、案例实施过程介绍

(一) 箱梁裂缝处理方案实施情况

右幅第二联箱梁裂缝主要是非结构性裂缝，部分裂缝为结构性裂缝，箱梁主要受力部件腹板未发现裂缝。虽然裂缝发展深度比较深，达到 9.2cm，影响了箱梁有效截面高度，但是纵向计算箱梁承载能力仍能满足设计要求，仅在极端状态下顶板局部应力达到规范规定的最大限值。局部验算时，箱梁顶板作为车辆承载的主要部件，其承载能力已经达不到设计要求，由于箱梁顶板按普通钢筋构件进行验算，后期浇筑的 10cm 现浇层对顶板有比较大的加固作用，因此，只要采取措施，使新旧混凝土结合紧密，箱梁顶板仍能满足设计要求。结合桥梁裂缝专项检测、回弹强度检测、钻芯法混凝土强度检测及动静载试验结果，基于以上分析，对本桥裂缝的修补施工方案如下：

(1) 对于箱梁顶板顶面裂缝，凿除表面不合格混凝土直至露出新鲜混凝土，凿除深度控制在 2~3cm，最大不应超过 5cm，然后在表面涂抹界面剂后与箱梁顶面现浇调平层混凝土一起施工。

(2) 箱梁顶板底面裂缝，裂缝宽度为 0.08~0.15mm，采用聚合物水泥表面封闭法处理施工。

(3)箱梁底板顶面裂缝,对于裂缝宽度<0.15mm处,采用聚合物水泥表面封闭法处理;对于裂缝宽度≥0.15mm处,采用灌注混凝土裂缝修补胶液封闭裂缝法,或凿除表面不合格混凝土后采用环氧树脂混凝土修复。

(4)箱梁翼缘底板裂缝,对于裂缝宽度<0.15mm处,采用聚合物水泥表面封闭法处理;对于裂缝宽度≥0.15mm处,采用灌注混凝土裂缝修补胶液封闭裂缝法,将裂缝修补胶浆液压注入结构物内部裂缝中,封闭裂缝以达到提高耐久性及抗渗透性的目的。

(5)缺陷混凝土处理完毕后,为了保证后浇桥面铺装调平层与旧混凝土的结合,减少新旧混凝土龄期差异可能产生的内应力,提高结构耐久性,须对结合面凿毛,新浇混凝土采用相同强度等级微膨胀混凝土并掺入适量微硅粉($25kg/m^3$)。

(6)本联箱梁顶面现浇层增加一层D12钢筋网,钢筋网紧贴在箱梁板,与原设计D12钢筋焊网形成双层钢筋网,增加箱梁顶板的安全储备。

(7)加强对处理后翼缘板裂缝的观测,以及对桥梁顶板未开裂部分的混凝土质量检查,应按上述方式凿除不合格部位的混凝土。

(二)监理措施

为避免今后再发生类似裂缝问题,在今后桥梁现浇箱梁施工监理工作中,监理应采取以下几个方面措施:

(1)加强对原材料的抽检,确保工程所用砂、石、水泥、外加剂及钢筋等材料满足标准要求。

(2)严格按混凝土施工配合比进行施工,确保混凝土的性能满足规范要求。拌和楼应配备足够的周转水泥罐,让进场水泥有足够的冷却时间,确保水泥施工温度满足规范的要求≤50℃。

(3)审核施工方的模板专项施工方案,并严格按批复的模板专项施工方案进行检查验收。支架应按施工专项方案进行,验收后对支架进行预压,预压荷载宜为支架需承受全部荷载的1.05~1.10倍,预压荷载的分布应模拟需要承受的结构荷载及施工荷载,以消除支架地基的不均匀沉降和支架的非弹性变形,检验支架的安全性。

(4)严格按设计图纸验收钢筋,确保钢筋规格、数量及位置符合设计要求,特别是钢筋位置,要加足够的钢筋保护层垫块及定位钢筋,避免钢筋在施工中产生位移和下沉,确保工后钢筋保护层厚度符合设计要求,既不能过小也不能过大。

(5)严格控制混凝土的现场浇筑顺序,箱梁混凝土应按设计要求顺序进行浇筑,无设计要求时,应由跨中向两端顺序浇筑。

(6)应根据施工季节等合理确定支架拆除时间,不得提前拆除支架,支架应在结构建立预应力后方可拆除。要求施工方现场抽取混凝土制作抗压强度试件,根据试件抗压强度确定拆模时间。

(7)为避免波纹管位置出现应力裂缝,应增加波纹管的定位钢筋,精确定位波纹管位置,确保波纹管底混凝土的保护层厚度满足设计要求。

(8)应督促施工单位配置足够的混凝土运输车辆,确保现场混凝土连续浇筑。底板和腹板混凝土浇筑时间不宜相隔太久,腹板混凝土浇筑时,严格控制分层浇筑厚度,并加强结合面振捣。

(9)预应力筋张拉时,应保证混凝土的强度和弹性模量达到设计要求,尽可能采取智能张拉等措施控制,保证张拉力要求,降低预应力损失。要求现场制作混凝土抗压及弹性模量试件,以试验结果作为张拉时间控制的依据。

(10)在箱梁顶面设置足够的通气孔,并确保通气孔畅通,养护时也应避免覆盖,以减小箱梁内外温度差,避免箱梁上下表面温差过大,造成上下表面膨胀不均匀。当上下表面产生的应力差超过混凝土的抗拉强度时,易在箱梁表面形成裂缝。

(11)改善混凝土配合比,加强振捣和养护,减少混凝土收缩变形。特别是低温环境下的洒水养护,应避免养护水温度过低,造成梁体温度急骤下降,造成混凝土产生收缩裂缝。

五、取得的监理效果

通过以上对箱梁裂缝原因及性质分析、专项检测和混凝土强度检测、静动载试验及制订处理施工方案,对处理后的箱梁组织检查验收,存在问题的箱梁全部达到了预期的处理效果。同时,通过此次质量问题的处理,监理工程师对后续其他桥梁现浇箱梁施工采取了有针对性的监管防范措施,完工的箱梁没有再出现裂缝现象,箱梁裂缝病害得到了有效遏制,确保了现浇箱梁施工的工程质量。

案例七：桥梁现浇梁满堂钢管支架施工监理

一、案例背景

（一）工程基本情况

某市政路—高速环路立交工程(图1),有市政路主线桥6联、高速环路主线桥8幅、匝道桥28联,桥梁上部结构设计主要采用预应力混凝土现浇箱梁,部分小半径匝道桥采用普通混凝土现浇箱梁,均采用承插型盘扣式脚手架满堂支架现浇施工。

图1 某市政路—高速环路立交工程示意图

市政路主线桥上部结构设计桥跨左右幅为 $28 \times 22m$、$2 \times (31.3 + 38.46 + 31.3)m$,现浇箱梁底宽 $9.75 \sim 21.44m$,顶宽 $13.25 \sim 25.803m$,梁高 $1.8 \sim 2.1m$,翼缘板长 $1.741 \sim 1.778m$,支架高度为 $1.8 \sim 15.3m$。高速环路主线桥上部结构设计桥跨为 $8 \times 25m$,现浇箱梁底宽 $5.8 \sim 18.44m$,顶宽 $9.3 \sim 21.983m$,梁高 $1.7m$,翼缘板长 $1.75 \sim 1.813m$,支架高度为 $3.8 \sim 6.8m$。匝道桥上部结构设计桥跨为 $3 \times 17m$、$39 \times 20m$、$3 \times 22m$、$15 \times 25m$、$3 \times 20m + 17m$、$2 \times (16 + 20 + 16)m$、$19.2m + 19.8m + 27m + 20m$、$(20 + 26 + 26)m$、$20m + 2 \times 22m + 20m$、$20m + 23.6m + 21m + 20m$、$2 \times (22m + 23m + 22m)$、$2 \times (25m + 2 \times 30m + 25m)$、$26m + 26m + 20m$,现浇箱梁底宽 $4 \sim 18.41m$,顶宽 $8.5 \sim 21.915m$,梁高 $1.6 \sim 1.8m$,翼缘板长 $1.744 \sim 1.766m$,支架高度为 $2.4 \sim$

15m。整桥设计钢筋总量 10863.367t,混凝土总量 32844.5m³。

(二)监理案例简介

满堂支架法现浇预应力或普通混凝土连续箱梁,是桥梁工程中一种较为常见的施工方法。承插型盘扣式脚手架满堂支架法一般用于墩身高度低于 24m 左右的上部结构,以及在其他施工方法不经济的情况下建造桥梁的上部结构,相对传统的扣件式、碗扣式支架等满堂支架,其具有功能较多、承载能力高、安装速度快的特点,更适用于市政工程等此类工期较紧的项目。

本案例结合该市政路—高速环路立交桥上部结构满堂支架现浇工程施工监理工作,介绍其工程施工工艺、技术方案,存在技术的问题或难题及采取的监理措施,以及达到的工程管理效果,供同类监理项目参考。

二、施工单位报来的施工方案介绍

(一)施工工艺技术

1. 工艺流程

施工准备→支架基础处理→承载力检测→测量定位→支架安装→支架检查→安装底模→支架预压→预压卸载及高程调整→安装内、侧模→绑扎底板及腹板钢筋→穿波纹管→穿钢绞线→检查→浇筑底板及腹板混凝土→养护→绑扎顶板钢筋→检查→浇筑顶板及腹板混凝土→养护、拆除内模和侧模→预应力张拉→孔道压浆→封锚→拆除底模及支架。

2. 施工准备

(1)施工道路:施工引入便道利用原有已完成水稳施工的道路;场内便道修筑采用平整碾压后,浇筑 20cm 厚 C20 混凝土。

(2)施工用电:现场安装 400kVA 变压器两台,分别设置一级、二级、三级配电箱、开关箱,另外现场备用两台 200kW 发电机。

(3)施工测量仪器:配备莱卡 TS06 全站仪,DSZ2 型自动安平水准仪、50m 钢卷尺和 GPS-PTK 仪器,进场前均经过标定检验合格。

(4)技术准备:在图纸审核完成之后,根据水文地质情况、施工图纸设计、相应的设计施工规范及现场施工条件制定严密的施工作业方案,并对施工现场作业层进行技术交底。

(5)材料准备:架体材料进场,按照现行《建筑施工承插型盘扣式钢管脚手架安全技术标准》(JGJ/T 231)的要求,分阶段检查及验收,并报监理抽样检测,验收合格后方可使用,不合格架体材料应清理出场。

3. 基底处理及承载力检测

（1）先清除表层杂质、浮土、淤泥层等，将其整平处理，局部软弱层采用换填碎石进行处理，再用20t振动压路机压实，压实度不少于96%，最后浇筑20cm厚C20素混凝土基础。

（2）表层处理范围为桥梁投影面积两边外加150cm宽度。在混凝土基础四周均设置截面0.3m×0.3m的排水沟，排水沟采用砂浆硬化。基础表面设置0.3%横坡，将汇水引入排水沟。

（3）桥台回填范围内地基处理：桥台施工完毕，先用砂土分层回填，回填压实度不低于96%，然后检测地基承载力，地基承载力达到250kPa后，再浇筑20cm厚C20混凝土。

4. 测量定位

支架体系安装前应对支架体系进行预排，根据方案中立杆纵向和横向间距用全站仪进行现场定位，在地面上弹控制线或拉线进行控制，保证架体搭设位置准确。

5. 安放可调底座

按横向、纵向间距安放可调底座，用水准仪现场实际测设确定顶托、底座高程，调整好底座上可调螺帽位置，保证架体的统一平面。

6. 支架安装

（1）支撑架搭设前的准备。

先测设桥的跨中线并在桥的两侧引出控制桩，同时在桥两侧的端部和跨中设高程控制桩，用以控制支撑架的搭设高度。另外，检查脚手架有无弯曲，接头开焊、断裂等现象，无误后可实施支架体系的拼装。

（2）支撑架搭设。

①在拼装底部水平杆的同时要注意检查立杆是否垂直，立杆的垂直偏差应控制在架体高度的1/400之内，待第一步架体拼装完成后，调整所有立杆的垂直度和水平杆的平整度，待全部调整完毕后方可拼装上一步架体。

②当支架搭设高度不超过8m时，步距不宜超过1.5m，支架架体四周外立面向内的第一跨每层均应设置竖向斜杆，架体整体底层及顶层均应设置竖向斜杆，并应在架体内部区域每隔5跨由底至顶纵、横向均设置竖向斜杆或采用扣件钢管搭设的剪刀撑。

③当支架搭设高度超过8m时，竖向斜杆应布满设置，水平杆的步距不得大于1.5m，沿高度每隔4~6个标准步距应设置水平层斜杆或扣件钢管剪刀撑。周边有结构物时，宜与周边的结构形成可靠的拉结。

(3)顶层可调顶托和翼缘板支架安装。

①顶层可调顶托安装。

拼装到顶层立杆后,即可装上顶层可调顶托,并依据设计高程将各顶托顶面调至设计高程位置,可调托座的伸出顶层水平杆长度严禁超过650mm,且丝杆外露长度严禁超过400mm,可调托座插入立杆长度不得小于150mm,需要采用横杆连接顶托,并将剪刀撑延伸至此层横杆,对于顶托外漏长度超过400mm的采用立杆连接套管进行调节,并采用双向水平杆连接。

②型钢安装。

根据桥梁控制点,调整顶托高度,保证梁底的纵横坡度满足要求,然后放置桥梁宽度边线,确定翼缘边线,安装150H型钢,顺桥向布设,间距1500mm。

③模板安装。

模板采用15mm厚的竹胶板,方木采用100mm×100mm(长×宽)的方木,在型钢安装完成后,开始安装方木,方木横向布设,间距200mm。

(4)无门洞支架布设。

采用整体搭设支架,支模浇筑,采用M60盘扣式支架,方木采用100mm×100mm(长×宽),顶托上部采用150H型钢,支架横距900mm和1500mm,纵距1500mm,步距1500mm。支架搭设示意图如图2所示。

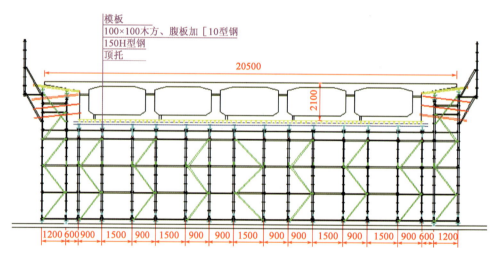

图2 支架搭设示意图(尺寸单位:mm)

(5)门洞处支架搭设布设。

门洞采用φ609mm钢管柱为立柱,立柱基础为C20混凝土条形基础,条形基础宽1m,厚度0.8m,钢管柱沿高速公路方向布设间距2.5m/根,门洞净宽4.55m。钢管柱上铺设I32双拼工字钢,顺桥向铺设I45工字钢,横向布置间距0.6m,然后铺设I18工字钢1.5m/道,最后布设M60盘口式支架。门洞以上支架横距900mm和1500mm,纵距1500mm,步距1500mm,方木采用 100mm×100mm(长×宽),顶托上部采用 150H 型钢进行搭设。门洞支架搭设示意图如图 3 所示。

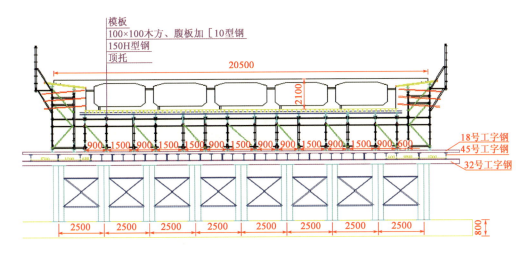

图 3 门洞支架搭设示意图(尺寸单位:mm)

(6)剪刀撑布设。

架体超过 8m 时,架体从底部到梁底采用 $\phi 48mm$ 钢管及扣件间隔 6m 搭设水平剪刀撑,桥墩从底到顶采用 $\phi 48mm$ 钢管及扣件间隔 4.5m 搭设抱柱结构。

(7)安全网布设。

用 M60 钢管在箱梁支架侧翼缘板外侧搭设 0.9m×1.2m 的防护栏杆并密目安全网覆盖,在 60cm 处加设一层拦腰杆。

(8)支架附属设施。

支架顶面四周应设置宽度 90cm 的作业平台,平台面应满铺脚手板并在四周设置高度不小于 18cm 的挡脚板。

①脚手板的长度宜大于 2m,并应支承在三根以上水平杆上,且与水平杆连接固定。

②脚手板铺设宜采用搭接方式,搭接接头应设置在水平杆上,搭接长度应大于 20cm,接头伸出水平杆的长度不应小于 10cm。

③挡脚板应设置在支架立杆的内侧并固定在立杆上。

④作业平台的临空面应设置高度不小于 1.2m 的防护栏杆,栏杆外应挂设安全网。栏杆的立柱与支架应连接牢固,立杆顶部和中部内侧应各设置一道水平杆。

(9)支架应设置人行梯架或坡道,构造应符合下列规定:

①梯架或坡道应与支架连接固定,宽度不小于 90cm。

②梯架或坡道两侧及转弯平台应按作业平台构造的相关要求设置脚手板、防护栏杆和安

全网。

③梯架的坡度宜小于1∶1;坡道的坡度宜小于1∶3,坡面应设置防滑装置。

(10)安全通道搭设。

根据施工场地的大小和每联梁所处的位置,选择爬梯搭设位置。安全通道爬梯搭设应与支架分开搭设,必须确保爬梯的搭设稳固与安全。安全通道示意图如图4所示。

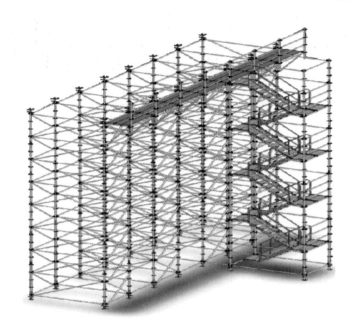

图4　安全通道示意图

7. 支架预压

预压目的是通过预压消除支架体系的非弹性变形,避免箱梁浇筑后造成箱梁裂缝。支架预压选取提前施工的箱梁部位进行支架预压,并根据预压情况,调整支架搭设措施,同时取得相关数据,便于指导后续施工。

(1)预压观测点的布置及记录(图5、表1)。

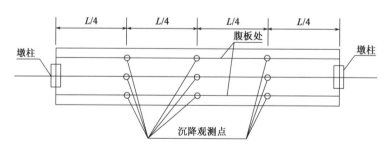

图5　支架预压观测点布置图

支架沉降观测记录表   表1

支架沉降观测表——支架测点(mm)   日期：

测点	加载前 ho	加载中 hj								加载后 hi						卸载6h后 hc		总沉降量
		加载50%		加载80%		加载100%		加载120%		24h		48h		72h				
	高程	高程	沉降差	高程	沉降差	高程	沉降差	高程	沉降差	高程	沉降差	高程	沉降差	高程	沉降差	高程	沉降差	

(2)预压方式。

①支架体系预压可采用加载混凝土预制块法。加载预制块法指采用堆载预制块的等载预压方法,通过先底板,再腹板,最后堆载顶板和翼板的顺序进行。

②加载时要尽量符合浇筑混凝土的状态,按每级加载进行底模变形观测,并做详细记录。

(3)预压监测检测内容。

①加载之前要求测出监测点的原始高程。

②每级加载后要求测出监测点的高程。

③加载完后每隔24h要求测出监测点的高程。

④卸载后6h要求测出监测点的高程。

(4)下个工序的合格判定。

①各监测点连续24h沉降量平均值小于1mm,连续72h沉降量平均值小于5mm时,可判定支架基础预压合格。

②当72h沉降值大于5mm时,应查明原因后对同类支架全部进行处理,处理后的支架基础应重新预压。

③支架预压分次加载时,每隔12h对支架沉降量进行一次监测,当平均值小于2mm时,方可进行下一级加载。

(5)预拱度设置主要考虑因素。

①由结构自重及活载一半所引起的弹性挠度。

②支架在承受荷载后由于杆件接头的挤压和卸落设备压缩而产生的非弹性变形。

③支架承受施工荷载引起的弹性变形。

④支架基础在加载后的非弹性沉陷。

⑤超静定结构由混凝土收缩、徐变及温度变化而引起的挠度。

(6)纵向预拱度的设置。

①纵向预拱度的最大值为梁跨中间,桥墩支座处与箱梁固结处为零,按抛物线或竖曲线的

计算确定。

②根据预压量测结果,得出设置预拱度有关的数值,据此对理论计算数值进行修正以确定更适当的预拱度,即:支架预拱度＝非弹性变形＋弹性变形＋梁体反拱。

③支架的弹性变形和非弹性变形通过支架的预压后确定,梁体反拱理论计算跨中按设计为准,其他位置按照二次抛物线过渡,其函数方程为:

$$y = -4 \times f \times x^2 / 2l + 4 \times f \times x / l$$

式中:f——跨中预拱度(m);

l——梁长(m);

x——距梁端距离(m)。

根据沉降观测数据分析可知:支架跨中最大预拱度 $\Delta L = -(L1 + L2 + L3)$。

式中,ΔL 为支架跨中最大预拱度值(cm),$L1$ 为支架预压跨中最大变形值(cm),$L2$ 为现浇箱梁预应力产生的上拱度值(cm),$L3$ 为现浇箱梁混凝土徐变产生的拱度值(cm)。

注:向下为负,向上为正。

8. 支架调整

(1)预压后,支架基本消除了地基塑性变形和支架竖向各杆件间隙即非弹性变形,根据实测的支架变形值,结合设计高程确定和调整梁底高程,即梁底立模高程为设计梁底高程值＋弹性变形值。

(2)施工过程中对支架和地基变形做好全过程监测,定期检查以下内容:

①地基是否积水或悬空。

②检查脚手架斜杆的销板是否打紧,是否与主杆平行;横杆的销板是否垂直于横杆;检查各种杆间的安装部位、数量、形式是否符合设计要求。

③安全防护措施是否符合要求。

④是否超载。

⑤悬挑位置要准确,各阶段的横杆、斜杆安装完整,销板安装紧固,各项安全防护到位。

(3)支架体系搭设验收检查项目(表2)。

支架搭设的技术要求表　　表2

项　目		规　格	允　许　偏　差
垂直度	每步架	φ60mm 系列	±2.0mm
	脚手架整体		H/1000mm
水平度	一跨内每组架水平高差	φ60mm 系列	±3.0mm
	脚手架整体		±L/600mm 及 ±50mm

9. 支架拆除有关规定

(1) 非承重侧模板应在混凝土强度能保证其表面及棱角不致因拆模而受损坏时方可拆除,一般应在混凝土抗压强度达到 2.5MPa 时方可拆除模板。

(2) 设计要求钢筋混凝土结构的承重模板及支架,在箱梁混凝土强度未达到设计强度的 100% 时,不得拆除模板;模板的拆除还需在预应力张拉完成后进行。在两种条件都必须满足的条件下方可拆除。

(3) 芯模和预留孔道内模,应在混凝土强度能保证其表面不发生塌陷和裂缝现象时,方可拆除。

(4) 已拆除模板及其支架的结构,在混凝土强度符合设计混凝土强度等级的要求后方可承受全部使用荷载,当施工荷载所产生效应比使用荷载的效应更为不利时,必须经过核算,加设临时支撑。

10. 支架拆除

(1) 现浇筑箱梁支架拆除:待梁部张拉完成后,经过施工单位工程负责人、质量自检人员和监理工程师检查验证和确认,方可拆除施工支架。

(2) 拆架程序应遵守由上而下、先搭后拆的原则。

①先松顶托,使底梁板、翼缘板底模与梁体分离。

②拆架时一定要先拆箱梁翼板后底板或先外伸梁后主梁,并必须从跨中对称往两边拆。

③支架拆除宜分两阶段进行,即先从跨中对称往两端松一次支架,再对称从跨中往两端拆。

④多跨连续梁应同时从跨中对称拆架。

支架拆除顺序图如图 6 所示。

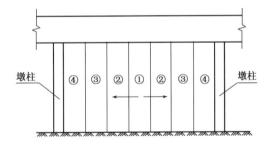

图 6 支架拆除顺序图

(3) 支架拆除时,设专人用仪器观测桥梁拱度和墩台变化情况并仔细记录,另设专人观察是否有裂缝现象。

(4) 模板、支架拆除后,应维修整理,分类妥善存放。

(二) 支架施工质量控制事项

支架材料运抵施工现场后,由专职质检员组织专人对进场构件进行初步验收,未经验收合格的构件不得投入使用。

(三)支架及模板施工安全措施

(1)支架必须进行设计和检算,并按规定报批。

(2)根据批准的施工方案进一步细化支架搭设的作业交底书,严格二级交底制度,即项目总工程师对现场管理人员交底,现场工地管理人员对现场作业人员进行交底。

(3)支架的检查和验收:支架搭设完成后,要由项目部主管生产的副经理、技术负责人、专职安全员、质检工程师和领工员联合检查验收,验收发现问题时,要责成工地负责人限期整改,整改完成后验收小组组织复验,直至符合要求为止。

(4)混凝土浇筑过程中要设置观测点,及时观测、记录混凝土浇筑过程中支架变形情况,发现异常情况应立即采取措施,以确保支架在整个施工过程处于完好状态。

(5)支架拆除必须由上而下逐层进行,严禁上、下同时作业,按先横杆,后立杆的顺序逐层往下拆除,禁止抛掷。

三、监理单位审批施工方案意见

监理单位经对施工单位上报的施工方案审查,基本同意上报施工方案,但应在完善以下工作后进行专家论证。

(1)补充施工现场平面布置图,明确材料堆放区、安装作业区、加工区及废料区、施工临时用电布置和办公区及交通通道等。

(2)方案中未能结合市政工程的管理特点,提出保证施工进度的措施,应补充完善。

(3)补充技术、安全交底的具体内容。如构配件的检查和验收、支架搭设的检查和验收、支架预压、支架使用过程、支架拆除作业等交底。

(4)补充使用构配件数量、类别、规格的统计,以及构配件调配使用计划。

(5)方案中的支架施工质量控制事项,只有支架进场验收表,没有支架搭设产品验收表,以及支架搭设质量保障措施,应补充完善。

(6)方案中只有支架体系的检测项目技术标准,没有检查项目的内容,应补充完善。

(7)方案中的支架及模板施工安全措施编写次序凌乱,应按施工过程次序分类编写。如方案报批程序管理、构配件检查、支架搭设、支架预压、支架使用过程、支架拆除等。

(8)补充高处坠落事故、防台防汛事故、火灾事故、施工临时用电事故、支架坍塌事故等具体事故的应急预案。

(9)补充附件:危险源辨识表。

专家论证会上由业内专家对此方案进行审查、论证,最终得出结论为:原则上同意上报施工方案,但应在完善以下内容后实施。

(1)完善方案审批手续,相关审批人员注明学历、职称、专业、职务。

(2)编制依据补充中华人民共和国住房和城乡建设部令(第37号),修改、更新部分过时的标准。

(3)建议用横道图的方式排施工计划。

(4)完善剪刀撑、斜撑的设置图,应符合现行《建筑施工承插型盘扣式钢管脚手架安全技术标准》(JGJ/T 231)的要求,施工中加强此项检查。

(5)计算依据应参考《建筑施工模板安全技术规范》(JGJ 162—2008)或《混凝土结构工程施工规范》(GB 50666—2011)。

(6)完善预压荷载的顺序及要求。

(7)完善混凝土浇筑方法的顺序。

(8)完善重大危险源的公示及上报制度。

(9)完善细部构造大样图。

四、案例实施过程介绍

(一)支架搭设前监理要点

(1)复核施工单位的现场放样测量成果。主要是桥的跨中线及桥两侧引出的平面位置控制桩,以及在桥两侧箱梁端部和跨中的高程控制桩,检查基础表面弹出控制线、平面位置、高程控制桩准确无误后,方可准予实施支架体系拼装。

(2)检查扣盘式脚手架构件,要求焊缝饱满,没有夹渣、裂纹等缺陷,钢管应无裂缝、凹陷、锈蚀。

(3)检查立杆,最大弯曲变形矢高不得超过$L/500$,横杆斜杆变形矢高不得超过$L/250$。

(4)检查可调构件螺纹部分是否完好,要求无滑丝、严重锈蚀、焊缝脱开等现象。

(5)检查立模立柱基础是否按设计施工,每搭设高度10m还要对脚手架进行检查,确保支架体系沉降量符合设计计算要求。

(6)对钢管的材质以观感检查为主,重点检查立杆、横杆,以及剪刀撑杆等。

(7)对高支撑模板支架系统施工技术方案的实施情况和各项安全措施落实情况进行全面检查。

(二)支架搭设中监理要点

(1)搭设支撑架时应检查底层立杆的垂直度。在拼装底部水平杆的同时要注意检查立杆是否垂直,待第一步架体拼装完成后,应调整所有立杆的垂直度和水平杆的平整度,待全部调整完毕后方可拼装上一步架体。

(2)立杆接长时应检查立杆的垂直度,发现立杆的垂直度不符合要求时应督促及时调整。立杆的垂直度偏差应控制在架体高度的1/400之内,防止立杆倾斜度过大,受力后产生偏心弯矩,影响立杆的稳定性。

(3)当支架搭设高度不超过8m的满堂模板支架时,要求步距不宜超过1.5m,支架架体四周外立面向内的第一跨每层均应设置竖向斜杆,架体整体底层及顶层均应设置竖向斜杆,并应在架体内部区域每隔5跨由底至顶纵、横向均设置竖向斜杆或采用扣件钢管搭设的剪刀撑。

(4)当支架搭设高度超过8m的满堂模板支架时,竖向斜杆应布满设置,水平杆的步距不得大于1.5m,沿高度每隔4~6个标准步距应设置水平层斜杆或扣件钢管剪刀撑。周边有结构物时,宜与周边的结构形成可靠的拉结。

(三)支架预压监理要点

(1)对预压荷载应认真称量、计算,检查是否有专人负责。

(2)检查压重所有材料应提前准备至方便起吊运输的地方。

(3)在加载过程中,督促施工单位严格按加载程序详细记录加载时间、吨位、位置,测量要全过程跟踪观测。未经观测不能加载下一级荷载;每完成一级加载应暂停一段时间,进行测量,并对满堂支架进行检查,发现异常情况停止加载,及时分析,采取相应措施。

(4)要求承包单位在观测过程中要贯穿于支架预压全过程,在此过程中要统一组织,统一指挥。

(5)要求施工单位在满堂支架变形观测必须采用高精度水准仪,精确至毫米,观测过程中前后置尺地方要保持一致。

(6)支架体系预压加载采用堆载预制块的等载预压方法,通过先底板,再腹板,最后堆载顶板和翼板的顺序进行。

(四)安全管控监理要点

(1)安全网布置检查:是否用M60钢管在箱梁支架侧翼缘板外侧搭设0.9m×1.2m的防护栏杆并密目安全网覆盖,在60cm处加设一层拦腰杆。

(2)安全通道爬梯检查:检查是否根据施工场地的大小和每联梁所处的位置选择爬梯搭设位置。安全通道爬梯搭设应与支架分开搭设,必须确保爬梯的搭设稳固与安全。

(3)要求高处作业人员所使用的工具应随手装入工具袋,上下传递料具时,禁止抛掷,大型的工具要放在稳妥的地方,所用的材料要堆放平整、稳固,防止掉落伤人。

（4）要求作业人员上下通行时必须经由人行斜道，不得攀登模板、脚手架、绳索上下，禁止跟随起重物件或井架等运送材料的设备上下。

（5）检查高处作业搭设云梯、工作台、脚手架、防护栏杆、安全网等是否牢固可靠，架体作业层脚手板下是否用安全平网双层兜底，以下每隔10m应用安全平网封闭，作业层与建筑物之间应进行封闭，经验收合格后方可使用。

（6）检查架体设置是否符合规范要求的上下通道。

（7）检查攀登用具。结构构造上必须牢固可靠，移动梯子应按相关标准验收其质量；梯脚底部应坚实，不得垫高使用，梯子的上端应有固定措施。

（8）检查供人上下的踏板，其使用荷载不应大于1100N/m²。

（9）检查悬空作业处是否有牢靠的立足处，且必须视具体情况要求配置防护栏网、栏杆或其他安全设施。

（10）检查支模板是否按规定的工艺进行，严禁在连接件和支撑件上攀登上下，严禁在同一垂直面上装、拆模板。支设高度在3m以上的柱模板四周应设斜撑，并应设立操作平台。

（11）检查操作平台上是否标明容许荷载值，严禁超过设计荷载。

（五）监理控制注意事项

（1）插销外表面应与水平杆和斜杆杆端扣接头内表面吻合，插销连接应保证锤击自锁后不拔脱，抗拔力不得小于3kN。

（2）模板支架可调托座伸出顶层水平杆或双槽钢托梁的悬臂长度严禁超过650mm，且丝杆外露长度严禁超过400mm，可调托座插入立杆或双槽钢托梁长度不得小于150mm。

（3）严禁在模板支架及脚手架基础开挖深度影响范围内进行挖掘作业。

（4）拆除的支架构件应安全地传递至地面，严禁抛掷。

（5）可调托撑受压承载力设计值不应小于40kN，支托板厚不应小于5mm。

（6）主节点处必须设置一根横向水平杆，用直角扣件扣接且严禁拆除。

（7）脚手架立杆基础不在同一高度上时，必须将高处的纵向扫地杆向低处延长两跨与立杆固定，高低差不应大于1m。靠边坡上方的立杆轴线到边坡的距离不应小于500mm。

（8）单排、双排与满堂脚手架立杆接长除顶层顶步外，其余各层各步接头必须采用对接扣件连接。

（9）开口型脚手架的两端必须设置连墙件，连墙件的垂直间距不应大于建筑物的层高，且不应大于4m。

（10）高度在24m及以上的双排脚手架应在外侧立面连续设置剪刀撑；高度在24m以下的

单、双排脚手架,均须在外侧立面两端、转角及中间间隔不超过15m的立面上,各设置一道剪刀撑,并应由底至顶连续设置。

(11)开口型双排脚手架的两端均须设置横向斜撑。

(12)单、双排脚手架拆除作业必须由上而下逐层进行,严禁上、下同时作业;连墙件必须随脚手架逐层拆除,严禁先将连墙件整层或数层拆除后再拆脚手架;分段拆除高差大于两步时,应增设连墙件加固。

(13)卸料时各构配件严禁抛掷至地面。

(14)扣件进入施工现场应检查产品合格证,并应进行抽样复试,技术性能应符合现行《钢管脚手架扣件》(GB 15831)的规定。扣件在使用前应逐个挑选,有裂缝、变形、螺栓出现滑丝的严禁使用。

(15)扣件钢管脚手架安装与拆除人员必须是经考核合格的专业架子工。架子工应持证上岗。

(16)钢管上严禁打孔。

(17)作业层上施工荷载应符合设计要求,不得超载。不得将模板支架、缆风绳、泵送混凝土和砂浆的输送管等固定在架体上;严禁悬挂起重设备,严禁拆除或移动架体上的安全防护设施。

(18)满堂支撑架顶部的实际荷载不得超过设计规定。

(19)在脚手架使用期间,严禁拆除下列杆件:主节点处的纵、横向水平杆,纵、横向扫地杆;连墙件。

(20)当在脚手架使用过程中开挖脚手架基础下的设备或管沟时,必须对脚手架采取加固措施。

五、监理效果及体会

(一)监理工作效果

通过实施以上监理措施,满堂支架体系的架设经验符合设计、规范要求,使用过程中的基础、架体结构稳定、安全,现浇箱梁的底部线形全部控制在允许误差范围内,确保了现浇箱梁的工程施工质量,达到了预期工程管理效果。

满堂支架基础及支架搭设如图7所示,支架搭设底层安装如图8所示,支架体系预压与调整如图9所示,支架体系主体搭设完成如图10所示,工程建成后鸟瞰图如图11所示。

图7　满堂支架基础及支架搭设

图8　支架搭设底层安装

图9　支架体系预压与调整

图10　支架体系主体搭设完成

图11　工程建成后鸟瞰图

（二）监理工作体会

（1）要清楚市政工程项目的特点和业主的意图，并结合工程的实际，积极做好事前监理工作，以保证项目顺利推进，争取业主、施工方对监理工作的支持，是保证监理工作正常开展的基础。如原计划满堂支架使用碗扣式支架搭设，经监理部提出并得到采纳采用扣盘式支架搭设

二、桥梁工程监理　｜　235

方案的合理化建议后,确保了工程施工进度,施工安全风险大大降低,监理工作得到业主的高度赞扬,为监理工作开展创造了良好的工作环境。

(2)认真把好施工方案监理审查关,是确保工程施工安全、质量保证的前提条件。监理部在审查施工方案时,发现缺漏涉及安全、质量的较多重要内容,要求施工单位予以补充完善并实施,从源头上对工程施工进行了有效预先控制。

(3)实施监理过程中,开展工作严格执行建设工程强制性标准及其条文规定,使该项目满堂支架现浇箱梁施工全过程的安全、质量管理处于可控状态,较好地降低了监理工作的责任风险。

案例八：预应力混凝土连续刚桥高墩边跨现浇段吊架法施工监理

一、案例背景

（一）工程基本概况

某大桥是预应力混凝土连续刚构桥，上部结构采用 3×40m+(55+100+55)m+3×40m 的变截面预应力混凝土箱梁和先简支后结构连续预应力混凝土 T 形梁。桥位于河池市天峨县下老乡境内，桥位区属丘陵地貌，地形起伏大，桥位区范围内中线高程 374.6~455.8m，最大相对高差 81m。左、右幅桥引桥下部结构桥墩采用双柱墩配桩基础，过渡墩采用实心墩配桩基础，主墩采用双肢薄壁墩。箱梁为单箱单室、变高度、变截面连续刚构，梁底按 2 次抛物线变化，上部结构按全预应力混凝土构件设计，采用三向预应力体系，纵向预应力钢束采用 270 级钢绞线，箱梁顶板横向钢束每股直径为 15.2mm，采用扁锚体系，竖向预应力采用 JL32mm 精轧螺纹钢筋，纵、横、竖向预应力束管道采用预埋金属波纹管成孔。

（二）监理案例简介

吊架法是一种利用挂篮和承重梁组成承重支架的施工方法，主要由挂篮、承重梁、底模、侧模及内模组成。百楼 1 号大桥边跨现浇段分别位于 3 号过渡墩和 6 号过渡墩上，3 号墩左幅墩柱高 41m、右幅高 47m；6 号墩左幅墩柱高 49m、右幅高 46m，箱梁边跨现浇段长度为 3.84m，高度 2.50m，梁顶设有 2.33~4.0% 的横坡。本案例介绍桥梁高墩边跨现浇段采用吊架法工艺施工，在大桥合龙后，梁顶面纵向线形、高程等控制指标在验收规范标准范围之内，达到简化和改进施工工艺、解决施工现场不利困难、减少安全管理风险的效果。

二、施工单位报来的施工方案介绍

该大桥边跨现浇段设计施工方法为托架法，按照设计图纸要求，边跨现浇段浇筑后，宜尽快进行边跨合龙段合龙。施工单位认为,由于3号过渡墩和6号过渡墩施工进度快,主墩和箱梁悬浇段施工周期时间较长,如采用支架法和托架法施工,边跨现浇段必须等待到边跨合龙段前的一个节段(11号节段)完成施工时,才能进行施工,等待周期长达到3~5个月。过渡墩上的塔式起重机设备和安全爬梯将无法拆除周转,会增加较大的设备租金成本和管理成本。所以,认为托架法不是最合理的施工方法,编制了吊架法施工方案,组织了专家对该方案进行认证,并按专家意见完善方案后,上报总监办审批。

专家论证评审意见如下:

百楼1号大桥连续刚构合龙段专项施工方案内容基本完整,施工工艺措施基本可行,原则上通过评审,并根据专家建议补充完善后,经相关部门批准后实施。

(1)边跨现浇段、合龙段均采用挂篮作承重支架,由于挂篮自重较大,建议将该方案提交设计单位进行计算复核,确认方案对结构物的影响程度;

(2)补充挂篮的安全许可证、出厂合格证等材料(复印件);

(3)补充安全生产专职管理人员、特种作业人员、从业资格证书(复印件)。

三、监理单位审批施工方案意见

在收到施工单位吊架法施工方案后,总监办组织了监理组组长、副总监等对施工方案进行了认真研究讨论。经审核,施工单位已按专家意见将该方案提交给设计单位复核,得到了设计单位的认可,并将挂篮的安全许可证、出场合格证、安全专职管理人员、特种作业人员从业资格证书复印件补充完善。总监办审核小组一致认为该方案可行,审批同意采用该吊架法组织施工。

四、吊架法施工工艺质量及安全控制过程介绍

(一)边跨现浇段施工

边跨现浇段施工工艺流程图如图1所示。

(二)吊架安装

将挂篮行走到前吊点距11号梁段截面处(12号节段为合龙段,长度为2m),将挂篮主桁调整水平进行锚固,调整挂篮底篮纵桥向坡度与该桥设计纵坡一致。采用挂篮底篮上横向铺设1号、2号双拼I25a工字钢承重梁,形成一个支点,和盖梁上临时支座将纵梁支起,构成简支

梁体系。在1号、2号承重梁上铺设I25a工字钢纵梁,底板纵梁上铺设轴间距为20cm的10cm×10cm方木,方木上铺设竹胶板;翼缘板下纵梁搭设纵、横向间距0.6m的碗扣支架,碗扣支架步距0.6m,顶托上铺设横向I14工字钢,工字钢上铺设轴间距为30cm的10cm×10cm方木,方木上铺设竹胶板,组成边跨现浇段施工平台。施工平台周围及时采用密封安全网防护,防止桥上坠物伤人。吊架安装如图2所示。

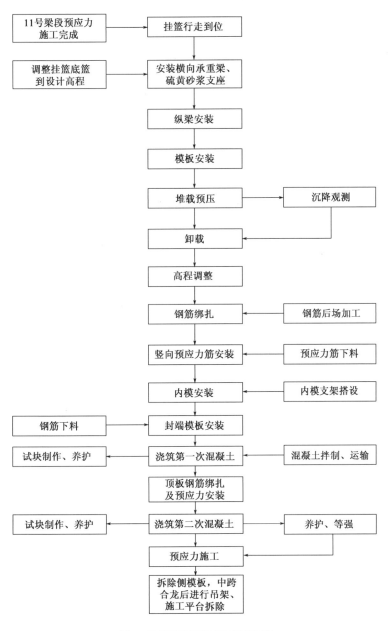

图1 边跨现浇段施工工艺流程图

图 2　吊架安装图

（三）支座安装

边跨现浇段支座安装时，考虑中跨合龙温度，将活动支座上下板偏移的距离根据合龙时温度计算确定。该桥采用 4 个 GPZ(KZ)3.5DX 球形支座和 4 个 GPZ(KZ)3.5SX 球形支座，盆式支座是由上支座板含不锈钢板、下支座板、聚四氟乙烯滑板（四氟滑板）及防尘结构等组成。支座安装质量控制要求如下：

(1)在支座安装的位置画出中心十字线，支座顺桥方向的中心线应与梁的顺桥方向中心线平行；单向活动支座安装时，上下导向挡块必须保持平行，交叉角不得大于 5°。

(2)活动支座安装前用丙酮或酒精仔细擦洗各相对滑移面，擦净后在四氟滑板的渚油槽内注满硅脂油，支座其他各部件也应擦洗干净。

(3)除支座高程符合设计要求外，保证平面两个方向的水平是很重要的。否则将影响支座的作用性能，支座的四角高差不得大于 2mm。

(4)支座上下板纵横向必须对中，安装时考虑中跨合龙温度，将活动支座上下板错开的距离根据合龙时温度计算确定。

(5)支座中心线与主梁中心线应重合平行。

(6)在整个梁体形成整体并达到设计强度后，张拉梁体预应力之前，应拆除支座上顶板与下底盘的连接固定板，解除约束使梁体能正常伸缩。

支座安装如图 3 所示。

（四）配重施工

为确保箱梁对称受力，避免产生质量问题，边跨现浇段吊架法的各道工序施工时（如吊架预压、钢筋模板安装、混凝土浇筑等），必须同时进行等位移控制配重（本案例采用水箱配重调节），配重的实质是两端悬臂段根据需要调整的位移进行配重，配重值由第三方监控单位提供。

图3　支座安装图

水箱配重及监测如图4所示。

图4　水箱配重及监测

（五）吊架预压

吊架采用砂袋法堆载预压，根据规范要求，预压荷载为箱梁自重的1.1倍，预压期不小于3d。预压荷载将进行分级加载，预压加载时，顺桥向应从吊架中部向梁端头进行加载；横桥向应从结构中心线向两侧进行对称加载。

吊架预压数据采集按照边跨现浇梁段距梁端 1/4、1/2、吊点处各设置一个断面,每一断面对称设置 3 个点进行测设,各点横桥向以箱梁中轴线对称布置,箱梁中轴线及边腹板位置均布设测点,预压监测点布设于底模上。每一级加载完成后,先暂停下一级的加载,并每间隔 2h 对支架沉降量进行监测,当支架顶部监测点 2h 的沉降量平均值小于 2mm 时,可进行下一级加载。加载完成后,各监测点最初 24h 的沉降量平均值均小于 1mm 时或各监测点最初 72h 的沉降量平均值均小于 5mm 时,即可判定支架预压合格,经监理工程师同意,可进行卸载。

(六)立架及模板安装

1. 底模板

根据设计设置的预拱度及图纸提供的设计高程,以及支架预压取得的弹性变形值,采用计算式:实际高程=设计高程+预拱度值+支架弹性变形值,调整底模高程到实际高程,偏差控制在 5mm 以内,确保模板平面位置准确。底模采用厚高强度胶合板,模板在安装之前进行全面的涂刷脱模剂,底模横向宽度要大于梁底宽度,要超出梁底两侧边线不小于 10cm,以利于在底模上支立侧模。底模安装要求表面平整、光洁、接缝平顺、严密,无错台,模内尺寸符合设计图纸及施工规范的要求。底模板铺设完毕后,进行平面放样,全面测量底板纵横向高程,根据测量结果将底模板调整到预压后调整的设计高程。

2. 侧模板和翼缘板模板

侧模板和翼缘模板根据测量放样定出梁底板边缘线,在底模板上弹上墨线,然后安装侧模板。翼缘板区采用扣件式钢管脚手架支撑模板进行施工,步距、跨距要严格按设计方案安装,支架外侧横、纵向均布设剪刀撑和斜撑,确保基整体稳定性。

3. 箱室模板

采用胶合板做内模板,用钢管支架作横撑,支架两侧设置可调顶托,并通过方木支撑箱室侧模板,在浇筑混凝土过程中派专人检查内模的位置变化情况。

(七)钢筋及预应力管道安装

1. 钢筋及管道安装顺序

(1)绑扎底板钢筋。底板上下层钢筋之间用架立钢筋垫起焊牢,防止人踩变形,保持上下层钢筋的设计间距,架立钢筋按间距 50cm 呈梅花形布置。

(2)安装底板管道定位网片,然后穿底板波纹管。

(3)绑扎腹板钢筋,安装纵向及竖向预应力管道。

(4)绑扎顶板和翼板下层钢筋,安装顶板管道定位网片,顶板锚垫板及螺旋筋,穿顶板纵横向波纹管。

(5)绑扎顶板上层钢筋,用架立钢筋固定上下层钢筋间距。

钢筋安装及检验如图5所示。

图5　钢筋安装及检验图

2. 管道制作与安装

该桥纵、横向预应力束管道采用塑料波纹管,竖向预应力束管道采用预埋金属波纹管成孔。安装时,要采取有效措施,确保管道座标准确和牢固。孔道接长纵向预应力孔道,用较通长孔道波纹管直径大一号直径的接头管进行连接,接头管长度为250mm,接长后用胶带纸包裹,以防漏浆。

3. 钢筋及管道安装注意事项

(1)锚垫板应与螺旋筋、波纹管中轴线垂直,并与端模固定牢固,防止在混凝土振捣过程中造成锚垫板偏斜。

(2)当钢筋和预应力束管道在空间上发生干扰时,适当移动钢筋的位置,以保证预应力钢束管道位置的准确。

(3)钢筋伸出节段端头的搭接长度应满足设计要求。

(4)注意不要遗漏防崩钢筋的安装,防崩钢筋采用矩形闭合箍筋。施工时注意将底板的横向、纵向钢筋均箍在闭合圈内,当与平面布置冲突时,可适当前后错开。

(八)预埋件的安装

浇筑前要仔细核对图纸,注意检查泄水孔、护栏底座钢筋、箱室通气孔、人洞、伸缩缝、劲性骨架锚固杆等预埋件安装,确保不遗漏和位置准确。

预埋件安装如图6所示。

(九)混凝土浇筑及养护

边跨箱梁现浇段混凝土浇筑采用泵送的方式进行施工(根据梁体厚度可分二次浇筑,本桥现浇段混凝土采用一次性浇筑法),现场应遵照先底板,然后腹板,最后顶板和翼板的顺序。浇筑底板及腹板时,混凝土从悬浇段前端向支点进行,梁腹板同时对称浇筑,浇筑顶板及翼板混凝土时,从两侧向中央推进。混凝土布料及振捣工艺等必须符合设计及规范的有关要求,并安排专人对支架进行跟踪检查,安排测量人员对支架变形量进行监测,如发现支架异响或变形超标,应立即暂停施工,对支架进行处理,确保安全后方可施工。

混凝土养护采用覆盖土工布并进行洒水养护,养护期间始终保持湿润,且不得少于7d,待混凝土强度达到2.5MPa后,将与合龙段接触面混凝土进行凿毛处理,凿至露出集料。

泵送混凝土浇筑如图7所示。

图6 预埋件安装图　　　　　图7 泵送混凝土浇筑图

(十)边跨现浇段预应力张拉及孔道压浆施工控制

边跨箱梁现浇段预应力张拉及孔道压浆施工,应在边跨合龙段施工完成且混凝土强度达到100%后进行。张拉及压浆工艺与悬臂段相符,采用数控设备进行施工。

五、取得的监理效果

本桥采用预应力混凝土连续刚构桥高墩边跨现浇段吊架法施工技术,该工艺具有改革创新的意义,此工法已在该桥施工中实际应用,并顺利完成施工,克服了高山地区施工环境不利的困难,有利于降低安全风险管理和节省资金,具有极大的经济效益,达到简化和改进施工工艺的效果,其施工技术可为以后类似相关工程施工提供参考和借鉴。

大桥合龙后如图 8 所示。

图 8　大桥合龙后图

案例九：钢箱梁施工监理案例

一、案例背景

（一）工程基本情况

某高速公路采用双向四车道高速公路标准建设，设计速度为100km/h，路基宽度为26m。

某枢纽互通跨线桥，A匝道为3连跨（跨径布置：28m+45m+28m）单向三车道钢-混箱形组合连续梁桥，斜交角度为0°，D匝道为4连跨（跨径布置：36m+36m+45m+28m）单向三车道钢-混箱形组合连续梁桥，斜交角度为0°，A、D匝道平面处于曲线上，上部结构全宽12.25m。钢主梁采用工厂分节段预制，节段间采用工地现场焊缝连接；桥面板为现浇钢筋混凝土结构。图1为施工平面布置示意图，图2和图3为A、D匝道标准断面图。

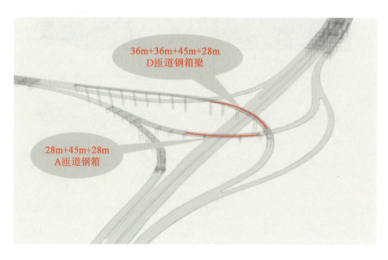

图1 施工平面布置示意图

（二）监理案例介绍

钢混叠合梁是一种跨越能力大、建筑高度小的桥型结构，兼有混凝土桥和钢桥的特点。该桥型结构受力条件好，充分发挥了混凝土的抗压性好和钢材抗拉强度较高的特点，具有施工周期短、操作简单、施工期间基本上不影响既有交通等优点，不但满足了桥梁结构的功能要求，而且还有较好的技术经济效益,常用于施工难度大、交通流量大、跨径较大的桥梁工程中。本项目在 DK1+126 巴马枢纽互通 D 匝道跨线桥及 AK0+846 巴马枢纽互通 A 匝道上跨河百路跨线桥使用了钢混叠合梁,在施工过程中不断对施工工艺加以改进和完善,总结形成了一套完善的施工工艺。该施工工艺的特点是:第一,钢混叠合梁最大阶段重 20t,安装简单、灵活,占用场地小,便于河百路通车;第二,施工工期短,相对于钢筋混凝土现浇梁,工期减短至 1/5,为河百路通车打下了基础;第三,相对于钢箱梁,钢混叠合梁桥面板容易调整坡度和外超高。架设后各项指标都在验收标准之内,取得桥面外观线形美观的良好效果。

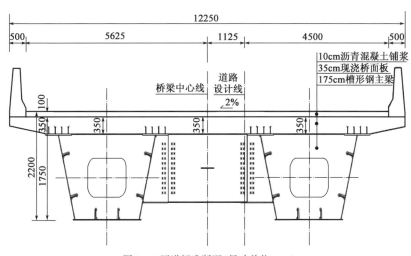

图 2　A 匝道标准断面(尺寸单位:mm)

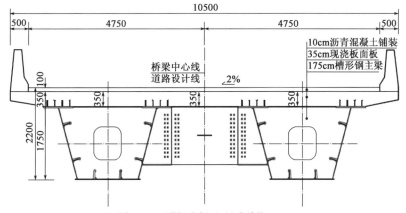

图 3　D 匝道标准断面(尺寸单位:mm)

二、施工单位报来的施工方案介绍

(一)总体评价

钢箱梁专项施工方案内容完整,主要就人、机、材,施工工艺方法,施工组织计划,安全文明施工做合理分配。总体符合《公路工程施工安全技术规范》(JTG F90—2015)及相关标准、规范的要求,完善后可用于指导施工。

(二)专家评审意见和建议

(1)补充完善钢箱梁熔透焊等内容;
(2)补充完善钢箱梁临边防护及人员上下安全爬梯等内容;
(3)补充完善临时用电的安排及安全防护措施。

三、监理单位审批施工方案意见

施工单位上报钢箱梁专项施工方案经监理审核内容完整,总体符合《公路工程施工安全技术规范》(JTG F90—2015)、《公路工程施工监理规范》(JTG G10—2016)及相关标准、规范的要求,完善后可用于指导施工。监理提出了三点意见:

(1)补充考虑到施工作业平台、架子等设施在实际工作中所承受的荷载,通过认真严格的验算后,根据需要采取加强措施,或明确其施工工艺、方法,或提出其在施工中应注意的问题。

(2)对施工中存在的危险源进行识别、分析和评价,根据其结构评价结果制订相应的处置方案。

(3)本工程易发生安全事故的施工作业主要包括:高处作业、吊装作业、施工用电、易燃易爆物品的操作等。要针对这些不同的危险作业制订相应的安全管理措施和应急处理办法,指导安全生产管理和应急处理。

补充完善后,同意该专项施工方案指导施工,现场管控好质量的同时,要求做好安全、文明、环保施工。

四、案例实施过程介绍

(一)处理方案

督促施工单位完善补充钢箱梁专项施工方案后严格按照其施工专项方案技术指导施作,监理严格验收各道工序,严抓细节,使其质量及外观质量满足设计及规范要求,打造品质工程。

(二)施工监理控制要点

1.钢箱梁检验

钢箱加劲梁在工厂制造成节段,然后运输到现场吊装、拼焊架设。钢箱梁制造应按照招标文件、设计图纸、技术规范及有关规范、规程实施,对不合格的部分应返厂加工。钢箱梁吊装工艺控制流程如图4所示,钢箱梁在加工场里标准化预制如图5所示。

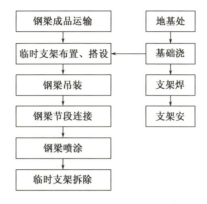

图4　钢箱梁吊装工艺控制流程

a)

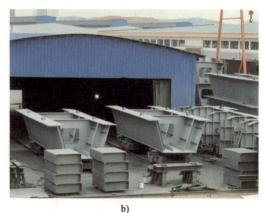
b)

图5　钢箱梁在加工场里标准化预制

2. 临时支架搭设

(1)临时支架的基础处理,支架体系安装施工。

临时支架安装前,监理要对实地进行检测和测量,查看是否按上报审批方案图施工,检查安装基础地基承载力是否符合相关要求,后续钢管桩桩头开口与两块十字交叉钢板焊接固定、各焊接等是否满足相关要求。

(2)安装完成后在附近固定物上设置沉降观测点,用来对整个支架的沉降状况及稳定性进行观测。

(3)临时支撑调节采用调节柱进行(每个箱梁底部设置3个调节柱),主要用于钢箱梁吊装时调节钢箱梁高程和安装结束后进行钢箱梁整体卸载,调节段高度为500mm左右。

调节柱示意图如图6所示,支架实例如图7所示。

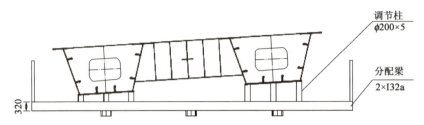

图6 调节柱示意图(尺寸单位:mm)

a)

b)

c)

图7 支架实例

3. 钢箱梁工地吊装和拼焊

(1)吊装前确认梁段编号。

（2）依据设计要求的顺序按批准的规程进行梁段吊装。

（3）严密监测各拼装阶段主缆、钢箱梁线形和索塔偏位，进行合理调整，及时顶推鞍座。梁段全部吊装完成后进行全面调整。各阶段测量和调整结果应复核审查和确认。

（4）梁段临时连接及拼装精度检查资料的审查与抽检。

（5）施焊应按施工规程及设计执行，分阶段测量焊接变形量，及时调整。

（6）全桥钢箱梁架设（吊装、焊接和调整）完成后，对主缆和钢箱梁线形、索塔偏位和扭转、鞍座定位精度等关键性指标进行全面测量，结果应取得设计和监控单位认可。

（7）钢箱梁吊装设备应运行良好，并确保保险装置安全。

（8）钢箱梁经调整符合设计要求后，先焊接一个节段，焊完并检测后，监理组织进行一次总结，以便指导以后的施工。工地焊接条件比工厂条件差，要督促承包商创造良好的工作条件，并采取措施，使无损检测一次合格率提高。

钢箱梁吊装如图8所示，钢箱梁测量准确定位如图9所示，钢箱梁焊接如图10所示，钢箱梁焊缝检测如图11所示。

图8　钢箱梁吊装

图9　钢箱梁测量准确定位　　　　　　图10　钢箱梁焊接

图 11　钢箱梁焊缝检测

4. 钢箱梁支座及检查车的制造与安装

钢箱梁支座包括竖向支座和横向(抗风)支座两种。检查车也为钢结构,它们的铸造、焊接等加工工序与鞍座、索夹和钢箱梁等部件大致相同。

钢箱梁支座安装之前,应先连续进行长时间测量,选择气温较稳定的时段进行安装。安装时要快速、准确,压浆和浇筑的混凝土应有早强措施。支座安装好后,要求承包商及时清理,做好防护,确保质量。

(1)由于紧向支座和抗风支座所有摩擦副均采用填充聚四氟乙烯复合夹层滑板与不锈钢组成摩擦偶对,所以应予重点检查。

(2)竖向支座总成安装前应重点检查主塔下横梁上垫石钢板顺桥向和横桥向的水平度,同时应准确测量垫石钢板与主梁底板的距离,如此距离与支座总成高度不相符合,通过增减支座总成厚度予以调整。

(3)抗风支座总成安装前应检查主梁支座的安装位置与塔内侧上的滑动面的配合位置是否适当,如不适当,可采用改变此支座总成底板厚度的方法进行调整。

(4)检查车安装时应先认真审查方案,操作时应特别注意安全,安装后要试车。

钢箱梁支座安装如图 12 所示,钢箱梁吊装安装如图 13 所示。

5. 钢钢梁涂装

钢箱梁涂装分两部分进行:工厂涂装和工地涂装。工厂涂装主要是存放、运输、吊装、拼焊这段时间防腐的需要,有些在以后施工中不受影响的部位可作长期防腐涂装;工地涂装则是永久性防腐涂装,在实施中还要配以除湿等措施。

图12　钢箱梁支座安装

图13　钢箱梁吊装安装

6. 严格控制剪力钉安装与焊接及顶部钢筋安装质量

剪力钉安装检查如图14所示,顶板钢筋安装检查如图15所示。

a)

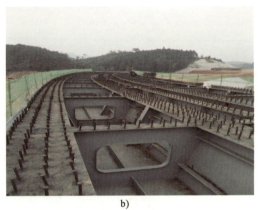
b)

图14　剪力钉安装检查

a)

b)

图15　顶板钢筋安装检查

7. 严格控制桥面板混凝土浇筑质量

现场混凝土的坍落度及振捣修面工艺应严格控制。混凝土坍落度检测如图16所示,混凝土施工如图17所示,混凝土顶面二次修浆如图18所示。

图16　混凝土坍落度检测

图17　混凝土施工

图18　混凝土顶面二次修浆

（三）监理的重点控制措施

1. 锚箱制造的控制措施

锚箱制造的控制措施要从锚箱零部件下料开始,主要控制锚箱下料的尺寸精度,以及焊接坡口的开制精度和锚板耳板孔的机加工精度。

锚箱零件下料时,关于影响锚箱孔高度(与底板焊接)及长度(与腹板对接)的尺寸,需严格控制。在锚板下料时,其锚板箱孔应控制在一定的精度之内,锚箱零件所开制的焊接坡口角度要准确,使焊接变形尽量小。锚箱孔的两侧腹板焊接完后,再进行其锚箱孔的机加工(箱孔)。

2. 顶板、底板单元制造的精度控制措施

钢箱梁制造中,相同的顶板、底板单元件数量较大,成批量生产一定要有互换性。因而其

每块顶板、底板单元件的制造精度要求较高,确保同类型单元件可互换。首先要控制顶板、底板单元件的焊接程序及焊接参数,保证其每块顶板、底板单元件的焊接收缩量相近,这样再对顶板、底板单元件生产流水线上工装设施定位块的尺寸准确性加以控制,使顶板、面板单元件制造公差在一个很小范围内变动,这样就保证了顶板、面板单元件的互换性。对于超差的顶板、面板单元,一定要返工、矫正,修整合格后,方可使用。

3. 锚箱吊点定位及焊接的控制措施

钢箱梁预拼装时,锚箱吊点的定位精度的要求很高,吊点的左右间距及前后的间距都相当重要,其间距的准确度关系到吊索的垂直度及其受力状况。锚箱吊点定位时,需用测量仪器监测钢箱梁两边锚孔高度;对前后两锚孔的间距要用钢卷尺量准,并使箱梁两侧锚孔板平行,锚孔定位合格后,还需控制其锚箱构件的焊接程序,对称施焊,焊接顺序应严格执行;锚箱焊接完后,还需检测。

4. 梁段之间对接焊缝的控制措施

钢箱梁吊装成桥后,梁段之间对接环缝的焊接质量及程序,对整个桥梁的线形及长度都有一定的影响,因而需控制好梁段之间对接焊缝的质量及焊接顺序。

钢箱梁吊装成桥后的对接焊缝需对称施焊,而且必须以桥中心向两边对称一条一条地进行梁段对接焊缝施焊,每条对接环缝是以桥梁纵向轴线对称施焊,这样可保证桥梁的线形,梁段对接焊缝的焊接质量按全熔透处理,并要加强十字焊缝接头处的无损检测,即重点检测顶板、底版拼接焊缝和梁段对接环缝相交处的焊接质量。监理对超声波探伤和 X 射线探伤的抽检频率均不得少于制造单位的 20%。

钢箱梁焊接如图 19 所示,钢箱梁焊接检查如图 20 所示,钢箱梁焊缝检测如图 21 所示。

图 19 钢箱梁焊接

图 20　钢箱梁焊接检查　　　　　　　　图 21　钢箱梁焊缝检测

五、取得的监理效果

本桥横跨河百高速公路,因交叉部分采用钢箱梁结构,大大加快了工程进度,并在河百高速公路通车前完成了所有钢箱梁部分的建设,施工监理过程中采取了有针对性的质量控制措施,有力地保证了钢箱梁、钢桥墩的制造及安装施工质量,取得了良好的效果,进度相对于钢筋混凝土现浇梁,工期缩短至 1/5。钢箱梁成品如图 22 所示。

图　22

e)

图 22 钢箱梁成品图

案例十：钢管拱特大桥拱肋泵送混凝土施工监理

一、案例背景

（一）工程基本情况

某高速公路项目连接线为钢管混凝土拱特大桥，全长1035m，桥跨布置为：(40m+60m+2×35m)（连续箱梁）+575m（中承式钢管混凝土拱桥）+(50m+60m+50m)（连续箱梁）+3×40m（连续箱梁）。其中主桥为中承式钢管混凝土拱桥，主跨575m，主拱采用钢管混凝土桁式结构，整束挤压钢绞线吊索连接钢格子梁桥面体系，钢格子梁上设置钢-混凝土组合桥面板的主梁结构；南岸、北岸拱座为重力式抗推力结构基础，南岸拱座基础设计为明挖扩大基础，持力层为中风化灰岩，北岸拱座基础设计为地下连续墙，持力层为中风化泥灰岩。

（二）监理案例简介

该大桥为中承式钢管混凝土拱桥，主跨径575m，计算矢跨比1/4.0，拱轴系数为1.50。主拱肋为上、下各两根 $\phi1400$mm 钢管混凝土弦管，肋宽为4.2m；主弦管间通过横联 $\phi850$mm 钢管和竖向两根腹杆为 $\phi700$mm 钢管连接而构成矩形截面。其中，需要泵送管内混凝土的部位为主拱肋上下弦管，吊杆处平联管，1、2号拱肋节段腹杆，平联管及横撑弦管，拱脚铰，合龙处平联管，立柱横梁处钢管，肋间横梁处弦管，混凝土采用C70自密实高性能混凝土。主要工程量：C70混凝土7851.4m^3，其中8根主弦管7363.2m^3，其余488.2m^3。案例主要记录大桥主拱共计8根主弦管混凝土泵送施工过程中监理方的监理方法、控制要点及取得的效果等，从设计要求、施工专项方案、技术控制要点、常见问题及处理方案措施、尚可改进之处等几个方面展开分析，基于品质工程、标准化管理理念对泵送施工全过程采取合适的监理措施，争创绿色施工示范工程并取得较好的实际效果，对尚可改进之处提出一些建议等。往后同类型桥梁施工监理可参考借鉴进行质量管控、提升。

灌注布置、顺序如图1所示。

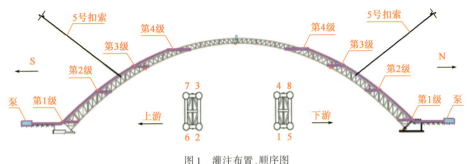

图1 灌注布置、顺序图

二、施工单位报来的施工方案介绍

(1) 施工设计文件对钢管混凝土浇筑的要求：拱肋合龙形成完整的拱圈，监控单位完成各项测试，并经分析满足计算及规范要求以后，即可灌注主拱圈上、下弦钢管内混凝土和设计指定的横联、支管、横撑、横梁等构件内混凝土。

(2) 采用C70高性能混凝土，以泵压法自拱脚向拱顶，按设计的横桥向的灌注顺序和纵桥向的"三级接力灌注法"灌注主拱钢管内混凝土，灌注混凝土时应分不同阶段按照张拉设计指定的扣索及索力。横联、支管、横撑、横梁等构件钢管内混凝土，可以采用泵压法，也可以采用人工灌注方法实施，但均应事先完成灌注工艺设计报告，请监理、业主审查批准。

(3) 由于泵送垂直高度为140m，水平长度为290m，在同类型桥梁施工中较为罕见，合计专家建议、各参建单位意见、施工方的技术水平，结合现场实际情况，决定大桥主弦管灌注采用真空辅助灌注工艺，以泵送顶升法从拱脚至拱顶的方向分四级（第一级在拱脚，第二、三、四级分别在约1/8、1/4、3/8跨径处）向拱顶泵送灌注C70自密实高性能混凝土，泵送过程利用5号扣索进行调载。

(4) 横联、腹管、横撑、横梁等构件钢管内混凝土直接泵送，吊杆处平联管采用人工灌注方法实施。全桥浇筑顺序为：在吊装完1号拱肋节段后浇筑拱脚铰处管内混凝土，在拱肋合龙后浇筑主弦管管内混凝土，最后从下往上依次浇筑剩余部位的管内混凝土。方案内混凝土灌注施工主弦管计划用时30d，其余部位10d，共计40d。

三、监理单位审批施工方案意见

(1) 本桥采用C70自密实高性能混凝土，施工方应事先完善泵送工艺设计报告及应急处理预案，确定C70自密实混凝土配合比报监理、业主审查批准。其中各种材料必须符合设计提出的技术要求，按有关质量标准严格进行检验，妥善保管，并遵照现行《公路桥涵施工技术规范》(JTG/T 3650)及有关技术要求进行施工。

(2)要求施工单位前期做好混凝土原材料备料,保证各项材料及时调配;掌握拌和站实际产能,做好人员及机械的安排;控制好浇筑施工过程中的混凝土的生产、运输、灌注、残渣处理、养护措施及施工安全等各个工序环节。

(3)当主拱管内混凝土脱空率(脱空面积占全截面面积的比值)大于0.6%时,或脱空高度超过5mm时,应对脱空截面进行补灌,补灌采用的水泥复合材料应进行专项试验配置,并事先将配置成果和补灌工艺报监理、业主审批。

四、案例施工过程介绍

(一)处理方案

1. 施工准备工作

(1)C70混凝土的设计要求。

本工程C70混凝土配合比设计的要求为:C70混凝土中应掺入适量多功能高效减水剂和膨胀剂,且压注前应进行工地材料试验并测定各项性能指标是否满足要求;要求C70混凝土具有低泡、大流动性、收缩补偿、延后初凝(初凝时间大于12h)、不泌水、不分层、黏聚性能好和具有早强的工作性能。

依据设计要求及自密实混凝土相关规范要求,结合本项目实际情况,项目试验室对C70混凝土配合比进行相关的试验研究,确定了本项目C70混凝土应具备的性能:

①工作性能:C70自密实混凝土其工作性能应满足自密实混凝土要求,含气量≤2.5%,自拌和开始3h内坍落扩展度为650mm±50mm,扩展度达500mm的时间为3~7s,坍落扩展度与J环扩展度差值为0~25mm,离析率≤15%,凝结时间≥20h。

②力学性能:设计强度等级为C70,依据设计要求,28d强度≥70MPa,90d配制强度确定为:$f_{cu,0} \geq 1.15 f_{cu,k} = 1.15 \times 70 = 80.5$MPa。

③变形性能:无收缩混凝土3d自生体积变形≥150$\mu\varepsilon$,56d自生体积变形≥0。

(2)人员和设备的配备。

经各方探讨分析,以及参建各方的实际情况,对泵送施工过程的人员配置安排进行调整。

①对劳务人员配置:分为抽真空小组、泵管接管小组、泵送卸料与指挥小组、弦管清洗小组、混凝土处理小组、电工、杂工等。

②对施工单位人员配置:分为专机组、领导小组、南岸工区组、北岸工区组、安全保障组、后勤保障组、质量控制组等。

③对监理单位人员配置:分为领导组、现场组、协调组、安全监督组等。

(3)按所确定的泵机型号、性能,混凝土搅拌站的混凝土生产能力及问题应急预案,对设备配备要求如下:

①主要设备为:泵机采用新采购 HBT9028CH-5S 混凝土输送泵共 4 台,BEA-252 型水环式真空泵 4 台,并联系生产厂家派遣技术人员到施工现场指导使用、维护等。

②南岸拌和站产能为 72m^3/h,现场泵送效率为 40m^3/h,能够满足南岸工区泵送施工要求。南岸拌和站距施工现场约 6km,混凝土罐车运输能力为 10m^3/辆,行驶速度 20km/h,混凝土拌制时间约 15min,现场待料 30min,罐车卸料时间约 15min,南岸正常使用 8 辆,1 辆备用,共 9 辆。北岸现场用料由北岸拌和站进行拌制,北岸拌和站产能为 90m^3/h,能够满足施工要求。北岸拌和站距施工现场约 500m,混凝土罐车运输能力为 10m^3/辆,行驶速度 20km/h,混凝土拌制时间约 15min,现场待料 30min,罐车卸料时间约 15min,北岸正常使用 6 辆,1 辆备用,共 7 辆。

③其余混凝土施工设备若干。

(4)材料的准备。

①北岸站内共计 8 个储料仓、10 个 300t 的粉罐,一次性可存放 4800m^3 混凝土的原材料。

②南岸站内共计 7 个储料仓、10 个 300t 的粉罐,一次性可存放 4200m^3 混凝土原材料。

③同时,北岸引桥处场地,用于河沙的备料。钢筋加工厂侧面预留的备料区,用于碎石的备料。

2. 施工过程

(1)组织管理。

①对施工区域进行交通规划,保证在空间有限的施工区域内车辆、机械行驶井然有序:防洪堤半边上设置两处错车道,间距约 100m,对向来车时,空车优先让行;布置 5 个泵车停车位,4 个罐车等待区,1 个备用等待区;4 个罐车等候区,等候车辆超过 8 辆时,未进入浇筑区的罐车统一驶入备用等候区等候;下施工区域坡道实行双向行驶;环形便道实行单行行驶,逆时针绕圈,严禁反向行驶;管理车辆一律要让施工车辆,并提前告知参建各方。

(2)技术措施。

①由于前期主拱安装焊接施工废料残存在钢管内,为避免其对钢管混凝土质量的影响,泵送施工前 1~2d 应进行钢管内壁冲水清洗、排渣。

②施工前应提前进行空钢管试抽真空,检查整个系统的密封性和真空泵性能,不满足要求时应全面核查并处理。BEA-252 型水环式真空泵如图 2 所示。

图 2 BEA-252 型水环式真空泵

③混凝土拌制时各种组成材料应计量准确,拌和过程中动态标定。混凝土初始扩展度测定,扩展度范围宜在550~600mm,气温高时取大值,气温低时取小值。

④C70混凝土运至现场,待料≥0.5h,目的是为使混凝土充分熟化,排出大气泡,待料后混凝土扩展度要求为600mm~700mm。

⑤施工过程中现场指挥根据以下工况下达抽真空指令:在管内混凝土界面高于进浆管3m时开始抽真空,要求真空度为-0.08~-0.06MPa并保压;至混凝土界面到达排浆管时,停至抽真空,放气卸压。抽真空操作人员严格按照收到指令进行相关操作并在抽真空过程中及时反馈管内真空度(即真空表读数)。真空表真空度示意如图3所示。

⑥混凝土泵送顶升时,严格遵循两岸对称的要求进行;可通过混凝土产量、泵送量及敲击检查结果等来判断,两岸管内混凝土高度差不大于4m。必须随时联系,以保证两岸混凝土顶升速度同步对称。

⑦利用全站仪和测量机器人直接进行拱肋轴线偏位及高程测量。每根钢管在灌注混凝土前、灌注至方量1/3时、方量2/3时、完成时、完成24h后,共5个工况进行测量,并做好记录。轴线、高程观测在1/8L(L为跨径)、2/8L、3/8L、拱顶处,共7个断面进行观测。拱肋测量点如图4所示。

图3 真空表真空度示意图　　图4 拱肋测量点

⑧根据施工监测的目的,对拱脚、1/8L、1/4L、3/8L、拱顶截面的上、下弦杆进行应力测试。采用振弦式表面应变计进行测试,起始读数必须可靠和准确,并设法排除温度影响,采用测量阶段应变增量的方法。

⑨灌注时利用5号扣索调载,共24根钢绞线。张拉设备要求每岸4套,对称施加荷载。上游侧弦管灌注仅利用上游侧扣索调载,下游侧弦管灌注仅利用下游侧扣索调载,待混凝土界面到达距离节段端头3m位置时开始张拉。

⑩钢管内混凝土必须完全饱满,钢管混凝土的施工质量检查可采用敲击、超声波、钻孔等

手段检验,合格后方可进行下一步施工。本项目以超声波检测为主,人工敲击为辅。超声波检测按《超声波检测混凝土缺陷技术规程》(CECS 21—2000)进行,如发现有异常情况,需进行钻孔复检,存在不密实的部位,应用钻孔压浆法进行补强,然后钻孔补焊封固。

(二)监理对施工技术控制要点

1. 对混凝土配合比的审批

基本要求:本工程要求 C70 混凝土具有低泡、大流动性、收缩补偿、延后初凝(初凝时间大于 12h)、不泌水、不分层、黏聚性能好和具有早强的工作性能。

根据工程特点,结合当地原材料质量、参建方技术能力及专家意见,不断对 C70 配合比进行优化,最终配合比在原始配合比的基础上进行调整,加入微珠 30kg,水泥降低为 387kg,混凝土工作性能和变形性能等有了显著的提高,经对配合比验证,其各项性能满足设计文件要求。最终审批确定混凝土配合比见表1。

C70 混凝土最终配合比(kg/m^3)　　　　　　表1

水泥	粉煤灰	微珠	硅粉	膨胀剂	砂	碎石	水	外加剂
387	90	30	24	59	736	1017	57	12.98

2. 水平段管内混凝土灌注工艺试验

2020 年 1 月 10 日召开了"管内混凝土灌注专项施工方案专家论证会",根据专家组意见,建议增设排气孔,解决水平段管内顶部气泡等问题。依据要求,合计施工单位技术管理部门的意见,于 2020 年 3 月 15 日开展水平段管内混凝土灌注工艺试验(图5)。

图 5　水平管段灌注试验

水平管段内混凝土试验验证了 C70 混凝土的实际工作性能和水平段排气工艺的可行性,水平段混凝土灌注密实度较好。

3. 对浇筑前的检查

(1) 管内混凝土施工前应确保管内清洁,无杂物。

要求施工单位配备高扬程抽水机(扬程≥200m),沿拱肋上弦布置抽水管将河水抽至拱顶水箱,再将水箱中的水抽至主弦管内进行冲洗,清理管内焊条、焊渣、其他杂物等,直至拱脚及横隔板处排渣孔排出的水清澈无杂物后停止。钢管内壁冲洗如图6所示。

图6 钢管内壁冲洗

(2) 灌注前润管。

先泵送适量水,再泵送 $5m^3$ 同标号砂浆,最后泵送C70混凝土,充分润滑管壁,减小混凝土泵送阻力;至泵管出料口泵出合格的混凝土,即完成润管,停止泵送。此步骤完成后方可连接泵管与止回阀。

(3) 现场待料。

按方案要求把C70混凝土运至现场,待料应大于0.5h,让混凝土充分熟化,排出大气泡。

4. 对混凝土浇筑过程的控制

根据《公路工程施工监理规范》(JTG G10—2016)相关要求安排监理人员对浇筑过程分南北岸工区进行全过程旁站。

(1) 对混凝土制备过程检查,对到达现场的混凝土温度、坍落度进行检测,确保混凝土质量。

控制要求如下:

①混凝土搅拌完成后,进行混合料和易性检测,合格后才可运走,采用混凝土运输车运输,运送过程中要宜以 3~5r/min 的转速搅动。

②混凝土的平均入泵温度应 <35℃。扩展度要求 600~700mm。

现场混凝土质量检验如图7所示。

图7　现场混凝土质量检验

③混凝土试块制备。

根据《公路桥涵施工技术规范》(JTG/T F50—2011)的相关要求,应对混凝土制取试件,检验其在标准养护条件下28d龄期的抗压强度。不同强度等级及不同配合比的混凝土应分别制取试件,试件应在浇筑地点从同一盘混凝土或同一车运送的混凝土中随机制取。试件制取组数应符合下列规定：

a. 浇筑一般体积的结构物(如基础,墩台等)时,每一单元结构物应制取不少于2组。

b. 连续浇筑大体积结构物时,每200m³或每工作班应制取不少于2组。

c. 每片梁(板),长16m以下的应制取1组,16~30m应制取2组,31~50m应制取3组,50m以上应不少于5组。

d. 就地浇筑混凝土的小桥涵,每一座或每一工作班应制取不少于2组；当原材料和配合比相同,并由同一拌和站拌制时,可几座合并制取不少于2组。

e. 应根据施工需要,制取与结构物同条件下养护的试件,作为判断结构混凝土在拆模、出池、吊装、预施应力、承受载荷等阶段强度的依据。

混凝土试块现场取样如图8所示。

(2)混凝土泵送顶升时,应严格遵循两岸对称的要求进行。可通过混凝土产量、泵送量及敲击检查结果等来判断,两岸管内混凝土高度差不大于4m或1车混凝土。必须随时联系,以保证两岸混凝土顶升速度同步对称。当两对称半跨的进度差过大时,进度快的一侧应暂停泵送或放

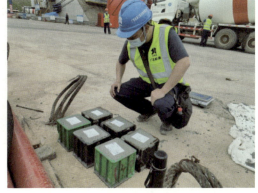

图8　混凝土试块现场取样

慢泵送速度,等到进度满足要求后再恢复作业。

敲击法判断混凝土到达位置如图9所示。

(3)采用"真空辅助四级接力泵送"的施工,接力过程中,注意两岸横隔板出浆管观察窗,混凝土到达时放慢泵送速度,及时关闭真空系统卸压,至出浆口冒出合格混凝土后完成当级泵送。泵出的混凝土应排出拱肋结构以外,避免污染拱肋油漆,被污染的油漆面应及时用高压水枪冲洗干净。

出浆管观察窗如图10所示。

图9　敲击法判断混凝土到达位置　　　　　图10　出浆管观察窗

(4)当混凝土到达拱顶出浆口时,进行排气、补浆。每次仅限打开一根排气管;当无气体冒出或冒出浓浆时,关闭阀门,进行下一根气管排气;排气过程中,若出拱顶浆管中的混凝土截面下降,及时补浆;排气管中排出的浆液污染油漆的,及时用高压水进行冲洗干净。

排浮浆和冲洗拱肋如图11和图12所示。

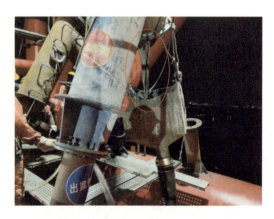

图11　排浮浆　　　　　　　　　　图12　冲洗拱肋

(5)灌注时利用5号扣索调载,共24根钢绞线。张拉设备要求每岸4套,对称施加荷载。

上游侧弦管灌注仅利用上游侧扣索调载,下游侧弦管灌注仅利用下游侧扣索调载,待混凝土界面到达距离节段端头 3m 位置时开始张拉,张拉施工严格按已审批的方案进行。5 号扣索调载如图 13 所示。

5. 各孔口修复

混凝土各进浆孔、出浆孔、振捣孔、排渣孔在混凝土达到设计强度后,均需进行补焊修复。进浆管和出浆管应用氧炔焰将其割除,割除时火焰

图 13　5 号扣索调载

切割位置应高离弦管外壁大于 1cm,再用手砂轮打磨至弦管表面平齐,此做法的目的是防止火焰烧坏管内混凝土。在进浆口和出浆口处,应将混凝土凿去一定深度,再用同材质同板厚钢板封补孔洞,再进行焊接、打磨和涂漆(遵照涂装方案施工)。修复基本步骤为:割管、刨除混凝土→钢板装配→焊接→打磨→涂漆。灌注孔口修复如图 14 所示。

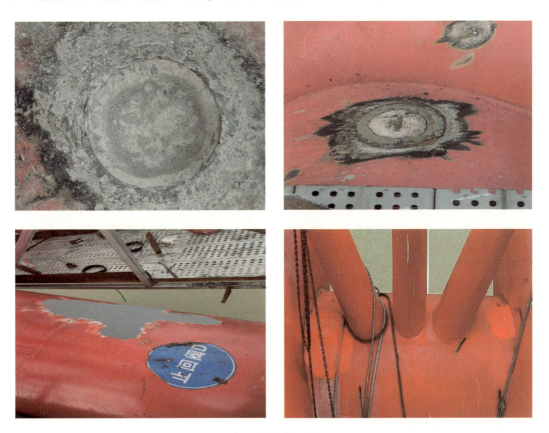

图 14　灌注孔口修复

6. 钢混结合应力释放

本项目大桥拱肋管内混凝土在灌注完成后，拱肋产生振动，并伴随有较大的响声，目前对于这个问题还没有相关研究。根据现有的资料和现场调查分析，得出如下初步推论分析，往后同类型项目可提前准备相关研究：

（1）拱肋发出响声的原因有可能是钢管与混凝土之间脱黏造成。拱肋在灌注混凝土后，钢管和混凝土的温度、强度和刚度等属性的变化及两者之间的变化不一致，会导致钢管和混凝土之间受力存在差别，当该差别导致两者界面的拉应力大于黏结应力时，钢管和混凝土会突然脱黏，产生响声。

（2）拱肋发出响声可能由空钢管变形产生。由于拱肋混凝土浇筑完成后，拱肋刚度和强度是一个逐渐变化的过程，环境温度和桥梁结构本身的温度也在不断变化，因此结构的受力和变形也在随时改变，此时未灌注混凝土的空钢管相对较薄弱，在应力变化过程中有可能在这些局部发生细微但突然的变形，发出响声。

（3）拱肋接头处可能会发出响声。在拱肋接头的地方，由于存在螺栓连接，有可能在受力和变形的时候发出响声。

（4）在拱顶位置装录音机等设备，监听拱肋在晚上发生的振动和响声，而此时结构并没有施工，可以排除施工碰撞等外界因素造成结构产生振动和响声，录音文件显示基本无响声，说明温度上升是引起响声的最大因素。

7. 主弦管灌注间隙

钢管拱特大桥根据实际情况应分弦管灌注，每次两岸对称浇筑 1 根主弦管，单根主弦管应高效、连续灌注。每次灌注施工完成后，主弦管内混凝土强度达 80% 后（不应小于 4d），进行下一根主弦管混凝土灌注施工。

（三）监理措施

1. 检查混凝土原材料备料情况

经检查，大桥主拱钢管混凝土灌注施工中，混凝土原料备料充足。北岸站内共计 8 个储料仓、10 个 300t 的粉罐，一次性可存放 4800m³ 混凝土原材料。南岸站内共计 7 个储料仓，10 个 300t 的粉罐，一次性可存放 4200m³ 混凝土原材料。同时，北岸引桥处场地，用于河沙的备料。钢筋加工厂侧面预留的备料区，用于碎石的备料。

2. 原材料抽检及配合比验证审批

监理工地试验室对各种原材料进行抽检，对配合比进行验证审批。

(1)审批的配合比见表2。

C70 自密实高性能混凝土施工配合比(kg/m³)　　　　表2

水泥	粉煤灰	微珠	硅粉	膨胀剂	砂	碎石	水	外加剂
387	90	30	24	59	736	1017	157	12.98

(2)水泥选用广西柳州鱼峰 P·O52.5 水泥,比表面积为 348m²/kg,初凝时间 168min,28d 抗折强度为 36.5/59.3MPa,符合《通用硅酸盐水泥》(GB 175—2007)的要求。

(3)粉煤灰采用广西钦州蓝岛环保材料有限公司 I 级粉煤灰。微珠是一种新型超微粉体材料,是经过独特工艺从优质粉煤灰中精选出的一种超细的粉体产品,具有活性高、质轻、耐高低温、耐腐蚀、耐磨、抗压强度高、流动性好、热稳定性好、无毒等优异功能,可以作为高性能混凝土的新型活性超微集料。硅粉选用中山浩霖微硅灰粉 S95 型。各材料化学成分指标经检测,结果符合相关标准规定。

(4)集料。

①细集料符合现行《建设用砂》(GB/T 14684)的要求,砂石集料应质地均匀坚固、粒形和级配良好、空隙率小、表面洁净、吸水率低、线膨胀系数较小。含泥量、泥块含量、细度模数等关键控制指标的测试结果符合相关标准规定。

②本工程采用的碎石为贵港牛石岭辉绿岩,经检验,性能指标见表3。结果符合相关标准规定。

碎石检测验证　　　　表3

序号	检测项目	技术要求	验证结果
1	母材抗压强度(MPa)	>105	169
2	表观密度(kg/m³)	>2500	2959
3	压碎值(%)	≤18	9.8
4	紧密空隙率(%)	≤47	39
5	堆积密度(kg/m³)	—	1725
6	针片状含量(%)	<5	0.6
7	振实密度(kg/m³)	—	1820

(5)膨胀剂:膨胀剂选用江苏苏博特 HME©-II 高性能混凝土氧化镁复合膨胀剂。各材料化学成分指标经检测,结果满足氧化镁复合膨胀剂 II 型标准指标值要求。

3.检查南北两岸混凝土搅拌站的运转性能和实际产能

(1)实际产能:北岸工区配置有 2 套 180 混凝土搅拌站,实际生产能力达到 90m³/h;南岸工区设置有 2 套 120 混凝土搅拌站,实际生产能力达到 72m³/h。两岸现场泵送效率为 40m³/h,故两岸拌和站 C70 混凝土生产能满足施工要求。

(2)拌和站出料速度统计:在施工过程中,罐车完成一次进站接料、装满驶离的时间控制在 15~20min。

4. 检查施工单位两岸拌和站至施工现场的路线规划情况

要求保证混凝土及时到场,连续供应,保证到场混凝土工作性能不劣化。经检查进入两岸施工现场均有施工便道,4.5m 宽水泥混凝土路面,每 500m 设一道错车道,泵送施工时安排专人指挥现场交通。混凝土泵送施工前,提前将混凝土输送泵停至南北岸现场,南岸停在 3 号墩附近,北岸停在 6 号墩附近,两岸每岸各配置 2 台输送泵,1 台进行灌注作业,1 台进行换级泵送准备工作。

5. 检查浇筑过程混凝土运输罐车与混凝土浇筑机械设备情况

混凝土运输罐车与混凝土浇筑机械设备的配备应满足混凝土浇筑需要,实际施工中机械配置如表 4 所示。

钢管混凝土施工主要机械设备实际进场表　　　表4

序号	设备名称	规格型号	单位	数量	备注
1	混凝土拌和站(北)	180m³/h	套	2	混凝土拌和
2	混凝土拌和站(南)	120m³/h	套	2	混凝土拌和
3	混凝土输送泵	HBT9028CH-5S	台	4	泵送混凝土
4	混凝土运输罐车	10m³/台	台	16	提前进场
5	抽真空设备	淄博产 2BEA-252	台	4	抽真空
6	抽水机	扬程200m	台	2	抽水
7	插入式振捣器	高频	台	4	出浆口振捣

另配发电机、焊机、氧气切割机若干台,设备满足施工要求。

6. 检查劳务人员的配置

劳务人员的配置应确保满足施工时间和施工质量要求。

对劳务人员配置进行检查:两岸设地面组不少于 30 人,高空组不少于 28 人,劳务队带班 6 人,用于配合项目管理人员工作。人员满足施工进度要求。

7. 检查施工区域的交通规划

应保证在空间有限的施工区域内车辆、机械行驶井然有序。

(1)防洪堤半边上设置两处错车道,间距约 100m,对向来车时,空车优先让行。

(2)布置 4 个泵车停车位,4 个罐车等待区,2 个罐车待料区。

(3)安排专人指挥现场交通。

(4)管理车辆一律要让施工车辆,并提前告知参建各方。

8. 检查现场的施工作业环境

应制定突发事故应急预案,保证劳务人员与管理人员的人身及财产安全。

五、取得的监理效果

(1)监理对原材料进行抽检,对配合比进行验证,并报业主单位备案,为钢管混凝土施工实施提供了基础。

(2)前期组织工作是确保顺利施工的关键。

①对组织方案的审查:对施工设备、人员的详细检查和督促落实,对备料情况的检查,确保所有准备工作按计划落实到位。

②参加召开的"管内混凝土灌注专项施工方案专家论证会",根据专家组意见,开展水平段管内混凝土灌注工艺试验。水平管段内混凝土试验验证了 C70 混凝土的实际工作性能,水平段排气工艺的可行性,水平段混凝土灌注密实度较好。

③监理参与施工单位施工前的技术交底会和安全交底会,了解各环节间的衔接和明确施工单位各岗位的责任人,根据不同的环节合理安排监理工作,和现场总指挥紧密协作,确保在施工过程中有条不紊。

(3)在前期准备工作阶段进行日常巡视检查,检验弦管定位、开孔及各灌注用管安装的准确性,及时跟进了解施工动态,确保前期工作的完备。

(4)加强对进浆口的焊接、加劲验收。各级进浆口作为泵管与弦管的连接点,必须确保其稳定性。监理应对焊接质量、加劲板安装情况进行检查复核,确保满足专项施工方案要求,保证泵送过程不出现异常。进浆口示意如图15所示。

图 15 进浆口示意图

(5)在浇筑阶段,认真记录各种参数,实时跟踪了解混凝土灌注过程。安排监理人员敲击检查混凝土到达位置,保证南、北岸侧对称点高差不超过 4m 或 1 车料,检查记录真空表数据,确保真空度满足要求。浇筑阶段监理工作如图 16 所示。

图 16　浇筑阶段监理工作

(6) 对泵送过程混凝土坍落度、扩展度进行检测，确保泵送混凝土性能满足要求，降低堵管风险。混凝土性能检验如图 17 所示。

图 17　混凝土性能检验

(7) 对拱肋轴线及高程进行检测，得出相关经验数据：通过对拱肋线形、拱肋及附属结构应力的监控，得出温度对结构影响较大。在 1 号钢管混凝土泵送施工全过程中，拱顶高程先上挠后下降，在混凝土到达 $L/6$ 及 $L/4$ 处上挠达到最大值，约为 15cm；轴线先往上游侧偏然后往下游侧偏，轴线偏位最大为 6cm，后随灌注进行逐渐恢复，最终有一定的偏离，桩号基本不变化。由于不同钢管在灌注过程中温度不同，以上仅作为参考，但是可以反映出灌注过程中位移变化趋势和规律，所以在施工中应注意温度的影响。灌注过程中结构各项监控指标均在可控范围内。拱肋线形监控如图 18 所示。

(8) 钢管混凝土质量验收。全桥共计 8 根 $\phi1400mm$ 钢管混凝土主弦管，单次泵送方量 $907 \sim 975 m^3$，单次用时 $12.9 \sim 13.4 h$，实际施工 26d。本项目待 C70 混凝土龄期达到 90d 后，按照《公路工程质量检验评定标准　第一册　土建工程》(JTG F80/1—2017) 的相关要求进行验收。

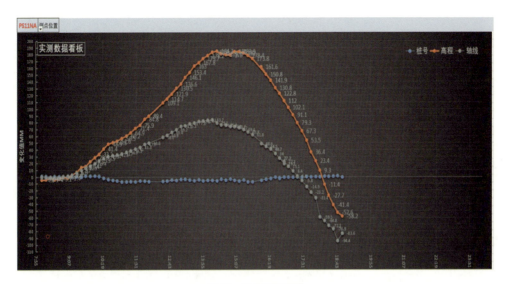

图 18　拱肋线形监控

（9）在钢管混凝土结构中，钢管内混凝土受材料及灌注工艺等方面的影响，可能会出现脱黏、空洞、离析等问题，直接影响大桥的质量，存在不可忽略的安全隐患，故对全桥钢管混凝土构件的质量检测环节不能忽视。钢管混凝土超声波检测项目包括检测管内混凝土匀质性，评价混凝土填充效果（黏结状况），定性判别内部裂缝、空洞等缺陷。根据相关规范和规程的规定，按照现场环境条件制定了拱肋钢管混凝土的检测内容，钢管混凝土缺陷检测采用铁锤敲击、超声波法对其质量进行判定。超声波检测按《超声波检测混凝土缺陷技术规程》（CECS 21—2000）的要求委托第三方检测单位进行。本桥对所有拱肋进行 2d、7d、14d、28d 共 4 个工况进行超声波检测，经检测，混凝土密实性好、结合性好，结构性能满足正常使用和设计要求。

（10）通过以上的监理方法及措施，在钢管拱特大桥拱肋泵送混凝土施工监理过程中，监理方从确定方案、C70 混凝土原材料选用、混凝土生产、混凝土运输、混凝土泵送灌注、质量检验等各个施工组织环节做了充分的检查和督促。施工中，始终严格按照技术指标与专项施工方案要求执行，进行各项检测指标，合理组织施工，确保各道工序无异常。全桥主弦管共 8 根，单根主弦管灌注平均用时 13h，历时 26d，7d 龄期超声波检测波速达到 4700m/s，每根主弦管均实现了优质且高效的真空辅助连续灌注，钢管混凝土密实性好、结合性好，结构性能满足正常使用和设计要求。案例提供的监理方法可推广应用于同类型桥梁施工监理中。

案例十一：顶管结构井施工质量监理

一、案例背景

（一）工程基本情况

某市政工程由于项目范围内为高速环路，同时设计雨水管、污水管管线埋深较深，为减少对现状道路交通的干扰，解决管线开挖施工安全问题，管线工程均采用顶管工艺施工，顶管结构井（工作井、接收井）施工采用逆作法。本工程雨水管、污水管共长2024m，圆形结构井共39座，其中ϕ6m工作井7个、ϕ8m工作井12个、ϕ6m接收井20个。待顶管施工完成后，工作井、接收井回建成检查井，检查井与工作井及接收井间隙采用杂砂石回填压实。

地层岩性：本段顶管场地地形起伏较大，场地内分布较多的石棉瓦房、民房及鱼塘，植被较茂密，冲沟沿凤岭北路主桥位置流过。场地内的岩土层主要为填土、第四系冲积相的黏性土、砂土、碎石，以及古近系泥岩和粉砂岩等，其中填土及具有胀缩性的黏性土、泥岩、风化岩为特殊性岩土。

水文情况：本工程建设范围内有池塘及丘陵谷形成的冲沟，无明显的河流水系，冲沟在本工程范围内蜿蜒流过，冲沟宽度4~8m，沟深为0.5~1m，沟底高程约74m，是本工程雨水的重要排出通道。本段顶管施工场地内有三层地下水，即上层滞水、孔隙水及孔隙裂隙水。

（二）监理案例简介

该管线工程顶管施工的结构井（工作井、接收井）采用逆作法施工，容易出现的质量问题：一是井壁钢筋染泥、上井壁与下井壁施工缝存在泥块；二是混凝土外观缺陷影响整体美观等；三是在施工井壁时遇到地下水导致从施工缝渗出。

本监理案例结合对该管线工程顶管施工的结构井（工作井、接收井）施工监理工作，主要介绍逆作法工艺技术在施工中的应用，存在的技术问题或难题、采取的施工和监理措施，以及达到的工程效果。

二、施工单位报来的施工方案介绍

(一)施工工艺流程

施工工艺流程如图 1 所示。

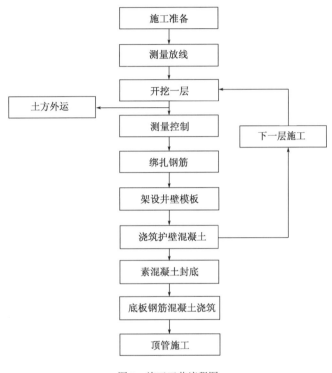

图 1　施工工艺流程图

(二)施工工艺技术

1. 施工准备

开工前后应抓紧落实施工前期的各项准备工作,主要工作内容如下:

(1)平整场地至要求的高程,铺设施工道路,接通水源和电源。

(2)在场地内设置测量基准点。

(3)及时组织施工机具、施工材料、作业队伍进场,充分落实各项开工准备工作。

(4)编制施工技术交底和安全技术交底,并向全体施工人员进行施工技术交底和安全技术交底。

(5)工作井(接收井)临边防水措施。井室顶周围设置锁口圈梁,圈梁顶比路面高出

25cm,防止积水流入井室内,外侧使用钢管配合密目网围护,并悬挂安全标识标牌,除工作人员外,闲杂人员严禁接近井室。

2. 定位放线

由技术人员测定顶管工作井中心位置及轮廓边线,用白灰线标识出开挖线及开挖深度。开挖时及时对坑底高程测量放线,确保基坑不致超挖。

3. 基坑开挖

(1)井孔采用人工配合机械开挖,门式起重机配合出土。先开挖1m并浇筑第一节混凝土护壁,第一节混凝土护壁高出地面250mm,使其成为井口围圈,以阻挡井上土石及其他物体滚落井下伤人,并且便于挡水,同时插入外露1.2m高、直径不小于18mm的钢筋用于施工时的井口安全维护。在井口做好顶管井中心控制线进行定位控制,在侧壁和顶面上做好高程控制标志进行井深度和顶管高程的控制。

(2)挖孔由人工从上而下逐层开挖。挖出的土方及时清理和采用自卸汽车外运。挖孔时如遇有渗水,水量较少时用吊桶上提,水量较大时在井底边缘采用集水井用潜水泵排水,排水时挖土人员必须离开井底,待停机断电后方可继续开挖。

(3)开挖时遇有流沙、涌水等复杂地质时,可采用插板法开挖,并将每节开挖高度减少到0.3~0.5m,采用木板或竹板条超前支挡,开挖后及时浇筑护壁混凝土进行护壁,同时采取增加护壁钢筋数量和规格、提高混凝土强度等级和增加厚度等措施进行加固处理。

(4)每日施工前,必须采用有害气体检测仪进行测试,合格后采用管道轴流风机通风不少于10min后方可下井操作。施工时,必须放置好应急的塑钢爬梯,同时在开挖位置上方2m左右护壁上设置好月牙形的防护板,之后方可开始挖土。施工完成人员离开前,必须盖好井口防护盖板,围好防护围栏,切断所有电源,仔细检查后方可离开。

(5)井口操作人员与井底作业人员密切配合,时刻注意井底作业人员的动向,经常与井底人员保持联系,发现异常立即呼救并采取果断措施将其救出地面。平时注意经常清理井口的杂物、机具、石块等,垂直吊运时保持平稳、注意力要高度集中,井底人员躲入月牙防护板下后方可起吊。

(6)施工人员每日做好顶管井施工及地质情况记录,发现与设计不符及时向现场负责人反映。项目部及时与设计等有关部门进行协调处理。

(7)孔成型后,及时通知相关单位到现场对深度、高程等进行查验,验证无误后,清理基底并立即灌注封底混凝土。

4. 测量控制

(1)采用人工将开挖基坑表面清理平整,确保井体范围内所有弃土全部清理干净。

(2) 使用水平靠尺测量井身整体垂直度，确保井身垂直度在允许误差内。

(3) 技术人员对开挖基坑基底整体测量，确保井身直径满足要求。

5. 绑扎钢筋

钢筋在加工场地机械成型，现场人工绑扎，井壁竖筋先绑，水平筋分段绑扎，底板与墙体连接处预留连接钢筋，预留连接钢筋时须将其弯折到钢筋保护层内，待井身浇筑至井底并浇筑封底混凝土后，再将其凿出。同时，在洞口处预埋洞门接出钢筋，待底板施工完成后，凿出洞门接出钢筋，安装钢环板，施作洞门，保证洞门在一个竖直平面内，以便安装橡胶止水圈。

6. 安装护壁模板

模板安装前必须涂刷脱模剂，使井壁混凝土表面光滑，便于后期拆除模板。护壁模板采用定制钢模，钢模板面板的厚度不得小于4mm，模板横肋为上下三道 $\phi 18mm$ 圆钢，纵肋的两边肋采用 $3cm \times 3cm$ 角钢，中间纵肋采用一根 $\phi 18mm$ 圆钢钢圈顶紧，模板按孔径大小多块拼装而成，模板间用U形卡连接，内模板水平桁架利用井内脚手架布置，辐射对称加固支撑，确保模板具有足够刚度、稳定性，保证墙身的曲率和施工质量。当护壁混凝土达到一定强度后方可拆除模板，通常为24h，之后再进行下一节施工。

7. 井壁混凝土浇筑及养护

在钢筋模板验收合格后浇筑混凝土，混凝土采用商品C30混凝土、泵送入模，浇筑井壁混凝土要注意浇筑顺序，分层浇筑，每层30~50cm，将沉井沿周长对称设4个振捣区，同时浇筑。保证对称均匀下料，防止一侧受压而使模板产生位移、变形，振捣时振动器移动间距不大于0.5m。振捣器应避免碰撞钢筋、模板。振捣器插入下层混凝土内不小于5cm，要快插慢拔，每一振点的振捣时间应使混凝土表面呈现浮浆和不再下沉，上层混凝土的振捣应在下层混凝土初凝之前进行。每节井壁必须连续浇筑，一次成型。在混凝土浇筑过程中，应经常观察模板、支架，当发现问题及时采取措施处理。待混凝土初凝后开始养护，养护应使混凝土表面始终保持湿润，养护时间不得少于7d。

8. 拆模下挖

待上一节井壁浇筑完成后且混凝土强度达到90%以上强度后方可拆除上一节井壁模板，进行下一节井壁开挖。

9. 重复上一循环

采用分段跳挖施工，防止开挖下一节井壁时，上节井壁因失去支撑而导致破坏。上下两节井壁竖向施工缝应错开，错开距离不少于2m。井壁施工应连续作业，每节井壁施工时间不超过36h,直至循环施工至井体底部。

10.清除井底虚土、积水

井壁施工至设计高程后,经观测在8h内累计下沉量不大于100mm,或沉降速率在规范允许范围内时,方可进行井底封底。

11.封底及底板施工

在有地下水时,井底开挖到位后,在井中中间开挖一个尺寸为800mm×800mm×500mm的集水坑,用潜水泵排出管身内明水,明水抽排干净并使地下水位保持低于井底面。然后浇筑C15封底混凝土,强度满足要求后,凿出预留的底板连接钢筋,绑扎底板钢筋,浇筑C30抗渗混凝土,捣固密实、养护等强。在井底板施工期间,应不间断地抽水,始终保持地下水位低于底板以下。待底板的混凝土强度达到100%时,再用一个带有短管和闸阀的法兰将排水井口封堵住,最后绑扎钢筋,用微膨胀混凝土将其顶面封住。

(三)质量验收标准

顶管工作井、接收井分项工程质量验收记录表见表1。

顶管工作井、接收井分项工程质量验收记录表　　表1

控制项目	序号	质量验收规范规定的检查项目及验收标准				
主控项目	1	工程原材料、成品、半成品的产品质量应符合国家相关标准的规定和设计要求				
	2	工作井结构的强度、刚度和尺寸应满足设计要求,结构无滴漏和线流现象				
	3	混凝土结构的抗压强度等级、抗渗等级符合设计要求				
其他控制项目	1	结构无明显渗水和水珠现象				
	2	顶管顶进工作井、盾构始发工作井的后背墙应坚实、平整;后座与井壁后背墙联系紧密				
	3	两导轨应顺直、平行、等高,盾构基座及导轨的夹角符合规定;导轨与基座连接应牢固可靠,不得在使用中产生位移				
	4	工作井施工允许偏差(mm)	井内导轨安装	顶面高程(mm)	顶管	+3,0
				中心水平位置(mm)	顶管	3
				两轨间距(mm)	顶管	±2
			井尺寸	矩形(mm)	每侧长、宽	不小于设计要求
				圆形(mm)	半径	
			进、出井预留洞口	中心位置(mm)		20
				内径尺寸(mm)		±20
			井底板高程(mm)			±30
			顶管、盾构工作井后背墙	垂直度(mm)		0.1%H(H为后背墙高度)
				水平扭转度(mm)		0.1%L(L为后背墙长度)

三、监理单位审批施工方案意见

监理单位经对施工单位上报的施工方案审查,技术方案可行,但还缺少:①护壁厚度计算核验;②基坑监测要求;③施工安全措施及施工应急措施等内容。完善上述内容后,同意上报方案并实施。另外,要求施工单位按照首件制进行方案验证施工,以便进一步完善方案并指导后续结构井工程施工。

四、案例实施过程介绍

(一)施工中主要存在的质量问题

(1)井壁钢筋染泥、上井壁与下井壁施工缝存在泥块。
(2)混凝土外观缺陷影响整体美观等。
(3)在施工井壁时遇地下水导致从施工缝渗出。

(二)质量问题原因分析

(1)上节的井壁钢筋要预留25cm与下节井壁钢筋焊接在一起,所以井壁钢筋有25cm都是预埋在土里,在施工下节井壁时,预埋在土里的钢筋时常出现染泥的现象,因图纸未设计有井壁垫层及施工井壁的时候因为劳务队不及时清除井壁底层虚土,导致施工下节井壁时,上井壁底部会出现粘黏泥块的现象,井洞要保持干燥不能使用水清洗,单靠人工清理钢筋染泥及井壁底部的泥块劳动力过大,对施工进度控制不利。

(2)混凝土浇筑时,混凝土振捣空间狭小,时常出现振捣不到位的现象发生,劳务队使用振捣棒不规范,模板未进行打磨导致拆除井壁模板后井壁局部蜂窝、麻面、漏集料的现象,外观质量得不到保障。

(3)因图纸未设计有遇地下水施工缝的处理措施,导致地下水从上井壁与下井壁间施工缝间隙渗出。

(三)施工处理方案

(1)组织施工及劳务队对施工方案进行研究分析,对井壁钢筋染泥、上井壁与下井壁施工缝存在泥块,无法保证井壁的施工质量的问题,达成一致意见。由原来的每次开挖1m变成每次开挖1.3m再回填0.3m砂的施工方法,使井壁钢筋预埋在砂里,在施工下节井壁时劳务人员使用扫把就能把钢筋上的沙土清扫下来,有效地解决了钢筋染泥现象,同时回填的0.3m砂又起到井壁垫层的作用,使其上井壁与下井壁施工缝存在的泥块得到有效解决。

(2)由于井壁浇筑混凝土时,混凝土振捣空间狭小,将井壁按图2所示的①②③④顺序进行浇筑,同时督促劳务队伍规范使用振捣棒振捣、加强振捣棒振捣,拆模后及时对模板打磨,以此来控制井壁质量外观差的问题。

(3)组织业主、施工及劳务队对方案进行研究分析,在施工井壁遇地下水导致从土层渗出导致井壁周边土层出现空洞,致使后期施工存在安全隐患。现对原施工方案进行更改:在施工下节井壁时,在上节井壁与下节井壁增加镀锌钢板止水带。井壁施工缝增加镀锌钢板止水带如图3所示。

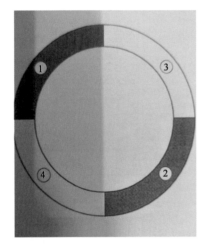

图2 井壁水平方向分段施工

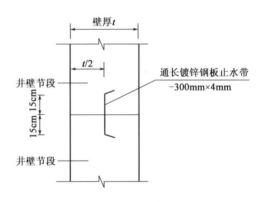

图3 井壁施工缝水平详图

(四)监理控制技术要点

为有效消除或减少井壁施工质量问题,杜绝质量通病,监理工程师主要从以下几个方面进行施工监理工作。

(1)在行为管理上,严格执行监理程序、按审批的施工方案严格落实。加强现场的验收和巡视检查力度,提高发现问题的能力。影响施工质量的关键工序,未经监理抽检签认,不许进行下一道工序施工。加强现场旁站监督,对施工中出现的质量缺陷,要及时责令承包人修复或返工,并报告专工、总监进一步处理。对将可能出现的质量问题苗头或隐患,要进行调查登记,并告知承包人采取相应的预防措施,做好事前监理。

(2)材料、设备进场时,施工单位必须提前通知监理单位,监理人员对进场材料应严格审查全部质量证明文件,按照规定进行见证取样和送检,对不符要求的材料、机械不予签认。监理人员在验收过程中,发现材料、设备存在质量缺陷的,应及时处理,并发监理通知单,责令整改,未经监理工程师签字,材料、设备不得在工程上使用或者安装,不得进入下一步工序。

(3)基坑开挖。

①基坑开挖前,承包商需填写施工放样报验单报监理验收,验收复核测定顶管工作井中心位置及轮廓边线,要求施工单位使用白灰线标识出开挖线及开挖深度。开挖时及时对坑底高程测量放线进行核查,确保基坑不致超挖。

②伸缩臂挖机挖出渣土后配合15t自卸车装渣,及时将渣土倒运到远离工作井的位置,禁止井基坑周边3m堆放渣土。

③基坑开挖后,承包商需填报基坑开挖质量检验单,对开挖基坑表面清理平整、井身整体垂直度、井身直径进行填写,并报监理工程师进行验收复核,确保井体符合施工图纸要求。

(4)钢筋加工及安装。

①各种钢筋、钢板均应有材质证明书或试验报告单,并报专业监理工程师验收后才能投入使用,确保钢筋的技术条件必须符合要求及有关标准的规定,表面应洁净,不得有锈皮、油渍、油漆等污垢,井壁钢筋统一在钢筋场内进行加工,运至现场人工绑扎,井壁竖筋先绑,水平筋分段绑扎,确保钢筋加工及安装尺寸更加准确。

②现场监理必须严格按照设计图纸督促施工单位安装到位,验收到位。

③检查井壁钢筋安装质量,要求钢筋间距、保护层厚度等指标符合设计及规范要求。要求在钢筋与模板间设置垫块,垫块应与钢筋绑扎紧,并互相错开。

(5)井壁防水处理

①下节井壁施工及后期的顶管施工过程中,如上节井壁出现渗水和漏水现象,会造成井壁积水,给施工质量、安全、进度留下很大隐患。为了消除和减少这一安全隐患的发生,在施工开挖下节井壁工作面时若出现土层有渗水和漏水现场,上节井壁与下节井壁就要预埋镀锌钢板止水带,在井壁防水处理施工监理工作中,防水处理要做为重点来监控,施工验收时,监理检查验收必须细致,严格按设计要求验收。

②镀锌钢板止水带接头采用焊接,由于钢板厚度较薄,焊接质量较难控制,要求安排技术好的焊工进行焊接并符合现行《钢筋焊接及验收规程》(JGJ 18)的规定,确保施工质量。焊接前,专业监理工程师要检查焊工是否持考试合格证上岗,现场监理验收时,要求对每一道焊缝进行检查,不能漏焊,且焊缝要进行防锈处理。

(6)安装井壁模板。

①井壁模板安装后,按照标准化施工"模板准入制"的有关要求,组织相关人员对井壁模板进行准入验收,确保模板接缝密合平顺、不漏浆、无错台。

②模板安装前必须涂刷脱模剂,使井壁混凝土表面光滑,确保混凝土外观质量、颜色统一。

(7)井壁混凝土施工。

①浇筑井壁混凝土要督促劳务队按图1所示①②③④顺序浇筑,分层浇筑,每层不超过

30~50cm。

②振捣棒振捣时振动器移动间距不大于0.5m,避免一侧受压而使模板产生位移、变形,督促劳务队使用振捣器时要快插慢拔,每一振点的振捣时间应使混凝土表面呈现浮浆和不再下沉,以及振捣时避免碰撞钢筋、模板。

③在混凝土浇筑过程中,应经常观察模板、支架,发现问题及时采取措施处理。待混凝土初凝后开始养护,养护应使混凝土表面始终保持湿润,养护时间不得少于7d。

混凝土养护如图4所示。

图4　混凝土养护

（五）监理措施

(1)认真审核审批专项施工方案,熟悉顶管结构井的施工图纸、规范要求,清楚认识井壁常见质量问题,做好技术交底。

(2)由于原施工方案致使井壁钢筋染泥、上井壁与下井壁施工缝存在泥块难以清除,劳动力大、进度慢,现督促劳务队按开挖1.3m再回填0.3m砂的施工方法施工,控制井壁开挖深度,开挖完成后叮嘱人工清除井壁底部的虚土,控制回填0.3m砂厚度,督促劳务人员清除上节井壁所沾染的砂。

(3)井壁装模前,按照标准化施工模板规范的有关要求,组织相关人员对模板验收,要求采用专用模板漆,严禁使用植物油、柴油等替代专用模板漆,井壁浇筑混凝土时,要求劳务队按顺序浇筑,同时督促劳务队振捣过程中做到快插慢拔、顺序进行、均匀振实、不出现遗漏现象。

(4)由于施工下节井壁遇地下水从土层渗出,新增镀锌钢板止水带,额外增加费用,与业主沟通后给予变更,增加相应费用。

五、取得的监理效果

在监理单位与各方单位共同努力下,顶管工程结构井施工存在的质量问题得到了较好解决,其施工方案、施工工艺已经日趋成熟,为后续顶管结构井施工质量有效控制奠定了良好基础。

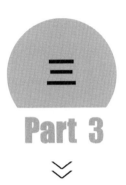

Part 3

隧道工程监理

案例一：公路隧道浅埋偏压软弱围岩洞内和后缘山体滑坡防治监理

一、案例背景

（一）工程基本情况

某高速公路双洞单向小净距式越岭短隧道工程，采用设计速度为80km/h；隧道建筑限界净宽12.75m，界限净高5.0m；为三心圆曲边墙断面形式。左线设计长度为325m，最大埋深约76m；右线设计长度为290m，最大埋深约70m。隧道洞身段围岩以夹泥岩为主，多呈薄～中厚层状构造，强风化泥岩岩石风化较强烈，岩体极破碎，中风化砂岩岩质较软～较硬，岩石抗风化能力弱，岩体总体完整性较差，局部较破碎，泥岩夹层岩质软，易崩解。根据洞顶地形横向坡度与隧道埋深判断产生偏压条件分析，隧道存在偏压现象。开挖至左洞ZK142+113、右洞YK142+087过程中发现洞内和后缘山体变形，其中ZK142+140～ZK142+120段和YK142+110～YK142+130段属于强风化和中风化交界处，隧道施工难度极大。

（二）监理案例简介

本监理案例结合对该隧道浅埋偏压强风化砂岩与中风化砂岩软弱交接施工监理工作，主要介绍偏压洞内初期支护变形开裂，拱顶沉降、周边收敛异常和后缘山体滑坡防治处理技术方案，存在的技术问题或难题、采取的施工和监理措施，以及达到的工程效果。

二、施工方案介绍

（一）支护设计参数

该段支护参数采用XSd5a衬砌，具体如下：
(1) 支撑采用全环I22b型钢钢架，钢架纵向间距60cm；
(2) 钢架间采用φ22mm连接钢筋进行连接，环向间距100cm，采用I14型钢连接每节钢架端头；

(3)设置单层 ϕ8mm 钢筋网,网格尺寸 20cm×20cm；

(4)C25 喷射混凝土厚度为 28cm；

(5)拱部与边墙钢架连接处每环设置 8 根 ϕ42mm 锁脚小导管,$L=350$cm；

(6)拱部及边墙设置 ϕ25mm 中空注浆锚杆,$L=350$cm/根,间距为 60cm(纵)×120cm(环),梅花形布置；

(7)中夹岩墙采用低预应力 D25 中空注浆锚杆,$L=500$cm/根,间距为 60cm(纵)×120cm(环),和 ϕ42mm×4mm 注浆小导管,$L=350$cm,间距 60cm(纵)×120cm(环),梅花形布置；

(8)采用单侧壁导坑开挖法,导坑内侧设置 I18 型钢拱架,顶、底部与主洞钢拱架焊接；

(9)侧壁导坑超前支护采用 8 根 ϕ42mm×4mm 注浆小导管,$L=400$cm,环向间距 40cm,纵向排距 240cm,每环共设 8 根；

(10)侧壁导坑设置单层 ϕ8mm 钢筋网,网格尺寸 20cm×20cm；C25 喷射混凝土厚度为 22cm；

(11)超前支护采用 ϕ42mm×4mm 注浆小导管,$L=400$cm,环向间距 40cm,纵向排距 240cm,每环共设 43 根。

(二)施工工艺技术

采用单侧壁导坑开挖方式,辅助施工措施为单排超前小导管进行预加固。

单侧壁导坑开挖法施工工序：

Ⅰ:主洞长管棚超前注浆或超前小导管注浆预支护；

2:左侧导洞上半断面开挖；

Ⅲ:左侧导洞上半断面初期支护(初喷混凝土、安装钢拱架、挂钢筋网、安装锚杆、复喷混凝土)；

4:左侧导洞下半断面开挖；

Ⅴ:左侧导洞下半断面初期支护(初喷混凝土、安装钢拱架、挂钢筋网、安装锚杆、复喷混凝土)；

6:右侧导洞上半断面开挖；

Ⅶ:右侧导洞上半断面初期支护(初喷混凝土、安装钢拱架、挂钢筋网、安装锚杆、复喷混凝土)；

8:右侧导洞下半断面开挖；

Ⅸ:右侧导洞下半断面初期支护(初喷混凝土、安装钢拱架、挂钢筋网、安装锚杆、复喷混凝土)；

Ⅹ:浇筑主洞仰拱;

Ⅺ:敷设防水板,采用模板台车全断面一次模筑二次衬砌浇筑混凝土。

XSb5a 型衬砌施工工序如图 1 所示。

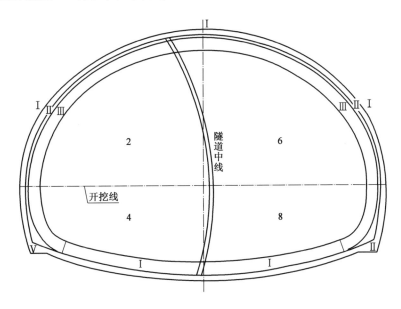

图 1　XSb5a 型衬砌施工工序图

(三)监控量测

监控量测方法:

拱顶下沉、周边位移量测采用莱卡 NovaTS50 高精度全站仪进行测量。隧道周边位移及拱顶下沉监测Ⅴ级围岩每 5m 布置一个断面,Ⅳ级围岩每 10m 布置一个断面,具体布置断面可根据实际情况,适当增加或减小距离。洞口地表下沉布设两个断面 18 个监测点。

隧道拱顶下沉及周边收敛测点布置示意如图 2 所示。

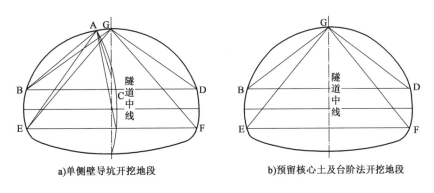

图 2　隧道拱顶下沉及周边收敛测点布置示意图

三、监理单位审批施工方案意见

监理单位对施工单位上报的施工方案进行审查,技术方案可行,基本同意按上报方案实施,要求施工单位在实施过程中加强监控量测及时分析,适时调整设计参数,制定相应专项的施工技术保证措施,确保工程质量和施工安全。

四、案例实施过程介绍

(一)围岩监控量测变化情况

取施工中出口左线 ZK142+130 断面为例,对拱顶下沉监测连续时间段的监测数据进行分析,具体监测数据结果如表 1 所示。

出口左线 ZK142+130 拱顶下沉量测结果汇总表　　表1

测量时间	测点高程(m)		单次变幅(mm/d)	累计下沉(mm)	相对位移(%)		备注
	基准值	当前值			当前值	正常变形容许值	
2020/12/28	867.3760	867.2581	14.8	117.9	1.268%	0.107%	变形异常
2020/12/29	867.3760	867.2407	17.4	135.3	1.455%	0.107%	变形异常
2020/12/30	867.3760	867.2293	11.4	146.7	1.577%	0.107%	变形异常
2020/12/31	867.3760	867.2076	21.8	168.4	1.811%	0.107%	变形异常
2021/01/01	867.3760	867.1933	13.8	182.7	1.965%	0.107%	变形异常
2021/01/02	867.3760	867.1832	10.1	192.8	2.073%	0.107%	变形异常
2021/01/03	867.3760	867.1745	8.7	201.5	2.167%	0.107%	变形异常
2021/01/04	867.3760	867.1658	9.7	210.2	2.260%	0.107%	变形异常
2021/01/05	867.3760	867.1588	7	217.2	2.335%	0.107%	变形异常
2021/01/06	867.3760	867.1497	9.1	226.3	2.433%	0.107%	变形异常
2021/01/07	867.3760	867.1497	—	226.3	2.433%	0.107%	变形异常
2021/01/08	867.3760	867.1447	6.9	233.2	2.487%	0.107%	变形异常
2021/01/09	867.3760	867.1227	20.1	253.3	2.724%	0.107%	变形异常
2021/01/10	867.3760	867.0977	25	278.3	2.992%	0.107%	变形异常
2021/01/11	867.3760	867.0977	2	278.3	2.992%	0.107%	变形异常
2021/01/12	867.3760	867.0927	9	283.3	3.046%	0.107%	变形异常
2021.01/13	867.3760	867.0847	8	291.3	3.132%	0.107%	变形异常
2021/01/14	867.3760	867.0797	5	296.3	3.186%	0.107%	变形异常
2021/01/15	867.3760	867.0707	9	305.3	3.283%	0.107%	变形异常
2021/01/16	8673760	867.0717	−1	3043	3272%	0.107%	变形异常

(二)后缘山体变形

同时在这段时间发现后缘山体出现裂缝,山体左侧约 45~70m 位置出现长约 25m 裂缝,宽度约 3~6cm。后侧山脊出现变形破坏,裂缝长约 91m,宽度 2~5cm 不等,裂缝基本沿山脊靠大桩号侧展布,距离左洞 86m,距离右洞 56m,从山顶一直延伸至山脚(如图 3 所示)。

图 3　后缘山体裂缝大致位置图

(三)下沉、收敛、变形原因分析

1. 围岩差异

隧道开挖后右侧边坡岩层层理为顺坡向,左侧边坡顺坡向裂隙发育;进、出口土质松软,遇水易软化,边坡稳定性差,围岩呈薄~中层状,强~中风化砂岩夹泥岩,如图 4、图 5 所示,岩体裂隙发育,掘进时易产生掉块、小塌方等地质灾害。

图 4　掌子面围岩薄~中层状,强~中风化砂岩夹泥岩　　　图 5　掌子面围岩分层明显且表面光滑

加强超前地质预报、超前水平地质钻探,认真及时地分析数据和观察开挖面岩性变化,遇

有探孔突水、涌泥、渗水增大和整体性变差等现象，及时改变施工方案。

加强围岩量测工作。通过对量测数据分析处理，按照时间—位移曲线规律，及时调整和加强初期支护，同时达到稳定后及时施作混凝土衬砌。

严格控制爆破药量，尽量减小对软弱破碎围岩的扰动。

保证施工质量，严格控制开挖工序，尤其是一次开挖进尺，杜绝各种违章施工。洞口应常备一定数量的坍方抢险材料，如方木、型钢钢架等，以备急用。如有异常现象发生时，应先撤出工作面上的施工人员和机械设备，指定专人观察和进行加固处理。提前做好应急预案、专项应急演练等措施，以防止事故的发生。

2. 施工过程中存在的问题

软弱松散围岩偏压段采用单侧壁导坑开挖，操作面狭小机械难以一步开挖到位，局部采用爆破开挖扰动较大。2区和4区开挖后，临时侧壁高达11m，存在的侧向压力较大，易失稳。因为存在较大偏压，初期支护形成后，拱顶和靠山体侧拱腰出现裂缝和崩皮掉块现象，洞身靠山体侧出现周边围岩位移变形。掌子面施工至ZK142+130时出现小方量的坍塌，处理完成后洞外后缘山体出现一道长裂缝，裂缝发展连接形成明显的破坏滑动区，山体滑动区处于极限平衡状态。

（四）施工处理措施

1. 洞内处理措施

（1）对左洞ZK142+120~ZK142+140段、右洞YK142+100~YK142+120段架立护拱，如图6所示，拱架采用I18型钢，间距为60cm×60cm，横向采用I14型钢连接环向间距200cm，与主拱架错开，背后采用钢板或三角木楔填塞。

图6 架立护拱

（2）采取φ8mm钢筋网及10cm厚C25喷射混凝土封闭左、右洞掌子面。

（3）对左洞 ZK142+100~ZK142+120 段上台阶、右洞 YK142+070~YK142+100 段上台阶表面浇筑 50cm 厚 C25 素混凝土。

（4）在确保左洞 ZK142+120~ZK142+140 段、右洞 YK142+100~YK142+120 段护拱架立完成后，对央达隧道左洞 ZK142+110~ZK142+150 段、右洞 YK142+090~YK142+130 段采用碎石或洞渣进行反压回填，回填顶面高程在设计高 5m 以上，后整平回填面，最后在顶面浇筑 50cm 厚 C25 素混凝土，如图 7 所示。

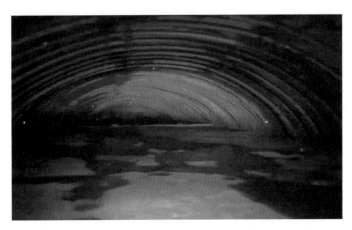

图 7　架立护拱后反压回填在顶面浇筑混凝土

2. 洞外山体处理措施

（1）反压坡脚软基处理。

经现场挖探、触探发现坡脚位置存在 3m 左右厚度淤泥质黏土、软~可塑状，由于该部位回填反压高度较高，方量较大，需对该部位软基进行处理，在满足边坡稳定性及便于施工组织管理的前提下，决定采用换填法对软基进行处理。

①换填平均深度为 2.5~3.0m，根据现场条件动态调整。

②换填材料地下水位以下及以上 0.6m 采用外购片石进行换填，地下以上 0.6m 采用软石进行换填，换填深度初步定为 1.5m，后期根据实际情况动态调整。

③换填过程中做好施工组织管理，换填宽度为 5~10m，长度方向与坡脚垂直，且基坑开挖完成后应及时进行回填，避免因基坑开挖导致坡脚卸荷，最终诱发边坡变形破坏加剧。

④软基换填过程中加密坡体监控量测频率，尤其是靠近坡脚位置监控量测点，如遇变形异常，应及时向各方报告，及时对施工参数进行调整并采取相应的措施。

（2）反压回填。

①反压体高 40m，分 4 级平台，约 20 万 m^3。

②填筑前清除地表松散土层或腐殖土，边坡开挖台阶，夯实地基，然后填筑。

③开挖台阶宽度不小于 2m,保证碾压机具宽度,内倾坡度 3%;10m 宽平台及坡顶平台设置外倾坡度 3%。

④优先采用级配较好的粗粒料,严格控制填料粒径、层厚,压实度要求达到 90%。

⑤在临山侧平台处设置纵横向渗沟,横向间隔 15～20m,结合现场情况调整。

反压回填后如图 8 所示。

图 8　反压回填后图

3.洞外山体监测

(1)监测目的

通过开展变形边坡地表及深层变形监测工作,掌握边坡变形发展趋势,评估施工作业对其稳定性影响,及时识别滑坡隐患,以达到确保施工及周边居民区安全的目的。

(2)监测手段

设置 4 个地表变形监测断面,地表位移采用全站仪测量,深层位移监测采用测斜管,后缘裂缝采用拉线式地表位移计进行监测,人工观测与地表位移自动化监测成果相互补充并相互验证,仪器检测的同时需进行人工巡视,发现新的变形破坏迹象应及时向各方汇报,条件允许的情况下可采用智能化自动监测设备。

(3)监测网布置原则

监测断面横向间距 30m,纵向间距 30m,个别断面根据现场情况进行调整。

(4)监测时间及频率

边坡监测工作时间主要为施工期和公路运营初期,总的监测时间应为隧道施工期至公路建成营运不少于一年。隧道及其附属工程施工期间应根据沉降或变形的大小决定,隧道施工完成后变形稳定情况下可 7～15d/次,直至隧道建成通车满一年边坡稳定后方可结束监测。各种监测方法精度不小于 1m,隧道开挖爆破对坡体和洞内变形破坏较大、连续 3d 降雨量大于 50m/d 等情况下应加强监控量测频率,加密监测次数以监测方案为准。

(5) 监测报告

每次监测应提交监测报告，报告内容包括该边坡以往变形情况、本次监测时间、方法说明、变形量-时间曲线图，预测变形趋势和评价稳定性。定期开展深部变形监测后，应提交综合分析报告，确定潜在的滑动方向及潜在的滑动面，判断综合体稳定性趋势，并指导施工。

(6) 位移曲线

央达山体 10 个地表点，9 个深孔测斜管和 3 个自动化监测于 2021 年 1 月 28 日全部安装完毕，JC07、JC08、JC09、JC12、JC13、JC14、JC17、JC18、JC19 号测斜孔实测深层水平位移曲线如下：取地表点和两个孔为代表。

JC07 和 JC17 号孔深层水平位移增长过程如图 9 所示，自动化深层监测如图 10 所示。

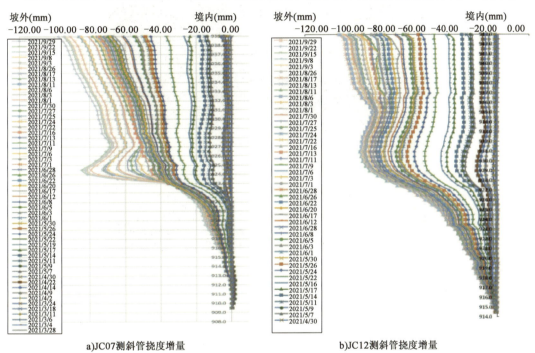

a) JC07测斜管挠度增量　　　　　　　b) JC12测斜管挠度增量

图 9　JC07 和 JC12 号孔深层水平位移增长过程图

图 10　自动化深层监测

(7)山体表面变形监测

共安置 12 个拉线式位移传感器测点进行山体表面位移监测。

4. 洞口处理措施

(1)右洞出口明洞由原来的 7m 长加长 5m,现在为 12m 长的明洞且在右侧增加偏压挡墙。

(2)在左侧由原来的 YK142+175~YK142+205 段路堑墙防护变更为抗滑桩防护来更好地抵御左侧山体的偏压。

(3)在左、右洞上方 ZK142+130、YK142+110 强~中风化交接处采取注浆。

后缘山体裂缝俯视图如图 11 所示。

图 11　后缘山体裂缝俯视图

五、监理措施

(1)总监办组织复核设计图纸围岩描述情况、超前地质预报情况、现场实际揭露围岩情况是否相吻合,包括围岩岩性、层厚、结构层走向、倾角,结构面走向与洞轴线的夹角,岩体节理数,地下水的出水状态,有较大偏差时应与参建各方现场实地勘察。施工过程中因后缘山体的变化,原有的施工方案已经指导不了当前施工,督促施工单位编制专项施工方案和组织专家论证,多次召开现场研讨会和问题处理专题会议,落实处理措施。

(2)施工前认真审批施工方案,核查现场是否具备开工条件,严格把控材料关,现场抽取试样,杜绝不合格材料进入施工现场。检查施工作业人员健康状况,考核特种作业人员的专业技能水平。检查施工单位是否落实安全技术交底工作。

(3)严格审查监控量测方案,监控量测现场工作必须通知现场监理旁站,数据记录当场签字确认。认真分析当天监控数据与施工情况,当出现异常时督促施工单位采取有效处理措施,变形速率大于允许值时必须按规定暂停掌子面掘进施工,组织各参建方现场勘察确定安全的情况下制定处理方案,及时有效地对变形进行控制,尽最大能力控制洞内变形从而减小洞外山体变形,预防出现大面积的坍塌造成重大损失。

(4)施工过程中加强安全管控,要求施工单位成立安全领导小组并制定轮班表,落实洞口专人24h值班制,落实进洞登记制,施工过程中设专人观察指挥。现场监理人员每天汇同施工员巡视后缘山体裂缝变化情况,洞口设置应急物资室,定期或不定期检查应急物资情况。组织一线施工人员观看隧道坍塌自救动画视频,开展隧道坍塌演练,闭卷考核隧道安全基本常识。

(5)施工过程中严格控制施工安全步距,如:V级围岩仰拱距掌子面距离控制到30m内,异常段控制到15m内;二次衬砌距掌子面控制到50m内,异常段控制到30m内。严格控制掌子面作业人数,不得超过9人。异常时立即暂停施工并撤离作业人员,组织各参建方到现场办公解决问题。

(6)创建工作群邀请参建各方主要负责人进群,及时上传当天的监控数据和现场的异常情况。共同分析导论处理措施,汇同各方意见综合采取最优办法,共同监督责任方整改,提高工作效率。

(7)以新奥法为施工原则,充分发挥岩体的承载能力,允许岩体变形并督促施工单位控制好变形力度。一方面允许变形,使围岩中能形成承载环,另一方面必须控制变形速率,使岩体不致过度松驰丧失或大大降低承载能力。监理工作中遵行"管超前、严注浆、短进尺、强支护、快封闭、勤量测"的主导思想。

(8)超前支护作为稳定掌子面的辅助施工措施,当围岩松散时宜采用注浆小导管,其长度宜为4~6m,端部应焊接在钢支撑上,可采用双排小导管,根据围岩情况可督促施工单位适当加大打设角度和缩小环向间距,提高掌子面上部围岩的稳定性。注浆浆液采用早强型添加5%的水玻璃,为更好固结岩体,注浆终压要求达到2.0MPa。为防止掌子面滑塌,采取挂网打设小导管注浆喷护处理。

(9)督促施工单位及时检验喷射混凝土的早期强度,在喷护完成4h内不允许进行下个循环爆破施工,以免破坏喷射混凝土的早期强度,未能起到有效支护强度的作用。

(10)严格按照爆破参数进行钻眼施工,如若围岩变化较大,要求及时调整爆破参数,严格控制爆破药量,增加爆破段位,延迟爆破时间,减小爆破扰动,监测爆破振动,不断优化爆破参数。

(11)督促施工单位在变形异常段可采取锚杆、小导管、$\phi 98mm$或$\phi 108mm$无缝钢管等注浆加强对岩体的锚固或采用护拱支护,使变形得到有效控制。

(12)要求施工单位在软弱围岩段要提高支护等级,施工时快速封闭成环及时发挥初期支护承载能力,以"护脚强腰"为指导思想,通过加强钢拱架间的连接强度、刚度、增加锁脚数量和提高拱架落脚刚度,来提高初期支护整体结构抗破坏及变形能力。

(13)CD法(中隔壁法)开挖施工具有工作面狭小、开挖工序繁多,大型机械施工难度大、成型后难以更改等特性,在施工监理过程中,当发现异常如围岩变化大、变形速率大等情况,立即督促施工单位通过现场勘察、超前地质预报、超前钻探、监控量测等手段提前提出应对措施,如调整辅助施工措施,适当放大预留界限,调整支护参数提高初期支护承载能力,调整开挖方式减小扰动,避免出现塌方、变形过大等问题,必要时撤离人员并暂停施工。

(14)严格按照现行规范和设计图纸施工,小净距、偏压隧道,左、右洞前后错位施工,不得齐头并进,右洞在偏压侧和地质较为软弱侧,遵循"先难后易、先外侧后内侧"的施工顺序。左洞在先行右洞仰拱闭合不少于30m后开挖,且右洞二次衬砌始终超前于左洞掌子面。要求监理人员非常了解现场,了解施工工序,时刻提醒施工单位按要求施工。若施工单位不按要求规范施工,总监办可以口头要求整改,若不整改或整改不到位可以下发工作指令,情节严重时可向上级主管单位汇报。

(15)初期支护严重变化段,要求施工单位以抢险任务来完成,划分时间节点限期完成任务,责任落实到个人。总监办提出了合理化的建议:如围岩变化大的段落提高支护等级、中隔墙与主拱架由焊接改为连接板高强螺栓连接、上部拱脚垫工字钢并循环利用、护拱背后由原来的垫木楔改为喷混凝土,与原初期支护接触密实更充分地发挥承受能力、增加偏压衡重式挡墙、增加抗滑桩、后缘山体反压回填就近取土节省时间和费用等。

六、取得的监理效果

通过采取以上监理管控措施,该隧道浅埋、偏压、软弱围岩和后缘山体变形的处治,洞内变形趋于稳定,后缘山体无明显变化趋势,隧道得以正常施工稳步推进。顺利实现双洞贯通,解除了重大安全风险。通过参加该隧道的施工建设取得了丰硕的监理经验,对今后类似围岩隧道施工监理起到指导作用。

案例二：隧道工程Ⅲ级围岩光面爆破控制监理

一、案例背景

（一）工程基本情况

某高速公路项目一座分离式隧道工程，隧道总体走向约274°～282°，呈东西向直线形展开。该隧道左线 ZK47+552～ZK48+992，长1440.0m，最大埋深约155.0m（ZK47+980处）；右线 YK47+568～YK48+982，长1414.0m，最大埋深约162.0m（YK48+000处）。其中右线 YK47+625～YK47+650段为Ⅲ级围岩，设计采用光面爆破工艺施工。

（二）监理案例简介

隧道开挖采用光面爆破施工，如对爆破界面控制不严，当出现超挖时，一方面将引起出渣多、运渣量大、二次衬砌混凝土数量增大，致使施工成本增加，另一方面如顶部局部超挖过大，二次衬砌混凝土和压浆均未能填充密实而留有空隙，造成二次衬砌未能与初期支护密贴留下安全隐患；当出现欠挖时，如不补爆处理，将会减少二次衬砌厚度，给隧道工程留下质量问题和安全隐患，如重新补爆清除，又会造成人工、材料的超额消耗而增加施工成本，以及工期延误。因此，做好光面爆破施工的监管工作对隧道工程质量、安全、进度显得尤其重要。

在对隧道该段Ⅲ级围岩采用光面爆破开挖前期施工中，由于施工单位对局部光面爆破控制不严，造成爆破效果不佳，主要表现为部分开挖边线超出了规范允许范围，断面超挖3m²左右，占设计开挖面积的4%，需要用混凝土来补喷处理；部分断面在爆破后欠挖达到2m²左右，致使需要进行二次补爆处理。

本监理案例结合对该隧道右线Ⅲ级围岩采用光面爆破开挖存在超、欠挖质量问题处理的监理工作，主要介绍造成超、欠挖的原因分析，施工处理方案，监理控制要点及措施，以及达到的工程监理效果。

二、施工单位报来的施工方案介绍

（一）原因分析

1. 主观原因

（1）实施前期,作业班组存在一定抵触思想,主要考虑光面爆破较普通爆破相对来说耗工费时较多,相对成本较高,进尺较慢。

（2）项目部在确定实施光面爆破时存在一定的思想顾虑。隧道围岩变化复杂,局部段落裂隙发育,在实际开挖过程中需要对光面爆破的参数不断地进行调整和优化。

（3）在整个公路建设环境改变的情况下,作业班组质量意识差,责任心不强,盲目降低作业标准及要求,导致光面爆破的效果不理想。

2. 客观原因

（1）隧道围岩变化复杂,局部段落裂隙发育,局部岩性变化较大。

（2）周边眼开眼位置和外插角控制不准确,未能按照光爆方案装药。

（3）未能根据现场爆破效果及时调整炮眼间距、炮眼角度、装药量、起爆顺序。

（二）处理方案

（1）对该段Ⅲ级围岩开挖断面组织全面检查,明确标明超、欠挖的断面,以便组织安排处理施工。

（2）对超挖部位暂不做处理,待二次衬砌施工时用与二次衬砌同标号的混凝土填充,对顶部局部超挖较大部位增设压浆、增大压浆量进行补充填充密实处理。

（3）对欠挖部位进行局部定位控制补爆处理,施工时尽量避免出现超挖、扰动裂隙发育等不良地质围岩的现象。

三、监理单位审批施工方案意见

监理单位经对施工单位上报的施工方案审查,技术方案可行,同意按上报方案实施。具体审批意见如下：

（1）施工、监理共同对该段Ⅲ级围岩开挖断面的超、欠挖情况进行全面检查,施工单位根据检查结果编制处理施工方案,上报监理审批后实施。

（2）对超挖处理,要求在隧道顶部超挖最大或波浪形凹处增设压浆管,严禁用片石掺入混凝土填充超挖部位。

(3) 对欠挖补爆处理，建议采用浅爆工艺施工，务必注意控制好炮眼深度和炸药的用药量。

四、案例实施过程介绍

（一）隧道超、欠挖处理施工监理工作

(1) 审查施工单位上报的处理施工方案，符合要求后审批实施。主要审查内容：一是核查超、欠挖的断面、局部面或段落是否与检查结果相符，有无遗漏情况；二是采用的补爆方法是否合理、可行和安全；三是各项安全措施是否落实等。

(2) 对欠挖补爆处理施工，检查施工单位是否按批准的实施方案开展施工，检查补爆效果及对附近围岩特别是不良地质围岩扰动情况，及时发现和处理存在的有关问题。

(3) 对超挖处理施工，重点检查二次衬砌施工时压浆孔道增设是否有漏设、压浆不满情况，以及二次衬砌混凝土浇筑时有无违规用片石填充现象，发现问题及时督促处理。

(4) 处理施工完毕及时检查验收并签认，同时督促尽快安排后续施工。

（二）隧道光爆开挖超、欠挖监理控制要点及措施

1. 监理控制要点

(1) 监理工程师首先要全面熟悉设计文件和技术规范。了解围岩的地质条件和设计要求。

(2) 仔细审核承包人的分项开工申请报告。重点审核不同围岩段的开挖方法，开挖顺序以及辅助施工措施。

(3) 对承包人的洞外洞内导线点、中线点和高程点进行复测，督促承包人对这些桩点加以保护，以确保洞身开挖的中线和高程精度。

(4) 密切注意围岩地质变化情况。当实际围岩与设计文件中的该段围岩描述差异较大时，应提醒承包人调整开挖方法或提请设计代表进行支护和衬砌结构的变更。

(5) 超、欠挖重点控制内容。

①检查承包人的开挖方法及开挖支护顺序是否符合实际围岩情况。防止因不恰当的开挖造成塌方。

②仔细审核承包人的钻爆设计。应采用光面爆破、预留光面层光面爆破或预裂爆破等控制爆破技术。炮眼的孔径、孔数、孔深及炮眼布置满足要求，炸药及起爆器材的品种及规格选取合适，装药量、装药结构及起爆顺序要合理。

③督促承包人严格按经监理工程师认可的钻爆设计进行施作。查询并检查承包人的钻孔、装药和起爆的质量保证措施，检查爆破效果。

2. 监理管理措施

(1) 要求项目部完善组织结构，成立了光面爆破技术攻关小组，小组成员由总工、分部工程部、工班长、钻爆工组成。主要负责光面爆破设计、跟踪实施、对围岩进行辨识、对爆破参数进行及时优化分析调整。

(2) 针对施工人员质量意识差、责任心不强的问题，要求分部工程总工组织全体施工人员进行质量意识教育和学习光面爆破基本知识，从思想上提高大家对光爆的认知及质量意识。同时制定奖惩措施，每一循环考核光爆效果。

(3) 要求项目部加强对作业班组的管理。实行"定人、定位、定质、定量、及时考核"的管理制度，分区按顺序钻孔，在每循环实施前，炮眼测量放线定位完毕后，对其进行划区分工负责，使得同一个钻爆工人，位置始终相对固定，便于发现其操作的优缺点，也便于责任落实和考核。对难于操作的部位或者围岩裂隙发育地段，选择经验丰富、责任心强的工人进行操作。加强对班组的技术培训和交底，强化工人识别岩性的能力，以便及时反馈、调整光面爆破参数。

(4) 针对施工方法中存在的问题，督促项目部现场技术员负责进行操作技能的培训，并对光爆施工工艺要点进行书面交底，由现场技术员通过现场跟班进行监督和技术指导。一是由测量班准确放出开挖轮廓线，在掌子面两侧拱墙部位施作4根锚杆，固定周边眼定位台架，用红油漆标出周边眼的位置；二是周边眼由熟练钻工司钻，选钻一个标准眼，钻进方向采用垂球吊挂控制，其他周边眼平行于标准眼，确保周边眼外插角一致；三是加强技术人员跟班检查，对不合规操作及时纠正。严格测量定位，隧道开挖每个循环都要进行施工测量，控制开挖断面，在掌子面上用红油漆画出隧道开挖轮廓线及炮眼位置，误差不超过5cm。（用全站仪、钢尺相配合，采用五寸台阶法绘制开挖断面轮廓线，然后按钻爆设计画出周边眼位置。）经检查误差在允许范围内方可开钻，如图1所示。

a)　　　　　　　　　　　　　　b)

图1　经检查误差在允许范围内方可开钻

（5）针对炮眼间距、炮眼角度、装药量、起爆网络及顺序，督促项目部现场技术员根据实际的爆破效果及现场的实际围岩、施工环境对每一循环炮眼间距在钻孔前进行微调，并通过现场跟班进行监督和技术指导。严格钻眼作业要求：①炮眼的深度和斜率应符合钻爆设计；②当采用手持凿岩机钻眼时，掏槽眼眼口间距和眼底间距的允许误差为±5cm；辅助眼眼口间距允许误差为±10cm；周边眼眼口位置允许误差为±5cm；眼底不得超出开挖断面轮廓线；③当开挖面凹凸较大时，应按实际情况调整炮眼深度及装药量，使周边眼和辅助眼眼底在同一垂直面上；④钻眼完毕，按炮眼布置图进行检查并做好记录，对不符合要求的炮眼应重钻，经检查合格后方可装药。

（6）针对不良地质情况，根据围岩情况调整炮眼间距、数量及装药量，拱顶周边眼采用密眼隔孔装药，以减少爆破对围岩的扰动，督促现场技术人员负责在两个循环内调整好拱部光面爆破参数。

3. 监理技术措施

（1）隧道光面爆破采取微振动控制爆破技术。为控制超挖，周边采用光面爆破方法。隧道光面爆破要求周边眼爆破既能将岩石爆落下来，又能形成规整的轮廓，尽可能保留半孔痕迹，减小爆破对围岩的扰动，减少超挖量。装药集中度（q）、最小抵抗线（W）直接影响周边岩石的爆落效果；"规整轮廓"主要与炮眼间距（E）、炮眼密集系数（$m = E/W$）和最小抵抗线（W）有关；半孔率主要与不耦合系数（$D = d$炮眼$/d$炸药）有关。因此，影响隧道光面爆破效果的主要参数应是：炮眼间距（E）、炮眼密集系数（m）、装药集中度（q）、最小抵抗线（W）、不耦合系数（D）。而它们之间又是相互联系的，只有这些参数整体上处在某一正确的范围内，才能达到理想的光爆效果。

（2）影响光面爆破效果的因素有很多，主要有围岩地质条件、炸药特性、断面形状和大小、钻孔质量等。其中，围岩地质条件和钻孔质量是最主要的影响因素。

（3）经过对前期的施工总结分析，确定了昭平隧道Ⅲ级围岩光面爆破参数取值（炮眼间距 $E = 35$cm、炮眼密集系数 $m = 0.8$、最小抵抗线 $W = 45$cm、不耦合系数 $D = 1.7$、装药集中度 $q = 0.12$kg/m）。昭平隧道Ⅲ级围岩台阶法开挖光面爆破装药参数如表1所示。

昭平隧道Ⅲ级围岩台阶法开挖光面爆破装药参数表　　表1

部位	序号	雷管段别	炮孔名称	炮孔深度（m）	炮孔数量（个）	单孔装药量（kg）	小计装药量（kg）
上台阶①步	1	1	掏槽眼	2	6	0.6	3.6
	2	3	辅助眼	1.5	6	0.45	2.7
	3	5	掘进眼	1.5	24	0.45	10.8
	4	7	内圈眼	1.5	23	0.45	10.35

续上表

部位	序号	雷管段别	炮孔名称	炮孔深度（m）	炮孔数量（个）	单孔装药量（kg）	小计装药量（kg）
上台阶①步	5	9	周边眼	1.5	49	0.45	22.05
	6	11	底板眼	1.5	15	0.45	6.75
	合计			—	123	—	56.25
下台阶②步	1	1	掏槽眼	2	8	0.6	4.8
	2	5	掘进眼	1.5	10	0.45	4.5
	3	7	内圈眼	1.5	18	0.45	8.1
	4	9	周边眼	1.5	30	0.45	13.5
	合计			—	66	—	30.9
仰拱③步	1	5	掘进眼	1.5	5	0.45	2.25
	2	7	内圈眼	1.5	6	0.45	2.7
	3	9	周边眼	1.5	12	0.45	5.4
	合计			—	23	—	10.35

注：掏槽眼与工作面斜角70°，眼底距20cm，周边眼与底板眼沿径向外斜3°，辅助眼与掘进眼垂直工作面。单位面积钻孔数 $= 212 \div 111 = 1.9$ 个$/m^2$，炸药单耗 $= 97.5 \div (2 \times 111) = 0.44 kg/m^3$；预计循环进尺2m。

（4）监理工作就要做好细节化管理工作，加强巡视检查力度，严格要求承包人管控好影响光面爆破效果的诸多因素。

五、取得的监理效果

（一）质量控制方面

自采取以上措施严控光面爆破效果以来，有效地控制了该隧道Ⅲ级围岩的超、欠挖，由原来最大超挖达到近$3m^2$，控制到了目前基本不到$1m^2$，极大地减少了初喷混凝土及二次衬砌混凝土的浪费。另外，给后续防排水系统施工带来了方便。

隧道采取措施前、后光爆效果如图2、图3所示。

图2 隧道采取措施前光爆效果

图3 隧道采取措施后光爆效果

（二）安全控制方面

通过光面爆破的弱震动、少扰动，基本消除了开挖轮廓线上的应力集中现象，降低了局部围岩受力集中后失稳坍塌、局部掉块的可能性，减少了隧道施工的不安全隐患，切实达到了"爱护围岩"的目的。

（三）费用及进度控制方面

严格控制好隧道的超、欠挖，减少了人工、工期和材料的超额消耗，使工程成本减少。项目部施工人员质量意识提高，责任心增强，钻爆工人已经形成了良好的作业习惯，实现了工地标准化管理。工作效率得到提高的同时，施工进度也得以加快。

案例三：连拱隧道中隔墙施工及防水处理监理

一、案例背景

（一）工程基本情况

某高速公路隧道是一座连拱隧道，桩号为 K12+800～K13+050，总长 250m；隧道区属低山浅切割地貌，地形起伏较大，山体自然坡度 15°～35°，植被较发育，进、出口均处于山前斜坡地带，山坡处于基本稳定状态，地下水主要为基岩中的裂隙水，主要赋存于岩体风化带中风化、节理裂隙中，水量较小；整个隧道地质为V级围岩，岩性为碎石、强风化泥灰岩、泥质砂岩及中风化泥质砂岩与砂质页岩互层。

（二）监理案例简介

连拱隧道中隔墙一般设计都为曲墙式中隔墙，本隧道由于受到直接连接的某特大桥影响，采用比较特殊的超薄式直墙式中隔墙，主要介绍连拱隧道中隔墙施工存在的质量通病，相应监理措施及取得的效果。

二、施工单位报来施工方案介绍

在连拱隧道施工中，施工工序必须先进行中导洞开挖，中隔墙施工完成后，才能开始主洞掘进施工，中隔墙工程施工质量的好坏，对整座隧道质量起着至关重要的作用。中隔墙施工过程中出现的主要质量通病包括：顶部存在空洞而起不到支撑围岩作用、排水系统处理不当导致运营后隧道渗漏水、预埋件预埋不当对后续施工质量造成影响、混凝土外观缺陷影响整体美观等。

三、监理单位审批施工方案意见

（一）主要存在问题

(1)施工工作面狭小，施工工作展开困难，客观上对进度质量控制不利。

(2)模板台车及模板加工安装不规范,导致结构尺寸和外观质量不满足要求。

(3)中隔墙混凝土浇筑后顶部存在空洞起不到支撑围岩的作用。

(4)对可能出现的渗水问题不够重视。

(二)确定施工方法及注意事项

经研究分析和以往经验表明,中隔墙浇筑混凝土后,顶部出现约20cm高的空洞,既起不到支撑围岩的作用,后期也无法确保将空洞灌满浆,所以,坚决否定施工单位采用主洞开挖后再用喷浆料填充密实的施工方法。审批意见要求,中隔墙顶部混凝土必须一次性灌满,采取泵送管沿着中导洞顶部分节安装的方法,一次性完成中隔墙混凝土浇筑。

四、案例实施过程介绍

(一)工程特点介绍

百楼1号隧道进口直接与贵州段红水河特大桥桥台相接,由于距离受限,该隧道中隔墙设计厚度很薄,如图1所示,只有1.2m(小于设计规范最小值1.4m)。中导洞设计也与一般的连拱隧道不同,中隔墙施工采用了中直墙式,操作空间比较窄小,由于受到红水河特大桥影响,该隧道所有工序只能从出口端进行施工,中隔墙混凝土要倒退着浇筑,施工难度相对加大。

a)贵州段联拱隧道

b)广西段本项目某号隧道

图1 贵州段联拱隧道和广西段本项目某号隧道

(二)采取的监理措施

(1)对照审批专项施工方案,对质量通病有清楚认识,做好技术交底。

(2)由于中隔墙作业面空间窄小,顶部两侧纵向排水槽模板浇筑满混凝土后,泵送管及模板埋在里面无法拆除,额外增加费用,与业主沟通给予变更增加相应费用。

（3）将中隔墙分为第①②③部来施工，第②部位为主洞仰拱回填，浇筑完该部分后，才能为模板台车提供施工平台，解决了中隔墙作业面空间窄小的问题。

（4）直墙式中隔墙的排水系统特点是通过埋设中隔墙顶的纵向双壁打孔波纹管汇水，并通过埋设在中隔墙体里的排水通道排到隧道的排水沟中。监理在检查中要注意以下问题：

①中隔墙顶纵向双壁打孔波纹管的打孔率和三通接头要符合设计要求，无纺土工布及接头包裹要严密，打孔波纹管安装要顺直并与中隔墙的纵坡保持一致，避免出现波浪形，防水卷材要反包打孔波纹管，以减少水渗到二次衬砌。

②重视中隔墙顶的二次衬砌施工缝止水条的检查，明确二次衬砌混凝土的防水等级，该处是防渗水的重点位置。

③施工完成后要认真检查波纹管是否堵塞，做透水试验，若堵塞要及时处理。

④中隔墙顶的空洞采用泵送混凝土填充，如经检查仍有局部脱空，应埋设导管进行注浆处理。

（三）中隔墙施工过程监理控制要点

隧道中隔墙混凝土施工采用整体模板台车+泵送混凝土施工技术。但由于该隧道中导洞空间非常窄小，为了能够使用模板台车进行施工，中隔墙混凝土施工须要分为三个部分（分解如图2所示）。

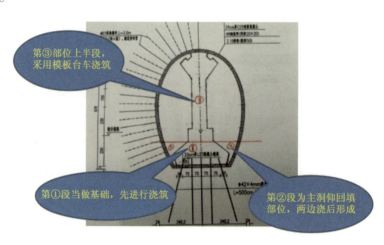

图2　中隔墙混凝土分块浇筑及基座地锚图

为有效消除或减少中隔墙施工质量通病，监理工程师主要从以下几个方面进行施工监控。

1. 监理程序及力度

在行为管理上，严格执行监理程序、按审批的施工方案严格落实；加强现场的验收和巡视检查力度，提高发现问题的能力，对于出现质量问题施工单位整改不及时不到位的，通过下发监理通知单或监理工作指令等手段，要求施工单位整改处理。

2. 模板加工及安装

(1)模板台车选用专业厂家进行加工,尽量采用定型大块钢模板制作,减少模板接缝。出厂前应进行试拼和交工检验,确保模板接缝密合平顺、不漏浆、无错台。

(2)模板台车拼装后,按照标准化施工"模板准入制"的有关要求,组织相关人员对模板台车进行准入验收,如图3所示。

图3 组织相关人员对模板台车进行准入验收

(3)模板台车要求采用专用模板漆,严禁使用植物油、柴油等替代专用模板漆,确保梁体混凝土外观质量、颜色统一。

(4)模板台车使用过程中,督促承包人加强其维修与保养,每次拆模后要求进行除污和防锈处理。

3. 钢筋加工及安装

(1)中隔墙半成品钢筋分成2节段,统一在钢筋场内进行加工,运至现场进行安装,确保钢筋加工及安装尺寸更加准确。

(2)连拱隧道对中隔墙的地基承载能力要求较高,百楼1号隧道为了增强中隔墙的地基承载能力,设计地锚加固。地锚为 $\phi 42mm \times 4mm$ 注浆小导管,深度5m,间距100cm,梅花形布置(如图4所示)。现场监理必须严格按照设计图纸督促施工单位安装到位,并保存好影像资料。

(3)检查钢筋安装质量,要求钢筋间距、保护层厚度等指标符合设计及规范要求。且要求在钢筋与模板间设置垫块,垫块应与钢筋绑扎紧,并互相错开。

(4)中隔墙钢筋安装施工中,对四个角预埋件的检查要作为监理验收的重中之重,预埋件主要有:二次衬砌钢筋、主洞初期支护连接钢板、中隔墙横向支撑钢板、纵向防水钢板、施工缝防水钢板。现场必须严格按照设计图纸督促施工单位安装到位,并确保安装质量符合要求。中隔墙顶部预埋件布置如图5所示。

a)

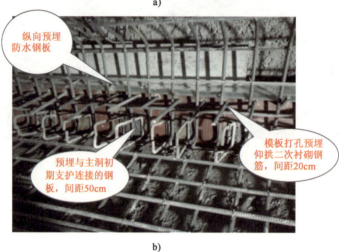

b)

图 4　中隔墙基座预埋件布置图

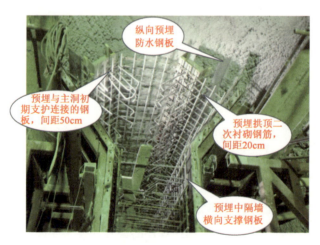

图 5　中隔墙顶部预埋件布置图

4. 中隔墙防水处理

连拱隧道在使用过程中,在雨季往往会出现渗水和漏水现象,造成路面积水,给隧道行车留下非常大的安全隐患。为了消除和减少这一安全隐患的发生,在连拱隧道中隔墙防水处理施工监理工作中,防水处理要作为重点来监控,空间窄小容易产生死角,施工验收时,监理检查验收必须细致,严格按设计要求验收。

(1)隧道防排水,遵循"以防为主,多道设防,因地制宜,综合治理"的原则。整个隧道除了在初期支护外采取强有力的注浆堵水措施,确保隧道整体防水效果外,还加强了二次衬砌结构自防水,并在非接缝处初期支护与二次衬砌之间铺设反粘型防水板+无纺土工布,加强隧道施工缝、变形缝等接缝防水措施。

(2)中隔墙在墙顶左右两侧拐角处分别设置一道纵向 φ100mm HDPE 透水管并外裹无纺布,分别通过竖向排水管以及横向连接管与隧道路面排水沟汇集。中隔墙排水系统如图6所示。

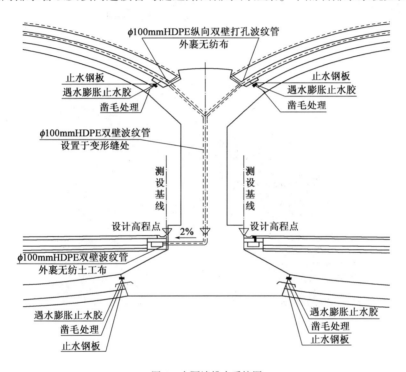

图6 中隔墙排水系统图

(3)中隔墙施工缝和变形缝设置,由于中隔墙结构特殊,施工缝非常多,现场选用9m模板台车,所以每9m设有一道施工缝,每27m设有一道变形缝,缝内无论是纵向或横向均采用厚度为2mm的镀锌钢板+遇水膨胀止水胶作为止水材料。纵向、横向止水钢板安装如图7、图8所示。

(4)镀锌止水钢板接头采用焊接方式,由于钢板厚度较薄,焊接质量较难控制,要求安排技术好的焊工进行焊接,确保施工质量。现场监理验收时,要求对每一道焊缝进行检查,不能漏焊,且焊缝要进行防锈处理。

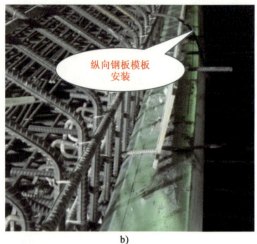

图7　纵向止水钢板安装图

图8　横向止水钢板安装图

5. 中隔墙混凝土施工

中隔墙混凝土施工中，墙顶空洞是连拱隧道的质量通病，在以往的处理方法中，常采用片石回填、喷射混凝土、注浆等方法处理，处理效果并不明显，给后续主洞开挖留下非常大的安全隐患。为了消除和减少这一安全隐患，现场监理要采取积极、主动的工作态度，多和施工单位、隧道劳务队协调沟通，确保减少甚至消除中隔墙墙顶空洞这一质量通病，真正让中隔墙做到"顶天立地"。具体做法如下：

（1）采用预制好的中隔墙两侧倒角纵向排水槽模板，安装在倒角处，排水槽模板必须顶到中导洞顶部，浇筑到中隔墙墙顶混凝土时，起到支挡混凝土的作用，不能让水泥浆流入到纵向排水槽内，该方法也是中隔墙防水处理的措施之一。

（2）浇筑中隔墙混凝土现场采用泵送混凝土施工，为了确保墙顶灌满混凝土，避免空洞现象，输送管道必须沿着中导洞顶部布置，分2～3节安装，当混凝土浇筑到顶部时，以便分节拆除，利用泵送压力将中隔墙顶部填满。

中隔墙混凝土施工如图9所示。

图9　中隔墙混凝土施工图

五、取得的监理效果

公路连拱隧道的施工，其施工设计、施工方案、施工工艺已经日趋成熟，但如何在施工过程中解决其质量通病，是亟须研究的问题。监理工程师在施工监理过程中，按照审批的施工设计方案真正落实到位，使连拱隧道顶部空洞起不到支撑围岩作用、排水系统处理不当导致隧道渗漏水、预埋件预埋不当等施工质量通病得到较好的解决。施工监理效果如图10、图11所示。

a)　　　　　　　　　　　　　　b)

图10　采用模板台车浇筑中隔墙混凝土，确保了外观质量

a) b)

图 11　百楼 1 号连拱隧道进、出洞口整体效果图

案例四：隧道衬砌裂缝处治质量控制监理

一、案例背景

（一）工程基本情况

某高速公路隧道设计为小净距短隧道，端墙式洞口，隧道结构主体已完成并贯通，隧道起止桩号：左洞为ZK58+615～ZK58+865，设计长度为250m；右洞为YK58+619.74～YK58+850，设计长度为230.26m。

隧道二次衬砌完工后，检查发现左洞二次衬砌出现16处裂缝，抽检裂缝中裂缝深度最小为13.63cm，最大达54.85cm（位于ZK58+630左边墙，属于环向裂缝），其中15条为结构性裂缝；右洞二次衬砌出现18处裂缝，抽检裂缝中裂缝深度最小为13.57cm，最大达49.97cm（位于YK58+667左边墙，属于斜向裂缝），其中12条为结构性裂缝。在无损检测裂缝深度的基础上，采用钻芯法（常规钻头+加长钻杆）抽取验证，经量测芯样与孔内裂缝，裂缝深度均超过23cm，与无损检测结果基本吻合。隧道结构裂缝发展趋势及深度与隧道偏压、墙体地基沉降等因素有关。

经外观质量检测，龙塘隧道左、右洞二次衬砌钢筋混凝土裂缝宽度多超过钢筋混凝土结构裂缝宽度限值，如表1～表3所示。图1～图6为钻芯取样情况。

龙塘隧道左洞二次衬砌裂缝深度检测一览表（冲击回波法）　　　表1

序号	里程桩号	裂缝类型	工程部位	病害尺寸长度(m)	病害尺寸宽度(m)	检测裂缝深度(cm)	拱圈设计厚度(cm)	是否超过设计厚度1/2	是否结构性裂缝
1	ZK58+620	斜向裂缝	右边墙	5.5	1.2	46.09	53	是	是
2	ZK58+620	纵向裂缝	左边墙	8	0.8	43.25	55	是	是
3	ZK58+626	纵向裂缝	左拱腰，距边沟5.4m	7.0	0.35	13.63	55	否	是
4	ZK58+630	环向裂缝	左边墙	5	0.8	54.85	55	是	是
5	ZK58+636	纵向裂缝	左拱腰，距边沟4.5m	9.0	0.35	44.71	50	是	是
6	ZK58+647	斜向裂缝	左边墙，距边沟1.46m	4.4	0.4	21.78	50	否	否

续上表

序号	里程桩号	裂缝类型	工程部位	病害尺寸 长度（m）	病害尺寸 宽度（m）	检测裂缝深度（cm）	拱圈设计厚度（cm）	是否超过设计厚度1/2	是否结构性裂缝
7	ZK58+684	斜向裂缝	右边墙,距边沟1.55m	2.5	0.2	45.75	50	是	是
8	ZK58+710	环向裂缝	右边墙	2.8	0.4	31.40	50	是	是
9	ZK58+746	斜向裂缝	右边墙,距边沟1.5m	3.2	0.4	34.26	50	是	是
10	ZK58+779	斜向裂缝	左边墙,距边沟1.5m	2.6	0.4	37.31	50	是	是
11	ZK58+808	斜向裂缝	左边墙,距边沟2.06m	5.5	0.5	32.22	50	是	是
12	ZK58+836	斜向裂缝	左拱腰,距边沟5.0m	22.0	1.2	43.78	50	是	是
13	ZK58+849	斜向裂缝	左边墙,距边沟1.32m	4.0	0.5	28.80	55	是	是
14	ZK58+851	斜向裂缝	右边墙,距边沟1.76m	6	0.5	50.16	55	是	是
15	ZK58+859	纵向裂缝	右边墙,距边沟1.75m	6	11	49.46	55	是	是
16	ZK58+863	斜向裂缝	左边墙,距边沟1.8m	4.4	1.8	53.64	55	是	是

龙塘隧道右洞二次衬砌裂缝深度检测一览表（冲击回波法） 表2

序号	里程桩号	裂缝类型	工程部位	病害尺寸 长度（m）	病害尺寸 宽度（m）	检测裂缝深度（cm）	拱圈设计厚度（cm）	是否超过设计厚度1/2	是否结构性裂缝
1	YK58+620	斜向裂缝	右边墙,距边沟1.49m	5.4	0.3	38.90	60	是	是
2	YK58+649	环向裂缝	左边墙,距边沟1.42m	5	0.3	49.79	50	是	是
3	YK58+667	斜向裂缝	左边墙,距边沟1.71m	5	0.3	49.97	50	是	是
4	YK58+676	环向裂缝	右边墙	4.9	0.65	41.34	50	是	是
5	YK58+695	斜向裂缝	右边墙,距边沟1.45m	4.9	1.35	28.96	40	是	是
6	YK58+709	斜向裂缝	左边墙,距边沟1.48m	5.5	0.5	24.53	40	是	是
7	YK58+710	斜向裂缝/渗漏水	左边墙,距边沟1.55m	5.0	1.2	13.57	40	否	否
8	YK58+719	斜向裂缝	左边墙	5	0.5	40.00	40	否	否
9	YK58+747	斜向裂缝	左边墙,距边沟1.4m	6.5	0.3	24.54	40	是	是
10	YK58+752	斜向裂缝	左边墙,距边沟1.5m	5.0	1.5	39.5	40	是	是
11	YK58+752	斜向裂缝	左边墙,距边沟1.5m	5.0	1.5	39.5	40	是	是
11	YK58+763	纵向裂缝	右边墙,距边沟1.53m	5	1.2	49.09	50	是	是
12	YK58+773	斜向裂缝	左边墙,距边沟0.87m	6.9	0.3	30.08	50	是	是
13	YK58+791	环向裂缝	左边墙	5	0.8	41.50	50	是	是
14	YK58+814	斜向裂缝/渗漏水	左边墙,距边沟1.74m	5.1	1.3	21.18	55	否	否
15	YK58+823	纵向裂缝	左拱腰,距边沟4.9m	4.0	0.3	19.77	60	否	否
16	YK58+832	纵向裂缝	左拱腰,距边沟4.5m	9.0	0.4	23.09	60	否	否
17	YK58+840	纵向裂缝	左拱腰,距边沟4.5m	7.0	0.35	19.40	60	否	否
18	YK58+845	纵向裂缝	左拱腰,距边沟4.5m	4.5	1.0	22.06	60	否	否

龙塘隧道二次衬砌裂缝深度检测一览表(钻芯法) 表3

序号	里程桩号	裂缝类型	工程部位	病害尺寸 长度(m)	病害尺寸 宽度(m)	无损检测深度(cm)	钻芯验证深度(cm)	备注
1	ZK58+620	斜向裂缝	右边墙	5.5	1.20	44.61	>40.5	—
2	ZK58+620	环向裂缝	左边墙	5	0.8	54.85	>50.2	—
3	ZK58+620	环向裂缝	左边墙,距边沟1.42m	5	0.3	49.79	>25	—
4	ZK58+620	斜向裂缝	左边墙,距边沟1.71m	5	0.3	49.97	>23	未取得完整芯样
5	ZK58+620	斜向裂缝	右边墙,距边沟1.53m	5	1.2	49.09	>36	未取得完整芯样
6	ZK58+620	环向裂缝	左边墙	5	0.8	41.50	>30	—
7	ZK58+620	斜向裂缝	左边墙,距边沟1.32m	4.0	0.5	28.80	>25	—
8	ZK58+620	纵向裂缝	右边墙,距边沟1.75m	6	1.1	49.46	>40	—
9	ZK58+620	斜向裂缝	左边墙,距边沟1.8m	4.4	1.8	53.64	>45	—

  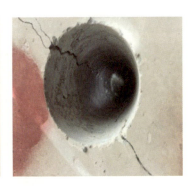

图1 龙塘隧道左洞二次衬砌YK58+620裂缝深度钻芯验证

图2 龙塘隧道左洞二次衬砌YK58+630裂缝深度钻芯验证

  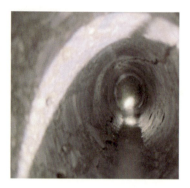

图 3　龙塘隧道右洞二次衬砌 YK58+649 裂缝深度钻芯验证

图 4　龙塘隧道右洞二次衬砌 YK58+667 裂缝深度钻芯验证

图 5　龙塘隧道右洞二次衬砌 YK58+763 裂缝深度钻芯验证

 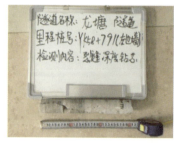 

图 6　龙塘隧道右洞二次衬砌 YK58+791 裂缝深度钻芯验证

（二）监理案例简介

本监理案例结合对该隧道裂缝处治施工监理工作，主要介绍径向注浆预加固、全环（边墙）拆除重做、粘贴钢板加固三种处治技术方案，存在的技术问题或难题，采取的施工和监理措施，以及达到的工程效果。

二、施工单位报来的施工方案介绍

（一）径向注浆预加固

(1)检验注浆所用原材料质量应符合设计要求。

检验数量：施工单位按进场批次检验。

检验方法：施工单位进行试验，检查产品合格证、试验报告。

(2)浆液配合比应符合设计要求。

检验数量：施工单位对同性能的浆液进行一次配合比选定试验。当使用的原材料、施工工艺发生变化时，均应重新进行配合比选定试验。

检验方法：施工单位进行配合比选定试验。

(3)注浆范围应符合设计要求。

检验数量：施工单位全部检查。

检验方法：观察。

(4)注浆效果应符合设计要求。

每延米每昼夜出水量应符合设计要求。检验数量：施工单位每一注浆段检查一次。

(5)注浆结束后，应将注浆孔和检查孔封填密实。

检验数量：施工单位全部检查。

检验方法：观察。

(6)初期支护背后注浆在初期支护混凝土强度达到设计强度的100%后进行。

检验数量：施工单位全部检查。

检验方法：观察，检查施工记录。

(7)注浆压力、注浆量、进浆速度等注浆参数应符合设计要求。

检验数量：施工单位全部检查。

检验方法：观察，检查施工记录。

(8)注浆孔数量、布置、间距、孔深及角度应符合设计要求。

检查数量：施工单位全部检查。

检查方法：观察和测量。

注浆施工如图7所示。

a)径向注浆衬砌混凝土钻孔

b)成孔

c)注浆饱满

图7　注浆施工图

（二）全环（边墙）拆除重做

1.施工工艺流程

施工工艺流程如图8所示。

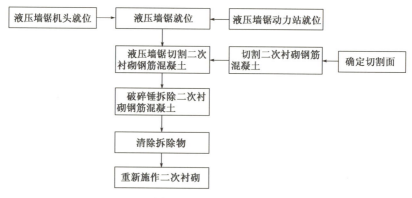

图8　施工工艺流程图

2. 施工工艺技术

(1)液压墙锯切割衬砌。

①对需要拆除重建的二次衬砌放样定位,并用红油漆详细标记拆分区块,并画线标识切割线路,同时留存照片及影像资料。

②沿隧道二次衬砌净空断面整环切割,保证达到指定的切割深度。

(2)破碎锤拆除衬砌。

①拆除部位顺序为自上而下即先拱顶后拱腰分块分段进行,纵向每2m一段跳槽拆除,拆除总长度达到6m后,重新施作该段二次衬砌钢筋混凝土。

②凿除作业时,必须有一人在挖掘机旁边指挥,一是保证凿除位置准确,二是加强观察,如有异常情况,及时通知人员、设备撤离。

(3)清除拆除物。

在拆除完成后,将拆除物装入自卸车内,倒入指定的弃土场。

(4)更换或补强初期支护后重新施作二次衬砌。

在拆除后检查原初期支护情况,对结构已经损坏或已经变形侵占二次衬砌限界的初期支护进行更换。初期支护处理完成后,重新顺接盲管、铺设土工布及防水板,对两端二次衬砌施工缝人工凿槽安装橡胶止水带和止水条,然后按照设计重新绑扎二次衬砌钢筋、浇筑二次衬砌混凝土。

(5)防水层。

①检查防水板的厚度、耐刺穿性、耐久性、耐水性、耐腐蚀性、耐菌性及物理力学性能指标是否符合设计要求。

②看焊接效果,要确保两幅防水板的搭接宽度不小于100mm,搭接缝是双焊缝,单条焊缝的有效焊接宽度不小于15mm,并不得有焊焦、焊穿等现象。

③检查铺设防水板的基面,要求坚实、平整、圆顺,无漏水现象。

④检查防水板的铺设质量,保证在初期支护变形基本稳定并验收合格后铺设。

⑤盲管除了检查设置及环向盲管间距,还要看是否配合衬砌一次施工,在出水量较大处,是否增设盲管。施工中纵、环向盲管应互相连通,形成综合排水系统。盲管与混凝土接触部位应外裹无纺布作隔浆层,防止混凝土或者注浆浆液浸入盲管,堵塞水路。

(6)模板。

①模板及支架的材料质量及结构必须符合施工工艺设计要求。检验数量:施工单位全部检查。检验方法:观察和尺量。

②模板安装必须稳固牢靠,接缝严密,不得漏浆。模板与混凝土的接触面必须清理干净并

涂刷隔离剂。浇筑混凝土前,模型内的积水和杂物应清理干净。检验数量:施工单位全部检查。检验方法:观察。

③模板安装允许偏差和检验方法应符合相应专业验收标准。检验数量:施工单位全部检查。

(7)衬砌钢筋。

①横向钢筋与纵向钢筋的每个节点均必须进行绑扎或焊接。

②钢筋的搭接长度、焊接和机械接头质量应满足施工技术规范规定。

③相邻主筋搭接位置应错开,错开距离不应小于1000mm。

④钢筋的连接方式、同一连接区段内的接头面积应满足设计要求;接头位置应设在受力较小处;受力钢筋应平直,表面不得有裂纹及其他损伤;同一受力钢筋的两个搭接距离不应小于1500mm。

⑤箍筋连接点应在纵横向筋的交叉连接处,必须进行绑扎或焊接。

⑥钢筋其他的连接方式应符合相关规范的规定。

⑦安装钢筋时,根数、钢筋长度、间距、位置、保护层垫块满足设计和有关技术规范规定,多层钢筋网应有足够的钢筋支撑,并保证钢筋骨架的施工刚度,使其在混凝土浇筑过程中不出现移位。

⑧自检合格:钢筋表面无颗粒状或片状老锈及焊渣、烧伤,绑扎或焊接的钢筋网和钢筋骨架不得松脱和开焊;焊接接头、连接套筒不得出现裂纹;并报请监理工程师现场检查,合格签认后方可同意浇筑混凝土。

(8)混凝土。

①混凝土配合比根据混凝土施工技术条件和设计要求进行设计,并经试拌调整后确定配合比。整个设计过程应符合国家现行《普通混凝土配合比设计规程》(JGJ 55—2000)的有关规定。杜绝使用经验配合比和只经设计不经试拌调整的配合比。

②混凝土用各种原材料应严格按照施工配合比要求进行准确称量,称量最大允许偏差应符合下列规定(按重量计):胶凝材料(水泥、掺和料等)±1%;外加剂±1%;集料±2%;拌和用水 ±1%。搅拌混凝土前,应严格测定粗细集料的含水率,以便及时调整施工配合比。

一般情况下,含水量每班抽检2次,集料露天堆放时,雨天应随时抽检,并按测定结果及时调整混凝土施工配合比。搅拌时,宜先向搅拌机投入细集料、水泥、矿物掺合料和外加剂,搅拌均匀后,再投入所需用水量,待砂浆充分搅拌后再投入粗集料,并继续搅拌至均匀为止,上述每一阶段的搅拌时间不宜少于30s,总搅拌时间不宜少于2min,也不宜超过3min。不得混入有害物质,并注意防雨、防潮和防晒,存放期限符合相关标准要求,水泥、外加剂、外掺料不得受潮结块。

③冬季保证混凝土的入模温度满足5~30℃的规定。优先采用加热水（不宜高于80℃）的方法调整拌和物温度。当还不能满足要求时，可用集料均匀地进行加热（不应高于60℃）。水泥、外加剂及掺合料可在使用前运入暖棚进行自然预热，不得直接加热；炎热季节搅拌混凝土时，水泥的温度不大于40℃，采取集料进场搭遮阳棚和采用低温水搅拌混凝土等措施，或尽可能在傍晚和晚上搅拌混凝土，以保证混凝土的入模温度满足5~30℃的规定。

④应选用能确保浇筑工作连续进行、运输能力与混凝土搅拌机的搅拌能力相匹配的运输设备运输混凝土。不得采用机动翻斗车、手推车等工具长距离运输混凝土。混凝土在运输过程中应保持均匀性，运到浇筑地点时不分层、离析及漏浆，并具有要求的坍落度和含气量等工作性能。应对运输设备采取保温隔热和防止水分进入运输容器蒸发等措施，严禁在运输过程中向混凝土内加水。应尽量减少混凝土的转载次数和运输时间。从搅拌机出至浇筑完成的延续时间以不影响混凝土的各项性能为限。混凝土浇筑前，应使罐车高速旋转20~30s后再放入受料斗。混凝土采用泵送时，混凝土宜在搅拌后60min内泵送完毕，且在1/2初凝时间前入泵。全部混凝完毕，如果停泵时间超过15min，应每隔4~5min开泵一次，使泵机进行正转和反转两个方向的运动，同时开动料斗搅拌器，防止料斗中混凝土离析。如果停泵时间超过45min，将管中混凝土清除，洗净管中残留混凝土。

⑤混凝土入模前，应采用专用设备测定混凝土的温度、坍落度、含气量、水胶比及泌水率等工作性能；只有拌和物性能符合设计或配合比要求的混凝土方可入模浇筑。当设计无要求时，混凝土的入模温度宜控制在5~30℃。混凝土浇筑时的自由倾落高度不得大于2m；当大于2m时，应采用滑槽、串筒、漏斗等器具辅助输送混凝土，保证混凝土不出现分层离析。混凝土的浇筑应采用分层连续推移的方式进行，间隙时间不得超过90min，不得随意留置施工缝。混凝土的一次摊铺厚度不宜大于600mm（当采用泵送混凝土时）或400mm（当采用非泵送混凝土时）。浇筑竖向结构的混凝土前，底部应先浇入50~100mm厚的水泥砂浆（水灰比略小于混凝土）。新浇混凝土与邻接的已硬化混凝土或岩土介质间的温差不得大于15℃。

⑥混凝土拆模后应及时养护。当采用喷涂养护液养护时，应确保不漏喷。养护用水温度应低于混凝土表面温度，二者间温差不得大于15℃。养护期间混凝土的芯部与表层、表层与环境之间的温差不宜超过15℃。大体积混凝土施工前应制定严格的养护方案，保证混凝土内外温差满足要求。混凝土在冬季和炎热季节拆模后，应采取适当的保温（冬季）隔热（夏季）措施，防止混凝土产生过大的温差应力。混凝土拆模后可能与流动水接触时，应在混凝土与流动的地表水或地下水接触前采取有效保温保湿养护措施，养护14d以上，且确保混凝土获得75%以上的设计强度。养护结束后及时回填。对于严重侵蚀环境下采用大掺量粉煤灰的结构构件，在完成规定的养护期限后，如条件许可，应进一步适当延长养护时间。

⑦检验隧道衬砌混凝土强度等级的标准养护试件的试验龄期调整为56d，除了采用标准

条件养护试件检验外,还应采用同条件养护试件检测实体强度。

⑧对衬砌混凝土应进行抗渗性能的检验,要求衬砌每200m做一组抗渗试件检验。

⑨隧道衬砌的厚度检验要求进行两次,一次是立模板时,测量开挖面与模板之间的净距,再是衬砌完成后且回填注浆前用无损检测法进行检测。

全环(边墙)拆除重做施工如图9所示。

a)墙锯就位调试

b)切割线路在隧道二次衬砌混凝土表面上画线标识

c)画线标识

d)切割缝

e)全环拆除衬砌混凝土

f)边墙凿除衬砌混凝土

图 9

g) 碎渣装车

h) 重做二次衬砌防水层布设及钢筋绑扎

i) 重做二次衬砌钢筋绑扎

j) 重做二次衬砌钢筋绑扎验收

k) 边墙重做二次衬砌混凝土浇筑

l) 全环重做二次衬砌混凝土浇筑

m) 凿除后二次衬砌背后空洞注浆处理

n) 未按设计要求植筋返工处理

图 9　全环(边墙)拆除重做施工图

（三）粘贴钢板加固处治

1. 粘贴面混凝土清理

用金钢片打磨混凝土粘合表面，直至露出砂石新面层。

2. 固定钢板

按照设计对钢板进行除锈处理，采用弯曲机械按隧道内轮廓半径对钢板进行定型，并按设计尺寸打设螺栓孔，按化学螺栓施工工艺及注意事项设置螺栓，螺栓施工完毕后用清水将混凝土表面灰尘清洗干净固定钢板。

3. 封边

设置排气管，钢板周边缝隙、膨胀螺栓及注嘴周围间隙密封，不允许出现密封不严现象，封边胶固化后应施压检查。

4. 配胶

浆液配合比应符合设计要求，检验数量：施工单位对同性能的浆液进行一次配合比选定试验。当使用的原材料、施工工艺发生变化时，均应重新进行配合比选定试验；监理单位全部检查。检验方法：施工单位进行配合比选定试验。

5. 压灌胶

注浆效果应符合设计要求，每延米每昼夜出水量应符合设计要求。检验数量：施工单位每一注浆段检查一次。

6. 固化

注胶施工后最初几小时应注意检查是否有流胶现象，以防脱胶，常温（25℃）下固化不少于 3d，固化温度降低，固化时间应相应延长。

7. 检验

先检查钢板用边是否有漏胶，观察胶液的色泽、硬化程度，并以小锤敲击钢板，检验钢板的有效粘结面积，不密实时可补钻胶孔和排气孔进行补胶，施工完毕，三天内不要冲击钢板。

8. 防腐处理

要求灌注粘贴钢板施工前，对钢板表面涂阻锈剂 2 度进行防腐处理，粘贴钢板施工完成后按照洞内装饰颜色涂面漆。

粘贴钢板加固处治如图 10 所示。

a)打磨混凝土粘合表面

b)清洗打磨后衬砌混凝土表面

c)打磨钢板涂阻锈剂

d)涂阻锈剂

e)量测螺栓孔间距放样

图 10

f)膨胀螺栓锚入

g)拧紧螺母

h)封边

i)预留注胶嘴

j)配胶

k)注胶固化

l)洞内装饰颜色涂面漆

图10　粘贴钢板加固处治图

三、监理单位审批施工方案意见

监理单位经对施工单位上报的施工方案审查,技术方案可行,同意按上报方案实施,要求施工单位在施工过程中进行方案验证施工,以便不断完善方案并指导后续处治施工。

四、案例实施过程监理要点

(一)径向注浆预加固施工监理要点

(1)注浆所用原材料质量应符合设计要求。

检验数量:监理单位按施工单位检验次数的20%见证检验。

检验方法:监理单位检查产品合格证、试验报告,见证检验。

(2)浆液配合比应符合设计要求。

检验数量:要求施工单位对同性能的浆液进行一次配合比选定试验。当使用的原材料、施工工艺发生变化时,重新进行配合比选定试验。监理单位全部检查。

检验方法:监理单位见证配合比选定试验或平行检验,并检查确认配合比选定单。

(3)注浆范围应符合设计要求。

检验数量:监理单位全部检查。

检验方法:观察。

(4)注浆效果应符合设计要求。

每延米每昼夜出水量应符合设计要求。检验数量:监理单位每一注浆段检查一次。

(5)注浆结束后,应督促施工单位将注浆孔和检查孔封填密实。

检验数量:监理单位全部检查。

检验方法:观察。

(6)初期支护背后注浆在初期支护混凝土强度达到设计强度的100%后进行。

检验数量:监理单位全部检查。

检验方法:观察,检查施工记录。

(7)注浆压力、注浆量、进浆速度等注浆参数应符合设计要求。

检验数量:监理单位全部检查。

检验方法:观察,检查施工记录。

(8)注浆孔数量、布置、间距、孔深及角度应符合设计要求。

检查数量:监理单位全部检查。

检查方法:观察和测量。

(二)全环(边墙)拆除重做监理要点

(1)检查液压墙锯切割衬砌,保证达到指定的切割深度。

(2)检查破碎锤拆除衬砌处理情况,重点是拆除部位顺序和是否纵向每2m一段跳槽拆除,并要求作业时有人在挖掘机旁边指挥和安全观察,确保施工安全。

(3)检查清除拆除物废弃处理情况,必须将拆除物装入自卸车内,倒入指定的弃土场。

(4)检查更换或补强初期支护后重新施作二次衬砌施工情况,重点是结构已经损坏或已经变形侵占二次衬砌限界的初期支护。

(5)检查防水层施作情况,如防水板的厚度、耐刺穿性、耐久性、耐水性、耐腐蚀性、耐菌性及物理力学性能指标是否符合设计要求;搭接缝是否有焊焦、焊穿等现象;铺设防水板的基面是否坚实、平整、圆顺,无漏水现象;防水板的铺设在初期支护变形是否基本稳定;盲管设置是否符合要求等。

(6)检查模板及支架的安装情况,要求符合施工工艺设计,模板安装必须稳固牢靠,接缝严密,不得漏浆等。

(7)检查衬砌钢筋安装情况,应符合设计、相关规范的规定,合格签认后方可同意浇筑混凝土。

(8)检查混凝土配合比及浇筑施工情况,必须符合相关规范、验评标准要求。

(三)粘贴钢板加固处治监理要点

(1)检查粘贴面混凝土清理,要求用金钢片打磨混凝土粘合表面,直至露出砂石新面层。

(2)检查固定钢板是否按照设计进行除锈处理,采用弯曲机械是否按隧道内轮廓半径对钢板进行定型并按设计尺寸打设螺栓孔,是否按化学螺栓施工工艺及注意事项设置螺栓,螺栓施工完毕后是否用清水将混凝土表面灰尘清洗干净。

(3)检查封边是否按要求设置排气管,钢板周边缝隙、膨胀螺栓及注嘴周围间隙是否密封,不允许出现密封不严现象。

(4)检查配胶浆液配合比是否符合设计要求,当使用的原材料、施工工艺发生变化时,应督促施工单位重新进行配合比选定试验。

(5)检查压灌胶的注浆效果是否符合设计要求,每延米每昼夜出水量是否符合设计要求。

(6)检查固化情况,注胶施工后最初几小时应注意检查是否有流胶现象,以防脱胶。

(7)检查钢板用边是否有漏胶,观察胶液的色泽、硬化程度,并以小锤敲击钢板检验钢板的有效粘结面积,不密实时应督促施工单位补钻胶孔和排气孔进行补胶,施工完毕三天内不要冲击钢板。

(8)检查防腐处理情况,要求灌注粘钢施工前,对钢板表面涂阻锈剂 2 度进行防腐处理,粘钢施工完成后按照洞内装饰颜色涂面漆。

五、取得的监理效果

通过采取以上监理措施,该隧道二次衬砌结构裂缝处治施工后,衬砌裂缝都得到了有效的控制,取得隧道二次衬砌外观线型美观的良好效果。

案例五：隧道深埋软弱围岩段大变形防治监理

一、案例背景

（一）工程基本情况

某高速公路双洞单向分离式主线隧道工程，设计速度120km/h，设计汽车荷载为公路-Ⅰ级；设计限界净宽11.5m，限界净高5.0m；平面设置为"圆曲线-缓和曲线-圆曲线"，左线坡率2.500%、-0.971%的人字坡；右线坡率为2.500%、-0.990%的人字坡。该隧道左线长5110m，起点设计高程为118.49m，终点高程为83.56m，最大埋深约334.1m；右线长5105m，起点设计高程为118.6m，终点高程为84.4m，最大埋深约333.35m。

该隧道ZK100+505~ZK100+530段围岩等级为Ⅴ级，隧道埋深203~224m，该段地质描述为"裂隙密集带、围岩主要为薄层状中风化硅质页岩，裂隙密集带结构松散，开挖后拱部及侧壁极易坍塌，自稳能力极差"。Ⅴ级围岩轮廓设计如图1所示。

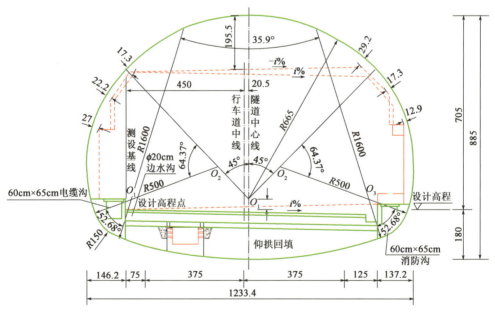

图1 Ⅴ级围岩轮廓设计(尺寸单位:cm)

(二)监理案例简介

本监理案例结合对该隧道深埋软弱围岩施工监理工作,主要介绍围岩大变形防治处理技术方案,存在的技术问题或难题、采取的施工和监理措施,以及达到的工程效果。

二、施工单位报来的施工方案介绍

(一)支护设计参数

该段支护参数采用 S-Va 衬砌,具体如下:
(1)支撑采用全环 I20a 型钢钢架,钢架纵向间距 0.6m;
(2)钢架间采用 $\phi 20mm$ 连接钢筋进行连接,环向间距 1.0m;
(3)设置双层 $\phi 8mm$ 钢筋网,网格间距 20cm×20cm;
(4)C25 喷射混凝土厚度为 27cm;
(5)拱部与边墙钢架连接处设置 2 根 $\phi 42mm$ 锁脚小导管,长 4.0m;
(6)拱部及边墙设置 $\phi 25mm$ 中空注浆锚杆,锚杆长 3.5m/根,间距为 60cm(纵)×120cm(环),梅花形布置;
(7)超前支护采用 $\phi 42mm \times 4mm$ 注浆小导管,$L=4.0m$,环向间距 40cm,纵向排距 240cm,每环共设 39 根。

S-Va 型支护设计参数如图 2 所示,中空注浆锚杆梅花形布置示意如图 3 所示,钢筋网布置示意如图 4 所示。

(二)施工工艺技术

采用预留核心土开挖方式,辅助施工措施为单排超前小导管进行预加固。
预留核心土开挖法开挖步骤:
预留核心土开挖法示意如图 5 所示。
(1)上台阶弧形导洞超前支护、开挖、初期支护;
(2)下台阶两侧交错开挖,施作两侧边墙初期支护;
(3)核心土开挖;
(4)浇筑仰拱;
(5)铺设防水层;
(6)全断面二次衬砌。开挖后及时进行初期支护,初期支护采用喷射混凝土+锚杆+钢筋网片+型钢钢架。

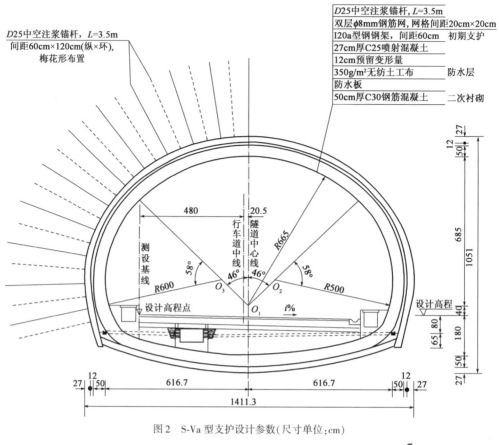

图 2 S-Va 型支护设计参数(尺寸单位:cm)

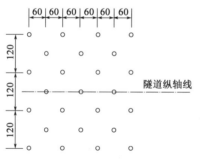

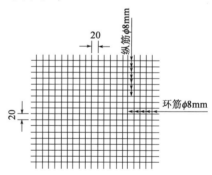

图 3 中空注浆锚杆梅花形布置示意图(尺寸单位:cm)　　图 4 钢筋网布置示意图(尺寸单位:cm)

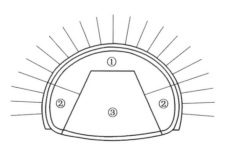

图 5 预留核心土开挖法示意图

（三）监控量测

监控量测方法：

拱顶下沉、周边位移量测采用莱卡NovaTS50高精度全站仪进行测量。隧道周边位移及拱顶下沉监测Ⅴ级围岩每5m布置一个断面，Ⅳ级围岩每10m布置一个断面，具体布置断面可根据实际情况，适当增加或减小距离。

隧道拱顶下沉测点布置示意如图6所示，隧道周边位移量测测线布置示意如图7所示。

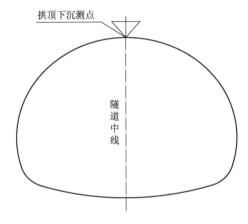
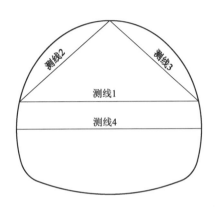

图6　隧道拱顶下沉测点布置示意图　　　　图7　隧道周边位移量测测线布置示意图（面向掌子面）

三、监理单位审批施工方案意见

监理单位经对施工单位上报的施工方案审查，技术方案可行，基本同意按上报方案实施，要求施工单位在实施过程中加强监控量测分析，适时调整设计参数，制定相应施工保证措施，确保工程质量和施工安全。

四、案例实施过程介绍

（一）围岩量测变化情况

施工中对进口左线ZK100+505、ZK100+492、ZK100+515、ZK100+520、ZK100+525共五个断面的围岩进行了拱顶下沉、周边收敛量测，现以ZK100+505断面为例，具体量测结果如下：

1.拱顶下沉

进口左线ZK100+505拱顶下沉量测结果汇总如表1所示。

进口左线 ZK100+505 拱顶下沉量测结果汇总表　　　　　　　　　　　表1

观测时间	测点相对高程(mm)	速率(mm/d)	累计值(mm)
2019/1/12	7206.4	0.50	74.8
2019/1/13	7205.3	1.10	75.9
2019/1/14	7169.0	36.30	112.2
2019/1/15	7135.8	33.20	145.4
2019/1/16	7123.2	12.60	158.0
2019/1/17	7110.7	12.50	170.5
2019/1/18	7102.6	8.10	178.6
2019/1/19	7094.6	8.00	186.6
2019/1/20	7089.5	5.10	191.7
2019/1/21	7086.5	3.00	194.7
2019/1/22	7084.4	2.1	196.8
2019/1/23	7083.4	1.0	197.8
2019/1/24	7083.3	0.1	197.9
2019/1/25	7083.2	0.1	198.0
2019/1/26	7083.2	0.00	198.0

2．周边收敛——测线1

进口左线 ZK100+505 测线1量测结果汇总如表2所示。

进口左线 ZK100+505 测线1量测结果汇总表　　　　　　　　　　　表2

观测时间	测线长度(mm)	速率(mm/d)	累计值(mm)
2019/1/12	12227.5	0.40	43.6
2019/1/13	12227.0	0.50	44.1
2019/1/14	12215.8	11.20	55.3
2019/1/15	12204.7	11.10	66.4
2019/1/16	12199.5	5.20	71.6
2019/1/17	12195.1	4.40	76
2019/1/18	12189.6	5.50	81.5
2019/1/19	12186.5	3.10	84.6
2019/1/20	12183.9	2.60	87.2
2019/1/21	12181.8	2.10	89.3
2019/1/22	12179.8	2.00	91.3
2019/1/23	12178.6	1.2	92.5
2019/1/24	12177.8	0.8	93.3
2019/1/25	12177.7	0.1	93.4
2019/1/26	12177.6	0.1	93.5

3. 周边收敛——测线4

进口左线 ZK100+505 测线4量测结果汇总如表3所示。

进口左线 ZK100+505 测线4量测结果汇总表　　　表3

观测时间	测线长度(mm)	速率(mm/d)	累计值(mm)
2019/1/12	13978.2	0.40	0.4
2019/1/13	13977.6	0.60	1.00
2019/1/14	13962.6	15.0	16.0
2019/1/15	13946.3	16.30	32.3
2019/1/16	13927.1	19.20	51.5
2019/1/17	13911.0	16.10	67.6
2019/1/18	13893.9	17.10	84.7
2019/1/19	13877.9	16.0	100.7
2019/1/20	13862.6	15.30	116.0
2019/1/21	13848.4	14.20	130.2
2019/1/22	13836.2	12.20	142.4
2019/1/23	13824.6	11.6	154.0
2019/1/24	13824.3	0.3	154.3
2019/1/25	13824.0	0.3	154.6
2019/1/26	13823.9	0.1	154.7

（二）下沉变形原因分析

1. 预留沉降量

预留的变形是隧道初期支护允许和合理的。对于两车道V级围岩预留变形量的大小在隧道设计规范中有明确规定，即结合实际埋置深度、施工方法和支护情况等进行预留。本项目两车道隧道设计V级围岩预留变形量为12cm，在隧道特定情况下不能满足初期支护变形要求，后期二次衬砌施工易产生侵限情况。

2. 围岩差异

设计地质情况为裂隙密集带、围岩主要为薄层状中风化硅质页岩，裂隙密集带结构松散，开挖后拱部及侧壁极易坍塌，自稳能力极差，集中降雨洞室呈淋雨状或涌流状出水 $V_p = 2270 \sim 3320 m/s$，实际揭示的围岩主要以强风化硅质页岩为主，属于软岩，岩体呈破碎状~薄层状结构，平均层厚为10cm左右且层面光滑，节理裂隙发育，结构松散，间夹软弱填充物，整体稳定性差，掌子面无明显渗水。因原设计为Va支护参数（本隧道最强支护方式）对比并无明显渗水，对于围岩细微变化未能引起足够的重视，尤其是围岩强度差且层面光滑，间夹软弱填充物，未预先采取更为有效的支护措施。

掌子面围岩情况：以强风化硅质页岩为主，岩体呈破碎状～薄层状结构，平均层厚为10cm左右且层面光滑，节理裂隙发育，结构松散，间夹软弱填充物，整体稳定性差。掌子面围岩情况如图8所示。

a) b)

图8 掌子面围岩情况图

3. 施工过程中存在的问题

软弱围岩开挖预留核心土开挖，操作面狭小机械设备难以开挖到位，使用了局部爆破扰动较大。2倍开挖宽度范围内为应力集中作用区域，深埋软弱段围岩段未能及时施作仰拱封闭成环。

节理裂隙发育，结构极度松散普通辅助施工措施超前小导管注浆压力0.5～1.0MPa难以将软弱围岩破碎层稳固成型，形成有效受力拱保持围岩整体稳定。

（三）施工处理与防治措施

（1）从洞外弃渣场拉运洞渣，对掌子面进行反压回填封闭（图9），并采用10cm厚C25喷射混凝土临时封闭处理。

（2）对该段初期支护面增设I20a型钢护拱，护拱钢架间距0.6m，紧贴于原初期支护钢架内侧进行架设；于护拱钢架底部设置I20a型钢钢架临时仰拱，临时仰拱钢架间距0.6m；护拱钢架及临时仰拱钢架间设置双拼φ20mm连接钢筋，以增强钢架间整体刚度，连接钢筋环向间距1.0m；临时仰拱采用C25喷射混凝土封闭成环。

（3）对ZK100+500～ZK100+525段钻设φ42mm小导管进行拱部及边墙全环径向注浆加固（图10），小导管长6.0m，间距为：60cm（纵）×100cm（环），梅花形布置；注浆采用1∶1水泥净浆，注浆压力：0.5～2.0MPa。

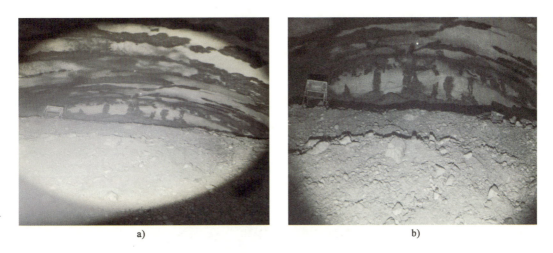

图9 掌子面进行反压回填封闭

图10 径向注浆加固及设临时护拱

(4)待变形稳定后逐榀更换该段初期支护变形拱架,新设钢拱架采用I20a型钢钢架,钢架间距0.6m,新设钢架与径向注浆小导管焊接成整体;中空锚杆长度由原设计长度3.5m加长为4.5m,钢拱架环向连接钢筋采用双拼φ20mm连接,钢拱架拱脚采用I16型钢焊接连接,辅助施工措施采用双排超前小导管环距1.2m,长度由原设计4m增加到6m,注浆压力0.5~2.0MPa;其余支护参数按照原设计S-Va衬砌进行。

(5)更换初期支护变形拱架后及时跟进施作仰拱及仰拱填充,确保拱架拱脚稳定。

(6)后续施工该软弱围岩段对原支护设计参数进行调整,具体如下:

①支撑采用全环I20a型钢钢架,钢架纵向间距0.6m,如图11所示。

图11 上下台阶处钢拱架加设连接型钢

②钢架间采用双拼φ20mm连接钢筋进行连接,环向间距1.0m。

③设置双层φ8mm钢筋网,网格间距20cm×20cm。

④C25喷射混凝土厚度为27cm。

⑤拱部与边墙钢架连接处设置4根φ42mm锁脚小导管,长6.0m。

⑥拱部及边墙设置φ25mm中空注浆锚杆,锚杆长4.5m/根,间距为60cm(纵)×120cm(环),梅花形布置。

⑦超前支护采用双层φ42mm×4mm注浆小导管,$L=6.0$m,环向间距40cm,纵向排距120cm,每环共设39根,调整打入角度为20°左右。开挖采用三台阶预留核心土开挖方式,各台阶距离3~5m,仰拱及时跟进距离不超过15m。

施工处理与防治措施效果如图12、图13所示。

(四)监理措施

(1)认真复核设计图纸围岩描述情况、超前地质预报情况、现场实际揭示围岩情况是否相吻合,包括围岩岩性、层厚、结构面走向、倾角,结构面走向与洞轴线的夹角,岩体体积节理数,地下水的出水状态,包括水压大小、出水量、溶蚀及冲刷情况等,有较大偏差时应与参建各方现场实地勘察。

图12　变形段逐榀换拱、注浆效果明显、超前辅助施工效果明显

图13　调整支护参数后初期支护无变形、开裂、下沉等情况

（2）以新奥法为施工原则,充分发挥岩体的承载能力,允许岩体变形并督促施工单位控制好变形力度。一方面允许变形,使围岩中能形成承载环,另一方面又必须控制变形速率,使岩体不致过度松驰丧失或大大降低承载能力。监理工作中遵行"管超前、严注浆、短进尺、强支护、快封闭、勤量测"的主导思想。

（3）超前支护作为稳定掌子面的辅助施工措施,当围岩松散时宜采用注浆小导管,其长度宜为4～6m,端部应支承在钢支撑上,可采用双排小导管,根据围岩情况可督促施工单位适当加大打设角度,提高掌子面上部围岩的稳定性。注浆压力可视围岩松散情况进行调整,为更好固结岩体,终压可达2.0MPa。

（4）督促施工单位及时校检喷射混凝土的早期强度,在喷射完成4h内不允许进行下个循环爆破施工，以免破坏混凝土的结构，未能起到支护作用。

（5）要求施工单位在特殊地质条件下可通过加长锚杆、小导管、锚索等来加强对岩体的锚固，使变形得到有效控制。

（6）要求施工单位在软弱围岩段施工要以刚性支护为首选，能快速地发挥承载能力，通过加强钢拱架间的连接强度来提高整个初期支护结构整体抗破坏及变形的能力。

（7）认真复查监控量测结果，当发现异常时及时督促施工单位采取有效措施，变形速率大于允许值时必须按规定暂停掌子面掘进施工，各参建方现场查看、勘察确定安全的情况下制定处理方案及时有效对变形进行控制，预防出现大面积的坍塌造成重大损失。

（8）隧道施工具有工作面狭小施工环境差、成型后难以更改等特性，在施工监理过程中，当发现异常如围岩变化大、渗水量增大、变形速率大等情况，应督促施工单位通过现场勘察、超前地质预报、超前钻探、监控量测等手段提前做出应对措施，比如调整辅助施工措施加大预加固界限，调整支护参数提高围岩自身承载能力，调整开挖方式减小临空面，渗水量较大时通过超前钻孔进行排水，避免出现塌方、涌水、变形过大等问题。

五、取得的监理效果

通过采取以上监理管控措施，该隧道深埋软弱围岩段大变形趋于稳定，达到了工程预期效果。

案例六：公路隧道Ⅴ级围岩开挖及支护质量控制

一、案例背景

（一）工程基本情况

某高速公路特长隧道为分离式隧道，采用双洞单向行驶，设计行车速度120km/h。该隧道左线长5110m，Ⅴ级围岩占45%，起点设计高程为118.49m，终点高程为83.56m，最大埋深约334.1m；右线长5105m，Ⅴ级围岩占45%。隧道起点设计高程为118.6m，终点高程为84.4m，最大埋深约333.35m。洞门进口端为削竹式洞门，出口端为端墙式洞门。

设计汽车荷载为公路－Ⅰ级。隧道限界净宽：11.5m，限界净高：5.0m。紧急停车带建筑限界净宽14.5m，净高5.0m；行车横道建筑限界净宽4.5m，净高5.0m；人行横道建筑限界净宽2.0m，净高2.5m。Ⅴ级围岩轮廓设计如图1所示。

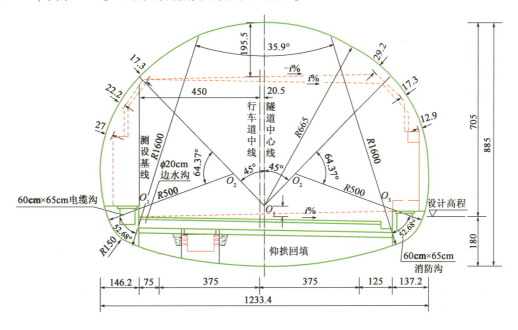

图1　Ⅴ级围岩轮廓设计（尺寸单位：cm）

（二）监理案例简介

在Ⅴ级围岩隧道施工中，由于Ⅴ级围岩岩层风化破碎程度严重、自稳能力很差，结合隧址区特殊的地形地貌与地质条件及水文情况，对隧道Ⅴ级围岩的开挖及支护施工质量控制进行监理，其工程施工工艺、技术方案、存在的技术问题或难题、采取的措施，成为了监理重点工作内容之一。

本案例结合该隧道施工监理工作，介绍隧道Ⅴ级围岩开挖施工工艺、技术方案。

二、施工单位报来的施工方案介绍

（一）总体施工方案

(1)隧道工程开挖与支护采用"两头掘进、斜井辅助施工、分部开挖、及时支护、封闭成环、仰拱超前、衬砌完善配合"的总体施工方案。

(2)隧道总体实施掘进（钻爆、无轨运输出渣）、支护（管棚、锚、网、喷）、衬砌（拌、运、灌、振捣）三条机械化作业线，把"超前地质预报、采空区处治、及时加强支护、强化通风施工管理"作为施工重点。

(3)根据隧道地质条件，水文地质条件，围岩情况以及隧道埋深确定隧道开挖方案。对洞口浅埋段、Ⅴ级围岩段施工开挖采用环形开挖预留核心土法开挖；斜井Ⅴ~Ⅳ级围岩采用台阶分步开挖法；隧道紧急停车带Ⅴ级围岩采用单侧壁导坑法开挖。

(4)隧道开挖全部采用新奥法原理组织施工，施工中遵循"管超前、严注浆、短开挖、弱爆破、快封闭、勤量测"的施工原则。

（二）开挖施工工艺

1. 预留核心土开挖法施工工艺

隧道主洞Ⅳ级围岩浅埋段、Ⅴ级围岩及隧道紧急停车带Ⅳ级围岩地段，采用环形开挖预留核心土法施工，每循环开挖进尺为1榀钢拱架长度。主要采用机械配合人工开挖的方法，局部位置可采用小炮松动爆破，充分减小对围岩的震动。预留核心土开挖法步骤如图2所示，预留核心土开挖平面图如图3所示。

施工工序如下：

(1)上台阶弧形导洞超前支护、开挖、初期支护；

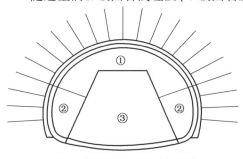

图2　预留核心土开挖法步骤图

(2)下台阶两侧交错开挖,施作两侧边墙初期支护;

(3)核心土开挖;

(4)浇筑仰拱;

(5)铺设防水层;

(6)全断面二次衬砌。

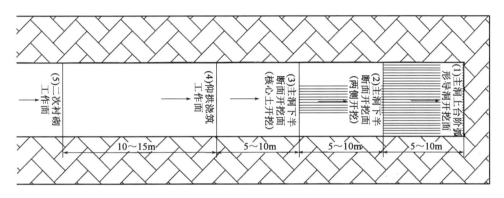

图3 预留核心土开挖平面图

预留核心土开挖法开挖1榀拱架为一循环,正洞Ⅴ级围岩浅埋段每次进尺长度为60cm,正洞Ⅴ级围岩深埋段每次进尺长度为80cm,正洞Ⅳ级围岩浅埋段每次进尺长度为75cm,正洞紧急停车带Ⅴ级围岩每次进尺长度为60cm。开挖后及时进行初期支护,初期支护采用喷射混凝土+锚杆+钢筋网片+型钢钢架。

2. 施工要求

(1)预留核心土开挖过程中,做好超前支护,正洞一般段Ⅴ级围岩及紧急停车带Ⅳ级围岩采用D25中空注浆锚杆,Ⅳ级围岩浅埋段采用φ22mm药卷锚杆进行支护。

(2)隧道开挖按架立两环钢拱架为一循环进尺,初期支护边开挖边支护,二次衬砌根据监控量测结果综合分析,适时施作。Ⅳ级围岩浅埋段二次衬砌距上台阶环形导洞掌子面不超过45cm;Ⅴ级围岩深埋段二次衬砌距上台阶环形导洞掌子面不超过45cm;Ⅴ级围岩浅埋段二次衬砌距上台阶环形导洞掌子面不超过35cm;紧急停车带Ⅳ级围岩二次衬砌距主洞上台阶环形导洞掌子面不超过80cm。爆破震动速度严格控制在15cm/s以下。

(3)上部环形开挖完毕后,及时安装工字钢,并用锁脚锚杆固定、施作系统锚杆,挂钢筋网、复喷混凝土。

(4)核心土与下台阶开挖应在上台阶支护完成、喷射混凝土强度达到设计强度的70%以上方可进行。下半断面落地时,采用拉中槽左右侧交替落地,及时施作边墙初期支护;开挖并浇筑仰拱使初期支护结构成环。

3. 光面爆破施工工艺流程

光面爆破施工工艺流程如图 4 所示。

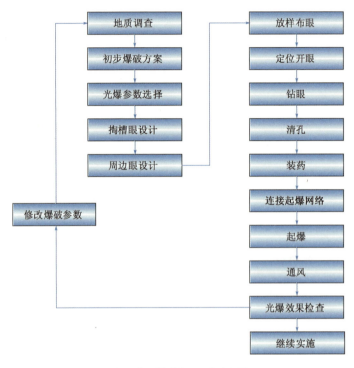

图 4　光面爆破施工工艺流程图

4. 光面爆破施工工艺要求

(1)设计原则。

①根据地质条件,开挖断面、开挖进尺、爆破器材等编制光面爆破设计方案。

②根据围岩特点合理选择周边眼间距及周边眼的最小抵抗线,辅助炮眼交错均匀布置,周边炮眼与辅助炮眼眼底在同一垂直面上,掏槽眼加深 10~20cm。

③严格控制周边眼装药量,间隔装药,使药量沿炮眼全长均匀分布。

④选用低密度低爆速、低猛度的炸药,采用乳化炸药。非电毫秒雷管采用微差爆破,周边眼采用导爆索起爆,以减小起爆时差。

(2)钻爆设计要求。

①钻爆设计方案必须由有爆破设计资质的单位根据地质条件、开挖断面、开挖方法、循环进尺、钻眼机具、爆破器材等进行爆破设计。进行试验、数据收集分析、参数调整、指导施工,开挖断面施工放样时应考虑围岩变形及施工误差的影响。

②采用光面爆破,合理选择爆破参数,根据围岩情况合理选择直眼或斜眼掏槽。爆破后要

求炮眼痕迹保存率:硬岩≥80%,中硬岩≥70%,软岩≥50%,并在开挖轮廓面上均匀分布,两次爆破衔接台阶不大于15cm。

③每次爆破后通过爆破效果检查,分析原因,及时修正爆破参数,提高爆破效果,改善技术经济指标。

④洞口附近爆破施工严格控制单位装药量,降低震速,确保周边民房及其他构筑物的安全。

(3)光面爆破控制标准。

光面爆破控制标准如表1所示。

光面爆破控制标准表　　　　表1

序号	项目	Ⅱ—Ⅳ级围岩	Ⅴ级围岩
1	拱部平均线性超挖量(cm)	15	10
2	边墙平均线性超挖量(cm)	10	10
3	仰拱、隧底平均线性超挖量(cm)	10	10
4	拱部最大超挖量(cm)	25	15
5	仰拱、隧底最大超挖量(cm)	25	25
6	两炮衔接台阶最大尺寸(cm)	15	15
7	炮眼痕迹保存率(%)	60	—
8	局部欠挖量(cm)	5	5
9	炮眼利用率(%)	95	100

(三)初期支护

1. 锚杆施工

隧道正洞与斜井Ⅴ级围岩均采用$D25$中空注浆锚杆支护,Ⅳ级围岩均采用$\phi22mm$药卷锚杆支护。隧道紧急停车带Ⅳ、Ⅴ级围岩采用$D25$中空注浆锚杆支护。中空注浆锚杆施工工艺流程如图5所示,药卷锚杆施工工艺流程如图6所示。

2. 施工要求

(1)中空注浆锚杆。

①注浆过程中,注浆压力应保持在0.3MPa左右,待排气口出浆后,方可停止灌浆。

②锚杆杆体应调直,无锈迹、油污。

③锚杆施工时,保持中空通畅,留有专门的排气孔。螺母在砂浆初凝后拧紧。

④垫块与喷射混凝土需紧密接触。

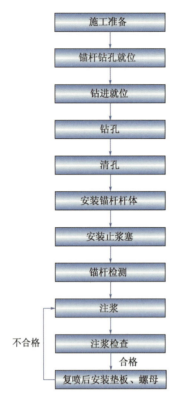
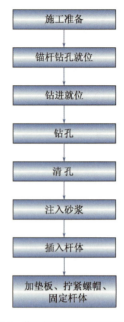

图5 中空注浆锚杆施工工艺流程图　　图6 药卷锚杆施工工艺流程图

（2）药卷锚杆。

①开挖后，立即检查围岩面和初喷混凝土，及时施作锚杆。

②锚杆原材料规格、长度、直径符合设计要求，锚杆杆体不能有油污或其他不符合规范要求的缺陷。锚杆孔位、孔深及布置形式符合设计要求，锚杆用的专用药卷，其强度不低于设计值。

③锚杆钻孔严格按设计要求定出孔口位置，孔位偏差不大于50mm；钻孔保持圆顺而平直，孔口岩面平整，钻孔与岩面垂直；钻孔深度及直径与杆体相匹配。

④锚杆杆体插入锚杆孔时，保持位置居中，杆体露出的长度不应大于喷层厚度；锚杆垫板与孔口混凝土密贴；随时检查锚杆头的变形情况。

⑤锚杆位置、方向应根据围岩状况进行适当调整，以便达到更佳的加固稳定围岩效果。

⑥用高压风冲洗、清扫锚杆孔，确保孔内不留石粉，不得用水冲洗钻孔。锚杆安设后不得随意敲击，其端部3d内不得悬挂重物。

⑦车行横洞和人行横洞Ⅳ、Ⅴ级围岩临时支护锚杆施工方法同主洞相同。

⑧锚杆插到设计深度时，孔口有砂浆流出时应补灌砂浆。

⑨泡水后药卷的初凝不得小于3min，终凝不得大于30min。

⑩垫块与喷射混凝土需紧密接触。

3. 锚杆支护施工质量标准

锚杆支护施工质量标准如表2所示。

锚杆支护施工质量标准表　　　　　　　　表2

序号	检查项目	规定值或允许偏差	检查方法和频率
1	锚杆数量	不少于设计值	现场逐根清点
2	抗拔力	拔力平均值≥设计值,最小拔力≥90%设计值	按锚杆数1%且不少于3根拔力试验
3	孔位(mm)	±50	尺量
4	钻孔深度(mm)	±50	尺寸
5	钻孔直径	满足设计要求	尺量
6	锚杆长度	满足设计要求	按锚杆数的3%,或不少于3根

4. 钢筋网施工要求

按设计要求在洞外制作钢筋网,加工成片。汽车运输至洞内施工现场后,按设计图纸要求安装钢筋网,钢筋网在喷一层混凝土后铺挂,钢筋网与锚杆或其他固定装置连接牢固。双层钢筋网应在喷射混凝土全部覆盖第一层钢筋网片后挂设第二层钢筋网片。钢筋网片应随岩面起伏铺设,与受喷面最大间隙不宜大于30mm。钢筋搭接长度不小于$30d$(d为钢筋直径),并不得小于一个网格边长尺寸,车行横洞和人行横洞钢筋网片施工方法同主车道相同。

5. 钢筋网施工质量标准

钢筋网施工质量标准如表3所示。

钢筋网施工质量标准表　　　　　　　　表3

序号	检查项目	规定值或允许偏差	检查方法和频率
1	网格尺寸(mm)	±10	尺量
2	钢筋保护层厚度	满足设计要求	凿孔检查:每10m检查5点
3	与受锚岩面的间隙(mm)	≤30	尺量:每10m检查10点
4	网约长、宽(mm)	±10	尺量

6. 喷射混凝土施工流程图

喷射混凝土施工流程如图7所示。

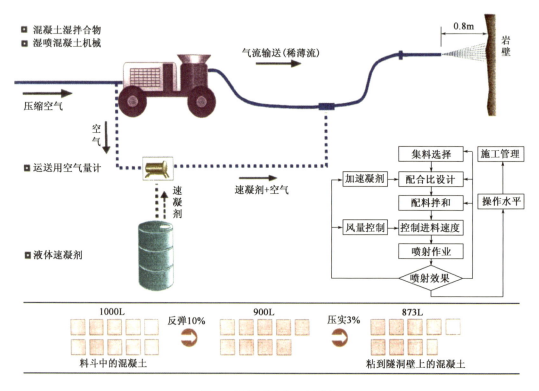

图 7　喷射混凝土施工流程图

7. 喷射混凝土施工要求

(1) 喷射混凝土所用原材料：水泥、集料、水、速凝剂等原材料质量需满足相关规范要求，喷射混凝土施工配合比由试验室上报监理工程师并经批准后使用。

(2) 施工机具。

混凝土拌和站，混凝土运输车和湿喷机。

(3) 混凝土的配合比与拌制。

①选用水灰比小、单位水泥量、速凝剂用量小的配合比，优先采用碱性小、对人体腐蚀性小、黏度大、回弹小、后期强度较高、初凝和终凝时间间隔短的速凝剂；

②可按经验选择后通过试验确定，灰骨比可采用 $1:4\sim1:5$；集料含砂率 $45\%\sim60\%$；水灰比 $0.4\sim0.5$。喷第一层时，水泥：砂：石 $=1:2:(1.5\sim2)$，以利于混凝土与岩面的黏结和减少回弹。

(4) 喷射前的准备工作。

①喷射混凝土前对喷射面进行净空检查，先复核中线及高程，用激光断面检测仪或坐标法检查开挖断面，认真做好记录；

②拆除作业面的障碍物，清除开挖面的浮石和墙脚的岩渣、堆积物。

(5)喷射作业。

①喷射混凝土分层、分片自下而上顺序进行分层喷射时,后一层喷射应在前一层混凝土终凝后进行,若终凝1h后再进行喷射时,先用水清洗喷层表面;

②初喷混凝土在开挖后及时进行,喷射混凝土终凝后3h内不得进行爆破作业;

③喷射混凝土的回弹率:边墙不应大于15%,拱部不应大于25%;

④喷射回弹料不得重新用作喷射混凝土材料;

⑤按设计要求需挂设钢筋网时,钢筋网在岩面喷射一层(3cm厚)混凝土后安装,用环向钢筋和锚钉或钢架固定,其与壁面的间隙为30mm;

⑥喷射混凝土作业时喷嘴应垂直岩面。喷枪头到喷射面距离为0.6~1.2m,喷混凝土机工作压力控制在0.1~0.15MPa;

⑦设有钢架喷混凝土时,钢架与壁面之间的间隙用喷射混凝土充填密实。喷射顺序为从下向上对称进行,先喷射钢架与壁面之间的混凝土,后喷射钢架之间的混凝土。钢架需全部被喷射混凝土所覆盖,保护层厚度不得小于3cm。

(6)喷射混凝土的养护。

喷射混凝土终凝2h后开始喷水养护,养护时间,一般工程不少于7d,重要工程不少于14d;气温低于+5℃时,不得喷水养护。冬期施工时,喷射作业区的气温不应低于+5℃,混合料进入喷射机的温度不应低于+5℃。车行横洞和人行横洞喷射混凝土施工方法同主车道相同。

(7)湿喷混凝土质量标准。

湿喷混凝土质量标准如表4所示。

湿喷混凝土质量标准表 表4

序号	检查项目	规定值或允许偏差	检查方法和频率
1	喷射混凝土强度	在合格标准内	按附录C检验
2	喷射厚度	平均厚度≥设计厚度;检查点的90%≥设计厚度;最小厚度≥0.5倍设计厚度,且≥50mm	凿空法或雷达探测仪:每10m检查一个断面,每个断面从拱顶中线起每3m检查1点
3	空洞检测	无空洞、无杂物	同上

8. 格栅拱架施工要求

(1)在正洞的Ⅳ级围岩均采用格栅拱架进行初期支护。钢架在洞外的加工场内进行加工,加工前先按1:1的比例进行放样,确定主要杆件下料尺寸。格栅拱架利用定位胎架焊接成型,工字钢架因截面刚度大,利用冷弯台座逐榀弯制成型,而后焊接接头钢板并进行试拼,经检查加工拱度满足要求后存放于构件场备用。

(2)格栅拱架在堆放和运送过程中,应轻搬轻放,不得乱扔或用重物敲打,防止格栅拱架发生变形。

(3)格栅拱架端头焊接 L100mm×80mm×10mm 不等边角钢,现场安装采用 M20 螺栓连接,焊缝高度 $h=9$mm。螺栓连接时上下单元螺栓孔位对齐,连接螺栓拧紧到位,连接角钢之间不留有孔隙。

(4)安装拱架采用系统锚杆对拱架进行固定,拱架架设完成并检查无误后,再焊接纵向连接钢筋。连接钢筋环向间距为 1m,连接钢筋与拱架焊接需牢固,现场焊接采用内外层交错布置。

(5)格栅拱架根据围岩等级的不同,其安装间距也不同:S-Iva 级围岩,格栅拱架间距为 75cm;S-IVb 级围岩,格栅拱架间距为 80cm;S-IVc 级围岩,格栅拱架间距为 100cm。

(6)钢架利用平板车运进洞内,人工逐榀安装。安装时使段与段之间的连接板结合紧密,不留有缝隙,钢架轴线应竖直对正,误差太大或焊接质量达不到要求的钢架严禁使用。

9. 钢拱架安装质量标准

钢拱架安装质量标准如表 5 所示。

钢拱架安装质量标准表　　　　　　表 5

序号	检查项目		规定值或允许偏差	检查方法和频率
1	安装间距(mm)		50	尺量:每榀检查
2	净保护层厚度		满足设计要求	凿孔检查:每榀自拱顶每 3m 检查 1 点
3	倾斜度(°)		±2	仪器测量:每榀检查
4	安装偏差(mm)	横向	±50	尺量:每榀检查
		竖向	不低于设计高程	
5	拼装偏差(mm)		±3	尺量:每榀检查

10. 钢拱架施工工艺流程

钢拱架施工工艺流程如图 8 所示。

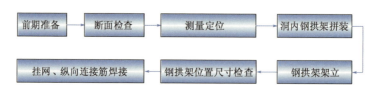

图 8　钢拱架施工工艺流程图

11. 钢拱架施工要求

隧道采用型钢钢拱架,在洞外按单元构件加工成型,洞内安装在初喷混凝土和挂网之后进行,并与定位锚杆焊牢。钢拱架间设纵向连接筋,并以设计厚度喷混凝土填平。钢拱架架立时垂直于隧道中线,拱脚设架立钢板或用锁脚锚杆固定在围岩上,当钢拱架和围岩之间间隙过大时设置垫块,喷混凝土充填密实。

(1)现场制作加工。

钢拱架按要求预先在洞外钢筋加工厂加工成型。放样按1:1大样控制尺寸并根据工艺要求预留焊接收缩量及切割的加工余量。型钢钢拱架采用冷弯法;钢拱架采用胎模焊接。要求尺寸准确,弧形圆顺。钢拱架成型后进行试拼。

钢拱架根据围岩等级的不同,其安装间距也不同:S-Ⅴa级围岩,钢拱架间距为60cm;Ⅳ级围岩,钢拱架间距为60cm。

紧急停车带中,钢拱架根据围岩等级的不同,其安装间距也不同:Ⅴ级围岩,钢拱架间距为60cm;S-Ⅴb级围岩,钢拱架间距为80cm。

(2)钢拱架加工应符合的规定。

①钢筋加工尺寸,应符合设计要求,其形状应与开挖断面相适应;

②不同规格的首榀钢拱架加工完成后,应放在平整地面上试拼,周边拼装允许偏差为±30mm,平面翘曲应小于±20mm。当各部尺寸满足设计要求时,方可进行批量生产。

(3)钢拱架架设工艺要求。

①钢拱架拱脚必须安放在牢固的基础上。应清除底脚下的虚渣及其他杂物,脚底超挖部分应用喷射混凝土填充;

②钢拱架应分节段安装,节段与节段之间按设计要求连接,连接钢板平面应与钢架轴线垂直,两块连接钢板间采用螺栓和焊接连接,螺栓不少于4颗;

③相邻两榀钢拱架之间必须用纵向钢筋连接,连接钢筋直径为22mm,连接钢筋间距不大于1.0m;

④钢拱架应垂直于隧道中线,竖向不倾斜、平面不错位,不扭曲,上、下、左、右允许偏差±50mm,钢架倾斜度应小于2°;

⑤车行横洞和人行横洞Ⅳ、Ⅴ级围岩采用I14工字钢,施工方法同主洞相同。

(4)钢拱架安装就位后,与围岩之间的间隙需用喷射混凝土充填密实。喷射混凝土由两侧拱脚向上对称喷射,并将钢拱架覆盖,临空一侧的喷射混凝土厚度满足设计与规范要求。

(四)围岩变化处施工

(1)隧道Ⅴ级与Ⅳ级围岩存在以下几种变化:隧道正洞由Ⅴ级围岩变至Ⅳ级围岩,由Ⅳ级围岩变至Ⅴ级围岩;斜井Ⅴ级围岩向正洞Ⅴ级围岩开挖。

(2)围岩变化处,开挖工艺的变化,可能导致隧道发生坍塌事故,因此需做好防范措施。

但由Ⅴ级围岩变化为Ⅳ级围岩,开挖工艺可满足施工需求且不会发生安全事故,因此只需在Ⅴ级围岩变化至Ⅳ级围岩处做好安全防范措施,确保隧道的施工安全。

(3)根据设计图纸的围岩范围,在Ⅳ级围岩即将变化至Ⅴ级围岩前5m左右,转换开挖工艺,由上下台阶开挖法转换为预留核心土开挖法,如有必要,其超前支护及支护方法也转变为Ⅴ级围岩的超前支护及支护方法。

(4)斜井与正洞开挖转换,斜井与正洞的围岩等级均为Ⅴ级围岩,存在净空断面变大,因此开挖方法及超前支护需提前变化,方可满足施工需求。

(5)根据施工总进度计划,斜井施工至正洞时,正洞掌子面施工与斜井施工不存在施工影响的可能。在斜井与正洞相交点,逐步采取将洞身断面变大的方法,对未开挖的围岩采取锚杆加挂网喷混凝土的方法进行支护,防止洞顶掉块现象。在开挖断面与联络风道一致后,反向对未开挖围岩进行开挖,确保施工安全。

(五)质量保证措施

(1)施工前,组织技术人员认真会审设计文件和图纸,切实了解各里程段围岩情况及开挖方法,严格执行施工技术标准,理解业主的需要和要求,如有不清楚或不明确之处,及时向业主或设计单位提出书面报告。

(2)根据工程的要求和特点,组织专业技术人员编写具体实施的施工组织设计方案,编制施工计划,确定并落实配备适用的实施设备、施工过程控制手段、检验设备、辅助装置、资源(包括人力)以达到规定的质量。若工程施工情况因客观原因发生变化时,及时对已制定的施工方案和有关程序进行修订和变更,并严格按照质量体系控制程序的要求,报送有关部门论证审批后方可实施,以确保方案和程序的科学性和可行性。

(3)做好开工前及各部位、工序正式施工技术交底工作,使各施工人员清楚和掌握即将施工工程的特点,真正做到心中有数,确保施工操作过程的准确性和规范性。

(4)配齐满足工程施工需要的人力资源。有针对性地组织各类施工人员学习有关隧道工程施工知识、操作规范和进行必要的施工前的岗位培训,以保证工程施工的技术需要,特种作业人员须持有效上岗操作证,工程施工的技术人员、组织管理人员必须熟悉本工程施工正常运转的过程。

(5)配齐满足工程施工需要的各类设备。自有设备必须经检修、试机、检验合格后,方能进场施工。外租设备在进场前,要对其进行检验和认可,证明能满足工程施工需要后方可进场施工。

(6)做好工程测量、复核工作。配备专职人员、成立一支测量放样迅速准确,计算精确,全心全意为生产第一线服务的专业测量组,严格执行测量放样复核制度,做到有放必复,经复核认可后，方可进行施工。以"放准、勤复核，点、线、面通盘控制"的方法，确保测量工作准确无误，同时做好测量原始记录保存归档工作。

（7）对经认可适宜施工过程的方案、方法、工艺技术参数和指标进行严密的监视和控制，保证在具体的施工操作过程中，能够实现业主的期望，尤其是对工程的特殊、重点部位和工序，要加大监视力度和控制手段，使工程施工的每个部位、工序的形成均达到优良标准。

（8）做好工程质量检验工作，加强自检、互检、交接检工作，实行班组自检、工种互检、质检员专检制度。所有隐蔽工程(特殊工序)在下一道工序作业之前，质检员配合监理工程师进行隐蔽工程(特殊工序)检查验收，并做好相关记录。只有上道工序通过验收后方可进行下道工序施工。

（9）控制隧道超欠挖措施。

①合理确定开挖轮廓线比设计轮廓线的加大值。加大值由施工误差、预留变形量组成。施工误差根据隧道的长度、开挖断面大小、测量仪器的精度、施工管理水平等因素综合考虑，其最大值是5cm。预留变形量由设计图纸确定。

②认真做好光爆设计，实施光面爆破。根据围岩变化情况，及时修改光爆参数。

③装药与爆破，各类炮眼的装药结构、装药量、起爆顺序必须严格按照爆破设计的规定进行。装药前，开挖面底部渣必须按爆破设计实现加工好，盘号脚线，分段号堆放，以便装药时有次序地进行。装药作业必须定人、定位、定段进行，不准混乱装药。装药完毕，必须用炮泥按设计长度堵塞炮眼。网络连接采用通断双雷管起爆。装药完毕后应对照爆破设计图逐一检查，确认正确无遗漏，并待人员撤离至安全区后方可引爆。

三、监理单位审批施工方案意见

监理单位经对施工单位上报的施工方案审查，基本同意按上报施工方案，但应在完善以下工作后实施。

（1）隧道施工准备阶段，补充对地质钻探孔进行现场踏勘工作并采取封堵排水措施，尤其是Ⅴ级围岩隧道，避免在施工中围岩过大变形难以控制或发生"冒顶"安全事故。

（2）补充隧道施工缺漏重要内容，如洞口施工、二次衬砌防护施工及混凝土、钢筋加工安装等质量保证措施，以及各级围岩预留变形量等相关内容。

（3）补充对洞口周边地形地貌及水文情况进行详细调查的工作，检查是否存在"古滑坡"或地质断裂带情况，以便提早制定预案，保证顺利进洞或浅埋段顺利施工。

（4）补充隧道开挖施工中对Ⅳ、Ⅴ级围岩隧道雨季施工和夜间施工的监测量控工作，以便及时有效处置发生的异常情况。

(5)补充洞口、洞身开挖及二次衬砌施工相关施工步距。

(6)补充隧道开挖出现偏压情况的应对措施,尤其是Ⅳ、Ⅴ级围岩隧道。

四、案例实施过程介绍

(一)事前监理工作

(1)要求承包人在开挖前28d编制实施性开挖与支护施工方案(包括施工顺序、爆破、施工照明、通风、排水及质量保证措施等)并报监理审批,特别注意检查承包人是否按监理审批意见完善施工方案相关内容。如果施工过程中发现实际情况有变化需改变施工方法时,必须重新编制调整施工方案,再报监理审批后实施。

(2)洞身开挖前,应对承包人测量放样成果进行审核并签认。特别注意对Ⅴ级围岩隧道的相关测量工作,如地质钻孔位置及开挖、支护施工段,以及隧道开挖预留变形量等。

(3)检查承包人进场的隧道开挖设备是否符合要求,如不符合要求应及时书面通知承包人更换;检查承包人是否对地质钻孔进行封闭,是否对洞口周边地形地貌及水文情况进行详细调查工作等。

(4)要求承包人提交开挖与支护分项工程开工申请,并对开工条件进行全面检查,符合要求后按规定程序报批。重点检查Ⅴ级围岩隧道的专项施工方案的质量保证措施是否合理和可行。

(5)要求承包人严格按照"弱爆破,强支撑,短进尺,支护紧跟"的原则组织施工,开挖施工严格控制进尺,支护施工注意控制好步距,特别是Ⅴ级围岩及其过度施工地段。

(6)结合其他项目出现的质量缺陷或质量管理问题,督促承包人认真吸取经验教训,重视隧道开挖前的现场地质及水文情况调查并制定可行实施预案,完善隧道进出洞、喷射混凝土作业、二次衬砌混凝土施工等质量保证措施,避免发生同类质量事故和质量管理问题。

(二)事中监理工作

(1)隧道开挖施工中,必须密切关注围岩及地下水的变化情况,出现施工方法或支护结构不适应实际围岩状态时,及时督促承包人调整施工方法或支护结构。

(2)隧道开挖施工中,经常检查承包人超欠挖情况,发现问题及时纠正。特别注意控制好Ⅴ级围岩及其过度隧道的轮廓线预留变形量。

(3)要求承包人每循环必须使用全站仪、水准仪在掌子面测出高程、中线,画出开挖轮廓线,保证超欠挖控制在规范要求内。

(4)督促承包人安排好施工过程的测量,以保证隧道按设计方向和坡度施工,使开挖断面符合图纸所示尺寸,尽量做到不欠挖和超挖。

(5)检查承包人的隧道施工放样应保证精度。施工时应根据隧道各主要控制点的坐标计算隧道的长度和方向,并据此实地放线。为保证隧道底部按图纸所示的纵坡开挖并满足衬砌的正确放样,洞内每隔50m应设置一个水准点。

(6)要求承包人按设计要求做好监控量测工作,及时反馈围岩变化情况,督促其根据量测信息调整支护参数,确保工程质量和施工安全。

(7)复核超前地质预报地质情况是否与设计一致(不一致时需调整支护参数),督促承包人严格按照审批的施工方案施工。对Ⅴ级围岩预留核心土法施工需注意以下事项:

①检查核心土面积大于开挖面的50%,每循环进尺控制在0.5~1.0m。

②仰拱开挖控制在3m内,并及时施作仰拱初期支护及时封闭成环,最大限度地利用围岩自承能力。

③下台阶交错开挖,错开要大于3m,每循环进尺不超2榀拱架间距。

④合理安排下台阶开挖、仰拱及二次衬砌支护的施工进度计划,保证其施工步距符合设计、规范要求。

(8)中空锚杆钻孔前,要求先进行布点梅花形布设,布点后通知现场监理人员检查布设情况,检查合格后方可施钻;严格控制锚杆长度,杆体入孔长度大于95%,中空锚杆严禁未注浆行为,注浆压力0.5~1.0Mpa,锚垫板与岩面紧贴。

(9)要求钢筋网必须集中加工,保证网格尺寸的均匀,安装随岩面凹凸起伏,紧贴岩面。钢筋网挂网作业必须在初喷后进行,网片搭接长度大于一个网尺寸,并与锚杆连接稳固,使其在喷射混凝土施工过程中不跑位。

(10)检查控制好钢拱架、型钢钢架的制作及安装。

①要求钢拱架、型钢钢架采用冷弯成型,连接板与型钢连接使用二氧化碳保护焊,连接板采用机械成孔提高孔位精度,保证其在安装的过程紧密连接。

②钢架安装应进行测量,准确就位,其高程差不大于50mm,拱架间距偏差不大于50mm。

③上下台阶分界处打设锁脚小导管用"L"型钢筋焊接牢固,底脚虚渣要清除干净,超挖时使用与喷射混凝土同标号预制块垫实,地层松软时要加垫梁,架立好后,使用ϕ22mm钢筋环向间距1m进行连接。

(11)喷射混凝土要求必须采用湿喷法,督促承包人做好技术交底工作,严禁出现空洞、排骨不均匀现象。

①喷射作业应分段、分片,由下而上顺序进行,每段长度不宜超过6m,喷头与岩面宜垂直,喷嘴离岩面的喷距为以0.6~1.2m为宜,有钢筋网时,喷射距离可小于0.6m,喷射角度可稍

偏一些。

②速凝剂初凝要求不大于 5min,终凝要求不大于 10min,所用水泥的适应性和掺加量,应通过实验室试验确定。

③复喷分 2~4 次喷射完成,后一层喷射,应在前一层混凝土终凝后进行,若终凝后间隔 1h 以上,且初喷表面已蒙上粉尘时,受喷面应用高压气体、水清洗干净;岩面有较大凹洼时,应结合初喷找平;喷射混凝土要覆盖全部钢筋和锚杆露头;回弹物不得重新用作喷射混凝土材料。

④喷射混凝土终凝 2h 后,应及时进行养护,如果洞口相对湿度低于 85%~90% 时,应喷水加湿,养护时间一般为 7d。

⑤喷射混凝土作业须紧跟开挖面,下次爆破距喷混凝土完成时间间隔,不得小于 4h。

⑥当发现混凝土表面有裂隙、脱落、露筋、渗漏水等情况时,应予修补、凿除喷层重喷或进行整治。

⑦喷射混凝土厚度要符合要求,平均厚度≥设计厚度,检查点的 60%≥设计厚度。

(12)二次衬砌施作前应认真检查以下施工条件,满足要求才能准予施工。

①隧道周边位移速率是否有明显的减缓趋势。

②拱脚附近水平收敛速度小于每天 0.2mm,或拱顶位移速度小于每天 0.15mm。

③7d 内产生的位移量是否达到总位移量的 80% 以上。

④初期支护表面没有在发展的明显裂缝。

(三)事后监理工作

(1)定期或不定期组织现场施工质量检查并召开总结会议。对上一阶段管理工作总结经验教训,布置下一阶段的质量管理工作并提出工作要求,并将会议内容形成会议纪要。

(2)按照监理质量控制程序和质量验评标准,对原材料质量及各工序、分项工程施工质量进行验收控制,对不符合要求或质量不合格的及时通知承包人处理。

(3)结合业主、监督部门、上级相关单位或部门专项质量管理检查工作,督促承包人对质量缺陷或质量管理问题进行整改,不断提高工程质量管理水平。

五、取得的监理效果及体会

(1)监理应加强工序验收与巡视记录工作,多注意掌子面围岩情况,复核围岩地质条件、渗水量等是否与设计吻合,特别是 V 级围岩及其过度隧道,采用动态管理方法实施管控效果明显,根据量测具体数据分析并调整预留沉降量,通过周期量测及观察,该隧道初期支护成型后未出现大变形,拱顶下沉及周边收敛趋于稳定。

（2）隧道Ⅴ级围岩及其前后过渡段完成开挖与支护后，经检验所用原材料质量符合规范要求，初期支护喷射混凝土大面平整、预留沉降量小于12cm满足设计要求，断面尺寸（净高、净宽）满足设计要求，初期支护成品合格率在92%以上，评定合格，二次衬砌成品合格率达90%以上，完工隧道外美内实，结构稳定，没有明显的质量缺陷问题。

隧道开挖支护照片如图9所示。

a) 机械开挖

b) 预留核心土面积超50%

c) 超前小导管

d) 超前小导管注浆

e) 超前小导管前后排搭接长度满足要求

图 9

f)中空锚杆安装

g)仰拱初期支护　　　　　　　　　　h)仰拱拱架封闭成环

i)钢拱安装完成

图　9

j) 拱架连接密贴

k) 锁脚小导管

l) 拱架间距检测

m) 钢筋网片加工

图 9

n) 拱架连接板采用机械冲孔

o) 边接板与型钢连接采用二保焊

p) 喷射混凝土采用湿喷

q) 初期支护成型

r) 初期支护沉降及周边收敛符合要求施作二次衬砌

图 9　隧道开挖支护照片

四 Part 4

安全监理

案例一：互通立交跨线桥防护棚搭建及交通导行控制

一、案例背景

（一）工程基本情况

某互通立交跨线桥上部结构拆除复建项目，因发生超高车辆撞击梁体事故，全部5片箱梁受损严重。按检测评定报告，桥梁技术状况评定等级为五类，需对箱梁进行重建处治。因本互通立交跨线桥上跨某一级公路，道路交叉口较多，客车货车多，车流量大，车速快。施工期间交通组织安全工作十分复杂，是本工程交通导行的难点。

（二）监理案例简介

该互通立交跨线桥施工中，既要考虑施工安全，防止施工时发生零星机具材料坠落事故，也要兼顾桥下一级公路通行安全，需要尽量缩短影响车辆通行时间，结合现场实际情况及相关规定，择优选择"搭设防护棚架＋定时进行交通疏导管制"的方案，以确保互通立交跨线桥施工期间一级公路的行车安全。

本案例结合该项目防护棚搭设（单独进行设计、结构计算及验收指标）及交通导行施工监理工作，介绍交通流量大、情况较复杂的道路安全防护及交通导行方面常见安全问题的原因分析、处理及施工过程监理工作。

二、施工方案介绍

（一）防护棚搭设及拆除

防护棚架主要施工方法如下：

1. 贝雷片棚架立架

贝雷片立架采用长3m、高1.5m贝雷片两排，中间支撑架采用高1.5m、宽0.9m贝雷片作为立架两排贝雷片的连接支撑。立架垂直方向采用三层贝雷片组合使总高度达到4.5m，采用螺栓连接。立架安装采用25t汽车起重机进行配合作业,安装现场安排专人指挥。安全防护棚架纵、横断面如图1所示,防护棚架安全防护措施如图2所示。

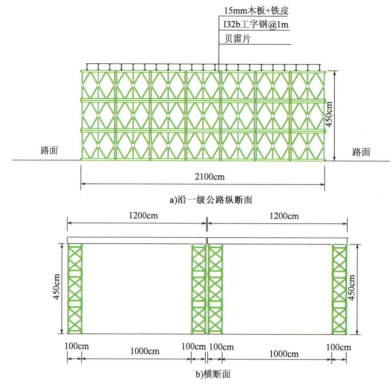

图1 安全防护棚架纵、横断面示意图

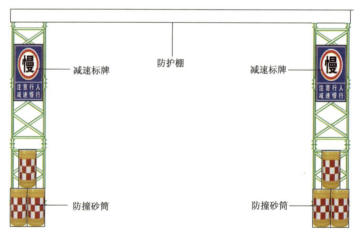

图2 防护棚架安全防护措施

2. 工字钢横梁及钢板顶面

立架横梁布置I32b工字钢,纵梁间距1m。横梁上满铺5mm厚钢板为安全棚架顶面。钢板面上四周焊接双排钢管作为围栏。围栏钢管高1m,间距1m,直径4.8cm。围栏边焊0.5m

高的钢板用以围挡施工时坠落物及施工废水。

3. 防护棚架安装施工顺序

平整场地→安装贝雷片棚架立架→安装工字钢横梁→铺设棚架钢板并焊接→焊两侧挡板及钢管栏杆→封闭接缝止水→挂双层密目安全网→旧箱梁拆除施工→箱梁架设施工→湿接缝及横隔板施工→主桥桥面及护栏施工→拆除钢板及横梁→拆除贝雷片棚架立架→恢复原状。

防护棚架的搭设、拆除根据施工工况都需对一级公路封闭半幅作为施工安全区域,从双幅双向交通转换为单幅双向交通疏导。防护棚搭设完成,施工道路封闭后,道路变窄,在封闭交通位置各设置两名交通导行人员疏导车辆通行,并在适当位置设置警示、提示标识,提前通知车辆变道、并道行驶,配合交警维持交通秩序,如图3~图6所示。

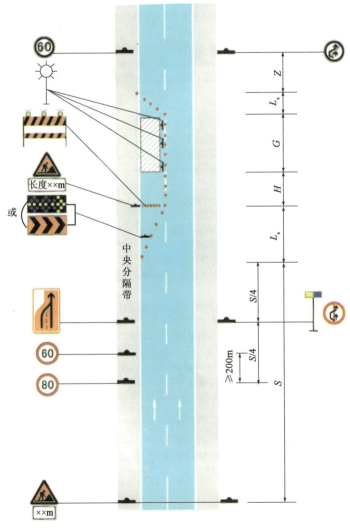

图3　右幅封闭左幅双向通行交通疏导平面布置图

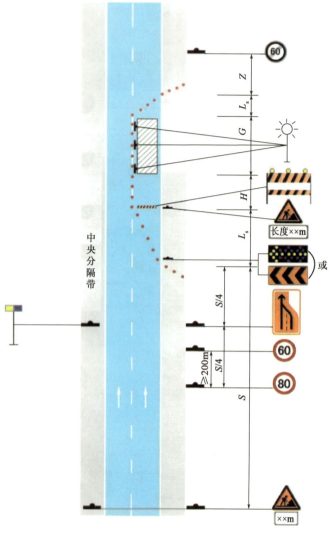

图4 左幅封闭右幅双向通行交通疏导平面布置图

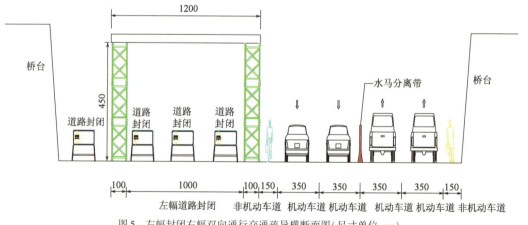

图5 左幅封闭右幅双向通行交通疏导横断面图(尺寸单位:cm)

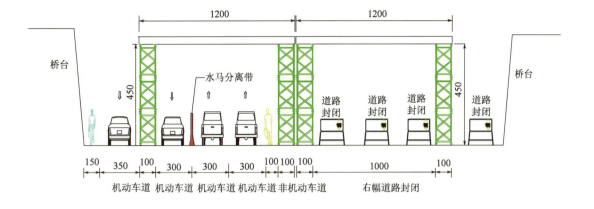

图6 右幅封闭左幅双向通行交通疏导横断面图(尺寸单位:cm)

具体施工时间和封闭方案如表1所示。

防护棚架施工阶段时间安排表　　　　　　　表1

施工安排	施工内容	交通管制办法	管制时间段	周期
1	搭设左半幅棚架	封闭左半幅,改右半幅双向通行	2019年4月16日至2019年4月17日	2d
2	搭设右半幅棚架	封闭右半幅,改左半幅双向通行	2019年4月18日至2019年4月19日	2d
3	桥梁上部结构拆除及重建施工	左、右幅行车道各设置一道7m宽机动车道及一道2m宽非机动车道	2019年4月20日至2019年6月3日	47d
4	拆左半幅棚架	封闭左半幅,右半幅双向通行	2019年6月4日至2019年6月5日	2d
5	拆右半幅棚架	封闭右半幅,改左半幅双向通行	2019年6月6日至2019年6月7日	2d

在防护棚搭设前,按照路政和交警大队的指示,在施工道路两头设置限高防护架(如图7所示)。一共安装2个限高架,宽度分别为14m、16.8m,限高4.5m。限高架采用桁架结构,Q235钢管焊接,Q235钢板做法兰,基础采用C25混凝土浇筑。立柱分上下两部分,钢管材质Q235,无缝钢管材质满足《结构用无缝钢管》(GB/T 8162—2008)规定。

在防护棚搭设及使用期间,超高车辆采用外部绕行的方式。施工前,对绕行方案进行评审。方案评审时,应邀请路线管辖交警部门参加。方案实施前,应在绕行路口设置好绕行公告。

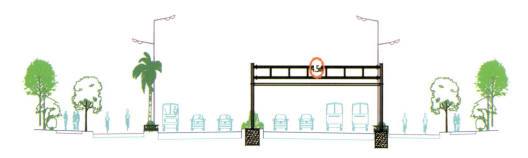

图 7　限高防护架设计图

（二）预制梁架设与拆除

（1）旧梁吊移施工,采用架桥机进行起吊,至梁体移出桥面,利用门式起重机将梁吊至预定场地进行分解。此工序为关键点。为了保证交通安全,该施工阶段需封闭桥下一级公路交通,与高速公路相关部门协商,实施定点绕行交通疏导管制,具体绕行路线如图 8 所示。

图 8　旧箱梁起吊移除期间交通疏导平面布置图

旧梁吊移施工阶段交通绕行疏导管制具体时间和封闭方案见表 2。

旧箱梁吊移施工阶段交通绕行疏导管制时间安排表　　表 2

施工安排	施工内容	交通管制办法	管制时间段	时间
1	吊移第 1 片梁	封闭玉容一级公路桥底段交通,玉林往北流方向绕行互通匝道;北流往玉林方向绕行互通匝道,详见图 8	2019 年 4 月 21 日上午 5:30～7:00	90min
2	吊移第 2 片梁		2019 年 4 月 22 日上午 5:30～7:00	90min
3	吊移第 3 片梁		2019 年 4 月 23 日上午 5:30～7:00	90min
4	吊移第 4 片梁		2019 年 4 月 26 日上午 5:30～7:00	90min
5	吊移第 5 片梁		2019 年 4 月 27 日上午 5:30～7:00	90min

（2）新梁安装：在存梁区的箱梁由预制场 100t 门式起重机起吊，配合绳具起吊预制箱梁一端 10cm，箱梁起吊端预埋钢板底部放置枕木固定，箱梁另一端起吊 30cm，并在箱梁预埋钢板底部放置转向器，门式起重机再从箱梁较低端吊至运梁车上，随后把箱梁放置转换器一端起吊放置运梁车上，并用手拉葫芦及钢丝绳将梁体与运梁车牢牢固定，保证稳固牢靠。然后运至梁片安装桥位处，采用架桥机进行安装。此工序为关键点，为了保证交通安全，与高速公路相关部门协商，该施工阶段需封闭桥底玉容一级公路交通，实施定点绕行交通疏导管制，具体绕行路线如图 9 所示。

图 9　新箱梁吊装落梁期间交通疏导平面布置图

箱梁架桥安装交通绕行疏导管制具体时间和封闭方案如表 3 所示。

箱梁架梁施工阶段时间安排表　　　　　　表 3

施工安排	施工内容	交通管制办法	管制时间段	时间
1	安装第 1 片梁	封闭玉容一级公路桥底段交通，玉林往北流方向绕行互通匝道；北流往玉林方向绕行互通匝道，详见图 9	2019 年 4 月 24 日上午 5:30～7:00	90min
2	安装第 2 片梁		2019 年 4 月 25 日上午 5:30～7:00	90min
3	安装第 3 片梁		2019 年 4 月 26 日上午 5:30～7:00	90min
4	安装第 4 片梁		2019 年 5 月 10 日上午 5:30～7:00	90min
5	安装第 5 片梁		2019 年 5 月 11 日上午 5:30～7:00	90min

旧梁拆除吊装及新梁安装时采取临时中断桥下路面交通措施，时间定于上午 5:30～7:00 之间，由于上午该时间段车流量相对较少。施工道路封闭后，在各封闭交通位置设置两名交通导行人员在此疏导车辆通行，并在适当位置设置警示、提示标识，如图 10 和图 11 所示，通知车

辆变道、并道行驶,配合交警维持交通秩序。

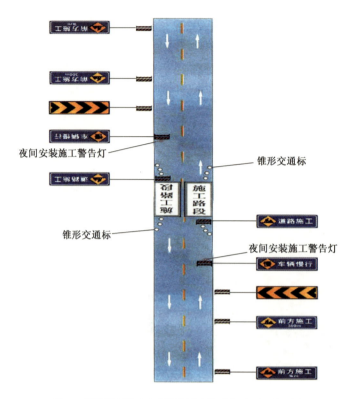

图 10　预制梁拆除和架设期间交通标志标牌平面布置图

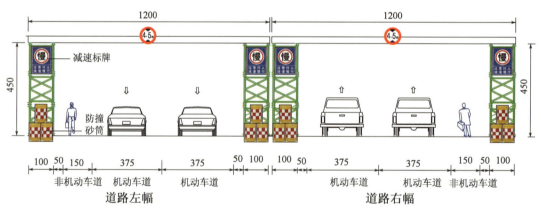

图 11　预制梁拆除和架设期间交通疏导横断面图(尺寸单位:cm)

(三)交通警示部署

在施工期间,按国家规范标准制作交通警示标志,方便导行过往车辆。

施工作业的交通控制分为:警告区、上游过渡区、缓冲区、作业区、下游过渡区、终止区。

(1)警告区:根据相应规范,各类平面交叉口设置警告区长度不应小于200m,在警告区起点应设置"前方200m施工"警告标志牌,如图12所示。

图12　警告区标志牌

距交叉口50m处,迎向行车方向设置"前方施工"标志及限速标志等,其余标志的间距不超过50m,并设置"禁止超车标志""前方车道变窄标志"等,如图12所示。警告区的最后一个标志离上游过渡区的第一个标志间距不小于100m。

(2)上游过渡区:上游过渡区长度不小于30m,该区设置车辆慢行、导向标志等,如图13所示。

图13　上游过渡区标志牌

(3)缓冲区:缓冲区长度不小于50m,与上游过渡区之间必须设置路障、路栏等标志,如图14所示。上游过渡区开始至限速解除全路段范围内根据实际需要摆设安全锥形筒,间距2m摆放。

(4)作业区:作业区前设置带施工警示灯的护栏,施工材料和机械堆放整齐,不能过高,施工材料和机械不得占用过往车辆行驶的车道,作业区与通行车道之间设置隔离墩,作业区设置照明。

(5)下游过渡区:长度不小于30m,在过渡区终点,采用锥形标志,与行车方向呈45°角摆放。

(6)终止区:终止区长度不小于50m,末端设置解除标志,如图14所示。

图14　缓冲区、工作区标志牌

四、安全监理　│373

（四）交通疏导组织措施

1. 做好宣传工作

在占用道路施工开工以前，通过有关新闻媒体和交通电台做好宣传工作，发布施工公告，明确具体路段和时间，有效地对经常往返本路段的车辆及行人进行分流，减少交通压力。

2. 准备工作

（1）在方案得到公路管理部门审批同意的前提下，方能进行相应施工。

（2）路警联勤，加强合作。计划与路政及交警部门采取"路警联勤联动"方式，定期与交警及路政部门进行座谈，加强沟通协作，提高道路的监控力度，为施工创建良好的外部环境。施工路段交通事故引发交通堵塞时，施工单位在第一时间通知高速交警及路政大队赶赴现场，迅速抢救伤者，保护财产，实行交通管制，立即采取临时通行、变道通行、车辆分流等疏导措施，路政、交警部门迅速勘验现场、牵引排障、清理现场，尽快恢复道路交通。同时向上级部门报告事故现场情况。

（3）在开工前，由路政部门和交警部门共同组织对施工单位现场安全长、安全员进行集中培训，学习交通安全法，施工管理规定和注意事项等相关业务知识，均获得安全从业资格证书后方可上岗。

（4）对施工区域进行勘察和划定，在距施工区1000m处设置交通提示、警示标志标识，在施工区300m范围内设置渐变段，两头设置交通提示牌，并设置临时限高、限宽标志，两头派专人看守，引导车辆通行，防止超宽、超高车辆撞击棚架，并安排专人使用对讲机进行交通疏解。

3. 交通组织办法

（1）在公路上的施工人员必须统一着装且着带有反光标志的橘红色的工作套装，管理人员必须穿着带有反光标志的橘红背心。桥上、桥下施工人员统一佩戴安全帽。另外现场施工所用的施工车辆需有统一标识且具有反光效果以便夜间施工人员辨认。

（2）夜间进行施工时，必须设置照明用的白光灯，照明设备满足作业要求，并覆盖整个工作区域。夜间作业的作业控制区布置必须设置施工警告灯，所设置的交通标志必须具有反光功能。作业期间和结束后应派专人看护照明设施。

（3）前后方的频闪灯和施工区域改道口的爆闪灯在夜间保持常开，并安排现场安全员夜间巡逻设备标志运行情况是否正常，交通车辆运行是否正常，如发现问题立即上报。

（4）两侧改道处应有值班人员举手旗和荧光棒24h轮流值班，确保交通枢纽的正常运行。

(5)在各种警示标志和转向标志设置齐全的同时,为防止个别驾驶员在夜间由于疏忽误入施工区域,采取如下措施:在改道口处堆筑防撞沙袋。防撞沙袋堆筑的宽度1.5m,高度1m。沙袋墙的正面应是具有反光功能的醒目标志。

4.交通疏导措施

安排人员疏导交通,交通疏导人员着装规范且通过专门的培训。

(1)入口:前端设置100m改道渐变段,由交通疏导员指挥,引导车辆依序驶入。

(2)出口:由交通疏导指挥员指挥车辆恢复正常行车秩序。

(3)区间:定人定时巡查,排除安全隐患,疏导车辆淤阻。

(4)施工机械:服从路面执勤人员指挥进行作业,不得进去行车区域。

(5)在进行施工时,设置各种安全引导标志、警示标志,安排专人进行交通疏解。

(五)施工期间交通保畅措施

1.交通保畅组织措施

(1)项目部成立交通保畅管理领导小组,由项目经理任组长,行政办公室主任任副组长,配备专职交通保畅员,统一计划、协调、指挥、组织交通保畅工作。

(2)开工前,报请业主邀请新闻媒体就施工路段施工的必要性以及因施工而带来的行车干扰向社会予以公告,求得社会各方的理解和支持。同时提请过往施工路段的车辆,重视施工路段的行车安全和有关注意事项。

(3)每处封闭施工路段在施工前,积极主动地与当地交通执法队取得联系,按照业主单位和行业的规定、办好各种施工许可手续,同时还请上述部门负责人到项目部讲解有关公路交通安全的强制性政策和有关注意事项。并请求调派清障车停驻在施工路段附近值守,以便及时排堵清障,保障双通路段正常安全通行。

(4)联系地方交通执法队,请求调派交通执法巡逻车加大对双通路段的现场监管,增强双通路段的巡逻次数和停留时间,迅速处理在双通路段发生的交通事故。

(5)项目部设专职交通保畅员负责施工(双通)路段的标志维护,实行24h管理和日常巡查工作,及时对双通路段的各种施工标志进行恢复、调整或增补,保证标志齐全有效,正确指示过往车辆安全通过施工路段。

(6)落实施工部署,根据道路实际,分段施工、分幅安排,控制施工长度,防止全线铺开;保持足够宽度,确保车辆能顺利交会;保持良好平整度,使车辆能平稳通过;做到排水顺畅,行车道无低洼积水。

(7)在原公路上和公路范围内,作业人员必须着标志服,夜间着反光标志服,作业机械按标准涂以橘黄色,且安装黄色警示灯。施工作业区域与道路通行区域严格分离。

(8)对可能影响到行车安全、畅通的工程施工,除事先取得监理工程师、地方交通执法队等部门的批准外,为了使车辆顺利通过作业区,还按现行《公路养护技术规范》(JTG H10)和现行《道路交通标志和标线》(GB 5768)的规定,设置有关标志,建立相应的交通管理组织,争取执法部门支持,配合执法部门做好交通管理工作,确保工程施工和安全、畅通。

(9)加强夜间施工照明及现场交通管理,配备夜间交通管制设施,防止因照明干扰和安全设施不齐而发生安全事故,施工区照明和交通管制设施设置专人管理,并严格实行责任制,保证交通安全设施的按时开启和足够的亮度。

2. 施工车辆、人员管理措施

(1)在进场施工前,组织施工人员、施工车驾驶员及与施工相关的人员,进行学习交通安全知识和公路施工安全知识培训,并统一组织考试,考试合格的方可进入施工现场。

(2)交通管制标志,除现行《公路养护安全作业规程》(JTG H30)和公路特殊要求使用的专用施工标志外,均采用现行《道路交通标志和标线》(GB 5768)监制的标志。进行夜间施工作业时还应设置照明灯和红黄频闪灯。

(3)施工车辆进出施工区域,应注意观察并主动避让正常行驶的车辆。

(4)在施工路段,施工车辆严禁不按规定倒车、逆行和停车。

(5)施工作业人员必须着施工安全标志服。

(6)施工车辆及施工作业人员必须服从公路管理部门的管理,接受执法人员的监督检查。对违反以上规定的,公路管理部门有权监督和按有关规定进行处罚,对存在重大安全隐患的,有权责令其限期整改和停工,若因安全责任不落实和安全措施不到位造成事故的,依法追究有关单位和人员的法律责任。

(7)施工作业不得妨碍交通安全和损坏路产,若有违反将按有关规定处理。

3. 施工安全规章及措施

(1)进入施工现场人员必须一切行动听指挥,严格遵守有关施工规定、操作规程。

(2)现场施工人员必须按时进入工作岗位,未经同意不得擅自离开。非施工人员,未经许可,不得擅自进入施工现场游玩、参观和进行其他活动。

(3)施工工具应妥善放置,严禁在公路范围内倾倒弃物,严禁坠物伤人及实施对道路交通安全通行构成威胁的行为。

(4)施工区域遵守公路管理部门有关要求,在需要临时分隔车流,引导交通,指引车辆绕过危险路段,保护施工设施和人员的适当地点设立告示牌、交通导向和限速等安全标志,同时派专职交通保畅员指挥,保畅人员穿反光红色背心,用指挥棒进行指挥;道路施工安全标志应齐全,每 5m 距离设置锥形交通标,前后视距不宜少于 500m,渐变段 200~300m,确保交通畅通和行车安全。

(5)夜间施工作业必须设置照明灯和红黄频闪灯示警,确保车辆昼夜安全通行。

4. 交通疏导设施的布置

配备交通管理标志、太阳能频闪灯、交通标志车等设施,指定专人维持车辆通行秩序;在交通控制区内,设置警告、限速、前方施工、前方车道变窄、禁止通行等标志,设置临时路障、隔离装置等。进入施工现场的人员要穿反光背心、戴安全帽、穿防滑鞋。整个施工期间,要设立机动岗、瞭望哨、指挥车、巡逻车、清障车,机动岗要配好通信工具,并保持通讯畅通,交通保畅管理领导小组要有人值班,以便应对突发事件。此外,设置符合规范要求的标志,包括太阳能频闪灯、标牌、锥形交通标、旗帜、防撞砂桶等设施,如图 15 和图 16 所示。始终要保持各种标志的齐全、规范,不得缺漏、遗失,损坏的要及时补上。

图 15　太阳能频闪灯交通标志示例

图 16　施工期间临时标志标牌示例

三、监理单位审批施工方案意见

监理单位经对施工单位上报的施工方案审查,基本同意按上报施工方案,但应在完善以下工作后实施：

（1）专项方案缺少编制依据，应补充完善。

（2）"防护棚搭设及拆除"中缺少检查验收与监测监控等内容，应根据实际情况完善其相关内容。

（3）缺少应急预案，应予补充完善。

四、案例实施过程安全监理

（一）事前监理工作

1. 审批施工方案

要求承包人在施工前28d编制实施性防护棚架搭建及架桥机拆（装）箱梁涉一级公路交通导行专项方案上报监理审批，特别注意检查承包人是否按监理审批意见完善施工方案相关内容。施工过程中如果发现实际情况有变化时，必须重新编制调整施工方案，再报监理审批后实施。

2. 检查承包人开工准备情况

主要审查承包人企业资质、人员资格、资源配置等是否按照专项方案要求落实，如不符合要求应督促承包人及时处理。

3. 检查安全技术交底工作

包括承包人、监理的安全技术交底，尤其注意交底的内容是否全面和有针对性。采用施工、监理共同召开会议的形式完成该项工作，以确保技术交底的工作质量和工作效率。

（二）事中监理工作

（1）在施工作业过程中，采用日常巡视检查、旁站跟踪监督等工作方式，实施施工现场的监督检查。

（2）在日常巡视中着重检查承包人是否按照批准的专项施工方案落实。

（3）督促承包人做好安全自查工作，并对承包人自查情况进行抽查，对防护棚搭设危险点源等关键环节实施安全旁站监理。

（4）督促承包人做好三级安全教育，逐级进行安全技术交底工作和工人岗前安全培训教育等。

（5）在防护棚架体搭设、使用直至完全拆除过程中，派专人检查支架和支撑情况，是否存在下沉、松动、变形和水平位移情况,发现问题及时通知承包人处理。

(三) 事后监理工作

1. 对安全施工的成绩和不足进行总结

工程完成施工后,按规定提交监理报告,对安全施工的成绩和不足进行总结,并提出监理自身对安全监理工作的改进意见及跨线工程施工交通管制意见。

2. 建立工程安全管理档案

将监理实施细则、专项施工方案审查、专项巡视检查、验收及整改等相关资料及时归档管理。

五、监理效果

由于国道玉容公路车流量较大,交通比较复杂,正常交通管理很困难。施工初期按原方案组织交通管制,但还是发生两起超高车辆冲过限高架撞击防护棚事件。在采取道路入口增设一道限高架、防护棚前安装一套摄像监控系统、交管部门派人到交通管制路段执勤指挥交通等措施后施工路段再未发生一起防撞棚撞击事件,车辆也按照既定方案得到较好的导行疏通,施工路段安全工作得到有力保障。

案例二：某大桥跨铁路 40m 箱梁运输、架设安全监理

一、案例背景

（一）工程基本情况

某大桥全长 818.07m，全宽 16m，设计安全等级采用一级。该桥共 7 联：$3\times30m + 4\times30m + 5\times30m + 5\times30m + 3\times30m + (25m + 40m + 25m) + 4\times30m$。上部结构采用预应力混凝土（后张）简支小箱梁，桥面连续；下部结构采用肋板台，桥墩采用柱式墩，墩台采用柱基础。桥面铺装层采用 15cm 厚 C50 钢筋混凝土，防撞护栏均采用 SS 级，防撞护栏顶设置防落网，防落网只设在第 21-22 号墩之间。桥面横坡为双向 2%，第 22 跨不设泄水管。纵断面位于凸形竖曲线上，第 1 跨至第 21 跨位于黎湛铁路的左边，第 23 跨至第 27 跨位于黎湛铁路的右边，第 22 跨跨越黎湛铁路（共 2 股道）。

其中跨越铁路的第 22 跨及相邻的第 21、23 跨桥梁上部采用 25m+40m+25m 预应力钢筋混凝土桥面连续简支小箱梁；40m 简支小箱梁，梁高 2.0m，小箱梁之间采用 18cm 厚的现浇湿接缝连接，每两片梁现浇横向湿接缝宽度为 0.775m；小箱梁中梁顶板宽 2.40m，边梁顶板宽 2.85m，底板宽均为 1.0m。21 号桥墩墩身外缘至下行铁路线路中心线最小水平距离 16.81m，22 号桥墩墩身外缘至上行铁路线路中心线最小水平距离 16.16m，桥下铁路通行净高 9.5m。21 号桥墩处小箱梁梁底最低高程为 57.764m，019 号支柱对应梁底高程为 57.988m，与 019 号接触网支柱最高点的距离为 0.815m；22 号桥墩处小箱梁梁底最低高程为 57.807m，020 号支柱对应梁底高程为 58.263m，与 020 号接触网支柱最高点的距离为 1.659m，满足公路上跨铁路的立交要求。

某大桥上跨黎湛铁路现场模拟如图 1 所示。

（二）监理案例简介

全桥 25m 预应力混凝土箱梁共 10 片、30m 预应力混凝土箱梁共 120 片、40m 预应力混凝土箱梁共 5 片，在预制场统一进行预制。本案例介绍跨铁路 40m 箱梁运输、架设前采用全面

的安全技术交底及架桥机、门式起重机、运梁车等及其相关辅助设备的检查确认,架设过程中全过程监控、精确地在封锁点时间内完成跨铁路箱梁架设,使得跨铁路箱梁架设在安全技术上取得良好的效果。

图 1　某大桥上跨黎湛铁路现场模拟图

二、施工单位报来施工方案介绍

铁路跨架桥机过孔按Ⅲ级封锁+接触网垂停施工,架梁按Ⅱ级封锁+接触网垂停施工,安全管理目标以坚持"安全生产,预防为主,综合治理"的方针,加强施工计划管理,加强施工组织和运输组织,严格执行各项安全生产制度和操作规程,保证安全投入,采取积极稳妥的防范措施,防患于未然,强化安全管理,做到安全管理标准化、规范化,确保行车和施工安全,确保施工全过程无安全事故和重大设备、人身伤害事故,杜绝因工死亡事故,确保安全生产指标达标,保证既有道路畅通无阻。危险源分析与控制措施如表 1 所示。

危险源分析与控制措施　　　　　　　　　　　　　　　表 1

序号	危险源	分析与控制措施	备注
1	触电伤人	(1)跨越电力线封网时办理好停电手续,工作前按要求验电挂接地线。 (2)绝缘绳、网有严重磨损、断股、污秽及受潮时不得使用。 (3)跨越安全网搭设应在良好天气下进行,如遇雷电、雨、雾、霜、相对湿度大于80%或5级以上大风时,应停止施工	—
2	高空坠落	施工人员必须正确佩戴劳保用品,高空作业人员必须先系好安全带,才能开始高处作业	
3	高空坠物	(1)所有高空使用的工具和材料须经传递绳传递,在传递过程中,上下要精力集中、默契配合,分清受力侧、尾绳侧。 (2)在高空使用的工具、材料,高空作业人员要抓好绑牢,待用的工具要放置稳当	
4	跑线事故	在导地线放到位后,立即做好防止导线滑脱跑线的措施(双保险锚线措施),确保不发生跑线事故	

续上表

序号	危 险 源	分析与控制措施	备注
5	交通事故	（1）不得把工具、材料等一切工器具、物品放在非施工区域内；严禁将施工工器具放在铁轨上。 （2）施工人员不得在铁路上逗留。 （3）现场设专人监护，施工过程中铁路上下行方向设专人带对讲机防护	
6	影响铁路运输	施工期间密切注意过往的车辆情况，特别是封网时须在铁路封锁、贯通线停电情况下封网；施工全过程由专人负责，并随时检查好跨越架架体情况	—
7	跨越安全网下垂	跨越安全网搭设完成后，要经项目部自验、铁路部门验收合格后方能投入使用。施工期间，加强跨越架的基础、紧固件等安全情况检查，尤其是雨天、台风期间，施工期间需设专人监护安全，并应急做好加固或必要时提前拆除跨越安全网	

三、监理单位审批施工方案意见

（1）专家评审总体评价：专项施工方案内容完整、可行，总体符合《公路工程施工安全技术规范》(JTG F90—2015)及涉铁路施工相关标准、规范要求，同意通过评审，完善后可用于指导施工。意见和建议：①做好跨铁路架梁各项施工分项作业准备，备用设备保障和应急演练，确保在封锁点时间内完成计划工作。②细化湿接缝、防撞墙、防落网等辅助设施的施工安全保证措施。③完善涉铁路施工风险源辨识分析和应急处置措施。④补充监测监控措施，严禁侵线施工。

（2）针对本桥涉及跨铁路架设箱梁施工，40m预应力箱梁跨度大、质量大，铁路部门给出的封锁点时间在凌晨一点至三点之间，施工安全工作尤为严峻，要求施工单位进行全面深入的安全技术交底，照明措施应满足夜间施工，工人安全措施保障齐全，按标准佩戴安全帽、高空作业系安全带、禁止高空抛物且做到工完场清，细化架桥施工工作节点使箱梁架设在封锁点时间内完成。

四、案例实施过程介绍

（一）跨铁路架梁施工监理重点、难点分析

（1）跨铁路架梁施工预应力（后张）简支箱梁最大梁重为163t，根据项目施工进度及现场实际情况，采用架桥机进行吊装。由于该分部分项工程属于采用非常规起重设备、方法，且单件起吊重量大，在危险性较大的分部分项工程范畴内，既是高空作业，又是起重吊装危险性较

大的作业,安全施工是重点、难点。

(2)某大桥上跨黎湛铁路,其中跨越铁路的第 22 跨为 40m 预制混凝土箱梁的安装,梁体重、跨径大,上跨黎湛铁路施工安全问题尤为严峻。

(3)黎湛铁路为双线电气化客货共线铁路,上跨桥梁工程与铁路交叉,运输繁忙,车流量大,铁路部门给出的封锁点只有 115min,时间短,任务重,并且作业采用夜间施工,夜间施工安全措施、施工人身安全和行车安全是安全控制的重点。

(4)本工程是邻近营业线施工,严禁采用大型振动机械施工,机械施工和吊装作业有侵入铁路限界危险,架梁施工有梁体坠落风险。

(二)监理工作小组及成员主要工作

为做好本分项工程的安全监理工作,由总监牵头成立工作小组,成员由总监、结构专工、安全专工、测量专工、监理员组成。工作小组各成员在监理过程中分工合作,各司其职,控制好本分项工程的重点、难点,实现本分项工程的监理目标。箱梁运输、架设及桥面系专项施工方案、开工报告经专业监理工程师审查、总监理工程师批准后组织实施,安全专监负责现场安全检查及安全措施验收;结构专监和现场监理员为现场监理质量责任人,负责施工工序的巡视及旁站;测量专监负责平面位置及高程的验收复核;最后由安全专监负责全过程安全监理总结工作。

(三)施工准备阶段监理工作要点

(1)注重箱梁运输、架设专项施工方案的审批,根据本分项工程的特点,结合铁路部门的意见建议,对施工方案进行了认真细致的审核,并通过专家论证后,统一了各方意见,督促施工单位修改完善后,才进行审批通过,由施工单位组织实施。

(2)严格执行安全技术交底程序,参与施工单位组织的箱梁运输、架设专项施工方案技术交底会议、班前交底会议等,针对施工管理人员,劳务工人进行了多层次的交底,不留死角,落实到每个人。

(3)对成品梁的尺寸,支座位置等进行了认真的核查,确保梁能顺利就位、安装质量等能得到保证。

(4)加强对架桥机、运梁车及配套吊装机具的检查,核实是否与专项施工方案一致。

专项施工方案专家论证评审会如图 2 所示,跨铁路箱梁运输、架设及桥面系施工安全技术交底如图 3 所示。

(5)架桥机及配套吊装机具检查。

本工程架梁过程中配备 2 台 MG95/5t – 35m(A3)门式起重机,1 台 JQ195t 桥式起重机,运梁车 3 套。门式起重机、运梁车、架桥机、起重机等架梁机械设备均经检测合格,并在有效期内。

图 2　专项施工方案专家论证评审会

图 3　跨铁路箱梁运输、架设及桥面系施工安全技术交底

①检查架桥机各部件螺栓是否上齐、限位孔内插销是否正确安装;检查前支腿是否用枕木支垫;检查中托轮、后拖轮是否使用规定的木板进行支垫;检查后支腿走行轮是否腾空,下支柱是否承重受力。

②检查前支腿支承状况,前支腿是否垂直于墩台垫石基面,支承是否稳固可靠、检查下导梁预埋件位置是否正确无误。

③检查行走系统是否安装好行程限位开关,检查各类限位器是否牢固可靠,使用灵敏。

④检查各连接部位是否牢靠,电气连接是否正确,检查电气系统仪表是否在"0"位,液压系统是否有漏洞,机械及结构部分是否有卡滞现象,各转动部位润滑情况及油箱内油位情况。

⑤检查吊具有无变形、裂纹、锈蚀、缺损;检查卷扬机的制动是否可靠,控制是否灵敏。

⑥检查钢丝绳使用规格是否符合设计要求、绑绳是否正确有序,吊具是否有损伤、锈蚀,绳卡安装是否正确、牢固可靠。

⑦运行液压系统,检查有无妨碍架桥机各机构工作的障碍物,纵向走行轨道是否稳固;检查相关设备动作方向是否正确;检查控制系统功能是否完好。特种设备使用标志及使用登记表如图 4 所示,检查中桁梁固定情况如图 5 所示。

(6)架桥机试吊,40m 箱梁架设前按照架桥机吊装的试吊要求选择最大梁重 163t 边梁进行试吊,提梁钢丝绳选择公称直径 72mm 的钢丝绳。在箱梁 2/8 跨、3/8 跨、4/8 跨、5/8 跨、6/8 跨主桁架上纵梁放置棱镜,试吊过程中检查主桁架挠度及应力与《40m 箱梁架桥机主桁架受力、挠度计算书》中结论数据是否相符。40m 箱梁架桥机主桁架受力、挠度计算结论如表 2 所示,架桥机试吊如图 6 所示。

图 4 特种设备使用标志及使用登记表

图 5 检查中桁梁固定之后是否水平

40m 箱梁架桥机主桁架受力、挠度计算结果　　　　　　　　　　表 2

工况	工况 1	工况 2	工况 3	工况 4	工况 5	合格标准
桥跨位置	2/8 跨	3/8 跨	4/8 跨	5/8 跨	5/8 跨	—
挠度（mm）	47.8	60.6	73.1	64.5	52.8	100
组合应力（MPa）	161.7	163.4	187.8	167.6	149.6	210
结果	合格	合格	合格	合格	合格	—

图 6 架桥机试吊

(四)架梁施工阶段监理控制要点

1.施工人员安全监理控制要点

(1)架梁前对全体施工人员进行安全交底和安全技术培训,全面学习《关于加强营业线施工安全管理的规定》及有关安全生产规定,增强安全意识,提高自我防范能力。

(2)检查参加吊装作业的人员持证上岗情况,挂牌作业,对高空作业人员进行体格检查,不宜高空作业的坚决不做安排。

(3)检查高空作业面、工作平台满铺脚手板,四周装好栏杆扶手,须挂安全网;上、下梯子挂牢放稳,并防滑,作业人员穿防滑鞋;高空作业挂好安全带,安全带有合格标记,严禁工作人员从上方向下抛掷任何物品,每架设完一孔梁,在两侧外边梁预埋护栏钢筋上拉绳防护,防止桥上操作人员坠落。

(4)检查吊索对点是否准确,严禁强拉硬顶,以免伤及结构;横纵梁起吊时,根据结构特点,可加设必要的临时支撑加固,防止变形;横纵梁运输时,捆绑安全可靠,运行平稳。

(5)检查现场的标识标牌设置是否齐全,施工现场严禁无关人员进入。

施工前安全会议如图 7 所示。

图 7　总监办组织施工前安全会议

2.梁场起梁监理控制要点

箱梁起吊前检查门式起重机制动是否运行正常,检查操作及指挥人员的安全交底情况,根据梁片的重量选用合适的吊具及钢丝绳,检查吊索具及钢丝绳质量。25m 箱梁提梁钢丝绳选用公称直径56mm 的钢丝绳,40m 箱梁提梁钢丝绳选用公称直径72mm 的钢丝绳,起吊过程中龙门式起重机及相关人员必须听从指挥人员指挥,严格按照箱梁编号进行起梁。

在吊梁过程中,根据梁片的方向和架梁设备架梁方向的一致关系,先将梁片一端准确对位在炮车固定支承架位置,另一端根据要求调整,准确对位后,落梁至炮车上。旁站过程中观察梁片在装运过程中支撑面是否位于同一水平面,同端支点相对高差不得超过20mm。

3. 梁板运输监理控制要点

预制梁场在大桥0号桥台左侧,距跨铁路位置约600m,为使其承载力能满足运梁车重载运行的需要,不致引起不均匀沉降。预制场至路基上约100m运梁便道采用石渣铺筑,并使用压路机充分碾压密实,保证便道压实度达到95%,局部路段加铺钢板增强便道的稳定性,梁板运输采用2台180t的轮胎式炮车进行运输,轮胎采用实心橡胶轮胎。运输过程中为防止倾倒、扭翻,检查是否使用托架固定在炮车上,两端垫梁枕木是否垫实,并用手拉葫芦捆牢于平板车的固定架上,固定措施如图8所示。运梁应缓慢行驶,不能转急弯。箱梁运输时采取可靠措施,保证箱梁横向稳定,不得翻转使预应力失去平衡破坏,按受力位置合理吊装、放置、卸装,运输过程中防止意外破坏。运输车起动、制动、转弯应缓慢、平顺。

图8 运梁车上对箱梁的固定措施

4. 架桥机过孔监理控制要点

封锁点登记、设置防护、接触网停电接地需要15min;架桥机前、后支腿顶起,中支腿到21号墩位置需要20min;中支腿固定、主梁配重前移,前支腿到22号墩位置、横移到架梁指定位置需要40min;架桥机整体检查放好,并固定稳固好需要20min;检查线路、确认放行、接触网取消接地、恢复通电、登记销点需要15min;过孔封锁点时间共需要110min。架桥机过控前按施工方案进行配重,全程旁站架桥机过控。架桥机过孔到位后,进行全面的安全检查,检查螺栓与销子的连接是否牢固、各构件螺栓是否上齐、钢丝绳接头及电气线路是否正确、滑轮组钢丝绳缠绕是否正确、电线是否有破损和挤压、液压系统是否正常、行走系统行程开关是否安装、轨道接头是否平顺,支垫是否平稳和轨距尺寸是否正确等,并进行空载试运行,正常后才能进行架梁吊装作业。配梁过孔具体操作如图9所示。

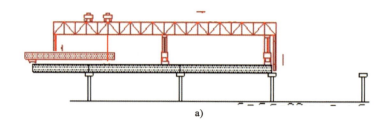

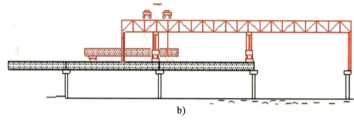

图9 采用配梁过孔方式

5. 架梁施工安全监理控制要点

（1）加强安全意识，提高全体施工人员的安全意识。开工前，组织施工人员学习安全条例，进行安全交底，定期召开安全会议，分析安全隐患及时采取改正措施。

（2）架桥作业由专人指挥，严格执行架桥机操作规程。

（3）进行架梁和移梁所有架梁作业人员均佩戴安全帽，前端高空作业人员系安全带。架梁时墩顶面设安全网，桥下禁止行人、车辆通过。

（4）吊梁时，不准突然变速或开倒车，以免梁体摆动。在吊装过程中，梁板上严禁浮搁料具，梁上严禁站人；梁悬吊过程中，梁下方严禁过人、站人，严格执行作业交接班制度，避免人员、机器疲劳。

（5）架梁时，设专人看护吊梁小车、卷扬机、钢丝绳，同时应设专人在墩台监视梁体运行情况。

（6）工作终止时，机械停在车线上，把吊钩上升到位，各控制手柄扳到零位，切断电源，吊钩上不得悬挂重物。

（7）架桥机移动时，应有专人看管电源及电缆，防止损坏。严禁将电控保险丝改用其他材料代替，避免产生严重后果。

（8）落梁就位时，严禁不采取相应措施就横向顶、拉，以防发生事故。

（9）液压系统各阀门、压力表如有失灵、损坏应及时修理或更换，压力表应定期校验。

（10）构件、重物在起吊和落吊的过程中，吊件下方禁止人员停留或通过，以防物件坠落而发生人身伤亡事故。

（11）操作场所禁止闲杂人员入内，以免妨碍操作，避免发生撞伤和碰伤事故。禁止从架桥机主梁、导梁上向下抛掷物品。

（12）在各梁片就位后未焊接前,应在梁片两端用斜撑或隔板下设垫木的办法,防止梁片倾覆。

（13）在吊箱梁时,应使承载均匀、平稳、不能忽起忽落；提升机构的钢丝绳应保持垂直；同时,起吊和降落做到同步,注意控制好前后端的高度差。

（14）操作人员应谨慎操作,严防箱梁晃动而发生事故。箱梁晃动时,销子等受力和活动部件容易损坏、断裂,也可能使钢丝绳受损。

（15）操作人员要做到十不吊：①指挥信号有误或不明确；②超负荷；③箱梁上有人；④安全装置不灵；⑤能见度低、视线不好（尤其是夜间）；⑥起重钢丝绳滑槽；⑦箱梁被挂住；⑧箱梁紧固不牢；⑨风力超过5级；⑩下大雨。

6.架梁施工全过程旁站

箱梁采用兜底法吊装方法。吊装流程如下：安装支座→拖车运梁至架桥机,并在梁的端面标记出纵轴线→架桥机横移到桥中心线、运梁车正上方,天车下钩到位→绑扎梁体。

箱梁架设施工顺序：第22跨梁体架设（上跨铁路封锁架梁）,梁体按路线方向从左往右按顺序进行编号,根据铁路部门协商审批,架设顺序为先架设边梁、再架设中梁（即5号→4号→3号→1号→2号）。12月9日1:10~3:05架设5号、4号梁,12月10日1:10~3:05架设3号、1号、2号梁。架梁施工全过程安排有序。架桥机提梁、喂梁如图10所示,架梁完成如图11所示。

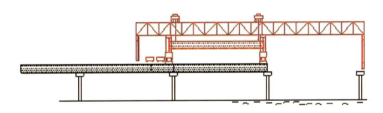

图10 架桥机提梁、喂梁

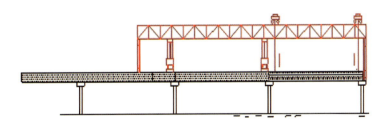

图11 架梁完成

12月9日,架设5号边梁时间:运梁车喂梁6min,挂钢丝绳4min,天车运梁自21号墩到22号墩11min,运梁到位下降2min,横移7min,调整落梁9min,加固9min,全部完成48min;天车回归到指定位置16min。架设4号中梁时间:挂第一条钢丝绳2min,运梁车喂梁8min,挂第二条钢丝绳4min,天车运梁自21号墩到22号墩9min,运梁到位下降2min,横移3min,调整落梁3min,加固3min,全部完成32min。完成架设4号、5号用时96min,在封锁点时间内完成。

12月10日,架设3号中梁时间:运梁车喂梁3min,挂钢丝绳2min,天车运梁自21号墩到22号墩9min,调整落梁、加固6min,全部完成20min;天车回归到指定位置14min,架设1号边梁时间:挂第一条钢丝绳2min,运梁车喂梁10min,挂第二条钢丝绳2min,天车运梁自21号墩到22号墩7min,横移3min,调整落梁、加固12min,全部完成36min;天车回归到指定位置12min,架设2号中梁时间:挂第一条钢丝绳3min,运梁车喂梁9min,挂第二条钢丝绳3min,天车运梁自21号墩到22号墩7min,横移3min,调整落梁、加固7min,全部完成32min。完成架设1号、2号、3号时间114min,在封锁点时间内完成。架梁施工过程如图12、图13所示。

图12 封锁点时间内完成梁体加固、边梁防护栏施工及湿接缝焊接

图13 跨铁路箱梁架设全部完成、边梁防护栏加固围挡

7. 预防触电监理控制要点

(1)临时用电线路必须按照规范要求架设整齐,施工现场设备及照明禁止使用单层绝缘的电线(如塑料花线),要使用双重绝缘的橡套线。临时用电设备检查如图14所示。

(2)在电气化区段作业时,人员、工具距接触网的距离不得小于2m。发现接触网及其部件损坏或挂有线头、绳索时,人员不得靠近。施工时在既有接触网带电2m及以内的作业,必须在接触网停电、检电、接地后进行。

(3)配电系统分级配电,配电箱、开关箱外观完整、牢固、防雨防尘。

图 14　临时用电设备检查

（4）手持式电气设备的操作手柄和工作中必须接触的部分,应有良好的绝缘。使用前应对工具的绝缘状态进行检查,电源线、插头和插座应完好无损,电源线不得任意接长或调换,维修和检查由专业人员负责。

（5）采用漏电保护装置,当设备漏电时,可以切断电源,防止由于漏电引起触电事故。保护接地和接零,将电气设备在正常情况下不带电的金属部分与接地体之间作良好的金属连接。

（6）电器设备外露的转动和传动部分（如靠背轮、链轮、皮带和齿轮等）,必须加装遮栏或防护罩。

（7）当发现人员触电时,早发现者首先迅速拉闸断电或用木方、木板等不导电材料将触电人员与接触电器部位分离开。当触电者在高处的情况下,应考虑触电者脱离电源后可能造成摔伤,防止二次伤害。

（8）严格执行有关安全用电的规定,施工用电必须有可靠的接地保护措施配合施工,电工应经常检查电缆线破损情况,发现问题立即处理,检查机电设备时必须断电,并设专人看守开关。架桥机防雷接地线必须埋设,埋入地表以下不浅于 2m。

（9）现场做好夜间施工照明措施,提前将施工用灯具安装好,并调试好。施工使用的行灯和低压照明灯具,其电源电压不应超过 36V,行灯灯体与手柄应坚固,绝缘良好,电源线应使用橡套电缆线,不得使用塑胶线。行灯和低压灯的变压器应装在电箱内,符合电器安装要求。

（10）现场使用移动式 LED 灯照明,必须采用密封式防雨灯具。LED 灯的金属支架应做好接零保护,金属架杆手持部位采取绝缘措施。电源线使用护套线,并装设漏电保护器。

8. 预防高空坠落监理控制要点

（1）凡在高度 2m（含 2m）以上的基准面施工都要采取有效的技术措施,高处作业人员必须正确佩戴和使用安全带。

(2)吊装作业要由专人统一指挥作业。起重机作业正式起吊前,起重机进行吊臂空载试转,检查角度、高度,确认回转范围内没有吊件上下可能碰到的障碍物。正式吊装时,首先要试吊,提升起来后,起重机静止1min,检查钢丝绳及各部锁具连接状态和起重机支腿稳定情况,确认无误后方可正式起吊。吊装过程中用麻绳牵引,防止转动和往既有线侧晃动。

(3)高空作业人员要佩戴好安全带,将安全带栓在已加好的梁的湿接缝钢筋上,防止人员高空坠落。在没有可靠的防护设施时,高处作业必须系安全带,否则不准在高处作业。同时安全带的质量必须达到使用安全要求,并要做到高挂低用。

(4)梁面的物体要清理干净,若有需要,将物体集中到一起,用吊篮吊装到地面,防止高空坠物,禁止高空抛物。

(5)遇有6级及以上大风或恶劣气候时,应停止露天高处作业。在夜间或光线不足的地方从事高处作业,必须设置足够的照明。

(6)班组高处作业人员的身体条件要符合安全要求。如不准患有高血压病、心脏病、贫血、癫痫病等不适合高处作业的人员从事高处作业;疲劳过度、精神不振和思想情绪低落人员应停止高处作业;严禁酒后从事高处作业。

(7)防护时间从开始到做好防抛网为止,每次架梁过程及完成后,在两端设置防护线,禁止闲杂人等上桥,防止出现人员高空坠落事故。

(8)施工人员应严格遵守劳动纪律,高处作业时不打闹嬉笑,不在不安全牢靠的地点歇息。

9. 预防物体打击监理控制要点

(1)所有进入现场的施工操作人员,管理人员,必须佩戴合格安全帽。

(2)施工现场采取车辆推运各种材料和运输时,必须要绑牢固定。要选择场地平整畅通的路面运输。

(3)搬运各种材料或传递时,人员要根据物体大小或协同作业,搬运或传递时人与物体要保持一定安全距离,传递材料时要确保接稳,无伤害地进行传递。

10. 预防机械伤害监理控制要点

(1)车辆驾驶员和各类机械操作员,必须持证上岗,严禁无证操作,对驾驶员、机械操作员定期进行安全管理规定的教育。

(2)严禁酒后驾驶车辆和操作机械,车辆严禁超载、超高、超速驾驶,禁止使用故障车辆、机械和超负荷运转。

(3)使用钢丝绳的机械,必须定期进行保养,发现问题及时更换,在运行中禁止工作人员跨越钢丝绳,用钢丝绳起吊、拖拉重物时,现场人员应远离钢丝绳。

(4)起吊各物体时,挂钩要把物体绑牢固后方可吊起。

(5)现场使用的机械设备要严格执行操作规程、规范,严禁违章作业。

(6)进场使用的机械设备必须和主管部门签订安全协议后方可投入使用。

(7)机械设备有专人负责维修保养,经常对其关键部位进行检查,按照"十字作业法"避免机械故障及机械伤害事故发生。

(8)机械安装时基础要稳固,起重机吊臂下方、旋转半径内不得站人和穿行,拆除时机械臂与架空线距离要符合安全规定。

(9)大型机械与架空电力线的安全距离必须满足《铁路工程施工安全技术规程》的要求。大型机械在接触网支柱及接触网带电部分5m范围以内作业,须装设接地线,在距离接触网带电部分2m到4m范围内,接触网可不停电,但须有接触网工或经专门训练的人员在场监护。

(10)对于可能侵入既有线护栏、架空线等设备(机械高度≥机与护栏、架空距离)的大型机械,施工时应尽可能将易倒方向避开既有线和架空线。大型机械必须按规定设置缆风绳、地锚桩、斜撑杆、配重等防倾覆措施。地锚桩埋设的体积、深度、缆风绳的强度,连接必须符合规定,满足抗倾覆受力验算。

(11)在营业线上施工,必须做到"工完、料净、场地清",必须做到一机一人一控,严禁机械、料具侵限。

11. 夜间运架施工安全监理控制要点

跨铁路箱梁架设施工,总共配备11盏800W的照明灯,桥面5盏、架桥机中桁梁上5盏、桥下1盏,备用照明设备4盏,满足夜间照明施工。

(1)夜间施工时,应保证有足够的照明设施,能满足夜间施工需要,并准备备用电源,电工负责维持维护照明设备正常运转。

(2)施工现场设置明显的交通标志、安全标牌、警戒灯等标志,标志牌需具备夜间荧光功能,保证施工机械和施工人员的施工安全;夜间施工时,各项工序或作业区的结合部位要有明显的反光标志;施工人员需穿戴有反光标识的作业马甲。

(4)检查运梁车照明系统是否正常;如有故障,现场电工及时处理解决。

(5)运梁车操作司机在运梁车指挥的正确命令下,按照运梁车安全操作规程进行操作。操作司机应保持清醒,严禁酒后驾驶或疲劳驾驶;如有不适及时向设备负责人汇报,申请替换。

(6)夜间运梁车在驮运箱梁至待架桥途中,必须提前检查运梁车所通过的线路有无障碍物,由运梁车导航人员在前开道并随时与运梁车操作司机保持联系,通过对讲机或信号灯及时向运梁车操作司机反馈路面信息以确保运梁车沿路基中线安全走行。

五、取得的监理效果

总监办召开了总结会,分享、交流该工程监理的成功经验及体会,主要有以下几点:

(1)针对该重点、难点工程,总监办成立了监理小组,明确了各级监理人员的岗位职责,组织全体监理人员学习跨铁路架梁施工监理细则,并由总监进行安全、技术交底,分析该工程可能出现的安全风险问题。

(2)总监办就现场问题及时与承包人进行沟通、协调,使可能出现的安全、质量问题消灭在萌芽状态,对各安全措施要点进行验收检查,架梁施工过程中实施全过程旁站监理,认真准确地记录架梁施工过程每一个时间控制点,细化到每一片梁、每一个工作节点,总结经验优化施工过程,节省时间,确保架梁施工在规定的时间内完成。

(3)通过对本工程的施工监理工作,各级监理人员掌握了工程技术、安全管理及现场监理要点,为后续同类型工程监理积累了监理经验。

案例三：大跨径拱桥塔架安装、拆除安全监理

一、案例背景

（一）工程基本情况

某高速公路项目中承式钢管混凝土拱桥，全长1035m，主跨575m，桥跨布置为：(40m + 60m + 2×35m)（连续箱梁）+ 575m（中承式钢管混凝土拱桥）+ (50m + 60m + 50m)（连续箱梁）+ 3×40m（连续箱梁）。南岸拱座基础设计为明挖扩大基础，持力层为中风化灰岩；北岸拱座基础设计为地下连续墙，持力层为中风化泥灰岩。

（二）监理案例简介

大桥拱肋及桥面格子梁采用300t无支架缆索吊装斜拉扣挂系统进行吊装，塔架作为缆索吊装系统组成的基础部分，其安装、拆除的准备工作和施工过程工程量大、工人劳动强度大、危险系数高。施工前要在两岸各设置一个杆件拼装场并分别配备两台10t门式起重机、4套拼装胎架，该区域用于杆件存放、加工、拼装。杆件在拼装区拼装成吊装单元后，用起重机和平板车运送至拱座施工区域的吊装区，采用塔式起重机吊装，因此需在南北岸各安装2台C7036塔式起重机，分别安装在塔架两侧。为使工人上下塔架方便，减少攀爬，提高工人劳动效率及上下班的安全性，在南、北岸塔架内侧各安装一台施工升降机。在塔架搭设到第4道横联高度时，拉设腰缆风，顶缆风包括侧缆风和前后缆风，侧缆风采用φ28mm钢丝绳，捆绑在第6道横联主立管的节点处，用卡环固定，下方锚固在临时地锚上，前永久缆风张拉端采用引线牵引至河对岸，锚固在拱座预埋的缆风索锚固架上，后缆风张拉端在主地锚上，锚固端均在塔顶横梁处。

综上所述，塔架安装前的准备工作涉及水上水下活动许可的办理、门式起重机和塔式起重机的安装，其安装、拆除过程伴随着塔式起重机、施工升降机的安装拆除和腰缆风与顶缆风的张拉与放张。安全监理工作内容包括特种设备、特种作业人员、基坑开挖、高空作业、涉水施工安全管理等多个方面。该塔架工程量在广西乃至全国同行业之中均位居前列，同时本项目也是我公司监理业务中的重要项目，将上述内容总结、归纳以案例的形式归档，对一般工程安全

监理工作,甚至对类似大型工程安全监理工作都有借鉴、参考意义。

二、施工单位报来施工方案介绍

大桥缆索吊装斜拉扣挂系统,传统做法是做两个塔,一个是主塔,用来起吊、运输构件,一个是扣塔,用来定位安装。本桥则采用"主扣合一"塔架,塔脚预埋在拱座内,塔底固结,塔顶设纵横向缆风索。塔架采用钢管桁式结构(材质为Q345B),横向宽39.9m,纵向宽12m,高199.76 m;塔顶设箱梁横梁,长46.4m,宽4.64m。

塔架竖向、纵向均以4m为模数设计,横桥向以4.9m为模数设计,标准格构柱尺寸为12m×9.8m。塔架立柱根据不同的受力部位,分别采用$\phi610mm \times 14mm$、$\phi610mm \times 16mm$、$\phi610mm \times 20mm$ 三种钢管,每节长为8m,腹杆采用$\phi114 \sim \phi245mm$ 钢管,立柱和腹杆均采用直缝钢管;立杆与立杆间采用法兰连接,立杆与腹杆间采用节点板栓接。整个塔柱间设置6道横联,南、北两岸塔架采用相同的布置,布置图如图1所示。塔架安装工艺流程图如图2所示。

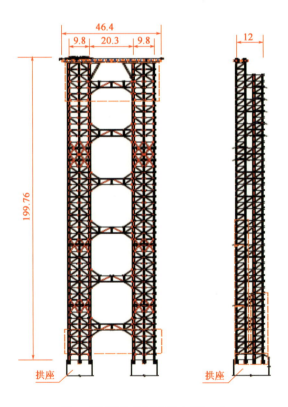

图 1　塔架总体布置图(尺寸单位:m)

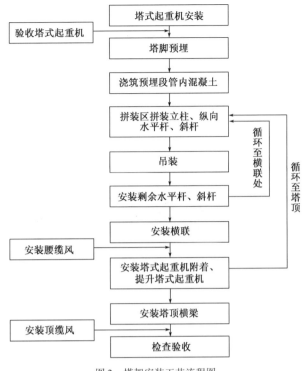

图 2 塔架安装工艺流程图

（一）塔脚施工

大桥拱座采用分离式设计，拱座横向宽 12m，塔脚立柱长度 6.6m，预埋深度为 2.5m，四周分别配置长度为 2.9m 的钢筋笼，布置螺旋形箍筋；立柱底设 3 层 $\phi 28mm$ 加强钢筋网片，改善预埋件附近混凝土的应力状态。钢筋笼全部安装完毕后，安装塔脚预埋钢管段水平杆、节点板，并向管内浇筑 C50 自密实混凝土。塔脚预埋钢管布置示意图及现场照片如图 3 所示。

（二）塔身安装

1. 塔式起重机安装

在南北岸各安装 2 台 C7036 塔式起重机（以下简称"塔机"），分别安装在塔架两侧，南、北岸塔式起重机均设置 6 道附着，每道附着有 4 根附着杆，附着杆采用 $\phi 219mm \times 10mm$ 的钢管，附着设置于塔架横联附近。

2. 首段立柱安装

在拼装区拼装好立柱段，用塔式起重机将第一个 8m 立柱段吊装至塔脚预埋立柱上，如图 4 所示；安装第一个 8m 节段钢管立柱之间的水平杆、水平斜杆及立面斜杆。重复前面的安装步骤，直到安装完第 3 个 8m 节段钢管立柱。

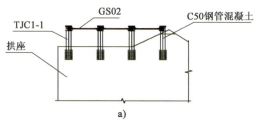

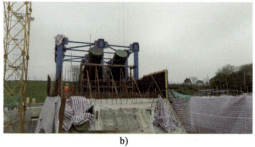

图 3　塔脚预埋钢管布置示意图及现场照片

图 4　第一个 8m 立柱段吊装

3. 第一道横联安装

先在拼装区拼装好横联处拼装单元，然后吊装就位，上螺栓，安装第一道横联剩余水平杆、水平斜杆和竖向斜杆。安装第 4 个 8m 节段钢管立柱，安装除扣索平台外的水平杆、水平斜杆、竖向斜杆。在拼装区拼装好扣索平台拼装单元，吊装就位，安装 GS05 扣索锚固斜撑管。重复以上步骤，直到安装至最顶层 8m 钢管立柱。横联示意图及安装现场照片如图 5、图 6 所示。

（三）塔顶横梁安装

塔顶横梁单元运送至现场存放区后，先在存放区进行预拼，预拼无问题后，将其拆分成塔顶 A、塔顶 B、塔顶 C、塔顶 D、纵梁 A、纵梁 B 六个单元，每个塔顶单元有两种，如塔顶 A 分为 A1 和 A2，A1、A2 相互对称，重量相同，中间由纵梁连接。将拆分好的单元运送至拱座区域，用塔吊逐个单元吊装至最顶端钢管立柱，塔顶横梁安装顺序如下：

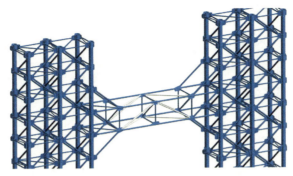

图 5　横联示意图

图 6　横联安装现场照片

1. 安装塔顶 B

塔顶横梁安装步骤一如图 7 所示。

图 7　塔顶横梁安装步骤一

将塔顶 B(B1 和 B2)单元分别吊至最顶端钢管立柱,先上好塔顶横梁与钢管立柱之间的螺栓,然后吊装塔顶 B 之间的纵梁 A、纵梁 B。

2. 安装塔顶 A

塔顶横梁安装步骤二如图 8 所示。

安装方法同塔顶 B,节点板、螺栓的安装顺序为:先安装塔顶横梁与钢管立柱间的螺栓,再安装两个塔顶单元之间的节点板和螺栓,最后安装塔顶单元与纵梁单元之间的节点板和螺栓。

图 8　塔顶横梁安装步骤二

2. 安装塔顶 C

塔顶横梁安装步骤三如图 9 所示。

图 9　塔顶横梁安装步骤三

4. 安装塔顶 D

塔顶横梁安装步骤四及安装现场照片如图 10、图 11 所示。

图 10　塔顶横梁安装步骤四

图 11　塔顶安装现场照片

(四)缆风安装

1. 临时缆风安装

第 1 道临时缆风安装在第 2 道横联处。用塔式起重机将缆风绳吊至塔架立柱捆绑处安装,另一端锚固在临时地锚处。

在塔架安装至第 4 道横联处时,两岸塔架各安装 1 根引线,引线一端在扣地锚 B 处,另一端用船运送至河对岸,分别拉至两岸拱座区域后方,两端均连接 1 台卷扬机。引线用于安装之后第 2 道临时缆风和永久缆风。

安装第 2 道临时缆风,一端锚固在扣地锚 A 上,另一端通过引线牵引至河对岸,锚固在拱座区域预埋的圆钢预埋环上。

2. 永久缆风安装

永久缆风包括腰缆风和顶缆风,顶缆风又分为侧缆风和前后缆风。

(五)塔架的拆除

塔架拆除首先将缆风逐级松张,再将缆风塔架侧锚头绑缚于塔式起重机吊点,随后预紧塔式起重机吊点,拆除塔架侧缆风锚头,而后利用吊点将缆风放至地面。在拆除缆风时按照设计索力对其逐级松张,依次将缆风索力松张设计值的 30%、80% 以及 100%,并利用 25t 千斤顶于锚头处对称松张,待松张完预留长度后使用卷扬机配合滑车组将缆风整束退出锚具。

为确保塔架在塔顶缆风拆除后的稳定性,在第 2、4 道横联处各设 1 道临时缆风,临时缆风采用 φ28mm 钢丝绳。临时缆风全部拉好后,才能松正式缆风。临时缆风随塔架立柱杆件的拆除而逐步拆除。塔架缆风拆除顺序如下:

设置临时缆风→拆除塔顶前后缆风→拆除侧缆风→拆除腰缆风→拆除第 2 道临时缆风→拆除第 1 道临时缆风。

塔架采用两台塔式起重机进行拆除,采用 25t 汽车起重机辅助分解、装车,汽车起重机于拆除塔顶横梁前一周进场。塔架根据塔式起重机不同距离的起重能力分成不同的块,用塔式起重机吊放到地面后,用车运到安全区域外,用 25t 汽车起重机配合人工分解,再将杆件分类堆放,装车运走。

步骤一:拆除塔顶横梁之间的螺栓、节点板,拆除之间的连接纵梁 A、B,用塔式起重机将其逐个吊至地面,拆除两个横梁单元间的螺栓、节点板,拆除横梁与立柱之间的连接螺栓,逐个将塔顶横梁单元吊至地面。

步骤二:将施工平台安装至最顶层立柱钢管之上,安装完毕后工人在升降平台上进行施工。自塔顶开始,拆除第一个 8m 钢管立柱之间的水平杆、水平斜杆及立面斜杆。各杆件之间通过法兰连接,工人使用气动扳手解除法兰螺栓,将杆件利用塔式起重机下放至地面后于安全区域内拆分立柱杆件。

步骤三:降施工平台至第2个8m钢管立柱,拆除第1个和第2个立柱间的螺栓,拆除第1个8m立柱。

步骤三:循环以上步骤至横联处,拆除横联,拆除塔式起重机附着杆,降塔式起重机。

步骤四:循环以上步骤至最底层预埋立柱,期间相应拆除塔架临时缆风。

步骤五:切割露出拱座以上的钢管立柱。

(六)塔式起重机拆除

塔架拆除至第六道横联处时,先执行塔机下降程序再拆除横联及塔机附着。各横联处均应执行上述拆除顺序,塔机降至汽车起重机适宜拆除高度时,按以下顺序拆除塔机:

拆除钢丝绳→拆除部分配重块→拆除起重臂→拆除余下配重块及平衡臂→拆除塔头拆除驾驶室节及回转机总成→拆除顶升套架及内塔身节→拆除剩余标准节。

塔架拆除工艺流程如图12所示。

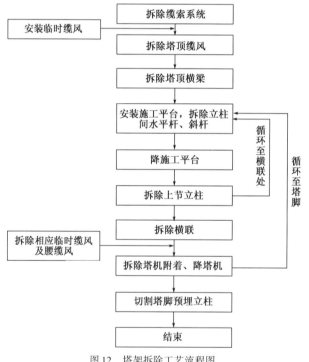

图12 塔架拆除工艺流程图

三、监理单位审批施工方案意见

鉴于塔架安装、拆除过程涉及多个特种设备、特种作业人员及起重吊装、水上作业等危险

性较大的工程,为了使原方案更加完善、更具指导性和可操作性,总监办提出监理审查意见如下:

(1)材料进场使用前应向监理进行报验;对于螺栓还应进行见证抽样验收合格方可使用;对于主立钢管应有合格证书或焊接焊缝的无破损检测报告。

(2)方案中未说明两岸吊装单元的吊装作业区及安全警示措施、各塔式起重机回转范围及吊装任务分工,应予以明确。

(3)塔架安装工艺流程图中,没有体现施工平台的安装与拆除环节。应明确施工平台临边防护设施设置及提升、吊放过程中应采取的安全措施。

(4)需编制配套的施工升降机安装拆卸专项施工方案,并明确相关安全使用措施。

(5)螺栓验收标准应该进行定量鉴定,即用扭矩扳手的扭力来检验,扭力达到要求才合格。

(6)施工安全保证措施和应急处置措施中没有针对性:

①没有对本专项方案所涉及的危险源进行分析,找出最大危险源。坍塌事故为四级风险,应增加坍塌事故安全防范措施。

②由于没有最大危险源,所以应急预案不具体。

③同样防范措施没有具体化。

(7)需增加接闪器、引下线、接地体等防雷装置设置且应符合现行《电气装置安装工程接地装置施工及验收规范》(GB 50169)要求。

(8)项目内部应急救援通讯联系表中没有项目经理及项目总工,主体安全责任无法落实,需增加。

(9)设置引线及后续牵引缆风时,未提到如何解决通航问题。

(10)方案中提到监控,但没有写明各工序、各部位的相应位移监控的标准是多少。

(11)缺少在扣塔拆除过程中对拱肋的安全保护措施。

四、案例施工过程介绍

(一)施工过程概述

塔架安装、拆除情况基本上与施工单位上报方案吻合,本节主要介绍缆风索、升降机、施工平台等的安装、拆除。

1. 腰缆风安装

原来的方案没有设置腰缆风,而是在施工时设置3道临时缆风,但在实施时,经过计算,进行了优化，安装时不设临时缆风，而是增加一道永久性的腰缆风。腰缆风采用ϕ15.24mm的钢绞线，每束有8根钢绞线，每个塔架有4束，张拉端分别在拱座和主地锚上，锚固端在第4道横联缆风索销耳处。腰缆风一端锚固在主地锚上，另一端通过引线牵引至河对岸，锚固在拱座区域预埋的圆钢预埋环上。

2. 顶缆风安装

顶缆风包括侧缆风和前后缆风。侧缆风采用ϕ28mm钢丝绳，捆绑在第6道横联处主立管的节点处，用卡环固定，下方锚固在临时地锚上。

前后缆风采用ϕ15.24mm的钢绞线，前缆风每束有10根钢绞线，每个塔架有8束，后缆风每束有12根钢绞线，每个塔架有8束，前缆风张拉端在拱座上，后缆风张拉端在主地锚上，锚固端均在塔顶横梁A处。锚固端用塔式起重机吊至塔架顶横梁A的缆风索销耳处，锚固。前缆风索张拉端采用之前安装的引线牵引至河对岸，锚固在拱座预埋的缆风索锚固架上。

3. 升降机安装

为使工人上下塔架方便，减少攀爬，提高上下的安全性，在塔架内侧安装升降机。升降机每8m附着一次，连接至塔架立柱小横管上。南、北岸塔架安装至第二道横联时各安装一台升降机，随塔式起重机降节时拆除。

4. 施工平台安装

施工平台用于工人在塔架上安装螺栓、检查安装情况使用。施工平台分为三层，每层铺设钢面板，为工人的作业平台，根据塔架平面结构，施工平台制作成三角形，方便上下移动，每层平台面积约4.2m^3。平台内部设置爬梯，平台主体结构立柱采用100mm×50mm×5mm方钢，桁架结构采用⌊50mm×3mm角钢。施工平台示意如图13所示。

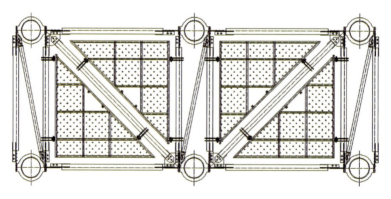

图13 施工平台示意图

施工平台提升步骤：吊装塔架标准节段立柱吊装单元—吊放施工平台，挂钩与已安装好的水平杆、斜杆连接牢固—安装该层剩余水平杆、斜杆，工人于施工平台安装螺栓—吊装下一层标准节段立柱吊装单元—提升施工平台—循环至塔架安装结束。

（二）主要风险源分析

塔架安装、拆除时间跨度长、涉及工作面大，为了便于安全监理工作开展，将施工现场划分杆件拼装场、塔架安拆区、通航水域三个区域逐一进行风险源辨识和清单化管理。地锚施工区的基坑安全使用与维护、地锚位移监测等工作已于过程中进行控制，结果满足要求，此处不再赘述。

1. 杆件拼装场风险源辨识

两岸各设置一个杆件拼装场并分别配备两台 10t 门式起重机、4 套拼装胎架，该区域用于杆件存放、加工、拼装。其中门式起重机的安装、拆卸属于现行《公路工程施工安全技术规范》（JTG F90）附录 A 规定的危险性较大的分部分项工程，杆件拼装场的设置主要存在以下风险：

（1）技术人员对施工现场、配电方式等未作详细交底或操作人员失误造成触电伤害；

（2）拼装胎架、门式起重机横梁等高处作业部位未按规定搭设作业平台、操作人员未系安全带，造成高处坠落事故；

（3）设备状况不良、运输现场不畅、吊装单元转运司机操作失误或违章引起车辆伤害；

（4）构件转运过程中的操作、指挥人员失误、吊具、捆绑方式不符合要求，绳具存在缺陷或选择错误等造成起重伤害；

（5）杂物清理不彻底、构件放置不符合规范要求、工具使用方法不正确等引起物体打击事故；

（6）安装、拆除过程中汽车起重机、缆风绳的钢丝强绳安全系数不足，破损严重造成坍塌事故；

（7）安装、拆除过程中操作、指挥人员失误或机具故障造成物体打击、机械伤害事故。

2. 塔架安拆区风险源辨识

塔架安拆区安全管理内容包括塔式起重机的安装、爬升，施工升降机的安装、拆卸，吊装单元的转运、安装，缆风索的固定，高空及地面作业人员的安全防护，安全风险大、种类多，主要有：

（1）未严格执行塔式起重机、施工升降机安装前检查、基础验收程序，造成坍塌事故；

（2）塔式起重机主要安装部件重量和吊点位置不明，引起物体打击事故；

（3）塔式起重机附着设置、爬升动作未严格按照规定程序执行，造成坍塌事故；

（4）特种设备安装时起吊钢丝绳强度不够、断股、断丝过多、扭曲变形严重、磨损过大造成物体打击事故；

（5）特种作业人员未持证上岗、违反操作规程造成高空坠落、造成物体打击事故；

(6)交叉施工地面防护措施缺失,造成物体打击事故;

(7)塔式起重机相互配合不协调,造成机械伤害;

(8)防雷接地装置未严格按照设计施工,造成雷击、触电事故;

(9)吊装单元螺母漏拧、欠拧,塔架、拱座位移监测数据失真,造成塔架失稳。

3. 通航水域风险源辨识

塔架安装至第 4 道横联处时,两岸塔架各安装 1 根引线,引线一端在扣地锚 B 处,另一端用船运送至河对岸,分别拉至两岸拱座区域后方,两端均连接 1 台卷扬机。引线用于安装之后腰缆风和顶缆风。施工用时约 3 h,需要临时封航时长约 4 h。塔架安装至第 6 道横联处时,安装顶缆风,先用第 4 道横联处的引线将缆风牵引至河对岸,再用塔式起重机将塔架处的缆风吊上第 6 道横联处。施工用时约 3 h,需要临时封航时长约 4 h。前缆风索需要跨江布置,考虑每天通航需要,需要施工 8 d(两塔架缆索同时施工),每天需要封航时长约 4 h。缆风索过江施工存在的主要风险如下:

(1)航道不良如航标缺失或故障,船舶航行密度太大或不按照规定航行等造成船舶碰撞、沉没;

(2)船舶技术故障如导航设备故障,船舶动力故障,操舵及螺旋桨故障等造成船舶搁浅;

(3)不良的航行条件如驾驶员经验匮乏及责任心差,航海资料缺乏,避让操纵失误,恶劣气候等造成船舶碰撞、沉没、污染等;

(4)作业人员未按要求配备个人劳动防护用品,人员通道防护设施缺失,跳板不稳固造成人员落水、淹溺事故。

(三)监理对安全管理控制要点

针对杆件拼装场、塔架安拆区、通航水域风险源辨识结果,安全监理管控要点主要包括以下几个方面:

1. 杆件拼装场

(1)门式起重机必须经相关单位验收合格后方可使用。开车前应认真检查机械设备、电气部分和防护保险装置是否完好、可靠。如果控制器、制动器、限位器、电铃,紧急开关等主要附件失灵,严禁吊重。

(2)操作人员须经过一定培训,了解门式起重机的机械构造、性能;须持证上岗;在工作时,精力要集中。必须有足够的睡眠,工作中不准打瞌睡,酒后禁止吊运工作,高空作业必须系安全带。必须听从信号员指挥,但对任何人发出的紧急停车信号,都应立即停车。

(3)工作停歇时,不得将起重物悬在空中停留。运行中,地面有人或落放吊件时应鸣铃警告。严禁吊物在人上方越过。吊运物件离地不得过高。

(4) 重吨位物件起吊时,应先稍离地试吊,确认吊挂平稳,制动良好,然后升高,缓慢运行。不准同时操作三只控制手柄。

(5) 门式起重机遇有雷击或 6 级以上大风时应停止工作,切断电源,车轮前后下放夹轨器夹牢。

(6) 司机必须认真做到"十不吊"。

2. 塔架安拆区

(1) 塔架垂直拼装至设计有横联的高度时,及时安装横联。

(2) 塔架安装过程及时安装临时缆风索,保证塔架的稳定。

(3) 连接螺栓不得漏装、欠拧,监理人员按照 30% 频率对连接螺栓施工质量进行抽检,并在塔顶安装完成后联合施工单位进行全面检查验收。

(4) 节点板与其相连的杆件以及相连的杆件之间应密贴,无肉眼可见的明显缝隙。

(5) 拼装过程中,每安装一个节段,由测量人员对立柱垂直度、柱顶位移进行观测。确认各项指标符合要求后可继续拼装,以保证塔架拼装过程中空间位置的准确。

(6) 安装塔顶横梁前,对连接螺栓进行一次全面检查、补拧。

(7) 缆风索的安装应对称、分级张拉,张拉过程中加强对塔顶偏位的监控。

(8) 塔架拼装完成后,应进行全面系统的检查验收工作。

(9) 安全防护用品(安全带、安全绳、安全帽、安全网)必须符合国家质量标准,定期进行检查,并有检查记录;安全防护用品每次使用前,必须进行检查,作业人员必须正确佩戴和使用防护用品。

(10) 作业人员必须从专用的通道或爬梯上下,严禁攀登脚手架。作业人员上下的用具、结构构造必须牢固可靠。

(11) 露天高处作业,5 级以上大风、雷电、暴雨、大雾等气象,不得施工。

(12) 夜间施工时,必须有足够的照明。

(13) 高空作业人员必须正确佩戴安全帽和配备有足够强度的安全带,作业时将安全带有绳子的一端牢系在坚固的建筑结构件上或金属结构架上,严禁系在活动物件上。

(14) 塔架位移要用相同观测路线和观测方法;使用同一仪器和设备;固定的观测人员;在基本相同的环境和条件下工作;观测时间一般为早上 5:00~8:00,并尽可能缩短测量工作持续的时间;每次观测的测站要基本上固定,持尺人员应受过专门的训练;工作基点要每隔一定时间复测一次。确保单节柱的垂直度允许偏差 $h/1000$,且不应大于 10.0mm,主体结构的整体垂直度允许偏差($H/2500+10.0$mm),且不应大于 50.0mm。

(15)由于塔架每个重量达3000多吨,所以要对拱座变形进行监测,主要为沉降和水平位移监测。在两岸拱座顶部分别建立监测点,埋设监测桩,每2d对监测点进行一次观测,记录相应数据,并形成台账,每周做一次汇报,当监测数据显著异常时,及时报告。

(16)缆索吊装系统需设置完善的防直击雷及二次感应雷装置,避雷带的引接应符合设计和相关规范要求,避雷针和馈线架均应设置专用雷电流引下线,材料为40mm×4mm的整根镀锌扁钢,分别下引至塔架地网,并与塔体固定可靠、相互焊接合格,现场焊接处应有可靠的防锈防腐措施。

3. 通航水域

(1)水上作业人员必须佩戴安全帽、穿救生衣、系安全带、穿防滑鞋。

(2)严格落实水上作业安全技术措施,未经落实时不得进行施工,牵引船只上需备足并正确放置救生设备(救生衣、救生圈、救生绳等)。

(3)水上作业人员,必须经过专业技术培训,做到持证上岗,并必须定期进行体格检查。

(4)遇有6级以上强风、浓雾等恶劣气候,不得进行水上作业。台风及暴雨后,应对已安装的揽风索进行检查,发现有松动、变形、损坏等现象,应立即修理完善,以免揽风索脱落砸伤过往船只。

(5)参加水上作业的船舶必须证照齐全,按规定配备足够的船员,船舶机械性能良好,能满足施工要求,并及时到海事监督部门签证。

(6)在施工作业期间应按有关部门确定的安全要求,设置必要的安全作业区或警戒区,设置有关标志或配备警戒船。在现场作业船舶或警戒船上配置有效的通信设备,施工作业期间指派专人警戒,并在指定的频道上守听。

(7)施工前按海事部门的要求申报《中华人民共和国水上水下施工作业通航安全审核申请书》,获得《中华人民共和国水上水下施工作业许可证》后才进行施工。加强与当地海事、航道等政府相关部门的协调,共同做好水上交通疏导工作。

(四)安全监理措施

为了保证各区域安全风险可控,达到零事故、零伤亡的安全管理目标,安全监理措施如下:

1. 杆件拼装厂

杆件拼装厂的安全管理内容重点在于门式起重机的安拆与安全使用、吊装单元的装卸和转运,该区域安全监理主要工作包括:

(1)对门式起重机的安拆开展危险性较大的分部分项工程施工前进行安全生产条件核查

为必要工作，另外根据现行《起重机械安装改造重大修理监督检验规则》（TSG Q7016）、现行《特种设备使用管理规则》（TSG 08）督促施工单位申请监督检验、办理使用登记；

（2）督促施工单位按照现行《起重机械　检查与维护规程　第1部分：总则》（GB/T 31052.1）、现行《起重机械　检查与维护规程　第5部分：桥式和门式起重机》（GB/T 31052.5）对门式起重机开展各类检查与日常维护并填写检查、维保记录；

（3）对特种作业人员持证上岗情况进行检查，主要是特种设备安拆人员、高空作业人员和专职电工；

（4）对该区域所有作业人员接受安全教育培训和安全技术交底情况进行检查，重点检查各类特种作业人员及吊装单元转运司机接受安全教育培训和安全技术交底情况，督促施工单位每日开展班前安全教育和讲评；

（5）按照现行《建筑施工高处作业安全技术规范》（JGJ 80）检查特种设备安拆、吊装单元拼装等作业场所临时安全设施布置及作业人员个人劳动防护用品配备情况。另外，杆件拼装厂临近监控指挥中心和其他作业区，依据《广西壮族自治区建筑工程文明施工导则》对施工现场管理、是否保持施工现场良好作业环境等文明施工行为进行检查。

2. 塔架安拆区

（1）对塔式起重机、施工升降机的安拆开展危险性较大的分部分项工程施工前进行安全生产条件核查确保现场施工符合现行《塔式起重机　安装与拆卸规则》（GB/T 26471）、现行《建筑施工塔式起重机安装、使用、拆卸安全技术规程》（JGJ 196）、现行《吊笼有垂直导向的人货两用施工升降机》（GB/T 26557）的要求，开展基础施工和特种设备安装完成后的验收工作。

（2）根据现行《起重机械安装改造重大修理监督检验规则》（TSG Q7016）、现行《特种设备使用管理规则》（TSG 08）督促施工单位对塔式起重机、施工升降机申请监督检验、办理使用登记；督促施工单位按照现行《起重机械　检查与维护规程　第1部分：总则》（GB/T 31052.1）、现行《起重机械　检查与维护规程　第3部分：塔式起重机》（GB/T 31052.3）、现行《起重机械检查与维护规程　第9部分：升降机》（GB/T 31052.9）对塔式起重机、施工升降机开展各类检查与日常维护并填写检查、维保记录。

（3）重点检查塔式起重机、施工升降机安拆人员及司机和高空作业人员持证上岗情况，检查塔式起重机司机对各自的工作范围是否清楚、高空作业人员对高处作业及交叉作业的风险是否知悉。

（4）对现场使用的吊索、吊具进行检查，如图14所示，确保符合现行《建筑施工起重吊装工程安全技术规范》（JGJ 276）、现行《编织吊索　安全性　第1部分：一般用途合成纤维扁平吊装带》（JB/T 8521.1）的要求。

图 14　检查现场使用的吊索、吊具

(5)对钢直梯及安全带进行检查(图 15),确保钢直梯符合现行《固定式钢梯及平台安全要求　第 1 部分:钢直梯》(GB 4053.1)、安全带母索稳定牢固且自锁器符合现行《坠落防护带柔性导轨的自锁器》(GB/T 24537)要求。

图 15　对钢直梯及安全带进行检查

(6)检查交叉作业过程中现场是否按照方案要求设置了防护通道(图 16),作业人员是否接受了危险告知。

(7)配合现场监理人员对吊装单元的安装过程及现场安全防护工作落实情况进行检查,如图 17 所示。确保连接螺栓不漏装、欠拧,安全防护措施及个人劳动防护用品配备符合现行《建筑施工高处作业安全技术规范》(JGJ 80)、《用人单位劳动防护用品管理规范》的要求。

(8)协助测量工程师对立柱垂直度、柱顶位移、拱座变形进行观测。确认各项指标符合要求后可继续拼装,以保证塔架拼装过程空间位置的准确。

图 16　检查防护通道设置情况

图 17　检查吊装单元的安装过程及现场安全防护情况

(9)配合现场监理人员对塔架拆除过程开展日常检查,确保防雷引下线、接地体按照现行《电气装置安装工程　接地装置施工及验收规范》(GB 50169)要求设置;确保缆风索分级、对称放张,辅助拆除的临时缆风索及时安装,塔架单元有序分解、转运,塔式起重机、施工升降机拆除符合规范要求。

3. 通航水域

缆索过江要求临时封航进行施工作业,分别在上游 1.2km 的河道右岸水域、下游 0.38km 的河道左岸水域各设置 1 处施工期临时应急停泊锚地,每处临时应急停泊锚地各设置 2 座锚地专用标,共设 4 座。临时封航期间,在封航水域外缘即临时应急停泊锚地处设置禁航标志,共 3 座,其中上游 2 座、下游 1 座。施工单位配备 2 艘警戒船,其停泊在临时应急锚地处,担负临时封航时的警戒作用,禁止船舶驶入禁航区域。为了保证船舶、设施、人员水上通航安全作业条件、采取的通航安全保障措施有效落实,安全监理工作主要包括:

(1)督促施工单位依据《中华人民共和国水上水下活动通航安全管理规定》及已批复的通航安全评估报告编制通航安全保障方案,参加方案的专家评审会和方案修改情况,督促施工单位及时办理水上水下活动许可证。

(2)现场核实是否按照海事管理机构批准的作业内容、核定的水域范围和使用核准的船舶进行作业,助航、封航标志是否按照方案施工。

(3)督促施工单位确保施工船舶适航、船员适任,严禁雇用无证船舶、聘任无证船员,且所用船舶的相关资料应报相关部门备案。

(4)现场检查船舶、设施是否按照规定在明显处昼夜显示规定的号灯号型;作业船舶和警戒船上是否配备有效的通信设备,施工作业期间是否有专人警戒并在指定的频道上守听。

(5)检查水上交通安全管理机构、应急管理机构建立及运行情况,应急救援船舶、物资配备情况。

五、取得的监理效果

(1)危险性较大的分部分项工程施工前安全生产条件核查结果符合要求。
①深基坑开挖、塔架安拆专项施工方案,附具安全验算结果且经专家论证;
②现场作业人员接受安全生产教育、培训和技术交底率100%,特种设备安拆人员、塔式起重机、施工升降机司机及高空作业人员均持证上岗;
③门式起重机、塔式起重机、施工升降机等特种设备的各类验收、检查记录齐全,均取得了特种设备使用登记证书且建立了特种设备安全技术档案;
④各类现场处置方案有针对性和可操作性,施工单位建立了应急救援组织,配备了必要的应急救援器材、设备和物资;
⑤通航安全评估报告、通航安全保障方案经专家论证,水上水下活动许可证办理及时。
(2)专项施工方案现场实施情况符合要求。
①深基坑工程分级开挖、防护及时,按照规范及方案要求开展安全使用及维护工作;
②测量、监控人员履职到位,按规定开展基坑、地锚的监控、监测工作;
③杆件拼装厂分区合理、材料堆放整齐,按照方案及指挥部要求落实了"7S"(整理、整顿、清扫、清洁、素养、安全、节约)管理工作;
④塔架安拆区钢直梯、施工平台按照方案施工,安全带母索稳定牢固且自锁器符合现行《坠落防护 带柔性导轨的自锁器》(GB/T 24537)要求;安全通道满足防护要求,交叉作业、人员上下按照既定方案及安全技术交底执行;塔架、拱座监测方法、频率满足要求;
⑤通航水域内,使用核准的船舶在划定的安全作业区内作业,助航、封航标志按照方案施工;施工船舶适航、船员适任,所用船舶的相关资料已报平南海事处备案;水上交通安全管理机构、应急管理机构健全、完善运行正常,应急救援船舶、物资配备齐全。

（3）安全生产目标顺利实现。

①无生产安全责任事故发生；

②因工死亡率亿元产值率为零，因工重伤率亿元产值率为零；

③职业病危害有效控制；

④无火灾、交通事故，无食物中毒、煤气中毒事件；

⑤安装和拆除均控制在计划工期范围内。

案例四：高速公路改扩建工程连续刚构跨线天桥拆除监理

一、工程概况

某高速公路改扩建工程原设计为双向四车道，原路基宽度为28m，改扩建后路基宽度42m，双向八车道，原有天桥均需要拆除，重新建设新桥。改扩建工程跨线天桥的拆除，要求在确保安全的前提下，不能中断交通。这给天桥的拆除提出了更高的要求，相对简支梁而言，连续刚构天桥的拆除方案更为复杂，本案例是结合斜腿刚构天桥拆除的成功实例，对这类桥梁的方法和工艺进行介绍，以供借鉴。

拆除天桥的桥型为主跨25m斜腿刚构梁桥，高速公路主线下穿，桥总长55m，主梁长49m，主梁底宽2.5m，桥面宽5.5m(桥面净宽4.5m)，桥梁上部结构及桥面系总重550t。旧天桥现场实际情况如图1所示。

图1　旧天桥现场实际情况

二、施工单位报来的施工方案介绍

（1）根据桥梁的受力情况及现场施工环境，在主梁跨中及主梁与斜腿连接部搭设支撑支架，利用同步顶升技术顶升主梁，斜腿受力失效后将主梁受力转到支架上，采用钢支撑托换解除原有结构受力，将斜腿刚构桥体系转换为连续梁，在钢支撑支架上按先边后中的顺序再利用绳锯进行切割，把梁体分块切割吊运拆除，逐步把桥梁体系转换为简支梁。

(2)跨线桥拆除按图2中所示顺序进行切割拆除:①切割拆除顺序按1~8部分的顺序,其中斜腿刚构5和6部分应同时进行切割,同时拆除。②主梁每块切割时,应注意梁体整体的稳定性。当出现梁体与支撑钢结构位移偏差较大或其他危险情况发生时,应立即停止施工,等排除险情后方可继续施工。③当1、2、3、4部分主梁切割拆除后,须对跨中部分主梁同时进行顶升切割拆除斜腿5和6部分。顶升后2号、3号、4号钢支撑与主梁间的空隙应用钢板填塞。④当2号、3号、4号钢支撑上的200t液压千斤顶顶升主梁后,斜腿刚构桥体系转换为连续梁桥。此时主要由2号、3号、4号钢支撑承受7、8部分主梁自重,两侧槽钢斜拉带承受部分压力及切割主梁时可能产生的水平力。

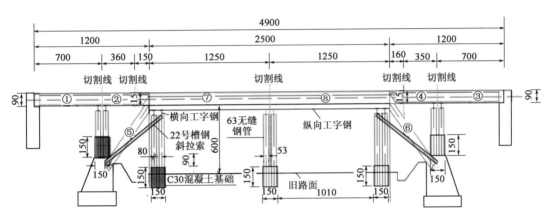

图2 跨线桥拆除分块切割顺序示意图(尺寸单位:mm)

三、监理单位审批施工方案意见

(一)专项施工方案的审查

因为是改扩建工程,旧天桥拆除期间要保持交通畅通,不能中断交通。为保证旧天桥拆除的顺利实施,确保无安全事故,总监办应要求施工单位编制专项施工方案,方案应经施工单位技术负责人审批并组织专家评审,总监办要对旧天桥拆除专项施工方案仔细审查。审查时着重看以下方面的遵守情况是否满足强制性要求:

(1)《施工合同文件》;
(2)现场相关资料;
(3)《中华人民共和国安全生产法》;
(4)《特种设备安全监察条例》;
(5)《建筑起重机械安全监督管理规定》;
(6)《建筑施工特种作业人员管理规定》;

(7)《建筑起重机械备案登记办法》;

(8)现行《起重机械安全规程 第1部分:总则》(GB 6067);

(9)《公路工程施工安全技术规范》(JTG F90—2015);

(10)《建筑施工安全检查标准》(JGJ 59—2011);

(11)《施工现场临时用电安全技术规范》(JGJ 46—2005)。

(二)审查施工方法、工艺的可行性和安全合理性

对半幅封路搭设跨中支撑支架、边跨支架并拆除桥上防抛网、桥侧指示牌和广告牌等。

1.支撑结构稳定性审查

(1)全桥共设5个竖向钢支撑,编号为1~5号每个钢支撑采用双排(便于布置横向切割线)无缝钢管抵抗其竖向承载力,每排3根钢管。竖向支撑钢管采用直径为530mm,壁厚为8mm的无缝钢管,其埋置深度不小于1m。基础采用C30混凝土现浇的条形基础,尺寸分别为150cm×500cm×150cm及150cm×400cm×150cm。

(2)顺桥向方向(垂直主线)每根钢管顶面开槽深15cm,采用I32工字钢嵌入焊接,使两排钢管整体受力,以提高其承载力。

(3)分别在1号与5号的混凝土基础上浇筑时预埋槽钢作为地锚,采用[22槽钢与焊接2号、4号钢支撑焊接作为斜拉带,以抵消跨线桥切割拆除时主梁对支撑产生的部分压力及斜腿对钢支撑的水平力。

(4)双排钢支撑之间用型钢设置纵、横向联系,使两排钢支撑之间联系成一整体,提高钢支撑承载力。支架细部立面如图3所示。

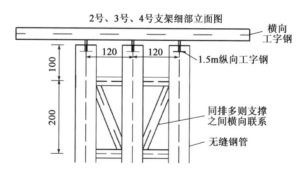

图3 支架细部立面图(尺寸单位:cm)

(5)支架搭设完成后,为保证施工安全,在2号、4号与行车道之间(硬路肩上)按照来车方向前在70m、后30m布设混凝土防撞墩。

2. 现场安全管理审查

由工人使用扳手、撬棍、氧割等破拆工器具拆除旧天桥的防抛网、广告牌及标志牌等,拆除的防抛网、标志牌等材料堆放整齐,集中处理。

3. 拆除单元划分,单元重量与吊装设备匹配性审查

拆除封闭的半幅车道桥上的护栏、翼缘板等。由于附属设施重量较轻,且拆除附属时,对桥的影响较小,此时桥梁结构是安全的。护栏采用竖向切割和翼板分离,翼板根部采用竖向切割和主箱室分离,切割时候采用35t的汽车起重机装到桥下空地后,再集中转运至指定位置破碎,翼板切割前可采用汽车起重机预吊,防止切割卡盘。切割方案为金刚石绳锯机切割。护栏、翼板切割示意如图4所示。

图4 护栏、翼板切割示意图

4. 护栏拆除

(1)拆除跨线桥护栏时,吊装长度边跨为6m,中跨为6.25m。

(2)跨线桥护栏拆除,每块护栏板钻取4个吊装孔,吊装时在板的下方垫一块I22a工字钢,加强混凝土块的抗压能力,防止护栏板在吊装过程中被压碎。同时,在吊装过程中使混凝土块与钢丝绳紧贴,且钢丝绳与混凝土块间的空隙用轮胎胶填充。

(3)护栏吊装时,为避免吊环受较大的水平力,要保证吊索与护栏顶面的水平夹角在60°以上,不满足时应在吊索上施加吊装扁担,吊装扁担可采用[4a槽钢自行加工。

5. 翼板拆除

(1)拆除跨线桥翼板时,翼板吊装长度,边跨为6m,中跨为6.25m。

(2)跨线桥翼板拆除,每块翼板钻取4个吊装孔,吊装时在板的下方垫2块I22a工字钢,工字钢间用直径为28mm的螺纹钢连接。同时,在吊装过程中使混凝土块与钢丝绳紧贴,且钢丝绳与混凝土块间的空隙用橡胶填充。

(3)翼板吊装时,为避免吊环受较大的水平力,要保证吊索与翼板顶面的水平夹角在60°以上,不满足时应在吊索上施加吊装扁担,吊装扁担可采用[4a槽钢自行加工。

6. 切割分块后各护栏、翼板重量

切割分块后各护栏、翼板重量如表1所示。

切割分块后各护栏、翼板重量表　　　　　　　　　　　　　　　表1

序号	工程部位	长度(m)	截面面积(m^2)	分块后重量(t)	备注
1	边跨护栏	6.00	0.40	6.24	共8块
2	中跨护栏	6.25	0.40	6.5	共8块
3	边跨翼板	6.00	0.24	3.74	共8块
4	中跨翼板	6.25	0.24	3.9	共8块

7.切割拆除边跨主梁

拆除时应防止顶升时边跨主梁往上翘,造成整体失稳。

(1)跨线桥拆除边跨主梁,即先拆除1、2、3、4部分主梁。

(2)跨线桥主梁拆除顺序及切割示意如图5所示,切割拆除顺序按1~8部分的顺序,其中斜腿刚构5和6部分应同时进行切割,同时拆除。

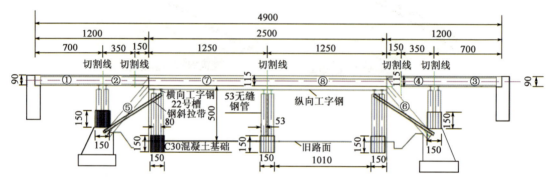

图5　跨线桥主梁拆除顺序及切割示意图(尺寸单位:cm)

(3)主梁每块切割时,应注意梁体整体的稳定性。当出现梁体与支撑钢结构位移偏差较大或其他危险情况发生时,应立即停止施工,等排除险情后方可继续施工。

(4)跨线桥切割分块后各分块重量如表2所示。其中各分块截面面积均为最大截面面积(不考虑变截面,以最大尺寸算),其中混凝土密度取2.6t/m^3,表2中最大分块重量为跨中主梁重量,重91.73t。

跨线桥切割分块后各分块重量表　　　　　　　　　　　　　　　表2

主梁编号	工程部位	主梁截面面积(m^2)	长度(m)	切割分块后重量(t)	备注
①	边跨主梁	2.52	7	45.86	
②	边跨主梁	2.52	3.5	22.93	
③	边跨主梁	2.52	7	45.98	
④	边跨主梁	2.52	3.5	22.93	
⑤	钢构斜腿	1.67	6	26	混凝土密度取2.6t/m^2
⑥	钢构斜腿	1.67	6	26	
⑦	中跨主梁	2.52	14	91.73	
⑧	中跨主梁	2.52	14	91.73	

边跨主梁拆除,分为 4 个节段,翼板切割后断面面积为 $2.52m^2$,1 号、3 号段部分长度取 7m,2 号、4 号段部分长度取 3.5m,混凝土密度取 $2.6t/m^3$,节段重量分别为 45.86t 及 22.93t,考虑到吊装能力和施工要求,采用两台起重机起吊,起重机摆行车道位置,吊点距离 10m,采用 200t 起重机起吊满足要求。

8. 支架受力复核计算,安全可靠性审查

(1)拆除边跨主梁后,在 2 号、3 号、4 号支架顶面中间位置各布置 3 台 200t 液压千斤顶,同时对中跨主梁进行分级顶升,同时监测 2 号、3 号、4 号支架的水平位移变化,斜腿部分于地面脱离 5mm 即可停止顶升,缝隙位置采用临时钢板垫密实。经顶升斜腿支撑失效后桥跨结构变为两跨简支梁。

(2)中跨主梁顶升应同步进行(即 2 号、3 号、4 号支架千斤顶应同步),并观测梁体的位移及支撑结构是否存在变形或者失稳情形,当出现险情应立即停止施工,排除后方可继续进行。

(3)当 2 号、3 号、4 号钢支撑上的 200t 液压千斤顶顶升主梁后,斜腿刚构桥体系转换为连续梁桥。此时主要由 2 号、3 号、4 号钢支撑承受 7、8 部分主梁自重,两侧槽钢斜拉带承受部分压力及切割主梁时可能产生的水平力。

(4)顶升主梁后,应立即用钢板和橡胶填充顶升后主梁与纵向 I32 工字钢产生的间隙,使支撑结构能继续发挥作用。

9. 支架沉降观测和位移观测

(1)2 号、3 号、4 号墩每个墩布三个观测点,变形观测点置于竖向无缝钢管上并用红油漆做明标记,写上编号。

(2)必须使用经纬仪、水准仪等监测仪器进行监测,不得目测,检测仪器精度应满足现场监测要求,并设变形监测报警值。

(3)观测周期:顶升阶段及牛腿切除时一直观测,牛腿切除后为 2h/次,稳定后为每天两次。

(4)为避免视觉误差影响观测数据的准确性,应由同一名测量员进行测量观测。

10. 拆除斜腿

应同时拆除 5、6 部分斜腿,使整体结构基本受力平衡。

切割拆除斜腿部分,取断面截面面积为 $1.67m^2$,长度为 6m,混凝土密度取 $2.6t/m^3$,经计算 5 号及 6 号段重量为 26t,一次拆除。起重机摆车加宽段位置,吊点距离 8m,采用 200t 起重机起吊满足要求。

11. 拆除中跨主梁

封闭左幅车道，连续梁跨中位置切断，依序拆除 7、8 部分半幅中跨主梁。

(1) 半幅中跨(7 号段)拆除。

半幅中跨拆除，分为一个节段，翼板切割后断面面积为 $2.52m^2$，7 号段部分长度取 14m，混凝土密度取 $2.6t/m^3$，节段重量为 91.73t，考虑到吊装能力和施工要求，采用两台起重机起吊，起重机行车道位置，吊点距离 10m，采用 200t 起重机起吊满足要求。

施工中先封闭左幅，利用右幅组织双向交通，做好左幅拆梁安全防护后，开始主梁拆除工作。在主梁上钻孔，利用螺栓和焊接将主梁临时与支架锚固，锚固位置为切割线位置两侧。

在 3 号支撑中部切割线位置横向切断，起重机就位，用钢丝绳兜住主梁，并使钢丝绳张紧稍稍受力，解除主梁与支架的临时锚固，一次将 7 号块吊装拆除。主梁吊点布置如图 6 所示，桥梁拆除切割示意如图 7 所示。

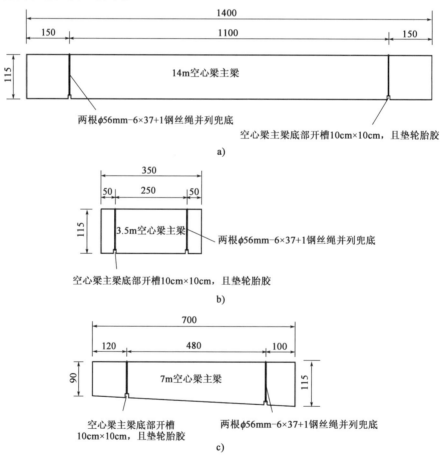

图 6 主梁吊点布置图(尺寸单位:cm)

(2)拆除支架,转至另外半幅以同样方法拆除桥 8 部分梁体。

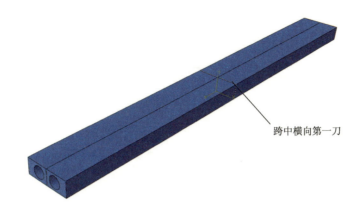

图 7　桥梁拆除切割示意图

12. 基础及下部结构的拆除

在上部结构拆除完成后开始基础下部结构的拆除施工。旧天桥下部结构主要为斜腿基础和桥台,两座旧天桥的下部结构均属于钢筋混凝土结构。采用钢管支架加铺竹排进行围挡后,即可直接用炮锤式挖掘机或风镐进行破碎拆除。

(三) 施工计划、材料与设备计划的审查

1. 审查施工计划

旧天桥拆除时间持续较长,节假日交通量大,应尽量避开以利疏导交通。本天桥拆除选取开工日期:2018 年 5 月 12 日,计划完工日期:2018 年 6 月 11 日,总工期30d。拆除前报业主、交警、路政等部门,申请封闭施工作业区,对原有高速公路进行交通管制。

2. 审查进场材料、设备计划与施工计划的协调性

本天桥拆除主要材料、设备计划需求如表 3 和表 4 所示。

工程主要材料需求表　　　　表 3

材料类型	支撑体系	1 号钢支撑	2 号钢支撑	3 号钢支撑	4 号钢支撑	5 号钢支撑
C30 混凝土	基础结构	1.5m×1.5m×4m	1.5m×1.5m×5m	1.5m×1.5m×5m	1.5m×1.5m×5m	1.5m×1.5m×4m
φ530mm 无缝钢管	双排钢支撑	6×3.5m	6×5m	6×5m	6×5m	6×3.5m
[22 槽钢	纵、横向联系	10×3m		48×3m		10×3m
I32 工字钢	横向工字钢	2×6m	2×6m	2×6m		2×6m
I32 双拼工字钢	纵向工字钢			4×25m		

计划使用主要设备表 表4

序号	设备名称	规格或型号	数量	备注
1	汽车起重机	200t	2	—
		35t	1	—
2	液压千斤顶	200t	9	—
3	金刚石绳锯机	D-LP32	4	—
4	空压机、风镐	3m³	4	—
5	氧割设备	G10	2	—
6	电焊机	BX-500	4	—
7	炮机	ZZ350	2	—
8	水准仪	DZS3-1	2	—
9	激光测距仪	—	2	—

对施工机械、机具安全性能检查,须满足以下条件:

(1)施工中使用的起重机必须经过检查验收合格,并由技术监督部门发准用证。

(2)所使用的钢材、钢丝绳必须有合格证,所使用的钢丝绳应无断丝,磨损不超标。

(3)所使用的卡环不得有毛刺、裂纹、尖角、扭曲、变形等缺陷,且销子松紧自如。

(4)电动扳手、流动电源盘等电动工器具应经过检验,合格后方可使用。

(5)所有的测量工具必须经过校验合格后使用,测量数据要考虑校验时的修正值。

(6)杉杆、架板等脚手架材料应完好无损,无变形。

(7)用于本工程的机械、机具全部要有合格证。

3. 对进场重要设备进行安全性能核验和审查

(1)200t汽车起重机起重性能(如表5所示)

200t汽车起重机(65t配重,支腿全伸)主臂起重性能表 表5

幅度(m)	臂长(m)									
	13.8	18.1	22.5	26.8	31.2	35.5	39.9	44.2	48.5	52.9	57.2	61
3	200										
3.5	185	120									
4	170	118	115	98							
4.5	153.6	115	112	95	78						
5	138.2	110	104.5	91	75	61					
6	114.7	105	92.5	85	72.5	60	50				
7	97.4	98.4	84	78	68	57	48.5	41			
8	84.2	85.3	73.5	72.5	63	52	45.2	39	32.5		

续上表

幅度(m)	臂长(m)										
	13.8	18.1	22.5	26.8	31.2	35.5	39.9	44.2	48.5	52.9	57.2	61
9	73.8	74.9	68	65.5	57	48	43.2	37	32	26.5		
10	65.4	66.5	61	58	53	45	40.6	35	31	26	22.5	
11		59.5	57	53	49	42	38.2	33.8	30	25.5	21.2	19.4
12		53.3	53	48	47	40	36.2	32.5	28.6	24.8	20	18.2
14			43.5	44.6	43	42	35	31.6	28.9	26	23.2	18.5	16.8
16			36.5	37.4	37	31	28.5	26	23.6	21.4	17	15.5
18				29.9	30.7	31.7	28	25.8	23.5	21.6	19.6	15.6	14.5
20					25.6	26.6	25.5	23.5	21.2	19.6	18.1	14.4	13.5
22						21.7	22.6	22.5	21.8	19.2	18	16.8	13.4	12.5
24							19.4	20.5	19.5	17.6	16.5	15.5	12.5	11.5
26								16.8	19.2	18.3	16.5	15.2	14.5	11.7	10.8
28									17.2	16.1	15	14	13.4	11	10
30									15.3	14.2	14.2	13	12.2	10.5	9.2

(2)金刚石绳锯机

①金刚石绳锯机工作性能采用型号原装进口绳锯机,具体性能参数如下:

驱动轮:$\phi 600$ mm;

额定功率:10kW;

额定电压:400V – 50/60Hz;

钢丝线速度:0-27m/s;

外形尺寸:1370mm×557mm×(1840~2054)mm;

防护等级:TP65;

液压泵量:40~100L/min;

最大工作压力:21MPa;

最大切割面积:20m^2;

设备重量:150kg(主机)+190 kg(高压油泵)。

②金刚石绳锯切割的原理:金刚石绳锯切割是金刚石绳索在液压马达驱动下绕切割面高速运动研磨切割体,完成切割工作。由于使用金刚石单晶作为研磨材料,故此可以对石材、钢筋混凝土等坚硬物体进行切割。切割是在液压马达驱动下进行的,液压泵运转平稳,并且可以通过高压油管远距离控制操作,所以切割过程中不但操作安全方便,而且震动和噪音很小,被切割物体能在几乎无扰动的情况下被分离。切割过程中高速运转的金刚石绳索靠水冷却,并将研磨碎屑带走。

③金刚石绳锯施工工艺流程如图8所示。

a. 固定绳锯机及导向轮用M16化学锚栓固定绳锯主脚架及辅助脚架，导向轮安装一定要稳定，且轮的边缘一定要和穿绳孔的中心线对准，以确保切割面的有效切割速度，严格执行安装精度要求。

b. 安装绳索根据已确定的切割形式将金刚石绳索按一定的顺序缠绕在主动轮及辅助轮上，注意绳子的方向应和主动轮驱动方向一致。

c. 相关操作系统的连接及安全防护技术措施根据现场情况确定，水、电、机械设备等相关管路的连接应正确规范、相对集中，走线摆放严格执行安全操作规程，以防机多、人多，辅助设备、材料乱摆、乱放，造成事故隐患。绳索切割过程中，绳子运动方向的前面一定用安全防护栏防护，并在一定区域内设安全标志，以提示行人不要进入施工作业区域。

d. 切割启动电动机，通过控制盘调整主动轮提升张力，保证金刚石绳适当绷紧，供应循环冷却水，再启动另一个电动机，驱动主动轮带动金刚石绳索回转切割。切割过程中必须密切观察机座的稳定性，随时调整导向轮的偏移，以确保切割绳在同一个平面内。

e. 切割参数的选择切割过程中通过操作控制盘调整切割参数，确保金刚石绳运转线速度在18m/s左右，另一方面切割过程中应保证足够的冲洗液量，以保证对金刚石绳的冷却，并把磨削下来的粉屑带走。切割操作做到速度稳定、参数稳定、设备稳定。

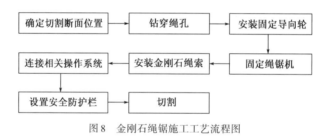

图8 金刚石绳锯施工工艺流程图

4. 交通组织管理审查

为保证天桥拆除期间高速公路运营安全，需对高速公路半幅封闭进行施工作业，对高速公路进行半幅封闭半幅通行的交通管制，利用天桥附近的中央分隔带活动开口将车流进行改移，施工左幅时，封闭左幅车道，将左幅车流通过中央分隔带活动开口改移至右幅，待通过施工路段后再改回左幅。待左幅天桥拆除完毕，再封闭右幅，将右幅车流改到左幅，进行右幅上方天桥拆除。每次只准封闭半幅车道，并经过交警、路政等部门审批、同意。

施工作业期间交通管制按警告区、上游过渡区、纵向缓冲区、工作区、下游过渡区和终止区依次布置，按高速公路限速120km/h为例，警告区长2km，上游过渡区200m，纵向缓冲区200m，下游过渡区30m，终止区60m，因高速公路交通量大，重载车多，为保证施工期间交通安全，作业控制区逐级限速到60km/h。

施工前充分做好交通安全防护工作,先防护后施工,在施工区域多设置爆闪灯以起警示作用,夜间施工,照明应顺着来车方向,并加装灯罩,施工过程中涉及占用行车道的,上游过渡区应该适量延长,并横向加设水马、水泥墩防护,防止过往车辆直接冲入施工区域。交通管制期间,交通安全设施摆放严格按照国家《公路养护安全作业规程》(JTG H30—2015)进行交通管制和摆放相关临时标志标牌,并对管制区域限速60km/h。主要交通安全设施摆放如下:

(1)在警告区起点处设置前方施工2km警示标志牌;在警告区起点后400m处设置禁止超车警示牌,在警告区起点后800m处设置限速100km/h警示牌,在警告区起点后1200m处设置限速80km/h警示牌,在警告区起点后1600m处设置限速60km/h警示牌;在警告区终点前200m设置车道减少(合并)标志。

(2)在上游过渡区摆放电子导向牌;并在锥筒上设置三个爆闪灯,左右幅共6个,爆闪灯间隔10m左右。

(3)在纵向缓冲区起点摆放施工标志及路栏牌;在路栏牌后适当位置设置水马、水泥防撞墩,防止车辆冲进缓冲区。

(4)在施工起点位置前50m,根据管制方式,在相应位置摆放锥筒及相关设施,锥筒布设间距为15m,每两个锥筒之间布设一个水马。

(5)终止区老路硬路肩设置解除禁止超车及限速60km/h的警示牌,提示车辆已驶出禁止超车、限速区域,驾驶员可根据路面情况选择适当的车速行驶。

(6)锥筒、水马、导向灯、导向牌、夜间爆闪灯等交通安全设施,根据现场情况进行补充完善。

当进行交通管制时,应顺着交通流方向设置安全设施。当作业完成后,应逆着交通流方向撤除交通管制设置的有关安全设施,恢复正常交通。交通管制示意如图9所示。

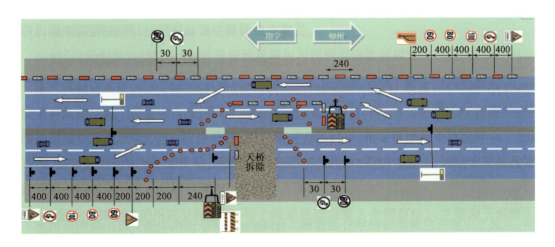

图9　交通管制示意图(尺寸单位:m)

施工期间严格按审批的交通安全组织方案执行，并配备足够的交通安全员、协管员，现场安排一辆皮卡车作应急车辆，车上备有锥筒、水马等交通管制用品，以便及时赶到事故现场进行交通管制。

5. 拆除天桥期间施工安全技术审查

（1）在进行施工作业期间，安全员每天检查不得少于3次。检查中发现的问题应做好记录，并及时进行改正。

（2）作业人员在作业控制区内作业时，必须统一穿戴反光衣和安全帽，不得随意到控制区外活动，不得将任何物体置于控制区外。施工作业的临时安全设施应始终处于良好的工作状态，在未完成施工作业之前，任何人不得随意撤除或改变安全设施的位置、扩大或缩小控制区范围。作业控制区内所有临时安全设施需安排专人24h看护，防止出现锥桶和标志牌缺损、歪斜等情况。

（3）施工车辆驶进警告区后，按照限速标志牌相关要求限速行驶，接近上游过渡区时开启危险警示灯（双闪烁），当车辆驶至下游过渡区时逐渐减速，停靠至终止区路肩上，待施工人员移动下游过渡区路锥形成开口且后方安全的情况下，施工车辆倒车行驶至工作点靠右停车，做好停车制动。负责开口的人员同时将下游过渡区恢复原状。

（4）施工车辆完成相关作业后，须待施工人员打开下游过渡区开口且确认后方情况安全后方可驶离施工区域，由前方出口驶离高速公路。发生人身事故时应立即抢救伤者，保护事故现场并及时报告，调查事故时必须如实反映情况，分析事故时应积极提出改进意见和防范措施。

（5）当施工需要使用起重机进行作业时，应当由起重机先行进入工作点，摆好停稳后其他施工车辆方可进入工作点，杜绝车辆在封闭的车道内并排会车。起重机作业时必须垫放枕木，吊臂禁止向行车道方向回转，不得将吊物长时间悬停在空中，避免因风摆动与过往车辆碰撞引发事故。

（6）合理安排施工，天桥拆除交通管制期间，管制区域前后2km的其他施工作业点不得进行影响路面车道行车的交通管控措施。

（7）加强与交警、路政等部门的沟通联系，加强信息报送，及时上报施工进度与现场情况。

四、取得监理效果

在实施施工前，按照审批的各项施工方案，严格检查所需机具、设备到位及其完好情况，检查人员到位情况；督促施工单位做好技术交底，让参与人员熟悉施工工艺、掌握每个施工细节；

实施过程中,监理工程师巡查、旁站严格按批复的方案实施,通过管理措施保施工组织、通过技术措施保安全生产、利用经济措施抓任务落实,最终高速公路改扩建对原有结构物的拆除取得完满成功。

拆除过程实体照片如图10所示。

图 10

g) h)

图 10 拆除过程实体照片

案例五：高速公路改扩建工程交通组织监理

一、案例背景

某高速公路改扩建工程是某省公路网主骨架纵向干线重要路段之一，为某省经济区核心城市与沿海三个城市的便捷联系通道。该工程路线全长30多千米，原设计速度100km/h，路基宽度为24.5m，扩建期间边通车边施工，由四车道改扩建为八车道，设计速度120km/h，路基宽度为42m。在改扩建工程施工期间，既要确保高速公路运营的安全畅通，又要保证施工人员、机械的安全及工程质量，其危险性和难度比新建项目难度更加大。加宽前后公路示意如图1所示。

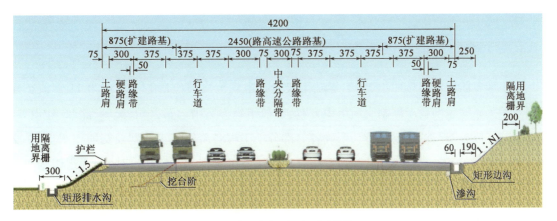

图1 加宽前后公路示意图(尺寸单位:cm)

二、项目交通组织管理难点介绍

(1)周末内陆市区居民往沿海沿边城市短途旅游，节点循环性车流增长比较大，容易造成临时交通拥堵。

(2)国家重要节假日期间内陆市区居民往沿海沿边城市的假期旅游，短期性车流增长明显，容易造成临时交通拥堵。

(3)工程项目大量旧桥梁的上部结构梁板、盖梁、帽梁均需要拆除重建，施工期间由双向四车道减少为临时双向两车道通行，施工路段容易引发交通拥堵，影响群众出行，直接影响到施工运输等环节。

（4）路基加宽、拼接施工开挖原有旧路路肩,拆除原有波形护栏需要安装临时隔离防护等,占用一部分交通路面空间,通行车道减少,影响交通安全、畅通。

（5）沿线施工场站、施工道口、施工点布设占用原有双向四车道交通路面,通行车道减少,造成局部交通瓶颈,容易造成大面积交通拥堵。

（6）沿线大量施工材料、土石方调备需要设U形转口或占用一个车道逆行,在一定程度影响交通安全畅通,需要解决防护措施问题。

（7）路基、结构物分时段施工占道段、改道段长度计划不合理会影响交通安全畅通。

（8）改扩建工程项目涉及的管理部门比较多,如运营公司、交警、路政、建设办、监理、施工等,各部门管理职责不同,如何做好交通组织工作比较关键。

上述施工难度处理不好均会影响到高速公路改扩建工程交通安全及畅通,因此,科学、合理的交通组织方案将直接影响到高速公路改扩建工程进度、质量、安全、效益等。

三、交通组织监理对策及措施

（一）编制交通组织方案

施工准备阶段严格按照《公路工程施工安全技术规范》（JTG F90—2015）第11章改扩建工程及相关条文说明要求编制交通组织方案,交通组织方案由运营公司、交警、路政、建设办、监理、施工等组成评委团进行评审,明确各分部分项工程各阶段施工计划及交通组织规划、交通分流对策、施工道口开设计划、交通安全设施使用及维护计划、成立专门的交通组织管理部门、涉路施工安全教育培训计划、交通协管员配备计划、安全防护措施等。

（二）配备交通组织管理部门

针对高速公路改扩建施工特点,监理配备1名交通保障专业工程师,负责对施工现场交通组织及安全工作进行监管。具体工作主要包括:审查施工单位的交通组织及施工方案并监督检查落实;指导、督促施工单位编制交通组织方案和突发事件应急预案,做好应急预案的演练和突发事件的预防及前期处置工作;落实日常巡查制度,掌握施工动态,及时发现施工交通组织出现的问题,必要时下达整改指令;检查、验收施工现场的临时交通安全设施质量及现场布设（安装）、撤离（恢复）情况。

要求施工单位成立专门的交通组织管理部门,配备足额交通专职安全员、交通协管员,每名专职安全员（或交通协管员）应配备有效的通讯设施。必要时总监办要求项目部增加现场交通管理人员,负责施工现场的施工安全管理、交通设施维护和交通组织协调工作,同时协助有关部门处置各类突发事件。

(三)涉路施工安全教育培训

施工准备期,监理单位、施工单位制定涉路施工安全培训计划,组织参建人员接受涉路施工安全教育培训,提高参建人员涉路施工安全意识,做到应知应会,必要时接受辖区交警、路政部门等涉路施工安全教育培训。

涉路施工安全教育培训主要内容包括:《中华人民共和国道路交通安全法》《中华人民共和国公路法》《广西壮族自治区高速公路管理办法》《公路安全保护条例》等法律法规、《公路养护安全作业规程》(JTG H30—2015)、《公路交通标志和标线设置规范》(JTJ D82—2009)、《公路临时性交通标志技术条件》(JT/T 429—2000)、《高速公路交通标志和标线设置规范》(DB 45/T 954—2013)等;施工机械设备、车辆等管理制度;高速公路施工安全常识、施工标志标牌摆设、突发事件应急处置措施等。

(四)各分项工程有计划分阶段实施

工程开工阶段,软基处理、加宽路段土石方工程、加宽部分桥梁下部结构、涵洞通道加宽段等施工没有占用交通路面或占用路面比较少,交通组织压力比较小。这阶段各分部分项工程流水作业,可在高速公路两侧同时开工,施工期间尽可能拉通加宽路段纵向施工便道,为下一步大规模施工打好基础。当需要占用部分路段外车道进行施工时,要求施工单位尽量不破坏原有交通路面,交通拥堵时可安排交通协管员撤除布设的交通安全设施,恢复单幅单向两车道通行,解决交通拥堵问题。

1.填筑路基施工交通组织

第一、二阶段路基拼装施工交通组织断面如图2、图3所示。

路基加宽设计为在两侧各加宽8.75m新建路基,拆除旧路面排水沟、挖除旧路肩进行拼接,必要时只需占道施工,保留内车道进行正常通行。针对高速公路改扩建的特点,拆除原有波形护栏后做好临时防护措施特别重要,在施工中监理方会同建设方及各监管部门通过共同协商,根据以往高速公路改扩建经验,对路外侧落差比较大的路段拆除原有波形护栏后使用水泥墩进行临时隔离防护,如图4所示。后来又通过学习省外一些好的经验,大量使用移动钢护栏进行隔离防护,如图5所示,移动钢护栏方便现场安装、应急时能及时打开临时开口,不需要大型起重机,对进行高速公路改扩建应急处置工作比较方便,能进一步改善高速公路改扩建工程交通组织管理工作。

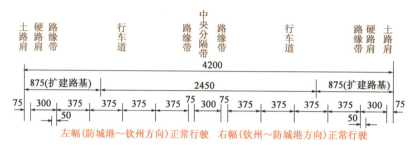
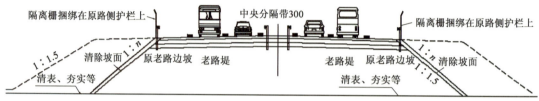

图 2 第一阶段路基拼接施工交通组织断面图(尺寸单位:cm)

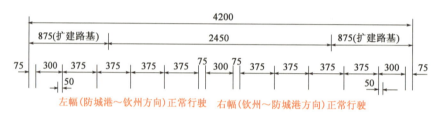
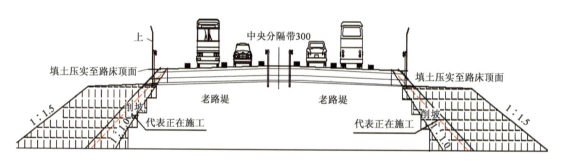

图 3 第二阶段路基拼接施工交通组织断面图(尺寸单位:cm)

图 4 路基加宽路段水泥墩安全隔离措施

图 5　现场使用的移动钢护栏隔离防护图

2. 路堑路基施工交通组织

对沿线挖方路段分级进行开挖,加宽 8.75m 新建路基,必要时占用外车道进行施工,对比较高的边坡开挖,设置边坡开挖临时安全设施,防止边坡施工期间石头等滚到行车路面,确保交通安全畅通。

两侧扩宽路堑施工交通组织断面如图 6 所示,边坡开挖临时隔离防护如图 7 所示。

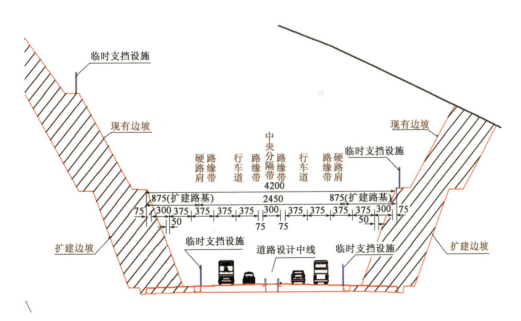

图 6　两侧扩宽路堑施工交通组织断面图(尺寸单位:cm)

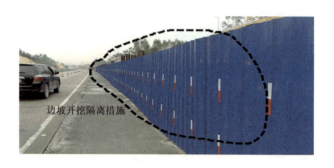

图 7 边坡开挖临时隔离防护图

3. 桥梁、涵洞通道施工交通组织

桥梁下部结构施工、两侧加宽涵洞通道施工不需进行改道，必要时可临时占道施工，临时占道施工时，在拆除原有防护措施时，为保证内车道交通路面宽度，在实际交通组织工作中选用占用空间比较小的移动钢护栏进行隔离防护。涵洞通道拆除重建、桥梁上部结构拆除改道后变成两车道双向通行，在拆除中间防撞墙后中间使用临时波形护栏进行隔防防护，分幅对旧桥梁、涵洞通道进行拆除施工，半幅完工且具备交通条件后，再对另外一幅旧桥梁、涵洞通道进行拆除施工。

右、左幅桥梁拆除施工交通组织断面如图 8、图 9 所示，结构物局部移动钢护栏防护如图 10 所示。

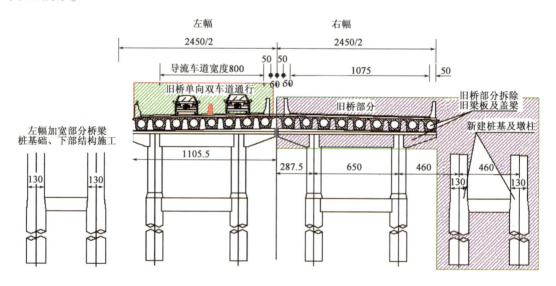

图 8 右幅桥梁拆除施工交通组织断面图(尺寸单位：cm)

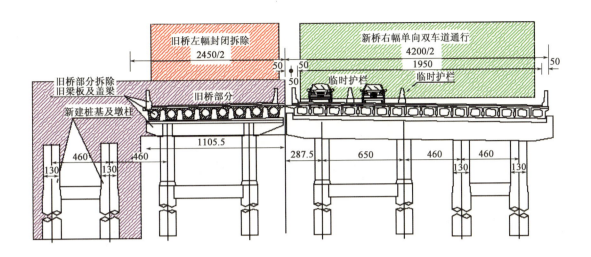

图9 左幅桥梁拆除施工交通组织断面图(尺寸单位:cm)

图10 结构物局部移动钢护栏防护图

4. 路面施工交通组织

进入路面施工后,挖除旧路面需要改道,改道长度要求施工单位控制在4km以内,符合现行《公路养护安全作业规程》(JTG H30)相关规定。在挖除旧路面时应尽量保持封闭区内其中一个车道有条件作为应急通道,不能随意堆放无关施工材料等。右、左幅路面施工交通组织断面如图11、图12所示。

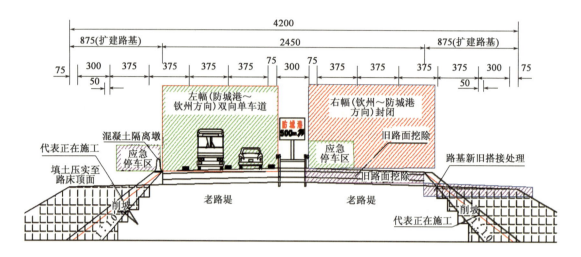

图 11　右幅路面施工交通组织断面图(尺寸单位：cm)

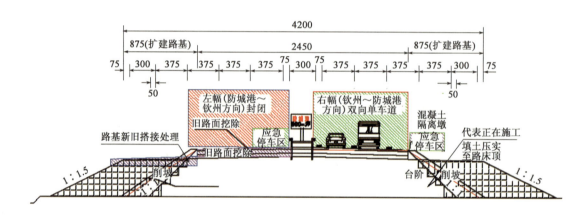

图 12　左幅路面施工交通组织断面图(尺寸单位：cm)

5. 施工 U 形转口设置

设置施工 U 形转口须经有关管理部门批准，其设置是否合理影响到施工正常通行，U 形转口宜设在旱桥梁处，在桥下设置宽度为 6m，采用 20cm 厚 C20 混凝土硬化路面，使用地方道路进行 U 形转口设置涉及维护、安全等问题，应尽量避开。两端 U 形转口设置一个 3m×2.5m 活动岗亭安排人员日夜 24h 值班把守，安装摄像头监控所有出入的车辆，严格执行通行卡制度，防止社会车辆私自进入 U 形转口。

U 形转口设置如图 13 所示。

图 13　U 形转口设置图

6. 分流交通组织方法

利用周边路网平行公路进行分流,在编制交通组织方案前对周边路网进行详细调查,根据实际情况画出周边路网应急绕行路线图,施工期间交通拥堵时在各高速公路入口设置"××高速公路施工交通拥堵请绕行"提示牌,建议过往驾驶员绕行,减少施工路段交通流量。

现场设置分流绕行提示牌如图 14 所示。

图 14　现场设置分流绕行提示牌

7. 节假日交通组织

结合本项目高速公路改扩建工程节假日交通量增多,交通出现拥堵的问题,在节假日前期做好准备工作,施工单位根据施工实际情况编制节假日保畅工作方案,节假日期间原则上不允许有涉路施工,有条件的涉路施工点全部撤除。节假日保畅工作方案主要内容:节前保畅措施,如坑洞修补、路面清扫、临时开口隔离防护措施等;施工计划,如未撤除施工点等;节假日值班计划,如交管安全员、交通协管员安排等;应急保畅措施,如应急绕行图、应急物资等。节假日保畅方案编制后经交警、路政、运营、业主、监理等召开保畅会议讨论、修改,完善后报相关部门备案,如图 15 所示。节假日前联合交警、路政、运营、业主等单位对现沿线进行一次排查,如图 16 所示,及时解决节假日期间可能出现的影响交通安全及畅通的问题。

图 15　节假日交通组织保畅会议

图 16　各管理部门节前涉路联合检查

8. 交通组织应急管理

高速公路改扩建交通组织应急管理工作比较重要，加强与交警、路政、运营公司和业主有关单位联系与沟通，建立交通组织 QQ 群、微信群，对路段内的路况信息及时报送，以便遇到突发事件能及时采取有效措施应对，如发生交通事故时第一时间处置、上报信息，第一时间处置可以尽可能减少二次交通事故，避免由于交通事故发生大面积交通拥堵，及时上报交通事故信息可以为各管理部门提供现场信息，必要时可以启动相应应急预案，同时对外进行信息公布。交通应急管理工作没有落实好，直接会影响到正常施工，现场必须配备协管员进行巡查，同时做好协管员教育培训，做到应知应会，才能有效应对各种交通组织突发状况。要做好交通组织应急管理工作，必须配备充足的应急物资，如应急改道标志、夜间应急照明、活动护栏打开工具、拖车、起重机等，存放地点要根据施工情况进行分布，宜在沿线设置临时存放点，方便应急时调配。

四、监理效果

通过实施以上交通组织监理措施，该项目工程施工管理工作取得了预期的效果，一方面保证了高速公路运营安全畅通，另一方面保证了施工人员、机械的施工安全，从而确保了安全生产工作。